소중한 이야기

소중한 이야기

초판 1쇄 인쇄 2021년 9월 1일
초판 1쇄 발행 2021년 9월 5일

지은이 이익재
펴낸이 金泰奉
펴낸곳 한솜미디어
등 록 제5-213호

편 집 김태일, 김수정
마케팅 김명준

주 소 (우 05044) 서울시 광진구 아차산로 413(구의동 243-22)
전 화 (02)454-0492(代)
팩 스 (02)454-0493
이메일 hansom@hansom.co.kr
홈페이지 www.hansomt.co.kr

ISBN 978-89-5959-548 8 (03810)

*책값은 표지에 표시되어 있습니다.
*잘못 만들어진 책은 구입하신 서점에서 친절하게 바꿔드립니다.

무일푼에서 재벌을 꿈꾼 사람의

소중한 이야기

이익재 지음

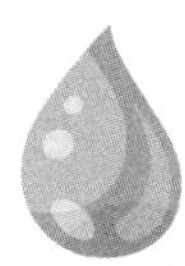

한솜미디어

† 머리말

꿈은 꾸는 자에게 온다!

새벽예배에 다녀온 아내와 마주 앉아 이야기하였다. 간밤에 방바닥을 치며 "더 이상 당신하고 살고 싶지 않으니 이혼하자"고 말하던 아내였다. 늙어가는 우리의 앞날은 아랑곳하지 않고 무모하게 아들에 매달려 땅 팔고 아파트 팔고 빚까지 얻어 아들의 사업자금과 빚잔치에 몽땅 쓸어 넣는 나에 대한 진한 원망이었다.

아내의 푸념을 들으며 엉뚱한 생각을 한다. 올해는 어렵고 힘든 일들이 모두 걷히고 분명 밝은 날이 올 것이다.

"자식을 형무소에 넣고 편히 잠을 잘 부모가 있겠는가?"

아들의 나머지 부채 19억 5,000만 원도 부동산을 매각하여 깨끗이 정리할 것이고 서른일곱에 좋은 사람 만나 결혼도 할 것이다. 피해자도 구하고 자식도 법원에서 해방되는 일. 지금은 밑바닥이 보인 빈 그릇이나 깨지지 않았으니 언젠가 반드시 채워질 날이 올 것이다. 하늘의 뜻이 무엇인지 모르는 것이 인간이고 채우고 비우는 것이 인생 아닌가?

생각하고 소망하면 분명 이루어진다.

꿈꾸고 희망을 말하는 자는 행복하다. 꿈을 이루어가며 사는 삶이 아름답지 않은가? 삶의 이유도 여기에 있는 것이 아닐까? 행복은 심술이 많아 어디로 흐를지 알 수 없는 일, 기원하며 기다리고 정리하자.

오후 3시 20분경 법무법인 ○○ 계좌로 신용보증기금 1억 2,000만 원과 법원 합의공탁금 1억 5,000만 원을 송금하고 마무리하였다.

아무리 자식이라 해도 지나침은 잘못이나 잘잘못의 판단은 하나님과 독자에게 맡기기로 한다. 세월이 한참 흐른 후 판가름 날 것이다. 오욕(五慾) 칠정(七情)에 사로잡힌 인간사.

절망의 벼랑 끝에서 소망을 본다.

칠흑 같은 어둠에서 새벽을 맞듯 꿈이란 마음에 소망을 담아 믿음으로 꾸는 자에게 온다. 내가 믿고 있듯이 분명 훗날 큰 그릇이 되거나 행복한 사람이 될 것이다. 설령 범 새끼라 생각하고 지극정성을 다했으나 토끼 새끼에 지나지 않는다 한들 행복한 춘몽 아니겠는가? 다 주고 다 잃는 것이 부모이다. 아찔한 절벽과 깊은 숲, 낙차 큰 폭포가 있어 산이 아름답듯 삶도 평탄만이 행복은 아닐 것이다. 기적은 순종하는 자에게 우연히 찾아오는 것.

이 책은 행복한 삶과 성공을 염원한 나와 독자의 주문서다.

이 책을 읽음으로 독자가 세상에서 가장 현명한 행복 전령사를 직접 만나는 느낌이길 바란다. 나의 생각과 수많은 실수 그리고 실패경험을 토로한 명상을 통해 많은 사람이 실패를 줄이고, 정신 나간 사람은 정신 나간 행동을 자제하고, 소중하고 귀한 것들을 소홀히 한 아픔, 훗날 어찌할 수 없었다는 후회를 다소나마 줄여 성공과 장수 그리고 행복을 부르는 주문이 되기 바라는 심정으로 쓴다. 분명히 성공할 수 있었는데 실패했기에…. 단순히 생각하는 명상이 아닌 달고 쓰고, 실패, 후회, 빈곤, 고통, 배신을 겪은 사람이 생각하고 행동하는 삶이 행복하기 위한 명상록이다.

독자가 실수를 줄이고 행복과 성공을 위해 필독하며 가까이했으면 하는 염원으로 되도록 간결하게 쓰고자 노력했다. 저자도 심신을 쓸어 담는 경구(警句)처럼 지그시 마음을 누르는 지렛대이자 추를 달아 놓은 글이며 독자를 위한 여백과 판단을 남기고자 한 것이다.

† 차례

제2장 배우고 안다는 것

제3장 내일은 희망

제4장 승자의 길

제5장 역사를 알아야 한다

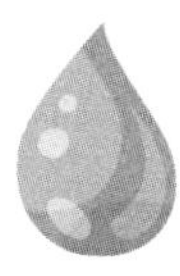

무일푼에서 재벌을 꿈꾼 사람의

소중한 이야기

제1장

【소중한 사람에게】

⁂ 삶의 비결

예수 그리스도께서 말씀하셨다.

"마음이 맑은 자가 신(神)을 볼 수 있다."

마음을 정갈히 하고 공생하는 삶을 모색하는 명상이 삶의 비결이다. 마음이 맑고 평온하면 절망적인 문제에 직면해도 적절히 대처할 수 있다.

마음에 답이 있다. 고요히 마음을 들여다보라. 자신이 하고픈 일이 무엇인지 보이리라. 좋아하는 일을 하며 사는 것에 삶의 진미가 있다. 삶이 단순히 생존뿐이라면 건조하고 삭막하며 즐거움도 없다.

나누고 섬기고 베풀어라. 기쁠 것이다. 기다림에 지치지 않으며 포기하지 말고 기도하라. 간절한 기도는 끌어당기는 힘이 있어 이루어지리라. 지치면 쉬어가고 꿈과 행복을 바라보며 걱정에 물들지 말라.

원망, 자책, 조급함, 궁상은 버리고 가끔은 자신을 칭찬하고 격려함이 옳으리라.

⁂ 팡세 1

말하려는 팡세(Penses)는 삶이 아름답고 행복을 위한 명상록(瞑想錄)이다. 생각이 깊어지면 의견이 성숙해진다. 고뇌하는 사람은 행복하다. 행복은 언약적 은총과 약속을 지킨다는 신의 증명 표시이다. 거창하게 신이 부재한 상태에서의 인간의 비참함이나 신과 함께하는 인간의 행복에 초점을 맞추는 것이 아니라 평범한 삶의 지표를 말하려 함이다. 행복한 삶을 위해서.

다만 진리는 심안이 열리지 않는 한 발견할 수 없음과 진리를 찾아내기 위해서 사랑이 없으면 안 된다는 논리는 인정하자. 분명 인간은 생각하고 흔들린다. 괴로움과 즐거움이 반복되는 삶에서 핵심인 사랑을 말함은 강렬한 에너지이기 때문이다. 명상을 가까이하자.

⁂ 자식(子息)

가장은 존경의 대상이어야 한다. 가장이 용기를 잃으면 질서가 깨지고 가족은 수모를 당한다. 불효자를 만든다. 가장이 뼈 빠지게 일하는 모습은 자식에게 그대로 교과서다. 거짓말하는 자식은 만들지 말라. 미련하고 불효하는 자식은 아비에게 능욕과 수모를 안겨준다. 미련한 아들은 아버지의 눈물이자 재앙이다.

아비에게 훈장(勳章)이어야 효도하는 자식이다. 자식은 부모의 분신이다. 자신의 크기만큼 자식을 대하라. 미꾸라지가 용이 되겠는가? 부모의 성숙도에 따라 자식이 성숙한다. 3,500년 전 기록에도 아비는 자식에게 열심히 공부할 것과 건강을 염려했다.

치마폭과 바지에 아이들이 참새처럼 모이고 그중 사랑하는 어린 새끼들이 서너 명 놀고 있으면 더없이 좋으리라.

⁂ 삶이라는 여정

삶이란 처음 가는 길이요, 인연의 숲으로 들어가는 것이다. 늙는 것은 모두에게 처음이다. 아무리 조심해도 실수하고 아프기 마련이다. 새벽에 명상하라. 어둠과 밝음이 교차하는 새벽은 정신이 가장 맑은 시간.

아프지 말고 천천히 늙으며 좋은 스승 같은 인연을 만들라. 사랑하는 사람을 잃으면 단지 고목일 뿐이다. 외로움으로 마른 나무가 되는 것. 행복을 믿을 수 없어 불안한 것이 사랑이라 할지라도….

성당 마리아상 앞에서 미사를 드리지 말라. 오늘 만나는 사람에게 최선을 다하며 영원으로 사라진 어제를 잊고 새롭게 시작된 오늘을 보라!

⁂ 그리고 명상

악마는 사랑과 조롱을 못 견디고 선한 사람은 폭력을 못 견디며 백성은 독재를 못 견딘다. 조롱과 폭력, 독재를 즐기는 인간은 빈천한 지식과 열등감에 찌든 사람이다. 악마가 가장 즐기는 식사는 시기다.

기술력 앞에 장사 없고 정직과 진실 앞에 두려움 따위는 없다.

죽음과 세금을 피하려 들지 말라. 어리석다.

⁂ 사랑하는 사람들아!

탄생과 더불어 인연의 숲으로 들어가는 것이 삶이다. 따뜻하고 화기애애한 삶의 환희가 교향악처럼 울려 퍼져 생명의 희열을 만끽하는 '삶의 아름다운 정원'에서 생은 감사요, 소풍이다.

오늘도 들뜬 마음으로 소풍을 가고 보물찾기를 한다. 내일 아침 다시 소풍 가는 심정으로 대문을 나설 것이다. 세상은 아름다운 정원이요, '인연의 숲'이다. 행운의 인연을 만날 것이라! 다만 그곳에 '신의 섭리'가 자리하니 그 질서를 깨닫는 것이 지혜로운 삶이다.

⁂ 젊은이들아!

생명의 희열과 환희가 교향악처럼 울려 퍼지는 아름다운 삶의 정원에서 봄날 아지랑이처럼 따뜻한 인연을 만들어 만 번 이상 행운을 만나는 삶을 살라.

착하고 정 많은 자식들아! 처세에 있어 정(情)과 음(音)에 지나치게 쏠리지 말며 지나치게 이치를 따지지 말라. 실패나 아픔을 당하더라도 희망과 신념을 잃지 말며, 극복 불가능한 실패나 아픔은 주어지지 않는다는 신념으로 좌절함 없이 빛을 향해 일진(日進)하여 소망을 이루라. 화려함을 쫓는 불나방이 아니라 자운영 꽃 흐드러진 들녘의 나비와 벌처럼 살며 예를 즐기고 도를 탐하기보다 숲의 나무처럼 푸르게 살라. 불신, 증오, 허영은 애초에 삭이고 녹여 날려버리고 나누고 배려하고 사랑하며 의미 있는 긍정으로 거침없이 살면 좋으리라.

먼 훗날 사랑과 섬김만 남는다는 사실을 기억하라.

⁂ 머리에서 가슴으로

머리가 가슴을 방해하지 않게 하라. 머리는 이성, 차고 건조하며 가슴은 감성, 남녀 간 강한 욕망은 이성을 뛰어넘는다. 욕망이 이성을 먹는다. 따뜻하고 정겨운 것. 과거를 돌아보지 말고 앞의 푯대를 보고 나아가라.

베푼 자는 기억하되 받은 자는 잊는 법이니 주면서 잊어라. 마음에 부처를 안고 사는 사람이 마음에 칼을 품고 사는 사람을 대함이다. 그러지 않으면 마음에 상처가 남는다.

⁂ 천사가 살 수 없는 사회 (속리산 노송 길을 걸으며…)

이 땅에는 천사가 살고 있다. 굳이 말하면 적어도 3%는 천사를 닮은 사람이 살며 그중 정말로 해맑은 고운 천사도 있다. 천사는 맑고 고운 심성을 가진 사람만 볼 수 있다. 세상이 부패하고 썩어도 무너지지 않는 것은 천사가 있어 정화(淨化)하기 때문이다. 신성을 품은 사람들이다.

천사가 가슴 아파 울지 않는 사회가 밝고 명랑하며 건전한 사회다. 천사가 그대 옆에 살고 있음이다. 거짓과 금기 많은 사회, 감추는 것이 많은 사회, 입을 막는 사회는 주술적이고 전체주의 사회이자 혼이 빠진 사회다. 영웅이 살 수 없는 사회다. 이런 사회에서 천사는 살기 어렵다.

⁂ 삶의 소묘

세상은 권력이 움직이는 것 같으나 실은 사랑이 움직인다. 사랑하는 사람 또는 사랑하는 것을 잃고 나면 단지 존재할 뿐이다. 일순간 생기를 잃은 존재. 인생이란 길에서 같이 갈 사람을 잃는 것이다. 마음속 깊은 곳에 사랑이란 젊음이 자리하고 있기에 젊음이 사라지면 금세 늙는다. 고목이 되는 것이다.

⁂ 희비(喜悲)와 행복(幸福)

인생은 웃음 20, 울음 80이다. 태어날 때 울고 죽을 때 우는 것이 인생이다. 웃음은 행복의 소산이나 스스로 만들어가는 것. 행복은 순간이니 웃어라. 많이 웃어라. 유머를 잃지 말고 모든 것에 웃어라.

장미의 최고 아름다움은 불과 3분이라 했던가? 진정한 행복은 겉으로 드러나는 화려함이나 돈, 권세에 있지 않으며 다만 내 안에 있을 뿐이다. 훗날 나를 위해 살았던 것은 사라지고 남을 위해 살았던 것만 보람으로 남는 날이 올 것이다.

행복은 재산이 늘어나는 만큼 커지거나 자라지 않는다. 행복은 재물의 많고 적음이나 권세에 있음이 아니고 마음의 안정과 마음속에 고요한 천국을 가꿈에 있다.

⁂ 천 원 밥집

요즘 같은 고물가 세상에 천 원 백반집을 운영하는 할머니가 있다. 역전 광장 옆 채소가게 한구석에 있는 작은 가게. 밥상도 단출하지 않고 충분하다. 맛있다. 정성 또한 깃들어 있다.

이유는 있다. 지난날 어렵던 시절 천 원이 없어 밥을 굶던 적이 있었는데 요즘도 그런 사람이 꽤 많더라는 것이다. 가난은 나라도 구제를 못한다. 그들에게 공짜로 밥을 주는 것이 아니라 단돈 천 원에 정성이 담긴 따뜻한 밥을 제공함은 삶을 경건하게 한다. 상대에 대한 자존이다. 천 원에 삶의 철학이 있고 배려가 있다. 상대가 비굴하지 않도록 근성과 자존을 일깨워준다. 아무리 게으른 자도 천 원은 있어야 하고 남에게 혐오감을 주는 모습은 아니어야 한다.

역 광장에서 무료 급식을 한다. 남루하나 지저분하지 않은 사람이 들어와 맛있게 먹고 간다. 그곳에 가면 공짜로 먹을 수 있는데 왜 여기냐고 묻는다.

"거긴 얻어먹는 것이고 여기는 사먹는 것이지요."

할머니 모습이 따뜻하다. 손익 계산은 한다고 했다. 분명 남는 장사라 했는데 정이 남고 보람만 남는 것은 아닌지….

⁂ 음미색청(音味色聽)

영혼을 울리는 아름다운 소리를 듣고, 화려하며 멋진 것들을 보고, 맛있는 음식을 먹고, 매혹적인 향기에 취하며, 탐하여 애무하고 색을 즐김이 있어 삶을 영유함이다. 삶에서 최고 최선의 즐거움이다. 두려움 없는 즐김이다. 그러나 탐이 지나치면 음과 미, 색 그리고 청을 잃음이요, 과하면 죽음에 이른다.

⁂ 부부(夫婦)

결혼 파탄은 부부 한 편이 다른 한 편의 인격 손상이나 자아를 파괴할 때 시작된다. 상대의 장점을 칭찬하기보다 단점을 후비는 그릇된 혀는 영혼을 다치게 하고 파경으로 가는 첩경이다. 세 치 혀는 자신도 피곤으로 이끈다. 숙성되지 않고 길들여지지 않은 혀는 쉬지 않는 악이요, 마음을 죽이는 독이다.

상대를 칭찬하라. 진정으로 상대를 보라. 좋은 아내, 훌륭한 남편은 불평하지 않고 상대를 즐겁게 하고 칭찬한다.

인내와 믿음은 절망에서도 성공으로 가는 시금석이다. 증오는 왜곡된 사랑의 애원이다. 사랑을 애원하고 구걸하는 행위가 증오다. 그래서 사랑은 증오보다 강하다. 칭찬으로 증오를 넘으려 노력하라.

⁂ 관계(關係)

사람은 가족적이며 사회적이며 동시에 관계적 동물이다. 관계란 나와 너의 마음이 건너가는 징검다리이자 디딤돌이다.

사람은 세 가지를 갖출 때 빛이 난다. 실력과 덕, 품격이다. 돈보다 관계가 중요하다. 관계를 중시하면 관심이 생겨 늘 마음속에 담아둔다. 회사도 마찬가지다. 생명이 있어 움직임이기 때문이다. 인간도 회사도 관계 설정을 잘할 때 빛과 이윤이 따른다. 사회생활하며 좋은 관계 유지는 복음이 전파되는 것이나 마찬가지이다.

⁂ 다소(多少)

많음이 강한 것이 아니고 적음이 반드시 약한 것도 아니다. 10만 평의 땅값이 1평 값조차 안 되는 곳도 있다. 역사적으로 적은 군대가 대군을 이긴 예도 많다. 성웅 이순신 장군은 13척의 배로 133척의 왜군을 대파하지 않았는가? 작지만 핵과 불에 넣어도 타지 않는 귀한 것들의 결집은 많은 것들을 능가하고도 남는다.

아리랑 한 곡으로 삼천리강산을 다 적시고도 남아 세계로 흘러넘친다. 양적으로 많은 것이 오히려 허함이 많음도 새겨두자. 양보다 질이 우선이다.

⁂ 어미

어미의 등은 사랑의 쉼터다. 자유를 포기한 새끼의 보금자리이다.

어미의 굽은 등은 무조건 베푼 사랑이 마른 증거다. 후회 없는 외로움이 모인 응어리다.

⁂ 관심

4대 복음서에 나타난 공생애에 대해 설교하러 나서기 전 예수는 자신을 드러내는 어떤 행위도 하지 않았을까?

마리아와 요셉이 관심이 모자라 알지 못했으리라! 석가모니도 중생 구제를 위해 구도에 나서기 전 평범한 사람으로 조금도 특이점이 없었을까? 분명 있었으리라!

진한 관심이 없으면 보지도 느끼지도 못하는 것이 인간이다. 관심은 사랑이다. 존경이 되어야 함이다. 사심 없는 마음이어야 한다.

⁂ 노인들이여!

70이 되고 80이 되어도 35세로 살라. 75세에서 85세가 인생의 황금기다. 달걀노른자 같은 시기다. 아내와 친구를 상전으로 모시고 공부하고 봉사와 취미활동을 하고 여행하며 일하라. 돈 문제와 외로움을 떨쳐라.

자식이 버팀목이 될 거라는 생각은 버려라. 봉사도 일이다. 인생의 황금기를 잃지 말라. 자신의 몸도 살아남기 위한 최선을 다하고 생존을 추구하는 과정이다. 긍정적이고 당당하게 늙음을 말하라. 노련한 젊음을 유지하라. 육체가 늙는 것은 태어남이 있으니 어찌할 수 없으나 생각과 소원 그리고 이상은 35세로 살라. 영원히 나이와 시간은 잊어라. 늙어도 매일 매일 젊어져라. 더운 물을 많이 먹고 발효식품인 된장이나 청국장 들깻잎을 즐겨라. 동식물을 막론하고 수분이 부족하면 피부가 마르고 죽음을 부른다.

용기를 잃지 말고 비굴하지 말라. 추락하면 혼자가 된다. 길지 않은 인생 처지고 상실된 몸으로 삶의 정원에서 고목이 되어 서 있지 말라. 그대의 정원은 그대가 주인이다. 노련하고 싱싱한 젊음 35세로 말이다.

늙음을 탓하거나 후회하지 말라. 인간이 탓할 일이 아니다. 신의 영역으로 당연한 수순일 뿐이다. 고목의 꽃은 참으로 아름답다. 늙으면 고독하나 유연하게 살아야 한다. 몸을 고단하게 하여 지루함이나 잡념을 털어내고 정신적 긴장도 적당히 유지해야 한다. 걷고 무심하게 좋아하는 일에 열중해야 고운 늙음을 유지할 수 있다.

늙어 생긴 병은 그대가 젊고 왕성할 때 불러들인 것이니 후회하고 반성하며 마무리하는 모습이 필요하다. 늙어 후회와 질병이 부끄러움이다. 가볍고 간단하게 식사하고 편하게 세상을 하직할 준비를 하라. 죽음이 두려운 것은 욕심과 과욕 때문이다. 불필요를 털어버리고 평온한 마음을 유지하라. 고마움과 감사만 기억하고 모두 잊어라. 참으로 아름다운 삶의 정원이 아니던가? 인생에서 많은 즐거움을 누리지 않았는가.

⁂ 지금 우리는

기회가 도래했다 생각하자! 빨아들이고 압축하고 폭발하는 과정이다. 사업도 이와 같다.

삶에서 슬퍼하거나 괴로워 말라! 애통하고 절망하지 말라! 지혜로워지는 늪 속에 있음이다. 좋은 일이 일어나려면 어둠이 엄습한다. 살아 있음을 실감하는 표식이라. 재는 넘을수록 험하고 내는 건널수록 깊으나 모두 지혜의 뫼요 강이다. 이성이 있어 지혜를 터득하고 깨달음을 얻는다. 지금 이 순간이 지나면 슬프고 애통하며 절망한 만큼 이상의 희열이, 감사가 오리라.

명심하라. 삶이란 지금 이 순간이란 사실을! 남을 위한다는 명분으로 자신의 욕망을 채우는 치사한 짓은 삼가라.

⁂ 부모 마음

자식이 내 직업을 이어도 걱정, 아니 잇고 딴 직업을 가져도 걱정, 산란한 부모 마음이다. 자식을 알기에 더욱 그러하고, 부모 가슴은 자식의 무덤이기에 더욱 그러하다. 자식의 성숙을 보는 부모는 늘 그러하다.

⁂ 생존

빠르고 강하며 적극적인 인자를 가진 종만 살아남는다. 전쟁은 꼴찌들의 분노로 일어나고 그들은 우수 종자를 파괴한다. 오랜 세월 수없이 반목을 거듭하며 인류사를 더디게 발전시켜 왔다.

⁂ 양심

죄나 거짓은 생명이 있어 반드시 주인을 찾는다. 죄를 숨겼다고 끝났다고 생각지 말라. 감추어지고 묻히지 않는다. 주인을 찾는 거짓이나 죄를 문전박대할 수 없음은 양심이 자리한 삶이다.

⁂ 옛이야기

스님이 부모 없는 조그만 아이를 데려와 기르며 여남은 살부터 공부를 가르쳐 꼬마 중을 만들었다. 꼬마 중이 똑똑하고 말도 잘 들어 스님은 자주 심부름을 보냈다.

하루는 꼬마 중이 마을에 심부름 갔다가 돌아오는 길가에 누렇게 잘 익어 고개가 축 늘어진 나락을 보았다. 탐스러워서 낟알이 몇 개 붙어 있는지 세어보려고 세 송이를 끊었다. 스님이 그것을 보고 물었다.

"너는 왜 나락 모가지를 끊어 가지고 왔느냐."

"이삭이 하도 탐스러워 낟알이 몇 개 붙어 있나 세어보려고 끊어 왔습니다."

스님은 "논임자가 피땀 흘려 농사지었는데 네가 장난삼아 이삭을 끊었으니 죄가 크다. 내가 너를 소로 만들 테니 그 집에 가서 이삭 한 송이에 한 해씩 3년을 일하고 오너라" 하고 불호령을 내리고, 도술을 부려 꼬마 중을 소로 만들어 마을로 보냈다.

소가 된 꼬마 중이 나락 주인 앞에 가서 "음매" 하고 울자 주인이 소를 끌고 갔다. 3년 동안 밭도 갈고 논도 갈고 풀도 먹으며 일했다. 그러다 보니 코뚜레 꿴 코에 피가 맺히고 발굽은 쩍 갈라지고 목덜미는 멍에를 지느라고 닳아서 반질반질했다. 3년이 지난 후 스님이 논 주인 집에 와서 "이 소가 일을 잘합디까?" 하고 물었다.

"아이고, 잘하다 뿐입니까. 이 소 덕분에 우리 농사가 몇 배나 잘 되었습니다."

이 말을 듣고 스님이 다시 도술을 써서 원래대로 돌려놓았다.

"아이고, 스님. 그깟 나락 세 송이 때문에 3년씩이나 소로 만드셨나요?" 하고 꼬마 중이 탄식하자 스님은 허허 웃으며, "소승은 어렸을 때 절간에서 쌀알 3개 흘린 죄로 한 알에 한 해씩 3년 동안 소가 되어 일한 적도 있소이다. 거기에 비하면 아무것도 아니지요"라고 하였다. 이 일로 꼬마중은 곡식의 소중함을 깨닫고 곡식을 함부로 하면 안 된다는 교훈을 배웠다.

생명의 원천이 되는 곡식의 소중함은 아무리 말해도 지나침이 없다. 경건하게 대함이 마땅하나 요즈음 버리는 음식이 너무 많아 안타깝다.

⁂ 효(孝)

고등동물이라 자처하는 사람만 가장 오래도록 부모의 은덕과 보살핌으로 성장한다. 타 동물들은 평균 수명을 비교해도 어미의 보살핌을 받는 기간은 길지 않다. 그래서 인간의 부모는 자식에 대한 집착이 다른 생명체보다 강하다. 낳아 베풀고 보살핌 기간이 긴 만큼 어미의 덕도 크다. 그러니 부모에게 효를 다함이 당연하지 않은가? 뼈와 살을 빌어 탄생한 근엄하고 숭고한 은혜는 차치하고라도.

부모는 가진 것 다 주고 회한을 씹으며 죽어간다. '오냐오냐' 키운 자식보다 버린 것처럼 방치한 자식이 효를 하는 경우가 허다하다. 부모에게 불효하는 자식이 잘되는 법은 없다. 예수가 죽으러 가기 직전 제자들에게 어머니를 간곡히 부탁함을 보라.

부모들이여! 늙어서 자신을 지탱함에 부족함이 없을 만큼은 남기고 주어라. 흔히 한국의 부모들은 과하게 주고 억울함을 곱씹으며 죽어가는 경우가 허다하다. 집 팔아 여행도 하고….

⁂ 효의 대가

긴 병에 효자 없다고 한다. 사실이다. 병마는 갈등으로 간다. 황폐로 이어진다. 긴 병을 다스림이 사랑만으로 가능한 것이 아니다. 아픔을 같이하는 대가(代價)이다. 하늘의 대가일 수도 있다.

⁂ 팡세 2

죽음은 늦은 가을처럼 올 것이다. 황량한 들판의 낙엽이 될 것이다. 아무것도 이룬 것 없이 낙엽처럼 죽음을 맞는 것은 허무 이전에 죄악이다. 있을 때는 나쁜 점만 보이고 없을 때는 좋은 점만 보인다. 남을 용서함은 자신을 용서하는 것이고 묶인 마음을 해방시키는 것이다.

하나님은 씨앗을 심으신다. 좋은 씨앗은 좋은 열매를 맺는다. 성인들은 부단히 씨앗을 심고자 노력한다. 열매를 탐해서가 아니다. 열매는 인간들이 원한다. 거짓과 부정(否定) 속에는 발아의 씨앗이 없다. 자신의 둥지를 헐고 부정하는 사람의 용서는 신의 영역이 된다.

인간은 남에게 인정(認定)받으려는 속성이 있다. 편견과 오류를 가지고 있는 인간. 욕도 칭찬도 무의미. 성실함으로 하늘을 보라!

풍경이 달라지는 것은 새로운 것을 대하는 것이다. 화장(火葬)하여 연기가 하늘에 오르고 올라 간절히 윤회를 염원하는 인도인의 중생. 안타까운 영혼들….

모든 능력은 종종 대머리로 나오는 경우가 있다. 가는 사람 잡지 말고 오는 사람 막지 말라. '알았다, 알았다니까'는 듣기 싫다는 말. 신(神)도 고치려 하지 않는 건조한 말이다.

⁂ 바람

다른 사람이 나의 허전함이나 외로움을 채워줄 수 없다. 그도 허전한 사람이요, 외로운 사람이다. 바람은 한때 이벤트일 뿐 영속성이 없고 안정성도 없다. 스치는 바람일 뿐이다. 잠시 쾌감은 얻을 수 있다. 들키지 않는 비밀스런 바람일수록 상처가 깊고 결국 최악의 상황이 닥칠 것이다.

사소한 비밀이 유령이 되어 나타날 수 있다. 바람은 결국 후회를 동반하는 성격적 결함을 만들고 심성을 조금씩 파괴하는 아픔일 뿐이다. 현재 상황이 외롭고 허전해 도저히 살 수 없다면 정리하고 새롭게 시작하라.

⁂ 삶이 그대를

삶이 유독 나에게만 불공평한 것처럼 보일 수 있다. 참으로 억울할 수 있다. 잔인하다고 느낄 수도 있다. 열심히 살았는데 결과는 참담하다. 그러나 그대의 교만한 생각일 뿐이다. 살아 숨 쉬는 것만으로도, 사물을 볼 수 있는 것만으로도 축복이다. 살면서 당연히 어렵고 힘겨울 때가 있기 마련이다. 삶이 늘 즐거운 소풍이겠는가?

힘들고 징그러운 일에 보물이 있고 그곳에 접근을 막아주는 해자가 어려움이자 고통이다. 궁상떨지 말고 조급해하지 말며 현실을 직시하라. 만상의 번뇌를 안고 사는 삶, 뭐든 가볍게 하는 습관을 길러보자. 자고로 악마는 유혹을, 하나님은 시련을 주신다.

두려운 것은 바다에 빠지는 게 아니라 수영을 못하는 것이다. 시험에 드는 것이 무서운 것이 아니라 해결할 능력이 없으니 무섭다. 불평과 원망을 삼가고 어려움을 잘 넘기면 큰 상이 주어진다고 여겨라. 하나님을 붙잡고 지혜로운 겸손한 마음으로 길을 열라!

⁂ 하늘의 고언

하늘의 말을 들어라! 하나님의 말씀이 들리지 않는가? 그대 주변의 말이 분명 하나님의 말씀이리라! 가만히 귀 기울여보라. 누군가 그대를 흉보면 그 말이 하늘의 말이요, 울림이다. 듣기 싫으나 도움이 되는 말이다. 칭찬도 이와 같다. 면전에서 말하지 않는 것들은 더욱 속 깊은 하늘의 말이다.

사기꾼이라 하면, 도둑이라 하면, 칭찬하면, 욕설하면, 심지어 마녀사냥처럼 쪼아대면 모두 하늘의 말이라 듣고 마음을 차분히 하고 깊은 양심의 소리로 반성하며 생각해 보라. 삼가 근신하며 경청하고 받아들여 순종과 반성으로 가늠해 보라! 강하고 단단해지리라.

⁂ 핑계와 거짓

핑계와 거짓은 정직과 진실을 업고 다닌다. "진실로, 사실은, 솔직히 말해서"라고 말하는 사람은 정직하지 않으며 자기 합리화에 강하다. 진실은 굳이 사설이 필요하지 않은 노두이다.

죽음이 두렵고 서러운 것은 다하지 못한 사랑 때문이다. 사랑하라. 그대가 세상에 와서 유일하게 잘한 일이 될 것이다.

⁂ 삶에서

직함이나 지위, 돈, 나름 해박한 지식 등이 전부인 양 사는 사람, 그 자체가 행복이라 생각하며 착각하는 사람, 남과 비교하며 자존심에 현혹되는 사람, 만족을 모르고 증오나 분노에 얽매이며 항상 바쁜 사람이 참 인생을 알겠는가? 고정관념이나 아집에 빠진 사람이 참 인생의 속살을 볼 수 있겠는가?

그들은 인생을 안다고 생각하지만 행복하지도 인생을 잘 알지도 못하며 오히려 무지하다. 무지한 사람은 자신이 무지하다는 사실을 모른다. 행복하면 행복을 모르는 법이다.

행복하다고 느끼는 사람은 인생을 제대로 보는 것일까? 자유롭고 여유 있을 때 여유의 민낯을 볼 수 있을까? 불행을 보며 행복을 알게 되고 불안하고 바쁠 때 여유를 그리워한다.

숨 가쁘게 달려와 사라지는 인생. 작금의 허하고 척박한 환경이 사람의 깊이를 만든다는 사실을 유념하라.

⁂ 거짓과 쇼

거짓말하는 입에서는 시궁창 냄새가 난다. 거짓과 거짓 선동하는 입은 악마의 놀이터다. 사람들이 듣지 않으려 하고 존경과 믿음이 사라진다. 거짓말하는 자 근심 많고 비난 대상이 될 것이다. 정직과 진실의 씨앗은 묻혀 잠들지 않는다. 언젠가 살아난다.

거짓과 쇼로 살아온 인생은 거짓말처럼 사라진다.

⁂ 어느 해녀의 물질

자신들이 마지막 해녀 세대라고…. 물 깊이 들어가면 귀가 찡하게 아프고 수압 때문에 코가 막힌다고, 아이고, 서글프고 고달픈 내 인생. 요즘 세대는 이렇게 힘든 일을 하려 하지 않는다.

그래도 자신들은 10여 일 물질해서 자식들 가르치고 시집 장가보냈다며 바다는 밉지만 참으로 고마운 시어머니 같다고 한다.

⁂ 항아리

깨지지 않는 항아리는 없다. 우리는 깨지기 쉬운 항아리를 안고 산다. 항아리는 조심히 다뤄야 한다. 가족은 항아리이다. 친구란 항아리도 있다. 꿈을 담은 항아리도 있다. 깨진 항아리에 담을 수 있는 것은 없다. 항아리는 뭔가 채워야 한다. 물을 채우면 물 항아리이고 쌀을 채우면 쌀독이며 마음을 담으면 가슴이다.

소중한 항아리라도 돌을 던져 깨고 싶을 때가 있다. 그러나 참는 것이 덕이다. 정의롭지 못한 항아리, 쓸모없는 잡동사니를 담은 항아리에는 돌을 던져라. 정의로울 때 돌 대신 행복하고 화사한 마음을 던져라.

⁂ 머물다 가는 인생

맑은 소리를 듣고 맑은 생각을 하라. 행복을 찾아 떠나는 삶에서 가급적 진한 인연을 쌓아라. 삶이 풍요롭고 지극히 아름다우리니….

긍정적이고 꿈이 있는 사람을 만나라. 근면하고 노력하며 칭찬하고 웃음이 떠나지 않는 사람을 만나라. 칭찬에 인색한 사람은 멀리하라. 나누고 배려할 줄 아는 사람을 만나라. 용기와 희망을 주는 사람을 만나라. 자신의 잘못을 알고 겸손하게 무릎 꿇고 참회하는 용기 있는 사람을 만나라. 일하고 싶어 밤이 오는 것이 싫은 사람을 만나라.

인생은 짧은 듯 먼 길. 따뜻하고 다정한 사람을 만나라. 친절하고 편안하며 내 마음을 읽어주는 마음씨 고운 내 편이 되어줄 진실한 사람을 만나라. 의지하여 없으면 허전해 살 수 없을 것 같은 사람, 마음과 생각이 자꾸 머무는 사람을….

인생이란 원하는 것은 많아도 손에 쥐는 것은 별로 없다.

⁂ 결혼

결혼은 안정이다. 결혼을 원함은 안정을 찾으려는 인간 본성의 근원이다. 남자와 가장 많이 닮은 여자와의 합일은 안심이자 조화 그리고 종족 번식을 위한 대자연의 질서에 귀의함이다. 음경을 가지고 있는 남자와 자궁을 가지고 있는 여자가 합하는 것이다.

삶의 안정이란 사랑과 안심이 결합한 결혼이다. 생식본능도 안심에서 자란다. 생존경쟁에서 살아남을 수 있는 에너지는 안정을 기반으로 분출되는 용기이다. 이성을 뛰어넘는 욕망이 결혼이다. 어둠에서 서광을 보는 것도 감정과 이성의 틈바구니에서도 안정과 안심이 있어 인간은 행복을 보고 살아남을 수 있음이다.

⁂ 부탄 유감

좋아하고 사랑하는 후배 미니멀리스트(minimalist)가 수련 중에 있어 더욱 친근한 나라. 잠시 들러본 부탄. 전통의상이 패션인 나라이다. 전 세계 유일 금연 국가. 1년에 1만 명에 한하여 입국을 허용하고 적어도 3천 불 이상 경비로 써야 관광객으로 인정하는 나라이다. 이하일 경우 추방도 불사한다.

국토 대부분이 히말라야 고산에 둘러싸인, 인도와 중국 사이에 위치한 인구 100만이 채 안 되는 소왕국 부탄. 남한의 반 정도 넓이에 국민소득은 3,000불 정도의 넉넉하지 않은 나라지만 행복지수는 아시아 1위, 전 세계 7위로 주목받고 있다.

국민의 반이 넘는 50만 명이 사는 수도 팀부에 교통 신호등이 없다. 이곳에 학승인 후배가 수도하는데 돌아올 줄 모른다. 1년을 기약하고 간 사람이 2년이 넘어도 돌아오지 않고 오히려 나에게 부탄에 오라고 한다. 삶은 희극이요, 죽음도 그렇다고 한다.

현재에 만족하며 욕심을 버리고 나누며 비우고 섬기고 배려하는 나비섬의 배를 띄우라면서.

⁂ 나비섬의 배

루마니아 체조 영웅 코마네치(Nadia Comaneci, 1980년 모스크바 올림픽 평균대 · 마루운동 금메달)는 화려한 박수갈채 속에 혼자 서 있는 것보다 그늘진 곳에서 남을 돕는 것이 더 행복하다고 했다.

미국 록펠러와 함께 석유 재벌인 루이스 헨리 세브란스는 전 재산을 털어 학교, 병원, 교회를 지어 기증했다. 조선 경성에도 세브란스 병원을 세워 기증했다. 그가 갑자기 죽음을 맞았을 때 낡은 수첩에 기부를 약속한 기록이 빼곡히 적혀 있었고 기금까지 마련해 두었으나 자신 명의의 집은 한 채도 없었다.

"받는 당신보다 주는 내가 더 행복하다"고 말한 세브란스. 나누고 비우고 섬기며 배려하는 사람은 분명 행복을 알고 삶을 경건하게 사는 사람이다. 경(經)을 나름대로 실행하는 사람이다.

삶의 아름다운 정원에서 말한다. 가장 아름답고 황홀한 배는 '나비섬의 배'다. 띄우자. 나누고, 비우고, 섬기고, 배려하는 나비섬의 배를….

⁂ 황천(黃泉)과 나비섬의 배

저승으로 가는 길을 황천이라 했다. 황천 건너 저승이다. 숨을 다하기 전 이르는 곳이다. 눈이 있어도 보이는 것은 천지가 모두 누런 구름으로 깊은 운해요, 귀가 있어도 소리는 들리지 않고 온몸이 깊은 구름 속에 묻힐 뿐이다.

황천에 이르면 생각은 사라지고 망각의 늪이다. 그렇게 좋고 고맙고 그리운 어머니도 생각나지 않고 단지 빙빙 도는 천길 운해 깊은 곳으로 하염없이 흘러 들어갈 뿐이다. 아무 생각과 그리움, 원망도 없는 곳, 그곳에 눈물이 있을 리 없고 집착이 있을 리 없다.

이미 영혼은 숨고 육신만 외롭게 떠날 뿐이다. 그런데 저승으로 가는 길목에서 다시 극적으로 생명을 얻어 살아난 사람들이 있다. 명태와 함께 초오두(草烏頭)를 삶아 달인 물을 한 사발 마시고 몸이 옥죄고 빙빙 돌아 황천을 보았다. 그때 저승을 보았다. 지나가던 옆 마을 이장님 도움으로 병원에서 위를 세척하고 살았다. 사약을 마시는 자는 돌보는 이 없으니 황천 건너 피안(彼岸)으로 사라졌으리라.

죽음 직전에 살아난 사람은 황천을 보았으리라. 모두 다 두고 갈 것에 애착과 집착을 버리고 나누고 비우고 섬기고 배려하는 삶을 사는 행복을 찾아보라. '나비섬의 배'를 띄우자!

⁂ 숲의 나무

숲의 나무는 단지 나무로 충분하다. 잘생기고 멋들어진 낙락장송만 원하지 않는다. 잘빠진 크고 우람한 낙락장송이 있어 숲은 풍요로울 수 있으나 베이고 결국에는 쓸모없고 보잘것없는 나무가 숲을 지키고 만드는 법이다.

⁂ 귀를 열자

욱 하는 성격 때문에 많은 것을 잃는 사람들, 용기 없는 소심한 사람에 비해 가능성이 있는 자다. 성격에도 속도가 있다. 서두르지 말라. 서두르면 몰락한다. 과한 만큼 손해 볼 것이다.

죽을 만큼 힘들고 어려울 때 주위 사람의 충고를 경청하라. 극도로 불안, 초조, 흥분 상태일 때 남의 충고는 들리지 않는 법이나 귀를 열어 평정심을 가진 사람의 진정 어린 충고를 경청하라. 분노나 격한 감정, 심지어 절망감으로 이룰 수 있는 것은 하나도 없음을 알라. 미움이나 증오는 품고 키우는 사람에게 어김없이 돌아갈 뿐이다.

악한 마음으로 그대가 이룰 수 있는 것이 있다고 보는가? 없다. 안심을 가진 자의 충고에 귀를 열자. 수정 집행을 부끄러워 말라. 참기 어려운 고통에도 웃는 미소는 참으로 곱다.

⁂ 묵상

하루에 한번쯤 묵상하라. 고요히 생각에 잠겨 마음에서 산란함, 원망과 증오, 시비, 비판을 멈추고 욕심과 정욕도 내려놓고 미련, 근심, 걱정, 두려움도 내려놓자. 원망, 증오는 마음에 상처가 된다. 지워라. 심연에서 잔잔히 떠오르는 마음의 평온이 느껴지며 길이 보이고 성공, 행복도 보일 것이다. 그토록 원하고 취하고자 한 것들이 외장에 연연함이고 내용은 등한시한 것임을 알게 될 것이다. 묵상에 잠기는 것은 깊은 산속 맑은 옹달샘을 찾아가는 여정이다. 혼탁한 물을 정화시키고 썩지 않는 심산유곡 작은 생수의 샘을 찾는 행위다.

일상의 상념이 늘 옳을 수만은 없다. 잠시라도 묵상하며 마음을 풀어놓으면 민낯을 보게 될 것이다. 생각이 고요히 머물고 행복의 모습 또한 찾게 될 것이다.

⁂ 자립

내가 오롯이 서야 남을 도울 수 있다. 자신의 위치나 여건이 튼튼해야 남을 돌아볼 여력이 된다. 처한 상황이 위태하고 지탱할 힘이 없는데 어떻게 남을 건사할 여유가 있겠는가? 도울 마음이 넘친다 한들 마음뿐이지 행동은 어렵다. 진정한 도움은 자립 후 하는 행위다. 정신적인 자립도 필요하다.

그러나 주제 파악 못 하고 자신의 처지는 물론 상대도 어렵게 만드는 경우가 허다하다. 남의 것으로 인심 쓰는 사람도 있다. 국가의 것도 이와 같다. 함부로 쓰는 사람이 있다. 지탄받아 마땅하다.

⁂ 이런 기도

행복을 빌어본다. 삶은 고(苦)와 낙(樂)이 꼬리를 물고 돌아간다. 고락(苦樂)의 뿌리는 욕구에 있다. 행복은 욕구를 따름이 아니라 처한 환경을 긍정적으로 보고 생각하고 행동하는 것이다. 우리는 행복하기만 기도할 뿐 일은 하나님이 하신다. 하나님을 사랑하고 의지하는 삶, 낮아져 자신을 보고, 의지와 집착, 고통과 핍박 가운데 행복과 또 다른 삶이 보이고 의미를 알아가는 깊은 은총이 함께하기를….

⁂ 입술

모든 부정은 입술에서 시작된다. 구문(口吻). 입술은 얼굴을 대표한다. 입술은 소통의 창이나 모든 악의 시발점이기도 하다. 단순한 입술 화장만으로 여자들의 얼굴 전체가 돋보임을 명심하라.

⁂ 눈을 감아도

눈을 감아도 눈동자는 움직이듯 가리고 감추어도 생각은 끊임없이 움직인다. 생각 속에 하나님이 계신다. 비밀도 살아 커지고 움직인다. 손바닥으로 하늘을 가리는 어리석은 짓은 하지 말라.

⁂ 중독

인간은 좋아하는 일을 버릴 수 없다. 쾌락이 있기 때문이다. 지나치게 좋아하는 현상, 중독이다. 술 · 도박 · 마약 · 인터넷 등 비밀스런 공간에서 중독은 심해진다. 우리나라는 술과 도박이 선진국에 비해 약 5배 정도 중독 현상이 심하다고 한다.

비밀 공간에서 밝은 대낮으로 나와야 한다. 애착은 집착이 되고 집착은 중독으로 이어진다. 집착을 버리면 평상심을 얻는다. 집착할 때 사람은 추(醜)해진다. 사랑은 습관이자 중독 같은 것, 집착을 버려라.

⁂ 씨앗

사랑하라! 마음 안에 나눔을 두라. 따뜻한 마음으로 나누라! 그리고 모으라! 나누고 또 모으고 나누어라. 그대가 세상에 온 흔적이요, 씨앗을 파종함이라.

씨앗은 숲이 되리라! 그것이 사랑이니라. 사랑의 정원이 가꾸어지리라. 사랑하는 사람을 잃으면 단지 존재할 뿐이다.

⁂ 독(毒)

자신을 보호하려는 치명적인 무기를 인간은 독이라 말한다. 잡아먹히지 않으려는 처절한 몸부림. 고추의 매운맛도 독인데 인간은 자체를 즐긴다. 벌의 독, 방울뱀의 독, 코브라의 맹독 모두 자신을 보호하려는 보호색이다. 생각이 추억의 숲을 지날 때 보이는 것은 삶의 공이자 아련한 독이다. 삶이고 인생이다.

⁂ 차례

홍동백서(紅東白西), 조율이시(棗栗梨柿)는 근거가 미약하다. 유교는 보수를 지향하고 변화를 싫어한다지만 사실이 아니다. 보수는 달콤한 말로 속이지 않는다. 분명 보수는 안주를 지향한다. 그러나 시대에 따라 바꿀 부분은 과감하게 바꾸는 사상이 유교다. 세상이 바뀌었으니 양복 입고 차례를 지내도 예에 어긋나지 않는다. 하지만 절대 바뀌지 않는 것은 부모를 공경하는 마음 효다. 생명 존중이다.

⁂ 한(恨)

조로(早老)란 마음에 가두어놓은 한이 너무 깊고 많아 몸이 녹는 것이다. 몸 안에 미움을 간직하면 건강은 자리를 잃는다. 한이 자리한 곳은 뼈도 녹는다. 한과 안타까움이 쌓이고 쌓이면 몸은 이미 뼈가 녹아 헛것이 되기 마련이다. 마음의 한은 늙음을 불러들인다. 몸 안에 한과 원망을, 안타까움과 미움을 쌓아두지 말라.

자신을 죽이는 마귀다. 흐르는 물에 씻어 흘려보내라.

⁂ 행복

안심이다. 만족이다. 심신의 욕구가 충족되고 복된 운수가 자리하는 것이다. 만족은 욕심을 채워 얻을 수 있고 욕심을 버려도 얻을 수 있다. 취하는 것은 그대 몫이다.

행복을 모르는 자는 지혜롭지 못하고 지식 또한 빈천하며 용기도 없다. 행복을 부르는 만족과 기쁨은 배려와 사랑을 보물로 간직할 때 오는 과일 같은 것.

인생에는 행복이 본이다. 작은 믿음만 있어도 행복할 수 있다. 믿음은 그대가 세상에 베푸는 부(富)요, 선행(善行)이다.

⁂ 명심할 말

교리처럼 명심할 말. 지혜를 얻어 맑은 이성에 도달하고 사랑하라. 천손의 교요, 깨달음이고 성지다. 욕망이 이성을 삼키게 하지 말라. 웅덩이 물이 말라가는 것을 지켜보는 자, 죽음을 맞을 것이다. 샘을 파고 물을 길러가라. 아니면 샘을 찾아라. 그대가 살 수 있는 길이다.

돈 벌기 어렵다고? 하나 누구에게나 쉬운 일이다. 보관하고 쓰고 관리하는 것이 어려울 뿐이다. 정직, 신뢰, 공감, 소통은 대인관계에 있어 중요한 요소이나 반성이 있을 때 가능하다. 사랑 이전에 반성이다.

⁂ 안타까운 모습

그립고 존경스러워 나무로, 돌로, 동상(銅像)과 흉상, 석상을 만들어 기념한다. 안타까운 모습이다. 인간들의 처절한 비명 같은 것일 뿐 어디 온기가 있어야지!

⁂ 잡담(雜談)

잡담은 쓸데없이 지껄이는 말이다. '잡담을 나누다, 잡담을 늘어놓다'라고 한다. 우리 민족에게 타국에는 찾아볼 수 없는 사랑방 문화가 있다. 사랑방에 모여 앉아 특별히 알맹이도 없고 결론도 없는 잡담을 나누며 따뜻한 인간관계를 맺고 동질성을 유지했다. 잡담은 서먹서먹한 관계를 쉽게 녹여주는 매력도 있고 가벼운 수인사를 대신

하는 경우도 있다.

얼굴은 잊혀도 잡담은 기억된다! 잡담이 시간 때우기 용도로 주고 받는 말은 아니지만 유창하게 말하는 기술은 필요 없다. 잡담은 고도의 소통이다. 모든 관계의 시작은 작지만 큰 힘, 잡담에서 시작된다.

⁂ 묘비명을 생각할 때쯤이면

누구에게나 인생은 어설프고 서툴기 마련이다. 빈틈없이 살아보려 해도 정작 살아온 길을 돌아보면 실수투성이라 참담하게 후회하며 좌절도 한다. 환경을 탓할 필요는 없다. 그대가 처했던 환경이 과거에도 현재도 그대에게 최적의 환경이었으리라. 그곳에서 신뢰를 쌓고 집중과 소원하며 일을 도모해야 한다.

힘들고 어려울 때 숨 쉴 수 있는 도피처는 처음부터 없다고 생각하라. 힘들고 어려움이 있다면 그곳에 삶의 쾌감과 쉼터가 있다. 어디나 삶은 늪이요, 정글이고 숲이다. 술, 도박, 성(性), 여행 또는 그 무엇이든 도피처가 될 수 없고 번뇌만 안고 돌아올 것이다.

도피처나 쉼터는 하늘에 있을 뿐 어디에도 없음을 알라. 그대가 처한 그 자리에서 소원하고 배려하며 인연을 풀어가고 변화를 강구해야 함이다. 기쁨과 행복을 나누는 신앙 같은 사명감을 흉내라도 내면서 마지막 순간 후회할 일은 자신을 바꾸는 변화에는 인색하고, 남이 변하기만 바라는 것은 아닌지 말이다.

⁂ 마음

갈등에 불필요한 대응을 삼가라. 마음은 몸의 신이다. 정갈히 할 것이며 진정으로 다듬어라. 후회도 날려버리고 남기지 말라. 시간이 흐르면 해결될 것이다. 마음이 노하면 장기가 병들고 기가 쇠해지는 법이다. 마음이 편할 수 있도록 갈등의 밭에 가지 말라.

마음을 옥죄지 말고 풀어놓아라. 마음이 머무는 곳에 사랑과 꿈,

희망이 있고 역사도 있다. 좇기며 살지 말고 남과 비교하지 말라. 편히 숨 쉴 수 있도록 마음을 흔들지 말라. 마음 따라 몸이 가는 곳에서 선물 같은 사랑을 하라. 배려를 즐겨라.

⁂ 사랑이 곧 이름

사랑이 곧 이름인 사람들이 있다. 테레사 수녀가 그렇고 이태석 신부가 그렇다. 사랑으로 기쁨과 행복을 나누고 몸소 봉사를 실천했던 그들은 광야에서 사랑이라는 지팡이가 되어 살다 갔다.

그들이 있어 빛과 소금의 의미를 깨닫는다.

⁂ 사랑하라!

사랑으로 꽃이 되고, 씨앗이 되고, 사랑으로 빛이 되어라. 사랑으로 그대는 향기로운 사람이 되리라. 사랑은 그대가 행할 귀한 몫이요, 삶의 진수이리라. 그대의 삶에서 가장 잘한 일이 될 것이다. 행복할 것이다. 남을 사랑하는 데 인색하면 남도 나를 가벼이 여길 것이다. 남을 사랑할 때 그대도 사랑받을 것이다. 사랑은 사랑하는 자에게 찾아가는 마력의 힘을 가진 혼이다.

"만약 당신이 사랑하고 기구하고 괴롭다 하여도 사랑과 생명의 속삭임 속에 있기에 인간이다"라는 인도 격언이 있다.

밀레는 "지혜가 깊을수록 지혜의 모가 나지 않고 사랑 또한 그러하며 참된 예술품도 이와 같다"라고 했다.

⁂ 사랑이 깊을수록

작은 일에도 서운해지는 법이다. 보아도 즐겁지 아니하고 들어도 들리지 아니하며 맛을 느끼지 못하는 것이 사랑을 잃은 마음이다. 외롭고 한기를 느낄 때 사랑이 따뜻한 이불이 되리라.

믿음보다 오해가 앞서간다 해도 사랑하라. 칭찬하라. 인간을 부러워할 천사도 있으리니… 감정이 고갈되어 의미를 잃기 전에.
뜬구름 같은 인생에 그대가 할 수 있는 가장 소중한 일이다.

⁂ 삶의 요령

위기는 곧 기회라는 말이 있다. 벼랑 끝이 시작이다. 위기라 생각되면 정면 돌파하고 결코 무너지지 말라. 활력과 의욕을 가지고 변혁의 전략과 전술을 연마하라.

도전에는 실패가 따르기 마련이지만 실패의 원인을 성찰하고 자신만의 무기를 만들어야 한다. 마음속에 나는 결코 쓰러지지 않는다는 절규를 새겨라. 다음은 용기다. 진정한 용기로 에너지를 모아 씀에 거리낌이 없어야 함은 두말할 필요 없다.

⁂ 미국 사는 친구의 말

한국에는 공정한 법률이나 관습이 없다고 했다. 공권력은 무기력하고, 정당한 방법으로 선출된 지도자에 대한 존경심 없이 국가보다 자신의 안위를 먼저 생각하고, 약자에 대한 이해나 배려가 없으며, 자유가 아닌 방임에 가까운 한심한 언론이 국민을 정신적으로 리드하지 못하고 한탕주의에 물들어 있다는 것이다. 특히 더불어 살려는 의지가 약하다고 했다.

비평하기는 쉽다. 욕하기도 쉽다. 그러나 깊은 연민을 가지고 사랑하기는 어렵다. 미국에 불과 3박 4일 머문 내가 미국에서 배울 것은 아무것도 없다고 말하는 것과 무엇이 다를까?

⁂ 법과 봉사, 국익

법질서를 무시한 채 폭력이나 떼를 써서 문제를 해결하지 말며 법은 공정하게 집행되어야 할 것이다. 성공한 나라에서 온갖 특혜 다 누리면서 실패한 북한 등의 나라를 비호하고, 자유민주국가에 살면서 부자유한 나라를 선호하는 사람이 득세하고 목청껏 소리 높이는 사람, 떼를 쓰는 사람은 득세해도 반드시 실패할 것이다. 떼 꿩에 매 놓기다.

남의 업적은 깎아내리고 자신만 독야청청하겠다는 소인배 행위는 버리고 나라의 발전을 가로막는 부정적이고 파괴적 행위는 과감하게 척결할 것이다. 우방과 국익은 멀리하고 국민을 불신의 늪으로 몰아넣는 위정자는 반성하고 스스로 물러나라.

금 모으기 행사, 월드컵, 올림픽 응원에 모인 우리 국민. 그들은 지금 신명을 잃었을 뿐이다. 백성에게 신명을, 자랑을, 다이내믹한 열정을 심어주면 된다. "잘 살아보세" 하며 새마을운동의 불을 지폈을 때 전 국토가 신바람 났고 88올림픽, IMF 때 금 모으기도 이벤트였고 월드컵도 신바람 축제였다. 그러나 금 모으기는 미담이 아니라 치욕이었다.

선행과 기업의 기부가 당연시되고 존경과 추앙을 받는다면 또 기부를 몰래 하고 숨는 사회가 아닌, 기부가 자랑거리가 되고 우쭐거리지 아니할 때 활성화될 수 있다. 사회적 자본의 핵심은 신뢰와 법질서이지 미사여구나 선동이 아니다.

이 두 가지 틀 위에 봉사와 기부했을 때 이익이 있어야 한다. 기부하는 돈이 적재적소에 쓰이지 않고 한두 사람의 쌈짓돈처럼 쓰이면 누가 기부하겠는가? 국가 돈을 공돈이라 보면 국고는 텅 빌 것이다. 봉사와 기부도 이익이 있어야 한다니 주는 데 무슨 이익이 있겠는가라고 말할지 모르나 봉사해 보라. 즉시 즐거움이라는 선물을 받게 된다. 하지만 주변의 싸늘한 시선이나 뭘 그걸 가지고 생색이냐는 식으로 폄하하거나 그런 사람 도울 바에 나를 주지 그랬냐 하는 역정 같은 말을 들었을 때, 돈 많은 사람이 기부 좀 했다고 뭘 그래, 재벌이니 기부는 당연한 것 아닌가라고 할 때, 숨고 싶은 모욕감을 받을 것이다.

봉사와 기부하는 사람들은 드러내놓고 행하기를 꺼리고 우리들의 사고 또한 몰래 해주기 원한다. 전주에 매년 연말이면 돈을 몰래 놓고 가는 숨은 천사가 있다. 이름을 밝히지 않고 구세군 냄비에 성금을 내놓는 사람도 있다. 모두 양지로 나와 즐겁게 성금하고 겸손하게 자랑스러워해야 한다. 한국인의 응집력은 충분히 본 바 있으니 봉사와 기부도 공공연한 일로 존중되고 자랑스러울 때 화합과 도약의 길로 갈 수 있다. 문화민족의 자긍과 한글과 효, 긍정의 저력 등 뿌리자산 그리고 신뢰와 공정한 법질서 앞에 기업들이 1세대들의 보국, 애국과 열정을 추앙하고 되살리고 본받아 제2, 제3의 도약을 해야 하며 위정자는 국익과 국민을 위한 대인 정치를 해야 한다.

국익이다. 민족과 국익 앞에 여야가 없고 좌우도 있을 수 없다. 소위 식자연하는 사람 또는 정치인은 북한을 조미료처럼 이용치 말라. 조선말의 어리석음으로 나라를 송두리째 잃었다는 사실을 명심하라. 바로 고지 앞에서 머물러 주저앉는 어리석음을 범해서는 안 된다.

국민이여! 축복과 저주도 우리 몫이다. 반성하고 칭찬하고 사랑하여 웅비하자. 바로 저기가 마지막 고지인데 여기서 멈출 수 없지 않은가! 문제는 모두 알고 있으나 개선하려는 의지는 약하고 변화에도 무디다.

믿지 못하는 사회, 자신만 아는 사회, 국제관계 실상은 뒤로하고, 위안부 문제 해결을 힘들게 하고, 우방은 멀리하고, 어떻게 살까에는 뒷전이고, 무엇이 될까에만 전심전력하는 사회. 국익은 뒷전이고 선명성이니 적폐니 하며 마치 사화(士禍) 분위기를 조성하니 국익과 행복의 질은 상대적으로 낮을 수밖에 없고 경제는 파탄 유지조차 어렵지 않은가?

조국을 사랑치 않고 자기를 지킬 열망이 없는 사람은 하늘도 지켜줄 수 없다는 사실을 명심할 일이다. 어느 날, 해상 교통사고 세월호 그리고 촛불시위가 인공기 시위가 될까 두렵다.

⁂ 100년 자란 나무

수령이 100년 된 나무를 베었다면 분명 동티가 남이 타당하다. 적어도 100년 된 나무를 베었으면 묘목을 심어 100년을 기를 마음가짐이 필요하고 그 나무로 100년을 지탱할 집을 짓는 것이 자연의 도리와 질서를 지키는 것이다. 오래된 나무를 신성시하는 것은 나무에도 영혼이 있다고 보기 때문이다. 분명 죽은 자의 영혼이 자리함이다. 자연을 경외하고 질서에 순응함은 자연의 일부가 되어 사는 인간에게는 지극히 타당하다.

뜻 없이 자연을 훼손하는 것은 자신의 집 서까래를 뽑는 것과 다를 바 없음을 상기할 일이다.

⁂ 터득(攄得)

거울 앞에 어리석은 사나이가 서 있다. 완성을 향하여 완벽을 기하고자 부단히 노력한 세월. 후회만 남고 다 잃어버리고, 꽁지 빠진 수탉처럼. 고생고생해서 얻은 것이 고작 작고 볼품없는 집 한 채. 젊어서 늙은 이날까지 번 돈은 어디로 사라졌나?

베풀고 퍼줌에 능한 사람. 믿음의 마지막 보루인 자식마저 돌아앉은 사람. 지구상에서 가장 뛰어난 고등동물은 자식에 한없이 약하다. 사라지고 마는 삶의 이치를 겨우 터득한 사람. 생기가 사라진 쭈그러진 몸이 된 이치. 자책과 후회는 허무로 뭉게구름 되어 하늘가에 걸리고 경멸이 사뭇 두려운 모습으로 몸을 사린다.

⁂ 절도와 강도

폭행과 협박 등의 수단으로 남의 재물을 빼앗거나 재물을 훔치는 사람이나 도적이기는 마찬가지이다. 이들의 목적은 오로지 남의 것을 자기 것으로 만드는 것일 뿐 상대가 무엇을 잃는가에는 전혀 관심이 없다. 500만 원짜리 의복이나 300만 원짜리 가방이 망가지는 것은 아랑곳하지 않고 가방 또는 옷에 들어 있는 5만 원 남짓 돈을 빼앗고자 가방을 찢고 옷을 찢는다. 강도의 행위도 이와 같다. 그가 원하여 취함으로 상대가 무엇을 얼마나 많이 잃는지에는 관심이 없다. 양 한 마리를 훔치기 위해 울타리를 뜯어 많은 양이 뜯어진 울타리로 도망가 없어지는 것에는 관심이 없다.

소위 정치하는 사람들, 귀족처럼 군림하는 사람들은 목적하는 것을 취함으로 말미암아 무너지는 다른 한편의 커다란 손실에는 관심 없는 것을 보며 도적과 다를 바 없음을 본다. 그들은 도적이다.

⁂ 부모

부(富)는 자식을 망칠 수 있음을 알라. 부자일수록 철저히 경제원칙을 세우고 공짜로 얻어지는 것은 없음을 가르쳐라. 자식을 상하고 병들게 하는 최악의 곰팡이가 돈임을 알라. 사랑하고 믿어주며 칭찬에 인색하지 말라. 부모가 믿지 못하고 사랑받지 못하는 자식이 성공한다는 것은 우물에서 숭늉을 탐하는 것과 같다.

이런 심정이 부모의 함정이다. 캔버스(canvas)에 색칠한다고 다 그림이 되는 것은 아니다. 사랑의 혼과 믿음의 신기와 가슴 가득히 고이는 눈물이 채색되어 그림이 된다. 애석하게도 대한의 부모들은 줄 것 다 주고 늙어 깊이 후회한다. 효를 기대하는 부모는 의외로 자식에 인색한 사람이다.

⁂ 예단(豫斷)과 오만(傲慢)

떨어지는 낙엽을 보며 목가적인 낭만을 느끼는 사람이 있는 반면 낙엽만 봐도 몸서리치는 환경미화원이 있다. 또 다가올 추위와 배고픔, 외로움에 떠는 사람도 있다.

오른손으로 핸드레일을 붙잡고 우측에 서서 가고 좌측은 바쁜 사람이 걸어 올라가도록 비워두는 에스컬레이터에서 좌측 핸드레일을 왼손으로 붙잡고 가야 하는 사람도 있다. 버섯 같은 시골 초가집에 만정이 떨어지는 사람이 있는 반면 보는 것만으로도 어머니 품속처럼 푸근한 마음이 드는 사람도 있다. 목가적인 숲속을 좋아하는 사람도 있지만 외로움의 상징처럼 싫어하는 사람도 있다. 숲속의 전원주택을 벽촌에 유리 안치된 외로움의 상징물로 보는 사람들도 있다.

전복죽, 잣죽 등 고급 보양 죽을 좋아하는 사람이 많으나 가난하여 죽으로 연명했던 사람은 죽 소리만 들어도 싫어 양식의 스프조차 먹지 않는다. 자신의 처지와 삶의 깊이에 따라 매사 가벼이 예단함은 오만이요, 경솔이자 죄악이다. 위를 보는 자는 결국 아래를 보게 될 것이다.

오래전 돈 많은 고위층 모 회장 부인의 식사 초대에 기대하고 따라갔더니 여의도에서 문○○(배우) 씨가 경영하는 식당이었다. 기대가 컸는데 나온 것은 시래깃국이었다. 시래기라면 보릿고개가 연상되어 지겹도록 물린 싫은 음식이라 대단히 실망했던 일이 생각난다.

배고픈 어린 시절 시래깃국과 시래기 밥은 지겨운 음식이었다. 헌데 그 음식을 최상류층 사람이 대접했을 때의 실망감이란 말해 무엇하리. 지금이야 건강식이 되었지만….

낙숫물 떨어지는 소리가 운치로 들리는 사람이 있고, 뼈를 깎는 고독일 수도 있음을 알아야 함이라.

⁂ 자식들아

부모는 자식에게 보험이자 벌거벗은 임금님이다. 자식만큼 부모를 잘 아는 사람도 없다. 부모는 자식의 고향이자 향수다. 자식은 부모의 훈장(勳章)이다. 자신이 무의식적으로 한 행위까지 어느 날 자식이 행함을 볼 것이다. 자식을 위해 무엇을 심어놓든 그것은 부모의 몫이다. 부모가 자식을 버리는 법은 없지만 자식은 부모를 버릴 수 있다. 부모의 젊은 모습을 많이 기억하는 아들이 되라.

자식들아! 언젠가는 부모가 되고 또 죽음을 맞게 됨을 잊지 말라. 아들아! 대문 밖에 저승길이 있다는 것을 알면 좋으리라.

⁂ 마음의 쉼터

재주는 있으나 경박한 사람, 뜻밖에도 경박하고 호전적인 사람이 많은 나라가 위대한 국가를 건설한 경우가 있다. 단순하고 호전적이라 빠르고 용맹할 것이다. 격조와 품격이 모자란 정치인이나 지도자들은 국민을 힘들게 한다. 억압과 핍박에서 자유가 싹트고 지도자의 무능과 억울함에서 상업이 발달하였고, 환경이 척박한 곳에서 사람들은 슬기로운 지혜를 터득했다. 네로의 폭정이 기독교의 부흥을 일으키듯. 새삼 느끼지만 밤하늘 상공에서 본 서울 거리에 빨간 십자가 네온불이 유독 많아 보인다. 영혼의 쉼터 표시다. 역설적으로 품격 없는 천박한 지도자가 많아 마음 의지하려 모이는 곳은 아니리라!

삶의 무게가 힘겨워 지친 사람들이 잠시나마 쉴 곳이 필요한 세상이라 안식과 소망을 피우는 곳이 되었으면 한다.

⁂ 우공(牛公)

풍요의 상징 소. 여유만만하고 후덕한 인간의 모습이다. 쇠코뚜레에 쇠방울 달아놓으면 잡신의 범접을 막고 또한 매매가 되지 않는 부동산이 매매가 되고, 괴롭고 고통스러운 것을 사라지게 하는 주술적인 역할을 한다고 한다. 쇠코뚜레에 방울을 달아 액을 쫓고 풍요를 불러들이기 위해 매년 새해 첫날 문지방에 걸어두기도 한다. 죽은 소와 워낭소리 낸 방울이 그 집을 지켜주고 행운의 부적이 된다는 것이다. 묵은 코뚜레에 낡은 쇠방울 2개 값이 100만 원을 호가한다.

유교에서는 의로운 동물의 상징으로 소를 받들었다. 풍요의 상징이기도 했다. 살아서 묵묵히 일하고 죽어서는 코뚜레와 방울, 고기와 뼈, 심지어 내장까지 다 내놓아 식도락을 즐기게 하고 가죽은 장고, 북이 되어 지축을 울리며 만물의 소생을 알려준다. 소는 코뚜레를 끼워준 사람을 죽는 날까지 잊지 않는다고 한다. 코뚜레를 끼는 순간 자유를 포기하고 순종의 길로 가는 천국의 문을 선택한다. 워낭소리 내면서….

우리 조상들은 소 꿈은 조상을 상징하며 부의 상징으로 인정하였다. 증권가 객장에서 곰 장세는 하락을, 소 장세는 상승세라고 한다. 아래에서 위로 올라감을 의미하기 때문이다.

소의 미덕과 일생을 생각하며 한번쯤 자신을 돌아보라. 본래 조상이 윤회 환생하여 다시 한 번 인간과 더불어 살다 삶의 교훈을 남기고 떠나는 어르신의 화신으로 소를 보라.

⁂ 검소한 진정성

"새벽이 되면 나는 늘 소풍 가는 날처럼 설렘으로 잠을 깬다. 15년 동안 굽만 갈아 신고 다닌 구두가 곧 터질 것처럼 아슬아슬했지만 수명을 다한 것 같던 그 구두는 전경련을 출입한 일 년 반을 끄떡없이 버텼다."

강원도의 부지런한 농부 아버지에 대한 추억이 가슴에 응어리 되어 과함은 죄인 양 부끄러워 오래된 와이셔츠 깃을 바꿔 달면서 평생 근검의 궤도를 벗어나지 않았던 정주영 회장의 모습이 그립다.

그분은 효자이자 시대의 영웅이었다. 그분이 보내준 양복지와 양장지를(친절하게 맞춤옷값까지 동봉하여 보내주었다.) 보며 항상 부끄러움을 느낀다. 왕 회장은 검소한 진정성이 있었다. 창의성이 있었다. 그는 독특한 창의력, 패기, 직관력, 신용을 행동으로 실천한 사람이다.

진정성 없는 기업이 성공한 예는 없다. 진지한 의미와 긍정성. 얼렁뚱땅 대박을 생각하는 사람은 기업도 인생도 포기하라. 갑자기 대박 날 수 없는 것이 인생이고 진지한 창의성과 노력이 있어 삶도 풍요롭고 기업도 경쟁력이 강해질 것이다.

어려움이 닥쳐 회사는 비록 토굴 속에서 위기를 피할지라도 사장은 토굴 밖에서 폭풍한설을 견디며 진정한 사고를 해야 한다. 위기도 진정성 앞에서는 기회가 될 수 있음이다.

시련을 몸으로 맞으며 한 말. "이봐, 해봤어?"

⁂ 오늘을 살며…

오늘 걷지 않으면 내일은 뛰어야 하고 오늘 쉬고 여흥을 즐기면 내일은 벼랑 끝에 서게 될 것이다. 하지만 강박관념이나 불안으로 마음을 졸이거나 쫓겨 살지 말라. 남의 성공을 탐하지 말고 부러워하지도 말며 비교도 하지 말라. 마음이 편안하게 숨을 쉬고 살도록 옥죄지 말라. 안심을 유지하고 전정을 살피면 분명 주어진 삶의 의미와 사명감이 보이리라.

삶과 죽음은 동일 선상의 조화이다. 진드기, 바이러스가 도움이 되기도 하고 해가 되기도 하는 이치이다. 이것이 삶이다. 단순 소박하게 살자. 반대 의견도 경청하고 자신과 다른 그들의 생각도 일리가 있음을 알아 포용해 보자. 진정성 있는 사람을 만나고 나누고 섬겨라. 아! 네! 하며 경청하고 앎을 자랑하지 말고 짧게 말하고 길게 들어라!

생각을 다듬어 욕심을 털어내라. 상징적으로 총이나 무기 소지한 자는 멀리 하라. 듣기 좋은 말로 선동하는 자는 거짓을 즐기는 자다. 그들은 항상 우발적으로 비굴한 행동을 은연중에 즐길 자들이다. 또한 분수에 맞지 않은 차나 옷, 기름진 음식과 값비싼 가구 등을 소유하거나 탐하는 자도 마음을 괴롭게 할 사람들이다. 물에 빠진 자는 누군가를 끌어들인다. 죄로 오염된 세상에 살면서 매일 새로워지려는 노력을 게을리하면 분명 그들의 유혹에 빠질 것인즉 회개하며 정진하라. 매사 복잡한 사람과 상식에서 벗어나 행동하는 사람, 삶에 윤기가 없고 어두운 생각과 배려를 모르는 사람은 삶이 부도난 사람들이다. 이들을 가까이하지 말라. 마음이 편히 쉴 수 있도록 아름다운 인연을 가까이하라.

⁂ 인연

인연은 피로만 이어지는 것이 아니다. 인연이 어찌 피로만 이어질까? 인연 아닌 것이 주변에 모일 리 없다. 주변이 모두 인연이다. 세상에 우연이란 없으며 반드시 필연만 존재한다. 필연이 인연이다. 가까이 있어 마음 가는 사물은 모두 인연이니 정성을 다해 소중히 하라. 자주 만나고 보는 것은 인연을 쌓는 것. 인연은 평생 가꾸는 농사다. 늙어 추수하는 풍성함이요, 풍요다. 인연을 소홀히 한 자가 외로움을 겪음은 당연하다. 지인은 또 다른 인연을 이어주는 징검다리. 거짓은 악연이 되고 진심은 좋은 인연이 되니 모두 그대로 인한 것.

사귐에 경솔하거나 경거망동을 삼가라. 진실하고 온유한 마음만이 좋은 사람을 만나리라. 가까이 두라.

⁂ 물 한 잔

목마른 사람에게 물 한 잔은 꿀보다 달다. 갈증도 해소된다. 물 한 모금의 가치는 참으로 크다. 한 잔의 물, 한 모금이 생명수다. 물 한 잔의 적선은 목마른 자에게는 세상 무엇보다 귀한 선물이다.

어느 졸부가 한 잔의 물이 필요한 사람에게 한 드럼(drum)의 물을 부어주었다고 하자. 자식에게 부모가 이와 같다. 준 자는 한 드럼이고 받은 자는 한 컵(cup)일 뿐이다. 물 한 모금의 행복이 여기에 있다. 컵에 한 잔 채워주면 그만이다. 그 이상은 낭비이다. 원하는 바도 아니다. 목마를 때 한 컵의 물이면 족하지 그 이상은 넘칠 뿐 낭비다. 필요한 한 잔의 물 대신 한 드럼의 물을 넘치도록 부어대는 사람도 있다. 어리석다.

이 민족에게 희망이라는 물 한 잔 부어줄 큰사람을 기다린다.

⁂ 상실

결혼은 독립 선언이나 실습 없는 현실로 들어감이다. 이혼은 결혼 연습에 실패한 자가 살고 싶어 숨을 쉬고자 선택하는 마지막 카드다.

상실의 고통은 얻는 기쁨보다 훨씬 크고 상처도 깊다. 취득의 기쁨은 참으로 좋은 일이고 행복하다. 얻는 기쁨과 상실의 슬픔, 생과 멸 같은 이치로 보이지만 상실은 주체할 수 없는 슬픔을 주고 상처도 남긴다. 무모한 것과 무책임은 죄악이다. 힌두교에서 인간이 저지를 수 있는 272가지 죄 중 상위의 죄악이다. 무모한 자식 사랑은 자식에게 병마다. 불효와 배신을 교육하는 것이다.

사랑은 위에서 아래로 흘러내린다. 강철은 불과 망치로 만든다. 어떤 시험이나 시련도 현실처럼 혹독하지 않다. 고통과 시련은 위대한 스승임에 틀림없으나 좌절은 용열의 핑계다.

사탄은 늘 가까이 있다. 한 번도 남의 꼬임에 빠져본 일 없는 사람도 자식에게 당하여 패가하기도 한다. 어디 자식뿐이랴! 가족, 친지… 사탄은 늘 가까이 있다. 욕심이 승하면 마음이 허(虛)하면 찾아온다.

⁂ 말의 맛과 향

무심결에 던진 말 한마디가 상대를 천국 또는 지옥으로 가도록 만든다. 따뜻한 정감 어린 말은 상대를 포근히 감싸는 담요다. 생명을 살리는 말을 하는 사람이 있는 반면 입만 열면 생명의 싹을 자르고 상대를 기분 나쁘게 하고 무시하고 아프게 하는 사람도 있다.

용기와 희망을 주는 말은 향기 있고 맛도 있다. 기분 나쁜 말투, 말씨, 독설은 상대를 아프게 하지만 자신도 병들게 한다. 진실을 가장한 독설도 이익 없는 칼이 되어 돌아온다.

공든 탑도 한마디 말로 무너지는 경우가 허다하다. 상대의 말을 자기본위로 해석하면 진의는 왜곡된다. 내가 하는 말이 진정으로 상대를 기쁘게 하고 생기를 불어넣었다면 그대도 행복할 것이다. 숙성되지 않은 인격으로 혀를 나불거림은 악이요, 마음을 죽이는 독이다. 인간도 숙성이 필요하다. 가슴에서 숙성시켜 말하라.

⁂ 손발톱

손톱은 신의 마감이다. 발톱도 이와 같다. 원래 상것들은 손톱을 깎지 않았다. 일에 지치다 보면 저절로 닳아 없어져 깎을 손톱이 남아 있지 않았다. 그러기에 동서양을 막론하고 잘 손질된 긴 손톱은 귀족이나 황족의 상징이기도 했다. 지금도 잘 손질된 긴 손톱과 길고 하얀 손가락은 은연중에 상위층을 나타내는 여성들의 상징이다.

⁂ 사람이 꽃일 필요는 없다

사람은 누구나 귀한 서로 다른 개성과 향기가 있는 꽃이다. 굳이 아름다운 꽃을 흠모하여 닮으려는 어리석음에 취하지 말라. 그대라는 꽃은 세상 80억 인간 중 단 하나의 존귀한 꽃이다. 향기도 아름다움도 독특하고 특수한 존재이다. 누구도 따를 수 없는 독특한 아름다운 개성과 멋을 내포함을 알라! 좀 더 자신을 연마하되 선망하는 다른 꽃이 되기를 탐하지 말라. 굳이 꽃일 필요는 없다.

⁂ 만추 같은 삶

주머니 속 소중히 감춘 것을 꺼내어놓은 것 같은 느낌. 가슴속 깊이 묻어놓은 것을 꺼내놓고 후련해하며 안타깝고 아쉬워하는 삶. 뼈가 시린 듯 허전함. 아끼고 소중한 것이 늘 가까이 있는 것을 무심히 대한 어리석음을 알게 될 즈음 오는 부끄러움과 후회와 허무.

어느 날 늘 가까이 있고 흔하여 무심히 지나친 것들이 귀하고 소중한 것임을 깨닫고 안타까워 살며시 꺼내놓고 우수에 젖는 것이 만추 같은 삶이다.

만추, 허전함과 아쉬움 그리고 허무함. 불필요한 것을 갖지 않는 청빈. 행복으로 가는 여정이다. 겉만 번지르르한 생활이 아닌 아쉬움과 궁핍 후회 등 등짐을 지고 가파른 산길을 오르는 것이 삶이다.

⁂ 십자가

억지로 짊어진 십자가는 축복이 될 수 있다. 그대의 뜻이 아니고 어쩔 수 없이 질 수밖에 없는 고난의 십자가는 결국 축복이 되어 돌아올 것이다. 위기처럼 다가와 기회가 될 것이다.

눈먼 봉사 앞에 아무리 환한 촛불을 밝혀도 그가 환해질 수 없다.

이런 십자가일지라도….

⁂ 몸과 마음

몸과 마음이 따로 가면 늙은 것이다. 이유 없이 불안하고 불길할 때, 영혼이 우울할 때 몸에서 마음이 이탈하는 것이다. 마음 가는 곳에 몸이 있어야 되는 것. 마음 따라 몸이 가는 것이 한 몸이다.

⁂ 남과 여

남자와 여자는 분명 한 몸이 암수로 갈라선 것. 가장 닮은꼴이다.

입과 성(性)은 질서의 본이자 신의 채찍이다. 성으로 자연의 질서가 된다. 동물의 성은 질서의 본이다. 남자는 선이 굵고 직선적이나 여자는 선이 가늘고 곡선이다. 분명 합해야 한 몸이 되고 비로소 완성된 한 단어, 행동 그리고 그림이 된다.

꼭 같이 살아야 한다는 것은 아니다. 남자는 세심하게 보지 않고 여자는 세세히 설명하지 않는 속성이 있다. 남자는 이성에, 여자는 감성에 움직인다. 남자는 인기 있는 여자를 좋아하고 여자는 자신이 좋아하는 독특한 남자에게 관심을 갖는다. 남자는 최고를 탐하고 여자는 특별한 여자가 되고자 한다. 남자는 행복할 때 여자를 원하고 여자는 불행하고 외로울 때 남자를 원한다. 남자는 침묵을, 여자는 울음을 즐긴다. 신의 조화요, 화합 종의 번식이다.

혼인은 가장 닮은꼴의 결합이다. 한마디 더하면 여자는 유덕이 있어 존영이 있고 남자는 근면 성실이 있어 재물이 있다. 덕이 있고 성실하면 주위에 사람이 모이고 사람이 모이면 모사가 있고 모사가 있으면 땅이 있고 땅이 있으면 재물이 모인다.

이때 성실, 근면은 소금과 같다.

⁂ 성(性)

성은 휴식처요, 하늘로부터 받은 안식처다. 자연의 질서다. 신이 인간을 질서정연하게 다스림은 성과 음식 곧 입이다. 대자연의 질서를 유지함이다. 신의 선물이자 의무이다. 음식과 성은 정갈해야 마땅하다.

주변이 정갈해야 하고 자체를 터부시함은 잘못이다. 성은 자체가 창조의 근원이다. 사랑의 궁극적 목적이다. 창조의 근원은 숭고하며 신성하다. 성은 놀이동산이 아니다. 누구나 와서 더럽히고 질서 문란한 무책임한 장소가 아님은 주지의 사실이다. 안식처요, 신으로부터 책임과 의무를 부여받는 곳이다.

성이란 자연 질서와 소통하고 자신의 몸과 소통하고 사랑하는 사람과 소통하는 육체의 언어다. 구름과 비를 말하며 정신적인 해탈을 말하기도 한다. 분명 사랑의 궁극적 목적은 섹스에 있다. 세상에 존재하는 가장 닮은 남녀의 교합이다.

남성은 급하고 여성이 느린 것은 어떤 의미에선 종자 선택에 대한 의식의 차이에 있다. 남자는 냄비, 여자는 뚝배기에 비유하는데 사실은 태생적 본성 차이다. 그 간극을 줄이는 것이 성을 원만히 다스리는 예의다.

성은 주어진 신의 권리이다. 성적으로 자립해서 자신이 누려야 할 권리인 만큼 누리는 것이 마땅하다. 자신의 성은 자신이 개발하고 충분한 연습과 연마를 거쳐 도덕적으로 정립된 사고를 가져야 한다. 성은 휴게소도 공중화장실도 아니기 때문이다.

⁂ 오른손과 왼손

일하는 오른손을 따라만 가는 왼손은 힘겹다. 칭찬도 오른손이요, 대접도 오른손, 축하도 오른손이다. 당연하다고 체념하고 멀거니 보는 왼손은 마냥 서럽다. 힘들어 땀도 먼저 나고 숨도 먼저 턱에 닿는다. 알아주는 이 없어도 그 자리에는 늘 왼손이 있다.

일등은 꼴찌가 있어 빛나고, 미녀는 추녀가 있어, 말 잘하는 사람은 어눌한 사람이 있어 빛난다. 지배자는 피지배자가 있어 돋보이지만 오른손은 왼손의 고마움을 모른다.

일하는 손보다 옆에 같이하는 손이 더 힘이 든다. 돈 버는 사람보다 그 돈을 써야 하는 사람이 더 힘겹고, 싸우는 사람보다 지켜보는 사람이 더 힘들다는 사실을 잊어서는 안 된다. 행하는 자, 우쭐대지 말고 행함을 쓰는 자 힘겹고 어렵다는 사실을 인지하라.

⁂ 로마군과 십자군

로마군은 전장에 나갈 때 가벼운 무장으로 출병했다. 그러나 십자군은 갑옷과 투구로 완전무장하고 전장에 나갔다. 로마군은 백전백승했고 십자군은 족족 패했다. 마젤란의 스페인군도 행동이 둔하여 죽음을 불러들였다. 물론 여건이 다를 수 있으나 많은 짐을 짊어진 십자군은 제 몸 하나 건사하는 것도 힘겨웠다.

삶도 이와 같다. 많은 짐을 짊어질수록 힘겨울 수밖에 없고 성공도 기대하기 어렵다. 그러나 능력이 있는 자는 많은 짐을 원한다. 짐은 힘이요 재산이기 때문이다.

⁂ 로마의 멸망 징후

로마는 성벽을 쌓고 담을 치면서 멸망의 길로 접어들었다. 개방과 화합할 때 로마는 최고 번성을 누렸다. 로마의 멸망이야 외침에 의한 멸망이 아니라 내분 문제이긴 했으나 담을 치며 내분도 생겼다.

⁂ 베드로의 수치심

로마 역사는 교회사와 연계할 때 가치 있다고 보는 것이 정설이다. 공화정 말기부터 제국시대를 거쳐 오늘에 이르도록 로마는 그리스도교 한복판에 자리하고 있다. 로마의 그리스도교가 편안한 상태에서 뿌리를 내린 것은 아니다. 로마의 테베레 강물만큼이나 많은 피를 필요로 했다.

핍박 역사는 어디에서 연유하는가? 수많은 원형극장과 광장을 떠올릴 수 있으나 그보다 초창기 신자들이 몰래 숨어 들어가 믿음을 지키던 지하 동굴, 그리스도들의 피신처이자 교회이고 무덤이었으며 또 그로 인해 수세기 동안 순례의 대상이 된 성지, 카타콤베를 생각해 본다.

견고한 성벽을 쌓고 담을 치면서 멸망의 길로 들어선 로마. 진나라 진시황도 만리장성을 쌓다 망했다. 로마의 아우렐리아 성벽에서 잘 보전된 것으로 알려진 성 세바스티아누스 성문을 지나 조금 더 내려가면 친숙한 느낌을 주는 자그마한 건물을 만난다. 이름 하여 쿼바디스 성당이다. 영화를 통해 일대의 분위기를 조금이나마 알기에 숙연한 마음으로 성당을 바라보았다.

예수님이 가장 아낀 수제자 베드로는 네로의 박해가 두려워 로마에서 달아나는데, 바로 이 지점에 이르렀을 때 예수님이 나타났다 사라졌다. 베드로는 깜짝 놀라 “주여, 어디로 가시나이까?(쿼바디스 도미네)” 하고 묻는다. 이때 예수님은 당신의 제자들이 박해당하는 로마로 돌아가 다시 십자가에 몇 번이고 못 박힐 의향이었다. 베드로는 깊이 뉘우치고 수치심을 느끼며 로마로 돌아와 십자가에 거꾸로 못 박혀 순교하였다. 이를 기리기 위해 그 자리에 성당을 세웠으나 후에 훼손되었던 쿼바디스 성당(Domine, Quo Vadis?)은 17세기에 이르러 바르베리니 가문에 의해 재건축되어 오늘에 이르고 있다.

이 자리에 서자 왜 이리도 가슴이 먹먹하고 눈물이 봇물 터지듯 흐르는 것일까? 베드로처럼 수치심인가? 아니면 어설픈 신념 때문인가? 죽음에 대한 연민인가? 신앙이란 무엇인가? 순교자들은 영혼이 육신을 떠날 때 행복하게 주를 부르지 않았을까?

⁂ 전도

"빛을 퍼뜨릴 수 있는 두 가지 방법이 있다. 촛불이 되거나 또는 그것을 비추는 거울이 되는 것이다." 이디스 워튼의 말이다.

성경에 불경에 빛이 있다. 읽고 마음에서 숙성시켜 거울이 되어 그 빛을 비추면 우리가 할 일은 모두 하는 것이다. 순종은 하늘의 말씀과 이치를 따르는 것이요, 전도는 그 말을 전하는 것이다.

⁂ 이놈할아버지 망신

아들 내외와 칼국수 한 그릇 하고자 유명한 국수집을 찾았다. 많은 손님들 사이사이를 어린 사내아이와 여자아이가 신이 나서 뛰어다닌다. 앉아 먹는 좌석이라 먼지도 나고 소란하여 아이를 무척 좋아하는 할아버지도 미간이 찌푸려진다.

"이놈!"

이놈할아버지가 나지막하나 근엄하게 소리친다. 순간 아이들이 쪼르르 부모인 듯 보이는 한 젊은 내외에게 간다. 내외 표정이 미안하거나 아이를 타이른 것이 아니라 굳어지더니 냉소적이다.

"뭐, 애 기죽 일 있나!"

화가 치밀어 점잖게 한 소리한다.

"여긴, 젊은이의 안방이 아니고 공공장소이니 타인에게 피해를 주는 행동은 삼가도록 해야지?"

못마땅한 눈치다. 예의가 몸에서 이탈하면 짐승이다. 아들 내외가 말린다. 개념 없는 젊은 내외가 측은하다. '이놈' 하고 손자들에게 자주 쓰다 보니 할아버지 대신 이놈할아버지로 통한다. 별명이 된 것이다.

버스를 타면 장애인 · 경로석은 새파란 젊은 사람들이 버젓이 앉아 간다. 전철도 임산부나 노약자 자리를 엉뚱한 사람이 앉아 버젓이 간다. 거동이 불편한 사람이 차를 타도 누구 하나 손을 잡거나 부축하지 않는다.

호주에서의 목격담이다. 철길 승강장에 휠체어를 탄 장애인이 기차를 기다리고 있었다. 기차는 그가 자리를 잡아 휠체어까지 안착시키자 그제야 출발한다. 다소 시간이 지연되어도 당연시한다.

선진국은 예(禮)에서부터 출발이다. 예(禮)가 뒷받침되지 않는 한 선진국은 요원하다.

요즘 안하무인 갑질이 문제다. 공공장소에서 예의는 사라진 지 오래다. 흑백논리에 살고 아동학대와 성희롱에 둔감하며 인터넷의 되지 못한 욕설 험담은 참으로 안타깝다. 개념도 배려도 없는 망나니 사회로 간다.

지도자를 흔들고 배신해야 잘난 사람으로 보는 이 사회가 한(恨)스럽다. 배신자는 배신자일 뿐이다. 배신자를 두둔하고 지지하고 영웅시하는 유권자를 보면 참으로 안타깝다. 지금 우리 사회는 남을 배려할 줄 모른다. 배려는 고사하고 서로 믿지 못하고 불신이 팽배하다. 얌체 운전, 담배꽁초 아무 데나 투척, 욕설, 보복운전 등등.

시내버스를 타는 이놈할아버지는 지갑에 5,000원 지폐 한 장을 넣고 다닌다. 자리를 양보하는 젊은이 특히 학생에게 주고자 함이다. 학생이 자리를 양보하면 선뜻 5,000원을 꺼내주며 말한다.

"학생에게 이 돈을 주고 싶네."

대부분의 착한 학생은 한사코 거절하나 이놈할아버지는 꼭 쥐어준다. 사회를 밝게 할 사람이라 보기 때문이다. 나누고 비우고 섬기고 배려하는 세상이 살기 좋은 세상이라고 이놈할아버지는 굳게 믿기 때문이다.

⁂ 최악의 서러움

서러움 중에서 가장 서러운 것이 없는 서러움이다. 가난이다. 빈곤이다. 가난은 소경과 같이 막막했고 죽음처럼 두려움이었다. 위대한 정치는 빈곤을 퇴치하는 데 있다. 부유하게 살아 굶어보지 않은 사람이 어떻게 인생을 말할 수 있겠는가?

⁂ 청첩장

"참 좋은 날 저희 결혼해요. 새로운 시작의 자리에 함께하시어 아낌없는 축하와 격려…."

남자와 여자가 만나 부부가 되는 것을 혼인(婚姻)이라 함이 옳으나 요즈음 모두 결혼(結婚)이라 한다. 원래 혼(婚)은 장가간다는 뜻이고 인(姻)은 시집간다는 의미이다. 혼(昏)은 저녁에 여인(女)을 만나는 것을 의미하여 장가드는 것을 말함이고, 인(姻)은 매파(女)에 의해 신랑감을 만나는 것이 시집가는 것이다.

결혼은 남자가 장가들고 여자는 곁에 붙어서 따라가는 의미이다. 여자가 당당히 시집을 가는 것이 아니고 곁다리로 따라가는 것이기에 법률 용어에서도 혼인이라 쓰는 것이 지당하고 남자는 장가들고 여자는 시집가는 것이 명실상부한 남녀평등 아닐까?

축 결혼 또는 축 화혼이라 함은 시집가는 신부에게 장가드는 것을 축하하는 망발이 되는 것이다. 당연히 혼인만이 정확하게 남자는 장가들고 여자는 시집가서 부부가 되는 것이다.

여권운동하는 사람이 결혼이라 하니 어처구니없어 몇 자 적었다.

이러하여 천지 이치에 순응하고 인정의 마땅함에 합하는 것이라 할 것이다. 말에는 생명력이 있어 살아 움직이는 아메바 같다. 말씀에 사족을 붙이지 않음이 옳다.

⁂ 아침에 눈을 뜨며

아침에 눈을 뜨면 천국에 돌아왔구나 생각하라. 오늘 천국의 일터로 출근하고 직장은 천국의 쉼터라 생각하자. 고통이 엄습하거든 고통의 본모습을 냉정히 보라. 자신이 극복하지 못할 고통은 천국에 존재하지 않는다는 사실을 알 수 있을 것이다.

오늘 내가 본 것들은 내일은 달라져 있을 것이다. 천국의 삶은 긍정으로 느끼는 자만이 알 수 있다. 마음에 천국을 담아두라. 생활이 천국이 되리니. 하늘에 감사와 고마운 제사를 지내는 신선이 될 것이다.

⁂ 해당화

해당화는 조선시대 여인들의 옷 문양으로 많이 쓰였으며 화사한 색과 소담스레 핀 꽃송이는 젊음의 상징으로 자수나 화조 병풍으로 그려져 내려온다.

도당굿할 때 읊조리는 해당화는 인간들이 보고자 하는 어찌 보면 삶의 정수요, 한의 일면 아니었을까? 옛날에는 굿을 복을 기리는 서민의 염원이 응결된 하나의 표현으로 풀이하였다. 도당굿은 구경하는 군중이 한바탕 흥겹게 놀 수 있도록 마당이었다. 대개 동네에 아무 탈이 없도록 비는 '동제'라고 할 수 있다.

아주 먼 옛날 배달조선 이후 고조선 등 군장 성읍국가 시대부터 드리던 동제는 군장 성읍국가의 수호신을 중심으로 백성의 단결을 강조하고 단합하는 수단으로 쓰여 통치자는 백성의 충성심을 확인하는 구심점으로 삼았다고 볼 수 있다. 이 행사는 흥겹게 놀며 안녕과 번영을 신에게 빌었다. 재미있는 사설 한 대목이다.

"한 편을 바라보니 송죽이 우거졌네. 또 한 편을 바라보니 연못에 비단 같은 금붕어는 여기저기서 놀고 있고, 또 한 편을 바라보니 해당화 꽃이 만발하여 해당화야, 해당화야 명사십리 해당화야 너는 무슨 팔자 좋아 한 번 피었다 지고 나면 내년 춘삼월에 또 피건만 우리 인생 한 번 죽어지면 싹이 나나 움이 나나 연결 정천 가는 길이 저승길이더라."

많은 꽃 중에 해당화를 말함은 해당화의 가시는 잡신을 물리치는 주술적인 면이 있고 붉은 꽃, 붉은 열매 역시 벽사의 주술적인 면을 지니고 있어, 마귀를 쫓는 데 절대적인 요소를 지녔다고 보았을 것이리라! 설사 꽃이 지고 잎이 지더라도 효력이 있다는 것은 제액초복(除厄招福)의 염원을 붙인 안타까움 같다.

해당화는 모래벌판 낮은 언덕에 해풍을 이기며 바다 멀리 떠난 사람을 기다리는 다소곳한 모습으로 부드러운 모래와 어우러져 아름다운 경치를 이루는데 뭔지 모르게 입 다문 처자의 모습처럼 피어 있다. 정이 많고 성정 급한 우리 민족의 아픈 주술적인 요소가 있어 더욱 정겨운 꽃이다.

기벌포 군장 앞바다 백사장에 핀 해당화는 백제가 망하고 당나라에 끌려간 15,000여 명 중 죽어도 이 땅에 죽기를 소원하며 탈출하다 죽은 포로들의 피맺힌 한이 서린 꽃이 아니었을까?

⁂ 신비한 끌림

신비한 끌림은 신의 조화요, 장난이다. 마음의 동화로 말미암은 일종의 동요다. 인기, 관심, 주의가 교묘하게 끌리는 현상은 모두 마음의 동요이다. 남녀 간의 신비한 끌림은 신의 조화요, 생멸의 의지다.

"나 그때 미쳤나 봐!"라는 말을 곧잘 듣게 되나 그것은 신의 물리화학 작용이라 말할 수 있다. 당시의 행위는 가장 솔직한 마음의 표현이었을 것이다.

인생에서 가장 무거운 짐이 끌림일 수 있다. 끌려 빠진 천한 일도 그만두기 어려운 것이 삶이고 끌림에 빠져 한 결혼도 벗어나기 어렵다. 사랑 외의 단순한 끌림에 결혼하면 분명 갈라선다. 쉽게 끌리는 자 가난이 따르고 입을 벌리고 웃을 줄 모르는 사람과 같다. 신비한 끌림은 그대의 숙명이 될 수 있음을 염두에 두라. 행복과 먼 끌림에 빠짐은 어리석음이다. 신비한 끌림이라면 이왕지사 행복에 끌려라.

⁂ 인생 21 고개

인생살이에는 굽이굽이 고개가 많기도 하다. 선조들은 사주팔자니 천지인, 원방각이니 하며 삶을 말하고 예단하였다. 천지인 3과 4계절을 말해 7을 생명으로 보았으며 3재와 49재를 말하기도 했다.

3이란 숫자는 편안함을 주고 안정감을 준다. 로마인이 가장 좋아하고 아낀 숫자도 3이었다. 3과 인생 7을 조합하면 스물한 개가 되나 여기서는 평생 넘어야 할 굽이굽이 고개를 말하려 함이다. 인생에 스물한 개의 큰 고개가 있다. 큰 고비일 수도 있다. 삶이라는 과정에서 가장 긴요한 기회나 막다른 때라 할 수도 있다.

싹이 트고 열매를 맺고 낙엽이 지는 선순환 과정에 굽이굽이 고개가 있다. 선은 선순환, 악은 악순환한다는 사실을 염두에 둘 일이다. 한 고개를 넘는데 지치고 힘겹다. 처음 고개를 두려워하지 않고 무사히 넘으면 다음 고개는 수월하게 넘을 수 있을 것이다. 사력을 다해 한 고개 넘고 나면 또 다른 고개가 앞을 가린다.

용감한 사람은 고개를 넘고 용기 없는 자는 고개 앞에서 좌절한다. 분명 삶은 놀이터가 아니다. 아무리 막막한 고개일지라도 넘고 넘어야 한다. 고개고개마다 숨은 삶의 의미와 행복의 씨앗이 숨어 있다.

한평생 살다 보면 적어도 21 고개는 넘어야 한다. 최악의 고개는 죽음의 고개이다. 죽을 수밖에 없는 고개일 것이다. 하지만 어떤 고개도 목숨을 원하지 않는다. 시련 없는 삶이란 산과 호수가 존재하지 않는 뜰과 같다. 죽음 외에 달리 피할 길이 없음을 알고 고개를 넘어야 한다. 아무리 험한 고개라도 넘을 수 없는 고개는 없다.

성공하고자 용기를 내고 인내하며 넘는 고개가 아니라 행복하고자 넘는 삶의 의미와 행복의 씨앗이다. 넘자, 행복이 기다릴 것이다.

⁂ 명함

타인에게 보이는 얼굴, 존재를 드러내는 함자(銜字), 자신을 팔기 위한, 알리기 위한 카드이다. 자신을 최고의 상품으로 만들려면 시쳇말로 대단한 배경을 만들어야 한다. 끈기와 지속적인 노력으로 단련하고 차별화하는 명함을 내밀어라. 최고의 명함은 신뢰와 믿음이다.

⁂ 몰락할 수 있다

과도한 부채는 몰락으로 가는 초석이다. 빚이란 피를 요구하는 악마 같은 것이다. 거리로 내몰리는 회초리다. 절대 자만하지 말고 약점을 만들지 말라. 자신을 돌아보라! 고집과 독단적인 사고도 이와 같다. 앞을 내다보지 못하는 근시안도 죽음으로 가는 어리석음이다.

기업이든 삶이든 살아 움직이는 생명체는 이런 함정에 빠지면 죽음을 자초한다. 무리하게 능력 밖의 일을 감행함도 몸이 상하고 병들게 한다. 지난날 망하는 와중에 뼈아프게 후회하며 배운 아픈 상처다. 늦은 자성은 뼈아픈 후회를 남기나 이미 늦은 것, 미리 돌아보고 챙기자. 삶은 지극히 경건해야 할 분수의 길. 행복한 삶을 염원하여 쓴 넋두리다.

⁂ 훈육과 자유라는 미명

훈육이란 미명 아래 체벌한다. 자유를 지킨다는 미명 아래 수많은 살생과 약탈이 공공연하게 이루어졌다. 십자가가 착취의 상징이 된 곳도 있다. 작게는 훈육 크게 자유, 폭행 심지어 살생까지도 변명거리로 최고의 미끼가 되었다. 종교도 선을 가장한 최고의 미끼로 쓰였다.

훈육이란 미명 아래 체벌이나 폭행에 준하는 행위가 용납되어서는 안 된다. 인간성을 파괴하고 언젠가 독버섯 같은 그 행위가 자라서 더 큰 화로 다가올 수 있음이다.

종교나 자유를 빙자한 어떤 행위도 착취도 있어서는 안 된다. 이런 변명거리로 혹은 명분으로 도처에서 전쟁도 일어나고 있다. 종교를 빙자하든 종교의 자유를 빙자하든 또는 훈육을 빙자한 폭력행위는 더 큰 폭력과 파괴와 살생을 불러들일 수 있음이다. 이웃이 행복할 때 그대도 행복할 수 있음이다.

⁂ 약하고 소소한 것

약하고 소소한 것이 도리어 요긴하고, 가벼이 여기고 덜 귀히 여기는 것이 귀하고 심지어 귀한 존재일 수 있다. 가까이 있거나 흔해서 귀함을 잊는 경우도 허다하다. 흔한 산소도, 곁에 있어 항상 보살피는 사람도 늘 가까이 있어 귀함을 잊는 경우가 많다.

소소함은 언제나 큰 것을 잉태하는 씨앗이 되고 핵이 됨을 잊지 말아야 한다. 자연의 이치에 작고 소소한 것들은 흔하나 이는 도리어 요긴한 자연에 숨겨진 말과 DNA 같은 것이고 자연의 생각 같은 것이다. 그 속에 요긴함이 있고 귀함이 있다.

그대 몸의 소소하지만 약한 것이 얼마나 귀한 것인지 알게 되면 작고 약하고 소소한 것의 진가를 보게 될 것이다.

⁂ 비밀

비밀은 반드시 대가를 치른다. 탄로 나지 않는 비밀은 없다. 설령 자신만 아는 비밀이라 해도 감출 수 있는 그릇이 인간에게는 없다. 상대를 위한 비밀도 신이 허락하지 않는 한 감출 수 없다. 발 없는 말이 천 리 간다고 했다. 비밀하게 행한 선행만이 명예로운 비밀이 될 뿐 비밀이 존재하리라는 기대는 하지 말 것이니 행복의 비밀은 선을 베풀며 느긋하게 기다리는 삶에 있다.

⁂ 가난

없는 것이 가난은 아니다. 없다고 느낄 때 가난이 찾아온다. 욕심이 지나치면 가난한 자이며 근면치 못하여 빈 주머니를 차고 있다면 분명 그대는 가난한 자다. 젊은 게으름뱅이는 늙어 거지가 될 것이고 빈곤이 모이는 곳이 최대의 환경 파괴다. 마음이 풍요롭고 정신적으로 부유한 자는 가난이 엄습하지 못한다.

가난은 죄악이다. 늘 여유가 없고 절망의 중심에 그대가 있다면 그대는 가난으로 가는 급행열차를 타고 있음이니 근면과 배려를 익혀 빈곤의 늪에서 나오라.

⁂ 고독

정신이 빈곤하여 일어나는 현상을 고독이라 할 수 있다. 고독은 공포를 부른다. 고독이나 정신 신경증에서 오는 우울증은 현대인의 가난이라 할 수 있다. 우울증은 정신이 빈곤할 때 일어나는 병이다. 우울증은 충동구매를 유발하고 허함을 채우려는 병리 현상을 유발한다.

태어나 홀연히 가는 인생. 영원할 것 없는 세상. 결국 혼자 가야 하는 길. 그것이 삶이다. 고통, 괴로움, 절망도 혼자 겪어야 한다. 만족하면 풍요롭고, 건강하면 많은 이익을 누리고 효와 신의를 지키면 행복할 것이다. 산들바람 속에 사랑이, 비바람 속에 오해가, 눈보라 속에 외로움이, 삶이 바람인 것을… 만나고 헤어짐은 바람 같은 것. 돈, 명예, 권력은 잠시 춘풍.

나누어라. 주어라. 그것이 삶이다. 죽을 때 아무것도 가져갈 수 없어 업만 남네. 자존심은 버리고 앙금도 풀어라. 잃고 얻는 것에 지나치게 여념하지 말라. 세상일이 모두 그렇고 그런데 왜 외롭고 눈시울이 뜨거워질까? 멀리서 하나님을 찾지 말라. 가까이 계신다.

⁂ 인생

삶이란 주어진 사명이 있어 목숨을 받는 것이다. 일이 휴식이고 배려는 여가를 즐기는 것이다. 나이 들어 은퇴는 인간들이 만들어놓은 욕심의 굴레에서 이탈일 뿐 삶에 은퇴는 없다. 기력이 다하여 눕는 순간이 은퇴이다. 휴식은 삶에 잠깐 주어진 포상이다. 자신이 내린 상일지라도 자주 쓰면 상장을 더럽히는 법이다.

은퇴는 인간이 정하는 것이 아니라 몸을 주신 분이 정한다. 그대에게 주어진 하늘의 사명을 찾아보라. 마지막 사명을 찾지 못함은 인생설계를 하지 않고 무위도식하며 살기 때문이다. 살아보니 친교를 맺으며 사랑하고 섬긴 것만 남는 것이 인생이다. 삶의 동반자가 옆에 있으나 찾지도 느끼지도 못함이다.

분명 좋아하며 남을 즐겁게 할 수 있는 것이 있으리라. 그것이 그대에게 주어진 마지막 사명이 될 수 있음이다. 청소하려면 빗자루를 준비하고 쓸고 닦아라. 남들이 즐거워할 것이다. 그러면 마지막 사명이자 그대에게 주어진 은퇴 없는 동반자가 되리라. 늙어 남을 즐겁게 하고 고마운 일을 하지 않음은 인생을 잘못 사는 것이라.

⁂ 근면

부지런하다고 반드시 좋은 것은 아니다. 열심히 하는 것과 잘하는 것은 다르다. 분명 성실함이 따라야 함이다. 모사가 있으면 땅이 있고 땅이 있으면 재물이 모이는데 이때 성실한 근면은 소금과 같다. 모사(謀事)는 재인(在人)이요 성사(成事)는 재천(在天)이라 한다. 성공을 예기(豫期)하기는 곤란하나 모름지기 성실한 노력이 있으므로 가능한 일. 바라고 소원하는 것은 많으면서 가지고 있는 것을 지키지 못하는 것이 인간이다.

허상은 좋으나 실상에 눈이 어두운 것은 참으로 어리석은 인간의 전유물이다. 파종할 사람이 나무를 열심히 하는 것은 근면이 아니다. 성실한 근면으로 조금만 취함을 기쁨으로 알고 살라.

⁂ 발다로의 여인

발다로의 연인, 로미오와 줄리엣의 배경이다. 발다로, 5,000년 전의 포옹한 남녀 시체 유골이 발견된다. 이탈리아 만투아 인근에서 발견한 신석기 시대 유물이다.

이탈리아 베로나. 셰익스피어의 『로미오와 줄리엣』 배경이 된 줄리엣의 집을 찾아가 본다. 유명 관광지가 되어 수많은 사람들을 불러들인다. 특히 젊은 남녀들이 많이 찾아온다. 벽에는 세계 각국의 사랑하는 연인들이 자신들의 사랑을 다짐하는 메모를 적어 껌으로, 풀로, 심지어 강력접착제로 손톱만한 공백도 없이 다닥다닥 붙여놓았다.

셰익스피어는 발다로의 남녀 시체 유골을 모델로 『로미오와 줄리엣(Romeo and Juliet)』을 창작한다. 1595년경으로 추정한다. 초판은 1597년에 나왔으나 1599년 발행 4절판을 표준판으로 본다. 작가의 낭만적 비극으로는 최초 작품이며 아서 브룩의 『로메우스와 줄리엣의 비화』(1562)에 의거 저작하였다. 베로나의 캐플렛가와 몬테규가는 반목하는 앙숙이었다. 캐플렛가의 무도회에 몰래 들어간 몬테규가의 아들 로미오는 캐플렛가의 줄리엣을 보고 첫눈에 사랑하게 된다.

두 사람은 로렌스 신부의 도움으로 비밀리에 결혼식을 올리지만, 양가 친족 간에는 끊임없이 칼부림이 일어난다. 친구인 머큐시오가 살해되자 로미오는 복수하기 위해 상대방인 티볼트를 격투 끝에 살해한다. 두 사람은 처음이자 마지막이 된 하룻밤을 함께 지낸 후, 로미오는 만토바로 도피한다. 아버지의 명령으로 패리스 백작과 결혼하게 된 줄리엣은 로렌스 신부가 준 비약(秘藥)을 먹고 가사(假死) 상태로 납골당에 안치된다. 줄리엣이 죽었다는 소식을 들은 로미오는 납골당으로 달려와 줄리엣이 정말 죽은 줄 알고 음독자살한다. 얼마 후 가사 상태에서 깨어난 줄리엣은 단검으로 가슴을 찔러 자살한다.

『로미오와 줄리엣』은 셰익스피어 극 중에서도 가장 강렬한 운명적 연애비극으로 청년 극작가 셰익스피어의 명성을 일시에 떨치게 한 대표작이라 볼 수 있다. 줄리엣의 집 작은 마당에 줄리엣 동상이 서 있다. 그녀의 유방을 만지고 쓰다듬으면 사랑이 식지 않고 영원하다는 주술적인 말에 동상 오른쪽 가슴은 영원한 사랑이 이어지기 바라는 사람들이 쓰다듬어 반질반질 윤기가 난다.

인간이 세상에 와서 죽는 그날까지의 행위가 결국 여러 가지 사랑이다. 인간을 가장 고귀하게 하는 것이 사랑이다. 그 먼 신석기 시대에 남녀가 포옹한 채 서로 엉켜 분리할 수 없었다고 하니 사랑은 죽어도 영원한 것인가! 우리에게도 머리카락을 뽑아 미투리를 만들고 구구절절한 사랑을 한 여인네가 있으련만….

⁂ 방치

그대로 버려두는 것, 기치(棄置)다. 인연이 있어 자신에게 온 것을 버려두는 것이다. 생명이 있으나 없으나 방치하는 것은 주는 것만 못하다. 내 것을 방치하면 가져가는 자는 방치한 것만 가져가는 것이 아니고 방치한 자의 약점까지 가져가 곤혹스럽게 될 것이다. 생명이 있는 것이면 더욱 그러하다. 보호하고 지켜야 마땅한 것을 방치하면 의무를 소홀히 한 대가를 치를 것이다.

힘이 없어 방치하려면 필요한 자에게 주어라. 땅도 방치하면 잃어버리기 마련이고 사람도 방치하면 자신의 것이 될 수 없음이다. 인연을 소홀히 하여 방치하는 사람은 자신도 방치될 운명이 될 것이고 욕심으로 관리 감독할 수 없는 것을 욕심껏 취함은 죄악이다.

사소한 것일지라도 정성을 다해 지키고 애정을 줄 자신이 없거든 안 주느니만 못하다. 단물만 삼키고 뱉는 심산은 반드시 자신의 약점을 후비는 아픔을 당하리라.

자신의 울타리에 들어온 것들은 자신의 업이자 사랑의 보자기임을 알라. 개인이든 집단이든 국가든 방치하고 버리는 행위는 패착으로 가는 첩경이다. 방치는 주는 것만 못하다.

⁂ 삶의 율법

아쉬움과 그리움, 궁핍을 모르면 불행하다. 탓하지 말라. 적게 가지고 넉넉한 사람이 되자. 마음을 잘 단속하자. 마음의 평안을 찾아 삶의 기술을 익히자. 삶의 기술을 익혀 남과 비교하지 말라. 자신의 인생은 자기 것. 낡은 것에 대한 그리움과 가치를 알라. 간절한 원을 가져라. 남은 또 다른 나이니 도와라. 나누고 배려하라.

남에게 해를 끼치지 말라. 우리에게 주어진 시간이 한정되어 있으니 함부로 쓰지 말라. 한정된 시간을 소모하며 사는 것이 삶이나 순간순간을 헛되게 하지 말라.

마음을 하나님에 두고 중생을 하나로 만들자. 지독한 시련으로부터 해방은 오로지 묵묵히 뚫고 나아감이다. 내일이 없을 수 있다.

⁂ 법(法)과 격(格) 그리고 정(情)

미국을 한마디로 정의하면 법이라 할 수 있다. 영국이나 이탈리아는 격이라 한다. 한국은 정이라 함이 옳을 것이다.

법이란 법률 · 법령 · 조례 등 구속력을 갖는 온갖 규칙과 규범이고 질서를 의미한다고 볼 수 있다. 격이란 품격을 말하며 환경이나 사정에 자연스럽게 어울리는 분수나 품위를 말함이다. 품격도 법도 인간 외적인 것이나 정은 내적인 것이다. 우리 민족은 예로부터 다정다감한 민족으로 일찍이 깨우친 민족이었다.

정이 많으니 한도 많았다. 정이란 마음의 작용. 사랑이나 친근감을 느끼는 마음. 마음을 이룬 두 요소 중의 하나. 곧 이지적인 요소에 대해 극히 감동적인 요소를 말함이다. 인간의 감정 중 보석처럼 빛나지만 그것 때문에 절망도 아픔도 겪는다. 태워도 타지 않고 버릴 수도 없다.

일찍이 중원을 아우르는 대제국을 가졌으나 정이 많고 평화를 사랑하다 보니 중원에서 서서히 호랑이를 닮은 반도 안으로 밀려왔다. 말이 좋아 삼천리금수강산이지 좋은 땅 다 잃고 스스로 위안하는 말일 뿐 안타깝다. 양자강 이북 북경 주변부터 요서 · 요동을 거쳐 동북삼성 그리고 지금의 한반도까지 민족혼이 잠들어 있는 우리 영토였다. 우리 조상들은 참으로 훌륭했다. 밝고 깨우친 현달한 민족으로 글을 만들고 우주의 이치를 알았던 위대한 민족이었으나 고조선이 망하고 고구려가 망하고 발해가 망한 이후 우리 민족의 땅은 조선반도 안으로 국한되었다. 당나라 힘을 빌려 고구려를 멸망시킨 신라. 이 땅의 비극은 그렇게 시작되었다. 정 많은 동이족에게 고토를 찾으려는 의지는 없고 심약하게 주저앉았다.

품격을 따지는 영국, 프랑스 등은 겉으로 볼 때 신사숙녀임에 틀림없으나 속은 날카롭고 잔인함이 있어 가장 많은 식민지를 가지고 있었다. 법으로 통하는 미국은 세계의 경찰국가가 되었다. 그들의 군대는 세계를 누빈다. 치안은 경찰로 족하다. 우리와 사뭇 다르다.

⁂ 삶의 율법 꽃을 피우는 나무

꽃을 품은 나무는 숭고하다. 나무가 자신이 가장 아끼고 좋고 아름다움 진수를 마음껏 뽐내는 것이다. 꽃은 인고의 세월을 감내한 결과다.

그대의 꽃은 무엇인가? 꽃씨를 뿌렸는가? 보기에 따라 매화는 반만 피어 꽃망울이 있을 때 가장 아름답다. 꽃도 여백이 필요하다. 청정성이 있어 향기가 있다. 가마솥에 밥을 지으면 뜸들일 때가 황홀하다.

절이나 교회를 습관적으로 다니지 말라. 도량이나 교회 건립 이전

수행이 먼저 있었고 간절한 기도가 있었다. 맑고 향기로운 청정성이 있어 교회가 되고 도량이 되었다.

꽃이 지듯 삶은 이별을 동반한다. 삶에도 낙화가 있다.

⁂ 자신

자신의 가치는 신만이 알고 있다. 자신의 가치를 과대 포장함은 건방지고 불손함이나 과소평가함은 비굴이다. 되로 글 배워 말로 글을 쓰기도 하고 되로 주고 말로 받는 경우도 허다하다. 물론 반대 경우도 있다. 겸손만 겸비하면 과한들 무리는 아니다. 자신이 진정으로 즐겨 하는 일을 함은 참 인생을 살고 있음이다.

그대는 자신의 정원을 가꾸는 정원사이다. 정원 안에 각종 꽃과 나무를 가꾸며 즐거워함이며, 참된 삶을 살고 있음이다. 수종이 많고 적음도 크고 넓음도 그대의 능력이며 가지런히 가꿈은 수행과 덕, 사랑이다. 바로 인간 정원을 가꿈이다. 자신을 사랑하고 존경하며 용기로 무장함만이 그대를 그대답도록 하는 최선의 길이다.

⁂ 고운 심성

심안(心眼)이 흐린 자에게 사물은 정하게 보이지 않는 법. 상대 얼굴의 흉터도 보이지 않는데 그 사람이 제대로 보일 리 없고 마음의 창이 흐리고 삐뚤어진 자가 상대의 선함을 볼 수 없다. 나쁜 시력에 뒤틀린 마음을 가진 자는 도처에 있다. 그들을 구별할 수 있는 심안은 맑은 심성이다.

마음에 드는 자가 상대편일 때 죽일 수 없으면 잊어라. 연민은 참혹한 실패로 돌아온다. 사랑하는 자도 이와 같고, 까닭 없이 정이 가는 자도 이와 같고, 친구 삼고 싶은 자도 이와 같다. 자유로운 심성이나 자유는 불안정하기에 배신을 낳는다. 무(武)를 익히지 않은 문(文)은 덜 익은 과일일 뿐이다. 좋은 공기는 터지기 마련이다. 포만이 지나치면 죽기 마련이다. 마음이 정치 못한 편견은 오해를 불러들일 수 있다.

순금을 도금하는 사람이 있겠는가? 맑고 고운 심성을 가꾸자!

⁂ 쉽고 편한 첩경

누구나 쉽고 편한 길을 찾는다. 또한 가장 빠른 길을 찾는다. 그러나 세상에 쉽고 편하고 빠른 길은 없다. 첩경은 신기루 같은 허상일 뿐이다. 힘들어도 정도를 택하라. 그것이 쉽고 편한 길이다. 다만 기교가 있을 뿐이다. 끝이 보이지 않는 길은 없고 이르지 못할 곳도 없다. 살다 보면 반드시 깨닫게 될 것이다.

무엇이든 10년은 공을 들여야 함을 인식하라. 그것이 첩경이다.

⁂ 어리석음

생각이 잡다하면 괴로움과 불안, 걱정, 근심이 일어난다. 만상의 번뇌다. 명상이란 무엇인가? 생각을 줄이고 단순화하는 것이다. 간단명료하게 하는 것이다. 불안, 걱정, 근심은 보이지 않지만 실체도 없다. 실체도 없는 것을 미리 챙기고 걱정함은 어리석음이다. 걱정은 마음을 갉아먹는 무익함이다.

늙어 가장 후회되는 것은 어리석음이다. 걱정의 본질을 보라! 대부분 하잘것없다. 생각을 단순화하여 만족하는 것이 중요하다. 생각이 복잡한 사람은 장래도 없다. 몸을 가벼이 하고 물질도 적게 소유하라. 늙으면 눈물도 많아진다. 눈물이 많다는 것은 정이 많고 마음이 약해졌다는 뜻이다. 생각이 많으면 걱정이 많은 법이다. 생각이 많으면 매사 서러움이 많아진다. 그리움과 외로움은 그림자이다.

유익하지 않은 경우는 침묵하라. 인생은 코미디다. 마무리는 언제나 비극일 수 없다. 죽음조차 희극이다. 한 편의 드라마다. 창공에 피어오른 구름 한 조각. 삶이 연극이고 연기인데… 어설픈 연기자의 연극은 보기도 힘들지만 성공도 어렵다. 그대가 어설픈 연기자가 아니길….

⁂ 비만

스트레스나 미움, 증오는 식욕을 부추긴다. 공포나 불안도 이와 같다. 식욕은 심신을 안정시키고 정신을 이완시킨다. 탄수화물을 과다 요구하며 공포와 스트레스에서 일순 해방감을 맛봄과 동시 비만을 부른다. 스트레스를 다스리지 못하면 자연과 벗할 수 없고 맛을 탐하게 된다. 일단 맛을 탐하게 되면 자신도 모르는 사이 습관화된다. 미움과 증오, 스트레스를 마음에 담아두지 말라. 마음에 가두어 풀지 못하면 그대도 그 암 덩어리를 닮아갈 것이다. 스트레스나 미움을 안고 살기에 인생은 너무 짧다.

무기력하거나 한가한 것 또는 결핍증도 비만의 원인이 될 수 있다. 비만이 무서운 것은 자신감 결여다. 비만에서 해방은 자신을 사랑하고 넉넉한 만족감에 있다. 이런 마음이면 비만은 사라질 것이다.

나는 어제가 아니고 오늘이다. 예쁜 모습보다 세련된 모습이다. 세련된 모습이란 완벽한 아름다움의 추구다. 자신의 몸도 패션이다. 상대에게 잘 보이기 위한 배려가 필요하다. 아름답고 멋있게 보이는 것만 아니라 개성 있게 보이는 것도 배려다. 나를 재창출하는 일상 탈출의 마술처럼 패션을 즐기고 찾아온 손님은 하늘이 보내준 귀한 선물 같은 사람이라고 생각하자.

배가 고파도 손님이 먹을 음식은 즐거이 남겨두라. 잠자리도.

⁂ 말 한마디

말은 몸 안에서 숙성되고 지식은 머리에서 마음에 들어와 숙성되고 예는 머릿속에서 숙성이 되어 나오면 참을 닮아가는 삶이다. 참된 인간으로 행복하고자 하면 말과 지식, 예를 익히고 다듬어 선한 인간으로 살아감이 첩경이다.

의중에 있는 생각이 말이 될 때 지혜의 옷을 입어 행복과 희망을 전해야 한다. 말이 많은 사람은 식견이 소소한 사람이다. 생각이 깊고 식견(識見)이 넓고 깊으면 할 말을 차츰 잊는 법이다. 말이나 식견도 몸속에서 숙성이 필요하다. 침묵은 벌도 상도 없지만 적을 만들지 않는다. 장수가 입에 불만을 담으면 병사는 불만에 시들어 전장에서 패한다. 윗사람이 희망을 말하면 아랫사람은 꿈을 간직한다.

정치하는 사람 입은 희망과 긍지와 비전과 국익을 말함이 당연할진대 트집과 비판과 배신과 선동을 담으니 참으로 안타까울 뿐이다.

인간은 하루 약 15,000단어를 말한다고 한다. 침묵은 금이고 수다는 은이다. 말이 많으면 쓸 말이 없다. 예술이나 음악, 음률은 말의 에센스 모음이다. 한 줄의 선이, 한 줄의 글이, 몇 마디의 말이, 음률의 작은 모임이 전체를 대표하는 것이 대부분이다. 한 권의 책이 말하려는 핵심은 한 줄의 말일 뿐이다.

의도된 거짓말도 적어도 일백 번 하면 참말이 될 수 있다. 아름다운 말은 옥구슬 굴리는 것과 같아 낭랑하고 향기가 나지만 독설은 비수와 같아 영혼에 상처를 주며 심지어 목숨을 앗아갈 수도 있다. 하여 말은 몸속에서 사랑과 긍정으로 숙성되어 입 밖으로 나와야 한다. 적재적소에 적절한 말은 금과 같다. 슬픔에 잠겨 비통한 사람에게 농담은 비수일 뿐이다.

사랑과 행복을 담아서 하는 말은 축복과 은혜로 돌아오지 않던가? 용기와 희망을 주는 말은 삼갈 필요가 없다. 실없이 말하지 말 것이며 상관없는 일에 시비조로 말하지 말라. 내뱉은 말은 부메랑처럼 돌아온다.

말은 듣는 사람이 있어 잠시 남아 있다가 사라지는 법, 이를 오래 남길 수 있는 것이 글이다. 침묵은 금이라 했다. 의리 · 신의를 위해서 입 다물고 말하지 않는 것도 도라고 했다. 말하지 않으면 귀신도 모른다. 변명하는 것은 치사하나 사실을 말함은 감추는 것보다 낫다. 상대가 상처를 입을 수 있고 자신은 이득이 되는 말은 신중해야 한다. 화려한 언사치고 쓸 말은 없는 법. 꿀같이 달콤한 사귐이나 말은 시비와 원한이 깃들고, 담담한 말은 담백하여 얽힘이 없다.

말은 칼을 쓰는 무인의 칼이다.

⁂ 감출 것이 많은 자

목욕탕에서 벗은 채로 갓 나온 영국 수상은 미국 루스벨트 대통령 앞에서 "보시다시피 영국 수상은 대통령께 감출 것이 하나도 없습니다"라고 말한다.

협상은 화기애애하여 쌍방 좋은 결말을 얻는다. 비밀이 영원히 존재할 수 있다는 생각은 버려라. 사람의 속성은 몸속에 무엇이든 담아둘 수 없이 배설하도록 되어 있음을 알아야 한다. 비밀을 아는 것은 그리 큰 문제가 아니다. 진짜 무서운 것은 발설하는 것이다. 감출 것이 많고 비밀이 많은 사람은 불행을 탐하는 자다. 복잡한 사람이다. 고통과 번뇌를 스스로 만드는 경우다. 비밀로 얻는 것은 쉽게 사라지는 법. 비밀을 탐하지 말며 감춰야 하는 허상은 털어버리고 지식과 비전으로 무장하라.

⁂ 굶주림

서러움 중 배고픈 서러움이 가장 크고 아프다. 굶주리게 하지 말라, 이리가 될 것이다. 배고플 때 자유 · 사랑 이야기는 사치다. 굶주린 사람에게 이념이 있다고 보는 것은 난센스다. 굶주린 사람을 부추긴 정치 또는 정치인은 불손한 사람이다. 배고픈 그들에게 빵과 자유를 선택하라면 빵이다. 자유는 최소한의 굶주림을 벗은 사람들의 사치다.

굶주림도 여러 가지이나 게으름은 빈곤으로 가는 지름길이다. 게으름은 그 유혹이 진하여 피하기 쉽지 않으나 규칙적이고 열심인 사람에게 그리고 지혜로운 사람에게는 낙엽처럼 가벼워 날아가 버린다. 불만, 유혹, 욕심 등은 자학하거나 성실하지 못한 또는 외로움에서 피는 꽃이 될 수 있다. 음식은 단순히 배고픔을 채우는 것이 아니다. 음식은 보약이다. 빈곤은 금실도 녹슬게 하고 사랑도 퇴색시키고 자존도 녹였다. 가난은 원수처럼 두려움이자 막막함이요, 죄업이다. 가난은 나라님도 구제를 못한다고 했다. 굶주림에 신사숙녀는 존재하지 않는다. 오직 밥(빵)이 우선일 뿐이다. 풍요로운 자에게 자유가 있고 좋은 금실도 있다.

목마른 자가 샘을 찾고 급하면 샘을 훔치는 법. 급하고 목마른 자가 날뛰는 것이니 급하게 또는 무언가에 혈안이 되어 있는 자를 만들지 말라. 분명 이리가 될 것이다. 여유 있는 자는 바쁘지 않는 법.

가난한 백성을 구제한 사람은 영웅이다. 대통령 박정희(당시 최고 경제 성장률 14.8%)를 포함하여 세계사에 9명의 영웅이 있다.

⁂ 8부 능선에서

꽃이 참으로 아름다워 보일 때, 석양에 지는 노을이 황홀하게 느껴질 때, 고목의 노란 새순이 경이로워 보일 때, 밤에 우는 부엉이 울음에 어머니의 모습이 그리워질 때, 우정도 담담해지고 황혼처럼 느껴질 때, 맛을 잃어갈 때 그대는 8부 능선에서 산을 넘을 준비를 하고 있음이다.

머리로 알 수는 있어도 가슴으로 느낄 수 있을 때 울음은 차올라 터지도록 고이고 또 고여 있다. 이때는 늙은 것이다. 젊어 아무리 화려해도 늙어 외로움은 잘못된 삶을 살아왔음을 알라.

늙어 무료해하지 말고 병든 몸일지언정 책을 읽어라. 모처럼 마지막 한가해진 것이라 생각하고.

⁂ 미련(未練)

깨끗하게 정리하지 못하고 끌리는 데가 남아 있는 마음, 노스탤지어(Nostalgia) 같은 어쩌면 고향 같은 것이다. 마음이 있어 사랑을 느끼고 잔영으로 아련하다. 일그러진 애정이 고개 들 때가 실수할 수 있는 시간이다.

추억은 아련한 그리움이다. 담담한 황혼의 우정 같은 것이다. 미련은 추억 같은 그리움으로 다가온다. 그리움은 멀리 있어 더욱 그리운 법이다. 잡을 수 없기에 더욱 그러하다. 가련하고 가슴이 아려온다. 마음은 있어도 여정은 너무 멀다. 너무너무 멀리 있기에 끝내 그리움은 관 속에 안개 되어 남을 수도 있다. 미련은 향수처럼 간직하되 실체는 앙상한 메마른 가지로 남겨놓아라. 그 이상은 아픔일 뿐이다.

⁂ 심심하다

무료하고 한가하다. 할 일도, 재미 볼 일도 없어서 시간 보내기가 멋없다. 이때가 실수하기 좋은 때요, 몹쓸 행위를 할 수 있을 때이다. 근심 없이 한가하면 성경을 읽어라. 불경도 좋다. 평화로운 마음과 여유 있는 몸짓은 마음이 평온해야 가능한 일. 마음의 평화 그리고 여유는 깨끗한 생각에서 유래한다.

마음이 여유롭고 평온하면 한가로운 것이 아니다. 아무것도 할 수 없고 볼일도 없어 심심한 상황이면 마음을 다독이고 잡념을 버려라.

한가할 때 든 병은 치료하기 어렵다. 이때는 뭔가 자극적인 것을 찾기 쉽고 그것에 매료되면 평생 병이 될 수 있음이다. 이때에 도박을 한다든지, 마약에 손댄다든지, 여자를 탐한다든지, 술을 먹는다든지, 게임이든, 야한 동영상이든 빠져 방황할 수 있음이다.

봉사활동에 나서라. 책을 가까이하라.

⁂ 집착(執着)

어떠한 것에 마음이 쏠려 잊지 못하고 매달림. 집착과 집념은 다르다. 집념은 한 가지 일에 매달려 정신을 쏟음 또는 그 마음이나 생각을 말한다. 집착의 끝은 어디인가?

인간은 막다른 길을 보고 나서야 겨우 돌아갈 길을 찾고, 끝을 봐야 살아온 길을 뒤돌아본다. 다 타고 난 잿더미를 봐야 미련의 끝을 알게 된다. 정점에서 하산할 때 겨우 자신을 돌아보니 죽음을 목전에 두어야 집착과 물질의 허무를 알 뿐이다. 집착은 허무를 안고 온다. 집착에서 벗어나는 것. 건전치 못한 집착은 벗어버려라. 물질에 대한 욕심으로 집착이 된 삶이 행복할 수 없음을 느낄 때 비로소 참 인간으로 돌아가는 것이다.

⁂ 사주팔자(四柱八字)

사주팔자 차이에 마음 상하지 말라. 장미꽃만 아름다운 것이 아니다. 작은 제비꽃도 나름대로 아름다운 구석이 있다. 고향집 포근한 멋을 품은 봉선화의 아름다움이 있지 않던가? 예로부터 실력보다 끈기이고, 끈기보다 운이고, 운보다 인복이고, 인복보다 건강이라 했다. 건강이란 본 태성 유전자 설계도 범주 안에 살 수밖에 없는 것이 인간이다. 건강하면 다 가진 것이다.

태어날 때 이미 자신의 평생 거주 주택과 환경은 주어진 것이다. 이것이 신의 섭리다. 꼭 있어야 할 존재들이다. 불필요한 존재는 없다. 삶을 좌우하는 것은 지혜가 아니고 운명이라는 사람들이 있다. 숙명적으로 주어진 본인의 운명, 즉 생년월일시를 중시하고 그에 순응하는 자는 포부를 펴서 소원을 이룬다고 한다.

천지인에 춘하추동을 합하여 7을 생명으로 보며 앞을 내다보고 길흉화복(吉凶禍福)을 예언하기도 한다. 생활 속에 곤경과 불행이 있어 고해(苦海)라 하니 그 속에 사는 가냘픈 인간은 사주팔자에 혹할 수 있다. 우매둔재(愚昧鈍才)하여도 잘 사는 사람이 있고 총명수재(聰明秀才)하여도 불행한 사람이 있으니 더욱 빠져들 수도 있다. 곤경과 불행은 외적인 것이라 보기보다 내적인 교만과 욕심, 우매로 불러들이는 것이다.

잠시 생각해 보자. 4주8자에서 8자가 쓰러지면 ∞이 된다. 소위 무한대요, 엉망이요, 가진 것이 없는 것이 된다. 우쭐대고 거만한 건조한 사람, 이익 따라 배신하는 사람, 법원 주변을 어슬렁거리며 고소를 즐기고 의혹과 선동을 즐기는 사람, 능력도 없이 교만하고 군림만 하는 공무원, 야반도주하는 사람, 무고하고 배신하는 사람 또는 그를 믿어주는 사람. 이들이 사주팔자가 나빠서일까? 아니다. 자신의 8자를 뒤집은 사람이다.

이들은 모두 우리 몸 일부다. 잘라내고 살 수 없는 항문과 같다. 더럽다고 잘라낼 수 없는 항문. 결핍 · 욕심 · 교만을 마음에서 지그시 누르자. 사랑하자. 배려하고 좋아하자. 더욱 믿고 사랑하자.

⁂ 부끄러운 이름이 아니다

수치심이란 덕의 원천이나 미혼모, 이혼녀, 과부, 홀아비, 독거노인, 고아는 결코 수치스러운 이름이 아니다. 실수를 부끄러워할지언정 미혼모가 부끄러움의 대상은 아니다. 이혼녀, 과부가 부끄러움이 될 수 없음이다.

태생적인 장애도 이와 같다. 감출 이유가 없으니 이를 지적하는 사람은 양심(良心)의 가책(苛責)을 통제조차 할 수 없는 사람이다. 인격이 성숙하지 않은 독한 혀를 가진 악한 자일 뿐이다. 지적하고 비하하는 그들이 부끄러운 자들이다. 부끄러워 말라. 당당할 뿐이다. 이들에게 나누고 섬기고 배려하는 자세와 행동이 필요하다.

⁂ 신비(神秘)

신비는 이론이나 상식으로는 이해할 수 없을 만큼 신기하고 묘한 일이나 비밀을 말한다. 우주도 지구도 자연도 신비로 싸여 있다. 같은 종패(種貝)를 같은 장소에 뿌려도 똑같은 백합 조개는 없다. 참으로 자연의 조화요 신비다.

인간의 몸이 신비요, 경탄 대상이다. 100만 명의 사람이나 장미 100만 송이를 놓고 보라! 닮은 것은 있어도 같은 것은 없다. 인간은 누구나 평등하고 평등 앞에서 인간의 가치는 한층 고결해질 수 있다. 평등과 사랑은 언제나 환상처럼 존재한다.

고결함 속에 인간의 평상심이 자리하기 마련이다. 그러나 신은 똑같아지기를 원치 않는다. 창조의 신비가 존재하기 때문이다. 같은 부모에서 태어난 형제도 같을 수 없는 신비. 탄생에서 죽음에 이르기까지 모두 신비투성이이다. 이를 부인할 학문이 없다는 것도 신비다. 인간은 그 신비에 도전한다. 그러나 알려지는 것보다 신비스러운 것이 더 좋은 법이다.

⁂ 할아버지와 손자

손자는 할아버지의 훈장(勳章)이다. 자식은 아비의 훈장(訓長)이나 잘못되면 욕이다. 손자를 잘못 두어 할아버지가 욕보인 예는 허다하다. 미련하고 불효하는 자식은 아비에게 능욕과 수모를 안겨준다.

부모를 버린 자식이 성공할 수 있을까? 부모가 버린 자식이 잘되는 예는 드물다. 가장이 존경의 대상이 못되면 질서가 깨지고, 용기를 잃으면 가족이 수모를 당한다. 자식에게 도움이 될 수 있으면 부모는 행복하다.

자식에게 안겨줄 도움은 용기 그리고 열정으로 살아갈 수 있는 힘을 은연중 키워주는 데 있다. 자식을 잘 키우지 못한 사람이 손자를 기대할 수 없음이다. 아버지는 자식의 교과서요, 손자는 노인의 과실이다. 손자는 할아버지의 영광이어야 한다. 미련한 자식을 낳은 아버지가 영광스러운 손자를 얻을 수 있겠는가? 미련한 아들은 아버지의 재앙이자 눈물이다.

훌륭한 손자를 얻기 위한 할아버지의 노고는 진한 보살핌이다. 할아버지를 따르는 훌륭한 손자는 할아버지의 영광이자 훈장이다. 손자에 대한 수고의 대가는 없다. 다만 즐겁고 행복일 뿐이다. 할아버지는 손자에게 추억이다.

⁂ 나이 들어 늙어가니

늙으면 힘도, 열정도 없고 꺼져가는 촛불과 같으니 대접받기를 바라는 것은 어쩌면 당연하다. 힘이 없으니 말이다. 한편 위안이 됨은 고목의 꽃은 풍성하지 않지만 참으로 곱고 아름답다. 늙어서 절약함은 볼썽사납다. 젊어서 부지런히 모아 늙어서는 펑펑 쓰고 베풀 필요가 있다. 늙기 전에 꼭 해야 할 일은 젊어 모을 때 잘 간수(看守)해서 늙어 쓸 수 있는 여유를 반드시 남기는 것이다. 돈만은 그렇다.

자본주의 국가에서 태어났으면 젊어서 마음껏 돈을 벌어 모을 필요가 있다. 그리하여 늙어서는 써야 한다. 외로움이나 근력이야 어쩔 수 없다 하더라도 말이다. 외로움은 어질지 못해 따라오는 것. 늙어서는 돈에 인색하지 말자. 젊어서 근검은 미덕이나 절약하려고 구차하게 굴지 말라. 우렁이의 일생을 닮아 살아온 우리네 노인들, 이제는 '부엉이살림'족을 닮아 살자.

나이가 드니 사랑도 고단하면 포기하고 맛있고 좋아하는 것들도 무의미하게 느껴지며 좋고 나쁜 것이 없고 무심한 마음만 남는다. 절망은 최선을 다한 후 그래도 아니 될 때 하는 행위지만 늙음은 절망할 자격조차 용납되지 않을 뿐이다. 생멸이 뜬구름 같은 노인에게 미래는 없다, 오늘이 있을 뿐이다. 나그네가 쉴 곳을 찾는다.

⁂ 노인

노인은 하루 대부분을 잊고 살기에 하루가 짧다. 방바닥에 앉지 말고 양반다리하지 말라고 한다. 앉아서 하는 일은 하지 말란다. 걸으라고 한다. 말수도 줄어들며 마음을 붙일 곳 없어 하루가 더욱 짧다. 노인에게 시간의 가치가 사라진 것이다. 마음이, 행동이 예측불허. 그러나 젊은이는 세세한 부분까지 기억하고 정붙일 곳이 많기에 하루가 길다.

늙는 것은 덕이 깊어지고 성숙해지는 과정이다. 풍요다. 넉넉한 포용, 원만이 찬란한 빛이 되는 것이다. 생각이 다른 사람을 포용할 때 참으로 아름다운 늙음이다. 노후는 황혼이며 일몰이요, 허무, 허탈이다. 몸은 살고자 하고 정신은 마무리를 생각한다. 75세 이상 85세를 말함이다. 정신적 빈곤을 느낀다.

늙으면 자연으로 돌아간다. 살아보니 상황에 따라 실리만 존재하는 세상이었다. 우정도, 신의도, 우애도, 인간관계도 실리 앞에서는 무기력했다. 배반도 배신도 실리다.

단풍은 아름답고 노을도 아름다우나 의미 없었다. 의미 없는 아름다움을 보는 것은 곧 서러움과 회한으로 남을 뿐이다. 살아온 길에서 절망은 죽음에 이르는 첩경이었다. 빈곤도 절망만큼의 비중을 차지하고 불효 또한 이와 같았다. 매일 매일 죽어가는 과정에 오늘이 있다.

최고가 되기보다 최선을 다하라. 스타가 되기보다 성실한 사람이 되라. 얼마 더 지나면 집 나간 정신을 찾는 날이 온다. 정신 좀 갖다 달라고. 사람은 사랑하는 사람을, 의사는 환자를 잃지 말아야 한다.

삶이 힘들수록 자연과 가까이하라. 자연과 집은 쉼터요, 생활공간일 뿐인데 투기의 바벨탑이 되어 있다. 휴식 공간을 잃어버린 집은 집이 아니다. 단지 돈일 뿐이다. 집은 사랑의 샘터, 휴식 공간으로 활용하되 돈으로 계산하지 말라. 미련도 재산도 모두 버리고 몸과 마음을 가벼이 하라.

⁂ 죽은 자

죽은 자는 사랑도 복수도 원하지 않는다. 분노, 증오, 눈물은 육신과 함께 사라지고 영혼은 하늘가로 오르기 때문이다. 짐승이 죽으면 죽을 사(死) 자를 쓰고, 사람이 죽으면 마칠 종(終) 자를 쓴다. 의미가 다르다. 생명은 마치나 영(靈)은 살아 하늘에 오른다. 적어도 120년은 살다 사라지는 것으로 본다. 꿈과 능력을 소진하지 못한 채 죽은 자들도 원망은 없다.

혀로 글로 낸 상처는 복수를 꿈꾸지만 칼로 무자비하게 낸 상처는 복수를 엄두도 못 낸다. 눈물이 마르면 복수가 시작되나 영은 이를 원치 않는다. 상처는 반드시 치유하고 상흔은 향기가 나도록 할 것이다.

시공(時空) 파괴는 계속 반복되어 끝없이 진행될 것이나 여기에 생사가 존재한다. 생성도 이 궤적에 의하여 생겨난 결과물을 인간들이 흉내 내는 것일 뿐. 생과 멸이 있는 모든 것들은 모두 다 이 궤적 안에 있을 뿐이다.

⁂ '칼레의 시민'

프랑스 조각가 로댕의 조각 작품이다. 14세기 백년전쟁 당시 프랑스 북부도시 칼레는 영국 왕 에드워드 3세의 침공을 받는다. 칼레의 시민은 죽음을 불사하고 1년을 용감히 싸웠으나 식량 부족으로 항복할 수밖에 없었다. 영국 왕은 칼레의 항복사절단에게 말한다.

"시민은 모두 살려주겠으나 그동안 반항하며 막대한 피해를 입혔으니 누군가는 책임을 져야 하니 6명의 목에 밧줄을 걸어 데려오라."

칼레 시민들이 깊은 시름을 할 그때 칼레의 최고 부자가 맨 처음 나서자 다음으로 시장과 변호사 등 지도층 인사 귀족이 목에 밧줄을 걸고 죽음을 각오하고 칼레의 시민을 살리기 위해 영국 왕 앞에 나선다. 누린 명예만큼 의무와 책임을 다해야 함을 알아서 한 행동이다.

영국의 명문 케임브리지, 옥스퍼드대학의 2차 세계대전의 졸업생명단을 보면 머리가 숙여진다. 사망, 사망, 사망… 너무 많은 학생이 사망자 명단에 있다.

이 땅에서 유명인이 되고 명예를 누리면 그만한 의무나 대가 책임을 몸소 치를 줄 아는 노블레스 오블리주(Noblesse Oblige)가 아쉽다. 유명인은 되기 쉽다. 그러나 존경받는 사람이 별로 없구나!

⁂ 비극

인생은 희극이다. 언뜻 느끼기에 비극처럼 보이나 죽음 앞에서 크게 보면 희극이다. 인간은 비극을 크게 확대해서 보고 희극은 축소해서 보는 경향이 있다. 소크라테스 말대로 비극은 인간의 마음을 정화시킨다. 이별도 비극이다. 하지만 인생에서 연습할 수 없는 비극들이 있다. 죽음도 그렇다. 죽음도 누군가에는 득이 된다. 죽음을 제외한 이별은 단호하게 확실한 결심을 상대에게 밝히는 것이 좋다.

미련을 남기지 말라. 여유롭게 충분한 시간을 가지고 마지막까지 최선을 다하라. 최소한 감사의 선물을 하라. 포기도 미덕이다. 죽은 자든 살아 있는 자든 이별 순간에는 남아 있는 앙금과 매듭을 풀어라. 시비나 원망을 거는 사람이 있어도 인내하고 좋은 관계를 유지하라.

이별 상대의 치명적인 약점이나 기밀 등은 절대 누설치 말고 상대의 칭찬만 입에 담아라. 환한 얼굴은 좋은 추천장이고, 배려가 있는 주장은 아름답게 남겨라. 분명 비극을 겪으며 정화 과정을 살아가는 것이 인간이나 종장은 미소를 머금은 희극으로 끝을 맺는 것이 삶이다.

⁂ 조감(鳥瞰)

높은 곳에서 한눈에 내려다봄. 조감은 신선의식의 상징이다. 우리 민족은 신선의 눈을 가진 민족이었다. 눈은 먼저 빛을 탐지하는 것에서 출발하고 다음에 형상을 그리고 거리를 측정한다. 건축에 조감도(鳥瞰圖)가 있다. 한눈에 다 보고자 함이다.

인간은 먼 옛날부터 새들과 더불어 살았다. 특히 활에 능한 동이족, 우리 선조들은 남다르게 까치, 까마귀, 독수리를 즐겨 기르고 같이 사냥도 했다. 신산에 올라 산 아래를 보며 독수리를 날리고 까마귀 띄우기를 즐겼다. 삼족오는 우리 민족의 깃발이자 나는 십자가였다. 조감이란 글자도 우리 민족의 풍습, 습속과 일치하는 말이다. 조감도라는 말에 친근감을 느끼는 것도 우리의 풍습이 은연중 발로하는 것이기 때문이다. 먼 옛날 우리 선조들의 숨결이 느껴지는 단어다.

⁂ 폭력

머릿속에 감추어진 독소이다. 신체적 손상을 가져오고, 정신적 · 심리적 압박을 가하는 물리적 강제력이다. 상대를 설득하고 이해시킬 자신이 없을 때 쓰는 소인배들의 행동이다. 욕설도, 고성도 이와 같다. 시비를 걸고 험담하고 비하하고 네거티브도 모두 이 범주에 속한다. 한심하고 무지한 자들의 전유물이다. 유식한 자들이 알면서 사용할 경우는 이미 인격 파탄자가 되어가고 있음을 은연중 표시하는 행위다.

증오 · 혐오 · 비방은 소인으로 가는 첩경이다. 험담이나 조소, 남에게 상처 주는 말 그리고 거짓말은 나는 칼과 같아 상대를 베이고 결국에는 자신에게 돌아오는 법인데 하물며 그보다 더한 폭력은 말해 무엇 하리!

⁂ 은폐(隱蔽)

흙으로 옹달샘을 덮는다고 솟아오르는 물을 막을 수 없고 터져 나오는 화산을 흙으로 덮을 수 없다. 가리고 감춘다고 사실이나 진실이 사라질 수 없고 거짓 또한 이러하다.

죽은 자는 말이 없고 죽어간 사람들의 기록 또한 은폐의 기록이 될 수 있다. 그러나 진실은 언젠가는 살아난다. 이(利)가 아니기에 따르지 않을 뿐이다.

향을 싼 한지는 향을 다 써버리고 종이만 남아도 향내가 나고 생선을 싼 종이는 생선을 다 먹어도 비린내가 나는 법이다.

⁂ 로마인의 약속

약속을 지키지 않는 남자는 짐승만도 못하다.

그들은 약속과 신용 · 신의를 생명으로 대했다.

정의, 명예는 다음이었다.

제2장

배우고 안다는 것

⁂ 행복

행복을 아시오? 행복을 보고 느꼈소? 소중한 것을 아시오?

그럼 남에게 행복을 나눠주시오.

나누고 배려하는 사람은 분명 행복을 알고 삶에서 경건하게 최선을 다하는 사람이다. 사람을 얻을 것이고 행복을 얻을 것이다. 죄악을 수단으로 어떠한 행복도 살 수 없는 법, 양심에도 때가 낄 수 있다. 더러운 때를 씻어 맑게 하라. 철이 들어 사물을 분별할 줄 아는 힘이 있어 소중한 것을 알 때 행복도 알 것이라.

⁂ 양심(良心)

양심은 자신의 허물을 자각케 하는 보이지 않는 눈이다. 마음에 감추어진 냉혹한 고발자다. 마음을 정화하는 신의 비수다. 옳은 일과 그른 일, 좋은 일과 나쁜 일을 인지하는 인간의 도덕적 기능이라 할 수 있다. 도덕적인 가치를 판단하여 옳고 그름, 선과 악을 깨달아 바르게 행하려는 의식이다.

양심의 판단이 항상 옳은 것은 아니다. 날선 양심의 판단. 정확도는 지식과 지혜의 척도 그리고 마음이 청결하고 온전하며 순전(純全)함이 더하여질 때이다.

철이 들어 사리를 분별할 줄 아는 지혜와 순수함에 허물을 보는 심안(心眼)이 있어 양심은 빛난다.

⁂ 재물(財物)

삶에는 세 가지 꿈이 있다. 재물과 명예, 쾌락(즐거움)이다.

재물은 능력이다. 재물이 많은 것은 복이다. 힘은 돈과 여유가 있어 가능한 것이니 재물의 가르침에 조금도 소홀하거나 게으름 피우지 말라. 게으름은 추함을 부르고 근면은 정갈하다. 재물보다 명예가 중하고 명예보다 행복이다. 그러나 재물이 있어 쉬운 것이다.

덕이 있고 성실하면 주위에 사람이 모이고 사람이 모이면 모사가 있고 모사가 있으면 땅이 있고 땅이 있으면 재물이 모이는데 이때 성실한 근면은 소금과 같다.

⁂ 모이는 곳

물방울이 모이는 곳, 옹달샘이다. 옹달샘 물이 실개천 되어 흐르고 흘러 개울에 모이고, 그 실개울이 흐르고 모여 작은 물줄기가 되어 끊임없이 흘러 소를 이루고 방죽을 만들고 내를 이루어 흐른다. 골짜기마다 한 과정이 모아 흐르고 모여 강물이 되고 또다시 흘러 바다에 모인다. 이들은 수증기 되어 하늘에 이른다. 울음 섞인 소리가 모이고, 질풍 미풍 바람이 모이고, 향기가 모이고 그리고 인간의 영혼이 모이는 그곳. 무심한 세상 것들도 외로워 모이는 그곳.

그곳은 악이 존재할 수 없는 청정의 정토여라!

⁂ 정쟁(政爭)

인간은 정치적 동물이다. 정치는 선을 행하고 악을 통제하는 사회를 만들고, 국민을 행복하게 만들고 행복하게 하는 방법을 제시해야 한다. 그래서 국민은 정치인의 양심과 도덕성 그리고 비전을 학수고

대한다. 국민은 국가와 민족을 위해 사심 없이 노력하고 희생해 주길 갈망한다. 안정과 경제발전을 원한다. 그러나 정치인은 국가와 국민보다 자신들의 이(利)를 위해 정쟁을 일삼는다. 인격 없는 정치인과 원칙 없는 정치는 타락과 무능으로 더욱 정쟁의 늪으로 국민을 몰고 간다. 요즈음 정쟁 대상이 국익과 백성의 생존을 위한 정쟁인가, 한심하다. 정치가 좀스러우니 나라는 더 작아질 수밖에….

⁂ 배우고 안다는 것

배우고 차츰 알아 터득함은 설레는 두려움이다. 무섭고 전율을 느끼는 것이다. 알면 알수록 겸손해지고 숙연해지며 작아지는 법이다. 진리를 쉽게 설명할 수 있는 사람은 진리를 터득한 사람이다. 진리를 어렵게 설명하는 자는 진리의 주변을 방황하는 자이다.

진리의 길은 두려움이자 환희의 길이다.

⁂ 걱정과 분노

산다는 것은 걱정과 근심을 안고 가는 것이다. 저마다 안고 살아가는 걱정이 삶의 핵심이다. 그 걱정의 깊은 속 알맹이는 사랑이기 때문이다. 양파 껍질 속 깊은 알맹이가 사랑이 되는 것이다.

자신의 일을 걱정하는 것도 누구를 향한 걱정도 그 속에 사랑이 자리하고 있기 때문이다. 걱정 근심을 털어 해탈하고자 하는 수행은 이기주의에 집착하는 것, 결코 수행이라 할 것이 못 된다.

걱정과 분노를 담아두지 말라. 무익하다. 걱정과 분노를 해결할 방법이 그 안에 있다.

⁂ 가난

가난한 사람이 다 청렴한 것은 아니다. 진정한 청렴은 맑고 선한 정신에서 온다. 사랑이 풍부하다. 신선한 가을바람 같은 사람. 그는 천하게 가난하지 않고 무능한 빈주먹도 아니다. 가난하여 친척 친구를 멀리하는 자는 분명 가난한 사람이다. 가난해도 형제나 친구가 가까이함은 청렴한 자요, 가난한 사람이 아니다. 진정 가난한 사람은 사랑이 없는 자다.

⁂ 노두(露頭)

광산에서 광맥 암석지층 석탄층 따위가 땅거죽에 드러난 작은 부분을 말한다. 노두만 보고 그 밑에 감추어진 비밀스런 부분은 참으로 알기 어렵다.

사람을 볼 때 참으로 좋은 것은 그 깊이를 알기 어려운 물 위의 빙산을 대하듯 상대를 대하는 것이다. 광맥의 노두 같은 것이다. 겉으로 보이는 것만으로 그 사람을 알 수 없는 것. 겉볼안이란 말도 있으나 쉽사리 판단하는 어리석음을 범하지 말라.

열 길 물속은 알아도 한 길 사람 속은 알 길이 없으니….

⁂ 불평과 트집

트집과 시비를 거는 사람이 대접받는 사회는 분명 후진국이다. 남의 얘기가 아닌 자기 얘기에 더욱 만족하는 사람이 많은 것도 후진성이다. 진보라 하고 보수를 헐뜯는 사람을 유식한 사람처럼 보는 사회도 후진성이다.

말하지 않고 묵묵히 감내하는 사람을 도외시하는 사회는 건전치 못하고 병든 사회다. 우는 아이에게 젖을 더 주고 똥이 더러워서 치우는 것이 아니고 무서워서 치운다는 식의 사고는 병들어가는 힘없는 사회다. 떼를 쓰면 통하는 사회, 시위를 하면 통하는 사회, 의심하고 의혹을 부풀리고 자신은 남보다 뛰어나다고 생각하는 사회, 불평과 불만을 말하는 자가 대접받는 사회, 분수를 지키고 만족하는 사람이 푸대접받는 사회.

이를 지켜보고 불만의 씨를 뿌리며 만족하는 야만적인 사람, 언제부터인지 몰라도 우리 사회가 이렇다. 한심하고 안타깝다.

⁂ 독서

책을 읽는 것은 저자와 대화하는 것이다. 성경을 읽든 불경을 읽든 대화하는 것이다. 특히 좋아하는 책을 읽으며 필자와 대화를 즐겨라. 얻고자 하는 지혜와 달콤한 양식이 가득하리라.

⁂ 너무 앞서감은 위험한 일

비운의 과학자 테슬라, 전화기를 발명한 벨 등 너무 앞서간 사람들. 40여 년 전 지금과 같은 여성 속옷을 만들고 망한 이강천(가명) 이야기이다.

강천은 항공사에 근무하는 스튜어디스를 사랑했다. 그는 양말 짜는 작은 양말 공장 사장이었다. 그의 사무실은 여성용 팬티와 란제리 등이 어지럽게 널려 있어 마치 변태성욕자의 방 같았다. 1960년대에서 70년대 초 대부분의 여성 팬티는 두꺼운 면섬유에 7부 정도 길이였으며 브래지어 또한 스펀지를 넣어 사용했다. 팬티를 2장 겹쳐 입는 여성도 많았다.

그런 시절 스튜어디스에게 암달러를 바꿔주며 해외에서 구할 수 있는 선진국의 여성 언더웨어를 수집해 달라고 부탁했다. 강천은 여자 옷은 잠자리 날개 같아야 하고 속옷은 화려하고 야해야 한다고 생각했다.

그는 전 재산을 투자하고 피나는 고생 끝에 그런 속옷을 만들어 국제시장 등에 내놓았다. 요즈음과 거의 같은 언더웨어였다. 그러나 시장의 반응은 싸늘했다. 판매는 거의 되지 않았다. 답답한 심정에 시장에 나가 직접 상황을 점검하기로 했다.

가게 주인은 물건을 가장 앞쪽에 보기 좋게 진열해 놓았다. 한 말

쑥한 여인이 가게주인의 친절한 설명과 함께 팬티 상자를 열어본다.

"에구머니나! 원 남부끄럽고 망측해서…."

못 볼 것을 본 듯 던지다시피 놓고 사라진다. 가게주인이 웃으며 거의 이렇다고 했다. 앞서가는 것도 어느 정도이다. 너무 앞서간 결과는 망(亡)이었다. 너무 앞서가지 말고 조금만 앞서가라. 지나치게 앞서가면 쾌감은 있으나 생명력은 없으니 경영이 아니다.

⁂ 여유와 긍정

여유는 강자의 모습이다. 초조는 약자의 불안한 모습이다. 서두르지 않고 느긋하게 생각하고 행동하는 마음에서 긍정적인 사고가 생긴다. 여유와 긍정은 녹아 사라지는 모든 것들에 대해 아쉬움보다 이해로 보낸다. 사라지는 것은 이미 명을 다한 것, 슬퍼하거나 안타까워할 일이 아니다. 사라지고 오는 것이 자연의 이치, 붙잡으려 함이 욕망의 늪이다.

긍정으로 살자. 부정적인 불안 초조는 삶을 낭비하는 어리석음이다. 부정적인 생각에 빠지면 슬럼프라는 늪에 빠진다. 부정적인 생각이 들면 악마의 속삭임이라 생각하고 단호히 떨쳐라. 하루하루 사라지는 인생에 안타까움과 낭비까지 곁들이는 불안한 사고는 자신을 불편하게 하고 어두운 얼굴을 만드는 검은 그림자이다. 시간을 녹이고 세월을 좀먹는 부정적이고 암울한 사고를 멀리하라. 여유와 긍정적인 사람은 때깔도 환하다.

⁂ 희수(喜壽)와 미수(米壽)

요즘 사람은 대부분 장수한다. 60에 회갑연을 열면 쑥스럽고 멋쩍다. 안타깝기도 하다. 회갑 이듬해 즉 62세 되는 생일의 진갑연도 낯뜨겁다. 명을 재촉하는 것 같아서다. 사라지는 삶의 한 자락에서 적어도 희수 77세는 되어서 잔치를 함이 좀 떳떳할 것 같다. 희(喜) 자를 초서로 파자할 경우 七十이 되기 때문이다.

좀 더 살아 88세 되는 생일에 미수연을 차리고 축수함이 어떨까 한다. 미(米) 자는 파자할 경우 八十八이 되니 말이다. 미는 정성과 땀이 서리고 감사가 익어가는 신과 인간이 하나 되는 자연의 이치이다. 그래서 미(米)는 감사와 축수를 받아 마땅하다. 인생에서 장수함을 기념하는 축하연을 수연(壽筵)이라 하지 아니한가! 지금은 수명이 짧아 회갑도 진갑도 복이라던 시절이 아니며 축하보다 나누고 감사하는 자리이니 더욱 그러하다. 사라져 가는 삶의 언저리에서 신에게 그리고 자신에게 감사하는 것 아니겠는가?

⁂ 상례(喪禮) 유감

태어남은 반드시 죽음으로 연결된다. 사라지지 않는 것은 존재 가치가 없다. 이승은 여름날 환상처럼 피었다 사라지는 무지개 같은 것이다. 생명을 받아 단 한 번 누리는 호사다. 사라진다는 것은 다시 태어난다는 의미이다. 상례는 운명(殞命)하여 땅에 묻힌 다음 대상을 지내고 탈상(脫喪)까지 3년 동안의 모든 의식을 말한다고 볼 수 있다.

사(死)라 쓰지 않고 상(喪)이라 씀은 슬프고 비통함을 나타내는 효심이 가미된 말이다. 죽은 자를 산 자같이, 없는 자를 있는 자같이 섬기기를 원하는 마음이다. 근세에 이르러 상례는 삼년상에서 100일에 탈상으로 간소화되고 현금 처리되고 있다.

우리의 예법이 다양한 종교에 의해 많이 변모되고 있으나 예는 변해도 그리움이야 변할 리 있겠는가? 그리움은 흐르는 눈물이 마르고 세월이 흐르고 흘러 두 손을 가슴에 가지런히 올려놓을 때 영혼과 함께 사라지는 것이다. 보이지 않는다고 사라지는 것은 아니다.

눈물이 마를 때가 탈상이다. 모두 그리움으로 남는다.

⁂ 소나무

이탈리아에는 다섯 가지 보물이 있다. 잘 가꾼 소나무와 광장 그리고 성당과 분수, 바티칸박물관이다. 물론 콜로세움이나 판테온 신전도 있다. 소나무가 가로수인 나라. 그러나 솔을 식용화하는 데는 우리에 미치지 못하는 것 같다.

솔잎은 양질의 단백질과 비타민A가 풍부하고 담즙 분비를 촉진하는 역할을 한다고 알려져 있다. 『동의보감』에도 혈액을 정화하는 작용으로 동맥경화, 고혈압, 담 등의 성인병에 한 몫 한다고 보았으며 나쁜 콜레스테롤을 없애주는 효과도 있다고 했다. 솔바람은 폐와 기관지를 청량하게 청소해 준다. 예로부터 솔잎은 신선들의 선식으로 전래되어 왔다.

자연과 더불어 살아온 우리 민족은 빈곤과 기아를 겪던 초근목피 시절 소나무 아래에서 배고픔을 달랬다. 조선말과 대한제국 시절 소나무 아래에서 퉁퉁 부은 몸으로 굶어 죽은 자들도 많았다. 요즘 강인한 상록의 소나무에서 건강의 지침과 향기를 구하는 것은 어찌 보면 당연한 일 아닌가?

솔잎차, 솔잎주스, 솔잎찜질, 목욕 등 특히 솔잎 엑기스는 나쁜 콜레스테롤을 없애주고 치매와 발모에도 효과가 있다고 한다. 다산과 과로에 시달리던 우리네 어머니들이 즐겨하던 소나무찜질 한증막. 솔가지 한증막에 가시던 어머니의 뒷모습을 새삼 안타깝게 그려보며 속리의 송림과 단풍나무가 어우러진 세조(世祖) 길을 걸으면서 잠시 생각을 적어본다.

⁂ 처음과 끝

처음과 끝, 알파요 오메가다. 처음은 알되 끝은 모르는 것이 인간이다. 시작은 처음이 되고 탄생과 꿈이 자라며 잠시 쉼터가 되기도 하고 출발점이 되기도 한다. 생이 곧 사요, 처음이 끝이 된다. 삶의 이치다. 처음은 알되 끝을 모르고, 보이는 것은 알되 보이지 않는 것은 모르는 것이 인간이기에 실수도 실패도 어쩌면 당연하다.

인간은 크고 작음도 모르거니와 길고 짧음도 모른다. 처음은 보되 끝을 알지 못하기에 욕심이나 허망의 무의미를 한참 후 느낀다.

위험도 처음과 끝이요, 희열도 시작과 종장이 된다. 시작만큼이나 끝도 위험이 따른다는 사실을 명심하라. 종장의 사랑이 빛을 발하는 것은 당연하다. 처음과 끝이 분명치 못한 사람은 자신과 남에게 피해자임을 알라.

⁂ 100만의 마력

100만 장자, 100만 송이, 100만 대병, 100만 명 살생, 100만 운집… 100만이란 수는 참으로 크고 많다고 생각한다. 수의 한계점이자 최대치라고 착각한다. 5,000만 명 중 100만은 큰 수가 아니며 1억 명 중 100만 명은 오히려 작은 수이나 100만 명 또는 1억 명의 많은 수를 대신하는 것으로 착각한다. 오히려 그보다 큰 수인 천만 일억보다 느낌이 크다.

왜 그럴까? 인간이 태어나 죽을 때까지 걷고 달리는 거리가 100만㎞라고 본다. 인간이 욕심껏 하루 종일 달려 차지할 수 있는 평수의 최대치도 100만 평이 전부라고 한다.

100만은 인간 두뇌의 현실적인 한계치다. 물론 요즘보다 더 큰 수, 억 또는 조나 경까지 사용하나 이는 인간이 사용하는 수를 넘어 기계의 수라고 본다. 100만의 마력으로 전부를 말하는 어리석음을 말하지 말라.

⁂ 문(門)

양쪽에서 주먹을 불끈 쥐고 서로 싸우는 모양을 상형화한 문자다. 우리의 습속이 자리한 것으로 사람의 출입을 허락하고 막는 의미다. 삶에는 두 가지 문이 있다. 나 죽었소 하며 고개 숙이고 들어가는 문과 팔다리를 힘 있게 휘저으며 네 활개를 펴고 당당히 들어가는 문이다. 나 죽었소 하며 고개 숙이고 들어가는 문은 살아 나오는 문이나 당당히 건방을 떨고 들어가는 문은 죽어 나오는 문이다. 비록 죄지은 자라 해도 법정의 문을 통과할 때 나 죽었소 하는 자는 죽어 나오는 자가 없고 오히려 보호받고 나온다. 교만과 위선을 떨고 들어가는 문은 죽음으로 이어진다.

관저에 들어가는 문을 통과하는 자가 건방과 교만을 품으면 죽음 아니면 치욕으로 나올 것이다. 작은 자신의 집 문을 통과함에도 여유와 겸손으로 통과할 때 평안할 것이다. 입도 문이다. 들어감은 신선하나 나옴은 사악함을 염두에 둘 것이다.

⁂ 만족(滿足)

흡족하다고 생각하면 세상이 다 풍요롭다. 만족하면 감사가 저절로 나온다. 범사에 감사하라. 만족하고 감사함만이 인생을 풍요롭게 사는 비결이다. 불만족은 불평과 비난, 시비, 트집을 불러온다. 성격적으로도 모가 나서 자신은 현명하며 똑똑하고 머리가 우수해서 실수하지 않는다고 생각하며 자기 잘못을 인정하려 들지 않는 사람이 된다.

욕심으로 세상을 보고 불평으로 세상을 보면 세상 것들은 바닷물을 모두 다 마신다 해도 갈증이 사라질 리 없듯이 채울 수 없을 것이다. 만족하지 않는 욕심으로 세상을 보면 한시라도 편한 날이 있겠는가? 오만과 욕심도 자율 신경계를 흔들어 병마를 불러들인다. 만족을 모르는 불만족에서 욕심이 승하고 죄가 싹트고 마음에 불편이 온다. 세상은 욕심의 눈으로 보면 모자람이 너무 많은 곳이다.

욕심을 채워 얻는 만족과 욕심을 버려 얻는 만족이 있다. 취하는 것은 그대 몫이다. 범사에 만족하고 감사하라. 행복할 것이다.

⁂ 장수(長壽)

장수가 축복만은 아니다. 장수는 질병 · 빈곤 · 소외 · 외로움을 불러온다. 이것이 노인문제가 된다. 노인문제를 해결하려면 재원이 필요하다. 재정 부담은 도시보다 농촌이 더 크다. 농촌 특성상 젊은이가 없기에 고령화 속도가 빠르기 때문이다.

우리는 이미 고령 사회(14% 이상)에서 초고령화 사회(20% 이상)로 진입 중이다. 전체 인구에서 차지하는 비율도 2011년 18.6%에서 2016년(6월 말 현재) 20.7%로 높아졌다. 노인복지예산도 2013년 약 4천 353억 원, 2015년 약 8천 205억 원, 2016년에는 1조 원이 넘었다. 특히 농촌은 주민 수와 비교하면 관할 면적이 넓어 같은 사업도 예산 투입액이 많지만 효율성은 떨어진다. 넓은 땅에 적은 인구가 분산해 거주하는 농촌 특성 때문이다. 대도시보다 재정이 열악한 농촌은 노인 복지비 부담에 더 허덕일 수밖에 없고 예산을 더 많이 투입해도 효과가 적다.

노인문제는 도농을 막론하고 국가 문제다. 노인문제는 저출산 문제와 함께 국가 경제 · 사회 근간을 좌우하는 중요한 이슈이다. 성(性)을 휴식이 아닌 출산을 높이는 방향으로 선회토록 하고 노인들 일자리를 만드는 것이 중요하다. 고령화는 시대적 의제이기에 국민적 논의를 시작해야 하며 정치를 포퓰리즘(Populism)화하는 것은 위험한 발상이다. 인생의 아름다움은 노인에 있다. 인생의 꽃은 노인이다. 아름다운 마무리를 위해 노인 자신도 노력하고 사회도 이를 도와야 한다.

호주 노인들은 여유가 있다. 저택에 고급 승용차, 요트를 가지고 즐긴다. 오랜 세월 경제활동을 했기에 모은 돈이 있어 가능하다. 노인이면 당연히 돈이 있기 마련인데 우리네 노인들은 돈이 없다. 노인은 젊은이보다 여유가 있어야 한다. 그러나 지나치게 베풀고 말았다. 자식들에게 다 주고 빈 깡통만 남아 정치인들의 장난감이 되었다. 누구나 노인이 된다. 사는 것이 죄인 세상이 되었다.

⁂ 가정불화로 가업을 망친 사람들

부자지간의 끝없는 불화. 아버지와 아들은 적게는 20년에서 30년 세월 차이가 난다. 아버지가 살던 환경과 아들이 사는 환경은 다르다. 가난과 못 배움을 대물림하지 않으려 자녀들에게 풍요와 최고의 교육환경을 제공한다. 나쁘다고 할 수 없으나 잘한 행동이라 말하기도 어렵다.

인효교육 정도나 도덕적 사고가 다르며 부모의 애절하고 긴박한 상황이 자식에게 짐이 되는 경우가 허다하다. 자식은 부담스럽다고 한다. 부모를 부담스러워하는 자식은 버려라. 가업을 망칠 것이다. 자식은 부모만큼 긴박하고 절실하지 않다. 부자지간에 불화와 반목을 일삼는 집안의 사업이란 결국 바람 앞의 등불이다. 부모가 피땀으로 이룬 기업이라 해도 자식과의 불화는 기업을 뿌리째 고사시킬 것이다. 부자지간 불화로 망하는 기업과 집안을 종종 보았다. 국내 유일했던 자동차 기업도 천석꾼들의 멸문도 대동소이하다.

부모의 생각이 자식에게 뜨겁게 미치지 못하면 방향 전환하라. 뜻이 오롯이 미치고 흐름이 순조롭고 확실히 이해하는 방향으로.

⁂ 대사(大事)

삶다 보면 나름 큰일을 치르게 된다. 부도, 파산, 경매, 실연, 이혼, 와병, 사고 등 큰일을 치른 후 혼돈의 시기가 문제다. 대사는 어쩔 수 없는 격랑이라 하자. 혼돈과 절망의 시기를 대수롭지 않게 처리하면 평온은 거리가 멀고 희망 또한 사라진다. 대사 또는 악몽이라 생각되면 일을 치른 후 정리 정돈에 유념하라. 혹여 공이가 될 수 있고 또한 매듭이 될 수 있는 소지의 것들을 힘겨우나 지혜롭게 환골탈태(換骨奪胎)하는 심정으로 정리 정돈하라. 그리고 혼돈과 혼란 와

중에 균열과 파열음 없이 처리하라. 그래야 새살이 돋고 희망이 보이고 대사가 헛되지 않을 것이다.

임진왜란, 정유재란을 겪은 조선은 혼돈과 절망을 깊은 반성과 성찰로 정돈함이 마땅했으나 무기력하게 정돈치 않고 세월만 보냈다. 오히려 왜국은 반성과 자성으로 정리 정돈한 후 조선을 강점할 수 있었음을 상기할 일이다. 나라도 대사 정란(靖亂) 후에 혼돈이 오고 잘 정돈된 다음에 태평성대가 온다.

대사를 치른 후 정돈에 유념하자. 삶도 이와 같다. 정리 정돈을 팽개치면 10배 아니 100배의 대가를 치른다는 사실을 유념하라. 또한 일을 벌이고 정리 정돈에는 나 몰라라 하는 자는 쓰레기이니 가차 없이 버려라.

⁂ 행복과 구원

구원을 얻고자 노력함은 행복하고 싶은 소망 때문이다.

구원(redemption)은 무엇일까? 악과 고난으로부터 해방이다. 인간은 거짓과 불의, 욕심, 증오, 겁핍, 갈등 등 많은 고난과 악으로 둘러싸여 있다. 이 모든 것은 우리를 병들게 하고 결국 죽음으로 유인한다. 인간이 태어나 죽음에 이르는 그 짧은 순간을 평화롭고 행복하게 살고자 하면 이런 악에서 벗어나야 하나 인간의 한계를 초월하는 것들이라 굳이 절대자 신을 찾는다. 부활과 환생을 믿지 않고 신을 부정하는 사람도 절대자를 찾을 수밖에 없음이다. 기독교는 부활이요, 불교는 환생이다.

육신은 욕되고 비굴하고 연약하여 죽음이 두렵고 죄에 찌들면 결국 죽음에 이르는 것. 제한된 삶 그리고 얼마 되지 않는 제한된 인간들의 지혜. 짧은 지혜로 스스로 가두어버린 자신의 영역. 한 치 앞도 알 길 없는 인간의 불안. 보아도 보이지 않고 들어도 분명하게 들리지 않는 인간들의 답답함. 그 해방을 원하는 것이 구원이다.

맑고 깨끗한 사랑, 행복을 추구함은 구원으로 가는 첩경이다. 길이 있어 가고 아름다운 경치가 있어 보고 그릇된 아집이나 의지를 털어내고 맑은 심성으로 돌아간다면 행복이 보이고 느껴질 것이다. 자신이 행복하다는 사실을 잊지 말라. 결핍이 일상화된 사람들. 그러나 아등바등 살지 않는 그들. 부족하나 넉넉한 마음을 가진 부탄에서의 추억.

⁂ 무료한 인간

배부른 인간은 무료하다. 해진 옷과 같다. 무료는 몸과 마음을 병들게 하고 의욕을 녹인다. 꿈과 소망 그리고 사랑이 있어 삶이 윤택해지고 무료함에서 해방된다. 꿈과 소망을 가져라. 사랑하고 배려하라. 그것만이 인생을 윤택하고 길게 사는 최선의 방법이다.

하루는 길어도 인생은 짧을 수 있다. 재는 넘을수록 험하고 내는 건널수록 깊은 경우 비로소 행운이 찾아옴이라. 좌절하거나 포기치 말라. 포기하면 멈추는 것이고 쓰러지는 것이다. 걸어온 길이 멀면 돌아갈 길이 응당 아득하고 지나온 시간이 길면 돌아갈 시간이 아득해 후회나 번민도 길어지고 깊어지겠지.

부귀의 어느 한 끈이라도 잡았으면 우선 몸을 낮춰라. 스스로 낮추지 않으면 건강을 잃기 쉽다. 부귀는 몸을 편케 하고 산해진미를 탐하게 하니 명의라도 건강을 잡아주지 못할 것이다.

높은 산 정상의 나무는 교만한 모습이 없다. 자연의 섭리를 따르지 않는 자는 패가하기 마련이다. 산다는 것은 얻음이 아니고 점차 잃는 것이다. 다 잃어버리고 사라지고 나면 세상과 하직한다.

재산은 모으는 것이 아니고 보관하는 것. 보이는 것은 믿어라. 보이는 것도 믿지 못하면 보이지 않는 것을 어찌 믿겠는가? 바람을, 산소를, 빛을, 고난을, 성령을 믿을 수 있겠는가?

사랑을 믿을 수 있는가? 보이지도 만질 수도 없는 것을….

⁂ 연(蓮)

아시아 남부와 호주 북부가 원산지이다. 진흙 속에서 자라지만 청결하고 고귀한 식물로 여러 나라 사람들에게 친근감을 준다. 진흙 연못에서 자라고 논밭에서 재배하기도 한다. 꽃은 7~8월에 피고 홍색 또는 백색이며 꽃줄기 끝에 1개씩 달리고 지름은 15~20㎝이며 꽃줄기에 가시가 있다. 꽃잎은 달걀을 거꾸로 세운 모양이며 수술은 여러 개다. 꽃받침은 크고 편평하며 지름 10㎝ 정도이고 열매는 견과이다. 종자가 꽃받침의 구멍에 들어 있다. 종자의 수명은 긴데 2,000년 묵은 종자가 발아한 예도 있다. 약용과 식용으로 쓰이며 특히 진흙 속에서 깨끗한 꽃이 달리는 모습을 보며 속세에 물들지 않는 군자의 꽃으로 표현한다.

진정으로 존경할 군자는 어디에도 없는 것일까?

여기에 연꽃의 유감을 쓰는 것은 요즘 세상이 너무 혼탁하여 사이공이 함락되기 3일 전까지 데모하던 사이공 시민들을 보며 안타까웠던 과거가 생각났기 때문이다. 정말 위선 덩어리가 아닌 큰 바위 얼굴 같은 사람은 우리에게 없는가? 국민에게 정직한 스승은 없는가?

⁂ 병법과 정치

세상은 병법과 정치가 난무한다. 병법이란 결국 속임수다. 정치는 권모술수이다. 목적을 달성하기 위해 모략과 중상 등 온갖 수단과 술책이 동원된다. 세상사가 다 그러하다. 요즈음 세상사는 너무 극열하게 이런 모습이다.

정의 · 양심 · 평등 · 공평 · 진실은 죽었거나 숨었다.

⁂ 파괴 본능

인간에게는 신으로부터 물려받은 파괴 본능이 숨어 있다. 심연 깊은 곳에 내재되어 평소에는 잘 나타나지 않으나 충동과 함께 나타난다. 인간의 인지가 극도로 발달하여 고도의 문화와 문명을 만들었다 하더라도 더 발전하고 이어짐을 저해하는 인간의 파괴 본능 때문에 사라지곤 했다. 자연재해만이 아니다. 문명이 파괴되고 다시 시작하고 발전을 거듭하며 지금까지 몇 번의 반복이 있었고, 이때의 흔적으로 남는 것이 역사의 불가사의가 되었다.

역사의 순환이 끝 모르고 발전할 것 같은 비약의 작금에도 망종은 도래할 것이다. 역사뿐 아니라 파괴 본능은 생활 도처에도 나타나며 통제 불능일 때 자신에게도 나타날 것이다.

⁂ 삶이란 바람인가

사람은 분명 축복으로 태어난다. 환희다. 그러나 삶에 즐거움만 있는 것은 아니다. 즐거움보다 고통이 더 많다. 삶이 나를 슬프게 한다. 힘들게 한다. 노하고 성질나게 한다. 고통이 훨씬 많아 삶이 고해(苦海)라고 한다. 고통에서 어떻게 해방될 수 있을까? 고통에서의 해방은 희망이다. 사랑이다. 희망과 사랑만이 고통에서 자유로울 수 있는 선약이다. 희망이 있으면 고통은 반감되고 사랑이 있으면 치유된다. 희망과 사랑은 자신감과 용기가 있어 가능하다. 용기를 잃은 사람은 자신감을 잃어버리고 희망도 사랑도 꽃피울 수 없다.

용기는 자신감을 감싸는 에너지다. 용기는 쓰면 쓸수록 단련되는 무쇠 같은 것. 굳센 기운은 겁을 모르는 예리한 비검(秘劍)이 된다. 그러나 움츠리면 사라진다. 용감한 자는 비굴하지 않고 고통도 가벼운 낙엽처럼 대한다. 용기는 육신과 정신의 에너지다. 만용은 용기가 아니다.

몸에 용기라는 에너지가 들어가면 육신은 살아 움직인다. 힘이 불끈 솟아나고 투혼이 작동한다. 용기는 말라가는 나무에 수분을 공급하는 것 같아 생기가 돋아난다. 정신도 살아난다. 용기로 무장하고 희망을 가져라. 사랑하라. 바람처럼 사라지는 삶에서 그대가 할 수 있는 최선이다. 사라지는 모든 것들은 이미 명을 다한 것. 슬퍼하거나 안타까워하지 말라. 용기는 물과 같이 쓰고 사랑은 바람을 닮아라. 산들바람 속에 사랑이, 비바람 속에 오해가, 눈보라 속에 외로움이. 삶이 모두 다 바람인 것을….

⁂ 공생

벌과 꽃 그리고 나비, 악어와 악어새, 나물과 비빔밥, 바람과 홀씨, 서로 도우며 함께하는 삶. 나누고 섬기고 배려하는 삶, 공생이다. 결코 손해를 입는 것은 아니다. 이론도 철학도 아니다. 삶에서 평안하고 잘 사는 방법일 뿐이다. 경쟁하고 빼앗고 점거하고 점령하고 배신하여 얻은 것이 종장에는 잃을 것이다.

⁂ 이민

이 땅에 더 이상 희망이 없다고 타국으로 이민 간다. 최근에 그러했다. 130여 년 전에도 100여 년 전에도 이 땅을 떠났다. 이 땅을 떠나서는 살 수 없는, 땅에 대한 애정이 뼛속까지 박힌 사람들이 고향산천을 떠나 피눈물 흘리며 정착한 곳이 연해주 동북삼성이고 하와이, 남미 등이다.

그곳에서 동포를 만났다. 나라를 떠나면 죽는 줄로만 알았다고 한다. 고국산천에 대한 집착이 너무나 강했던 사람들. 1세대는 죽어 고국을 향하여 머리를 묻었고 왠지 서먹한 3세대를 만났다. 그들에게 대한민국은 고국이 아니다. 그러나 할아버지 할머니의 조국이 대한민국이라며 긍지를 가지고 있다고 한다.

뭉클하게 끌어오르는 이 요동은 뭘까? 전율이 되어 온몸에 퍼지는 이 기운, 얼마나 지나면 잊힐까? 그리움은 창공의 메아리 되고 별이 되리라!

⁂ 엽서

마음을 꽃으로 단장해 보라. 몸은 장송(長松)으로 가꾸라. 섬김과 배려는 몸에 익혀 수련하고 용기로 피워라. 삶이라는 아름다운 정원에서 그대는 행복한 나그네 되어 떠나리니. 나그네 가는 길에 고통도, 즐거움도 잠시 잠깐이니….

⁂ 마리아 찬가

예수의 어머니 마리아는 지극히 겸손했다. 수치를 알았다. 교만하지도 우쭐거리지도 않았다. 능하신 이가 큰일을 자신에게 행하여 이룬 예수의 잉태를 자랑스러워하면서도 부끄러워했다. 마구간에서 예수를 낳았으나 조금의 불평을 찾아볼 수 없다. 성경 어느 곳에도 마리아의 넘치는 언행은 없다. 복되시고 은총 가득하신 마리아님으로 만세에 존경받아 마땅하다.

예수의 죽음 앞에 도망가고 배신하는 사람들을 보며 아들의 죽음을 지켜본다. 마리아가 이르되 "내 영혼이 주를 찬양하며 내 마음이 하나님 내 구주를 기뻐하였음은 그의 여종의 비천함을 돌보셨음이라."

⁂ 호칭에 있어

망자의 이름을 함부로 부르지 말라. 공적인 자리에서는 더욱 그렇다. 역사적 인물의 이름도 마찬가지다. 망자의 이름을 부를 때는 반드시 이름 앞에 직함을 붙여야 한다. 원수지간의 이름을 부를 때도 이와 같다. 이순신이 아니고 충무공 이순신이어야 하며 왕건이 아니고 태조 왕건이어야 한다. 추기경 김수환이어야 하며 대통령 박정희라고 해야 한다.

적장의 이름도 이와 같다. 공적인 장소에서, 방송에서 망자의 이름을 함부로 부르는 자는 실력 또한 빈천하고 몰인격한 성정으로 그의 말은 쓰레기에 불과하리라. 직함이 없거나 모를 때 선생이라 해도 좋을 것이다.

⁂ 우아(優雅)함

인간은 누구나 우아하길 바란다. 그래서 밥보다 비싼 커피를 마시고 명품을 걸치고 비싼 차를 타고 거추장스러운 고가의 귀중품을 탐하며 안정감을 찾는다. 이를 사치, 허영이라고 하나 아니다. 우아하고 싶은 본능이요, 행위다.

높은 자리도 권력도 그러하다. 자신이 폼 나고 우아해 보인다고 착각할 뿐이다. 측은하고 안타까운 인간의 한 단면이다. 행복하려는 노력이 과하면 과정도 불행하고 결과도 불행의 늪으로 들어감을 염두에 둘 일이다. 즐기고 대견해하며 행복하라. 우아해 보일 것이다.

⁂ 기대

오랜 기대보다 거절이 낫다. 상대에게 기대를 주는 행위는 가장 어리석은 행위이자 무책임이다. 기대가 커지면 원망의 싹이 자란다. 스스로 꾸짖고 반성할 줄 알라. 기대를 갖는 것도 기대하는 것도 어리석음이다. 사실 기대를 채울 완벽한 방법은 없다.

⁂ 춤을 보여주라

상대에게 춤을 보여주라. 상대에게 노래를 들려주라. 상대에게 시를 읊어주라. 삶에서 자신을 위해서 하는 행동에 감흥은 없다. 나누고 비우고 섬기고 상대를 배려할 때 비로소 진정한 감흥이 있는 것. 진정을 담은 보여줌은 사소한 것일지라도 상대를 뭉클하게 할 것이다.

⁂ 천당과 지옥

죽어야 가는 천당과 지옥, 영혼이 간다는 그곳. 현재 자신의 모습 그대로 겪는 천당과 지옥은 현세에 존재한다. 죽어서 가는 지옥은 어떠한 희망도 존재하지 않는다. 반대로 천당은 모든 희망이 존재하는 곳이라 한다. 그러나 죽어 영혼만 가는 천국이 이마에 깊은 주름 잡힌 얼굴로 웃으시는 부모와 그 부모 품에 마냥 응석 부리는 자식이 얼굴을 비비며 사랑하는 현세 모습만 하겠는가? 자신을 보고 좋아 주위를 뱅뱅 도는 어린 아들을 보는 즐거움만 하겠는가?

천당의 감로수도 현세의 씀바귀만 못할 수 있다. 지옥의 고통이 아무리 지독한들 굶주림만 하겠는가? 마음이 편하고 나누고 섬기고 배려하며 즐거우면 고통은 사라지고 현세가 천당이 될 것이다. 그러나 과욕과 교만은 분명 현세에서 지옥을 알게 될 것이다. 천당과 지옥은 현세에도 죽어서도 가는 인간들이 만들어놓은 곳이다.

처음은 알되 끝을 모르는 인간이여, 교만과 욕심, 탐욕과 야욕의 늪에서 허우적대지 말고 천당에 살다 천당으로 가라.

⁂ 나의 보물

인간은 누구나 보물 하나는 가지고 있다. 세상에 쓸모없는 인간은 없다. 처음부터 무익한 인간은 태어나지 않는다. 반드시 효용가치가 있어 탄생하는 것이다.

누구에게나 예리한 보검은 있지만 쓰지 않아 녹슬고 있을 뿐이다. 녹이 슨 칼은 닳아 무딘 칼보다 위력적이지 않고 쓸모도 없다. 자신에게 감춰진 예리한 보검이 제값을 할 수 있도록 쓸 것인지 그대로 녹슬게 놓아둘 것인지는 자신에게 달려 있다.

자신 안에 숨겨진 보검을 녹슬도록 방치하는 사람들이 허다하다. 안타까운 일이다. 자신 안에 소중히 내재되어 있는 보물을 찾아 보검을 만들도록 노력하는 것이 자신에 대한 사랑이요, 예우다.

⁂ 아버지의 짐

짐 벗고 쉴 날이 있겠는가? 하셨다. 칠 남매를 키우시며 하신 말씀. 몸이 성치 못한 자식도 있었다. 죽은 자식도 있었다.

사람은 나름 자신의 짐을 지고 태어나 살다 죽는다. 죽는 그날까지 짐은 벗어지지 않는다. 태어나며 무거운 짐을 진 자도 있고 가벼운 짐을 진 자도 있다. 삶이란 짐의 무게는 너 나 별반 다를 것 없다. 자신만이 유독 무거운 짐을 지고 있는 것처럼 보일 뿐. 짊어진 짐은 의무요, 사명이기도 하고 하늘의 명이 되기도 한다.

아프리카 콩고 원주민은 강을 건널 때 급류에 떠내려가는 것을 방지하고자 돌덩이를 짊어지고 간다고 했고, 해녀들도 무거운 납덩이를 허리에 메고 물질한다. 가벼우면 짐이라 할 수 있겠는가?

청전이 그린 '추림산거(秋林山居)'라는 그림을 소중히 간직함은 등짐 진 노인이 허리를 굽히고 산길을 오르는 것이 삶이라 생각하기 때문이다. 가벼운 짐을 지고 교만하지 말라. 또 응당 짊어져야 마땅한 짐을 남에게 맡기고 가벼이 살려 하지 말라. 세파 급류에 아! 소리도 못 하고 떠내려갈 수 있음이다.

⁂ 상상(想像)

경험하지 못한 일 또는 원하는 일을 마음속으로 그리며 미루어 생각하는 상상. 상상은 인간의 마지막 안식처 같은 즐거움이다. 재미있고 유익한 상상을 하라. 질투 · 증오 · 배신 같은 끔찍한 감정을 가진 상상은 버려라. 독이 될 수 있다. 힘들고 어려울 때 즐겁고 유익한 상상을 하라. 상상하되 노력하라. 상상에만 빠지는 어리석음은 범하지 말라.

⁂ 상속

세상에는 많은 상속이 있다. 땅 · 가게 · 회사 심지어 왕권까지. 그러나 인간의 품격과 권위는 상속되지 않는다. 권력과 권위, 품격도 스스로 만들어가는 것이다.

상속 실패가 여기에 있다. 상속이 겉으로 성공한 것 같고 유지되는 것 같으나 스스로 무너지는 것이다. 요즈음 금수저니 흙수저니 하는데 수저는 줄 수 있어도 떠서 먹여줄 수 없는 것이기에 수저를 받은 그가 품격과 권위는 만들어가는 것이다. 수저가 오물을 떴다면 더러워질 것이니….

⁂ 풍요로 망한 사람

7,500마지기 논과 정미소를 소유한 거부. 한 마지기를 200평 정도로 보아도 150만 평이었다. 임야로 쳐도 엄청난데 논이 150만 평이라니… 상상조차 힘들었다. 처음 그를 만났을 때 논 7,500마지기가 상상되지 않아 흥미롭지 않았다. 그러나 그를 따라 넓은 들이 보이는 산 정상에 올라 눈 아래 보이는 전답을 보고 놀랐다.

당시 쌀은 어디서나 현찰이었고 귀하게 대접받던 시절이라 아래 보이는 3개 마을이 모두 이 집 농사를 짓는다는 사실에 충격이었다. 이른바 부농, 부잣집이었다. 논을 전부 사라고 했다. 당시 논을 전부 매입할 만한 재력은 없었으나 억지를 쓰면 불가능하지도 않았다. 여기서 중요한 것은 그의 한숨 섞인 말이었다.

"돈이 없었으면 자식들을 망치지 않았으련만…."

자식 중 한 명은 사업을 크게 하다 부도를 내고 해외로 도망가 생사를 알 수 없고, 또 다른 자식은 어린 시절 미국으로 유학 가서 한국의 정서나 문화를 잘 몰라 도덕적으로 엄청난 욕을 먹고 있었다. 딸은 미국에서 목사가 되어 돌아왔으나 놀고 있었다. 망해 가는 천석꾼의 마지막을 곁에서 보았다. 지나친 풍요는 자식을 병들게 한다는 사실을….

⁂ 용서와 죄업

용서는 하나 죄업은 남는다고 생각하라. 용서하라. 그래야 용서받을 것이다. 죄에서 자유로울 수 없는 것이 인생이다. 용서는 용기 있는 자의 특권이다. 게으름과 시기심 그리고 약점과 욕심이 자리한 곳에 죄악의 씨앗이 자란다는 끔찍한 사실을 명심하라. 삶이 죄업이 될 수 있음이다.

⁂ 죽음

사라지는 시간 속에 멈춤은 죽은 것이다. 죽음이란 멈춤이다. 우주의 질서이다. 세상에 존재하는 유일한 평등은 죽음뿐이다. 나를 기다리는 죽음이 어디 있는지 알 수는 없으나 죽음에 대한 준비는 여유와 풍부한 삶을 누리는 것이다. 삶이란 아침 이슬 같은 것이다.

천국이 아무리 고해라지만 이승만 하겠는가? 결국 주머니 없는 옷을 입는 것이 그대의 운명임을 알고 삶에 임하라.

사고에 의한 죽음일지라도 죽음은 아름다운 청소다.

⁂ 신문 유감

신문은 국민의 알 권리를 충족시키는 매개체로 늘 새로운 것을 알려준다. 트집이든, 파헤치든, 비판이든… 그리고 불신 · 냉소 · 혐오의 정글을 만든다. 설령 신문에서 잘못된 사실을 말하더라도 대부분 신문을 믿는다. 신문은 썩은 정치판에 영향을 공급하고 생명을 불어넣는다. 양심 있고 진실한 자는 별로 능력이 없는 사람처럼 대한다. 신문에서 희망과 칭찬을 듣기는 힘들다. 신문이 비판과 약점 그리고 험담만 말하는 것이 특기가 되어 있다. 진실을 가장한다.

신문이 편향에 젖어 아집에 빠져간다. 언론 비판의 대상으로 삼는 것들은 자신들의 취미와 일종의 범주 안에 넣고 벗어남을 비판한다. 신문이 칭찬과 격려를 하고 기자들이 비판보다 칭찬을 자주하는 것은 사실은 비판보다 값지다.

신문, 칼럼에서 칭찬을 자주 보고 들을 수 있는 날은 올 것인가?

깨끗하고 정직한 사람이 정치판에 들어가면 타락하고 기자가 되어 상대의 험담이 먼저 보이면 참으로 암울한 현실이 될 것이다. 그뿐이 아니다. 정부의 하수인이 되면 악이 창궐하는 온상이 될 것이다.

⁂ 화풀이

심화(心火)를 풂. 특히 엉뚱한 사람이나 일에 화를 내는 행위다. 화풀이로 술을 마시고 힘없고 말 못 하는 애꿎은 사람에게 화풀이하는 것. 타락한 위정자가 착한 백성에게 화풀이하고 가진 자가 못 가진 자에게 화풀이하는 세태. 갑이 을에게 화풀이한다.

악마가 명품을 걸친 코미디다. 화를 삭이지 못함은 모자람을 들추는 폐족이다. 종로에서 뺨 맞고 한강에서 눈 흘기는 비굴하고 천한 모습이다.

⁂ 완벽한 사람

똑똑하고 이성적인 사람은 좀처럼 실수하지 않는다고 생각한다. 완벽하게 보이는 사람은 더욱더 그러하다. 그러나 이성적이고 완벽하게 보이는 사람이 더 많이 실수한다. 중요한 판단을 할 때 또는 결정을 내릴 때 이성적이기보다 비이성적인 행동을 한다. 자만과 자신의 능력을 믿고 단순하게 결정하기 때문이다. 자신이 만든 완벽한 울타리(고정관념)를 벗어나지 못하기 때문이다. 자신이 만든 생각의 틀에 갇혀 있는 것이다. 물동이에 꽉 찬 물과 같음이다.

우수한 머리가 잔머리만 쓰고 잔꾀가 생겨 마음이 흔들리는 스웨이(sway) 현상이다. 흔들리는 마음은 한 잔 가득한 물과 같아 조금만 흔들리거나 물 한 방울에도 흘러넘친다. 현명하게 판단하고 올바르게 선할 수 있는 길은 요사한 잔꾀에서 벗어나는 것뿐이다. 완벽은 여백을 구축한다. 여백을 만들어감이 삶이다.

⁂ 사랑

사랑은 살 같고 총알 같다. 참으로 아름다운 사랑도 상처가 된다. 기대와 믿음이 차갑고 잔인한 상처가 되기도 한다. 과녁은 결국 상처다. 자비를 품은 사랑만이 상처가 없다. 사랑은 인내를 요구한다. 남녀 간의 사랑은 갈구다. 아름다움 이전에 슬픔이요, 고통이다.

생명을 주고 난 다음 주신 신의 선물이 사랑이다. 생명의 갈증이 사랑이다. 사랑은 말라가는 가지에 수분을 공급하는 것이다. 가지에 잎이 피고 꽃이 피고 이윽고 열매가 열린다. 사막의 오아시스처럼 생명력도 있지만 마르지 않는다는 장담은 금물이다.

희망과 사랑은 준비하고 도전하는 자만이 느낄 수 있는 아름다운 상처다. 사랑도 고단할 때가 팔부능선을 넘은 노인이다. 노인은 늙은이가 아니라 잘 익은 지혜로운 과일 같은 사람이다.

⁂ 마귀

마귀는 언제나 적극적인 부정도 긍정도 하지 않으며 진실도 말하지 않는다. 의혹을 제기할 뿐이다. 비슷하게 말하거나 그럴싸하게 행동한다. 단순히 들으면 듣기 좋고 옳으나 사려 깊이 생각하면 틀린 말을 한다.

외형상 선한 얼굴이 대부분이다. 그렇기에 그의 말과 행동에 속아 넘어간다. 사실에 근접하고 진실의 지근에 있어 구분키 어렵다. 진짜에 가장 가까이 있고 색깔 또한 선명하여 혹 하는 마음이다. 마귀는 사이비요, 사기꾼이거나 요설자다.

⁂ 삶 그리고 배움

배우고 차츰 알아 터득함은 설레는 두려움이다. 무섭고 전율을 느끼는 것이다. 알면 알수록 차츰 겸손해지고 숙연해지며 작아지는 것이다. 진리의 길은 두려움의 길이자 환희의 길이다. 삶에 어디 행복만 있겠는가?

⁂ 요리

음식 만드는 것을 정성이라 한다. 옳은 말이다. 그러나 진심으로 누군가를 지극히 사랑함이 요리다. 신이 선물한 재료에 자비와 사랑을 담는 행위다. 먹음으로 영혼이 맑아지고 육체를 살찌우는 것이다. 어머니의 요리를 잊지 못함은 솜씨가 탁월해서가 아니라 그 속에 담긴 순수한 사랑이 있어서다. 맛집도 이와 같을 뿐이다.

⁂ 머리 검은 짐승

인간을 비하(卑下)한 말이다. 머리 검은 짐승은 거두는 것이 아니다. 머리 검은 짐승은 남의 공을 모른다. 짐승보다 은의(恩義)를 모르는 자 많다는 뜻이다. 인간은 갚아야 할 은혜와 의리를 다반사로 저버린다. 준(베푼 자) 자는 기억해도 받은 머리 검은 짐승은 잊기 마련이다. 과분한 배려는 어리석음의 한 면이다. 은혜를 원수로 갚는 자 많은 세상이다.

반려견을 기르는 사람이 천만을 넘는다고 한다. 집사람이 동물병원에서 안락사 직전의 개를 데려왔는데 아무리 맛있는 음식으로 유인해도 먹을 때뿐 언제나 집사람만 따른다. 한번 맺은 은의는 대단하다. 죽는 날까지 6년 내내 그러했다.

머리 검은 짐승 중 사기꾼은 곧바로 아프게 하고 지인(知人)은 좀 더 후일 아프게 한다. 지인에게 당한 배신감이 더 아프고 오래 간다. 죽자고 좋아한 사람이 먼저 배신하고 고소를 즐기는 자는 배신을 업고 다닌다. 그들은 스스로 유리알처럼 맑고 깨끗하다 하나 사실은 오물투성이이다. 이르고 늦음의 차이일 뿐. 머리 검은 짐승에게 베푼 것은 마음을 상하게 하고 후회로 돌아온다. 대부분 사기는 과한 욕심이나 허망한 생각에서 이루어지는 행위인지라 당하고 스스로 치유하는 경우가 많다.

머리 검은 지인을 거둠에 대가를 바라는 것은 어리석음이다. 분수에 맞게 하라. 성인인 척도 하지 말라. 사기꾼은 적은 경제적 손실이나 머리 검은 지인은 후회와 허망함까지 남아 삶이 허무할 수 있음이다. 자식을 양육함에도 과함은 후레자식을 만들고 허탈감에 뼈가 녹을 것이다.

⁂ 평판(評判)

호평을 유지하려면 남의 일에 무관심하고 끼어들지 말며, 국가나 공공의 돈으로 베풀며 입으로 자선하고 생색나지 않는 돈은 부모에게라도 쓰지 않고, 적당히 강자에게 아부하고 약자에게는 난 척하고 자신의 과오는 덮고 타인의 잘못은 넌지시 헤집고 의연한 척할 것이며, 시계추처럼 아침에 출근, 저녁 퇴근 이외에는 아무 일도 하지 말며, 유능한데 돈이 없고 기회가 주어지지 않아서 못 하는 것처럼 냄새를 풍긴다.

가급적 일을 적게 하라. 잘하고도 별로 소득 없는 일에는 손을 떼라. 위와 같은 자 좋은 품성을 갖지 못한 사람임에 틀림없으나 이런 부류의 인간이 평판이 좋다. 단지 보신에 능한 자일뿐이다. 믿을 자가 못 된다.

⁂ 풍요와 가난

어린 시절의 가난은 결핍을 낳는다. 어릴 때 결핍은 평생을 지배한다. 풍요도 이와 같다. 애정 결핍 · 과잉보호 · 가난과 풍요 · 억압 또는 압박장애 사고에 의한 건강 결핍 등 모자람이나 넘치는 것은 평생 콤플렉스가 되고 인생의 암초가 된다.

어릴 때 자란 환경이 평생 정신적인 풍토가 되므로 부족이나 풍요는 모두 경계를 요한다. 질병도 이와 같은 환경에서 자란 사람들이 걸릴 확률이 보통 사람의 2배 이상이라는 보고서도 있다. 가난도 풍요도 병이 될 수 있음을 명심하라.

⁂ 두려움

두려움은 마귀의 텃밭이다. 어둠이다. 광명 앞에서 사라지는 안개 같은 것. 두려움에 빠지면 삶의 한 부분을 잃는다. 삶에서 가장 무서운 저주가 불신과 두려움이다. 두려움이란 심약한 인간에게 해충이다. 믿음과 소소한 용기만 있어도 두려움은 사라진다. 두려움은 실체를 잘 모르고 무지 때문에 생긴다. 두려움의 실체를 밝혀 보고 두려움을 떨쳐라.

두려움은 허상일 뿐 힘을 가진 요체가 아니라 단순히 약한 마음이 자가 생산한 마귀일 뿐 생명력이 없으니 용기로 무장하고 바람에 날려 보내라. 고통이나 두려움을 떨치기만 하면 넘치는 잔이 예비 되어 있음을 상기할 일이다.

악마의 사냥감은 두려움과 시기, 성내는 사람임을 알 일이다.

⁂ 대접과 구팽(狗烹)

대접받기를 즐기지 말라. 대접받아 얻어먹는 것은 자존을 무너뜨리고 자존심을 팔아먹는 것이다. 세상에 공짜는 없다. 탄로 나지 않는 비밀도 없다. 치명적인 공짜는 피를 요구한다. 진정한 배려를 모르는 사람의 값싼 넝마 같은 대접도 호피 값을 치를 것이니 삼가 조심하라.

토사구팽이나 용도 폐기는 상대보다 약하거나 필요 가치를 잃었을 때, 인정받지 못하거나 동등한 입장을 견제하지 못할 때 일어난다. 사냥을 마친 개는 잡아먹고 비를 피한 나무는 날 좋은 날 베어 화목으로 쓰인다. 염두에 두라.

⁂ 후회

입치레에 바쁜 어려운 사람을 무심하게 흘려보내면 어느 날 후회할 것이다. 마음에 찬바람이 일고 허전하고 추운 사람을 무관심하게 보고 넘겼다면 어느 날 추위를 느낄 것이 분명하고 시리도록 후회하게 될 것이다.

사람이 그리운 그를 무심히 돌려보냈다면 어느 날 가슴에 찬바람이 일고 깊은 후회가 될 것이다. 귀함을 알지 못하여 소홀히 하여 흘려보낸 것들은 어느 날 반드시 외로움과 더불어 아픈 후회로 돌아올 것이다. 후회에는 답이 없다. 가난한 사람도 따뜻한 사랑만 있으면 베풀 것은 넉넉하다. 참으로 가난한 자는 사랑이 없는 자다.

아침 이슬처럼 영롱하나 찰나를 사는 우리, 베풀고 베풀자! 그것이 무엇이든 분명 마음에 흐뭇한 미소를 안기리니… 곧 나를 위함이다. 승자의 주머니에 용기 있는 결단이 있고 패자의 주머니에는 후회가 있다는 말을 기억하라.

⁂ 오첩반상

기름진 음식과 달콤한 술은 입을 즐겁게 하나 몸을 망치는 원흉이니 삶의 함정임을 알라. 조상들이 검소하고 운치 있게 즐긴 오첩반상에 담긴 음식 정도가 가장 좋은 그리고 알맞은 식습관이다. 밥 한 그릇에 국 하나, 반찬 3개. 비록 공산주의자이나 베트남의 호찌민은 이것도 사치라 했다.

⁂ 입

인간의 입은 신(神)이 안타까워 자리한 곳이다. 입을 벌려 행복한 미소를 지어라. 입을 벌려 웃지 못하는 사람은 바보요, 독설하는 사람은 빈천한 자이자 함량 미달인 모자라는 사람이다. 끊임없이 행복한 대화를 하라. 입으로 감사를 말하라. 밝고 행복을 말하는 입은 인상도 좋아 마귀도 도망간다. 준 것은 기억치 말고 받은 것은 사소할 지라도 감사함을 말하며 갚아라.

⁂ 죽음

넋과 몸이 영원히 이별함을 죽음으로 보고 넋이 갈 곳에 천국이 그리고 지옥이 있다고 한다.

저승의 하루는 이승의 1년이라고도 말한다. 그만큼 저승은 길고 끔찍하고 형언키 어려운 즐거움도 있다고 본 것이다. 죽어서 가야 하는 천국을 살아 있는 지금 맛보자. 베풀고 마음이 즐거우면 이곳이 천국이니 나누고 베풀고 자신을 사랑하자. 너 자신을 사랑하라.

⁂ 정치

옛 군주들은 모든 정치의 궁극적 책임을 지고자 했다. 심지어 천재지변이 일어났을 때도 자신의 부덕을 탓했고 국정도 쇄신하고 반찬 가짓수도 줄여보고 목욕재계하면서 책임지려 했다.

지금의 상황과 달라도 너무 다르다. 책임은 없고 권모술수에 의한 정치가 요즘 정치인의 사고방식이다. 국민의 의식 수준 정도만 돼도 잘하는 정치라 보는 세상. 국민의 의식과 염원도 자신들의 편리로 예단한다. 정치 발전이 느려도 너무 느린 세상, 안타깝다.

⁂ 말

세상에는 말 잘하는 달변가가 참 많다. 말에는 분명 생명력이 있다. 말은 나는 칼과 같아 상처를 받기도 하고 위로가 되기도 하고 때로는 희망이 될 수도 있다. 말은 입에서 나올 때 반드시 사명을 띠고 나온다. 그래서 말은 반드시 몸속에서 숙성되어 나와야 한다. 무심코 한 말이 남에게 상처가 될 수 있기 때문이다.

사실을 말함이 중요한 것이 아니라 말에 진정성이 녹아 있어야 한다. 말 잘하는 것은 무의미하다. 마음을 담아 하는 말이 진정한 말이다. 말이 마음으로 들어와 이성을 자극하여 다듬어진 주옥이 되게 하라. 생명을 전하는 말이야말로 진정한 말이다.

⁂ 말을 칼처럼 쓰는 자

말이 많은 사람은 식견이 소소한 사람이다. 생각이 깊고 식견이 풍부하고 깊어지면 차츰 할 말을 잊으며 신중해지는 법이다. 말이나 식견도 몸속에서 숙성이 필요하다. 침묵은 벌도 상도 없지만 적을 만들지도 않는다. 적삼 벗고 금가락지 끼고 발가벗고 장도(長刀) 차는 격에 맞지 않고 꼴불견인 짓을 하고 있지 않나 자신을 살펴보라.

공맹을 터득했다고 하며 식자연하는 자나 까칠한 사람이 월급도 더 받고 진급도 빠르고, 악역이 좀 더 빨리 알려지고 뇌리에 각인되며, 정치인의 막말이나 상대의 험담 또는 아니면 말고 식의 폭로 의혹 제기 등은 자신을 알아달라는 구걸 행위다. 반짝 인지도가 올라가고 득을 볼 수 있으나 종장에 천한 인간으로 전락하고 악취 풍기는 사람이 된다. 세 치 혀는 날아다니는 칼이다. 예(禮)로 숙성시켜 발설하라.

⁂ 이런 말 하는 사람

검사, 검찰청 운운하는 사람, 자신은 정직하나 다른 모든 사람은 정직하지 않다고 생각하는 사람, 정직한 척하며 즉석에서 정직을 말하는 사람, 사실을 정직하게 사실대로 말한다는 자부심에 빠진 사람, 너는 거지이니 이거나 받아라 말하는 사람, 말이 건조하고 냉랭한 사람은 마음에 온기가 없는 서늘한 사람이다.

실력 있는 자나 거물을 빗대거나 그를 위해 일하는 척하는 사람, 더불어 같이하며 기대를 걸고 다니는 사람, 그는 외로울 것이다. 말이 기술이 아니라 정직하지 않은 사람이기 때문이다.

말은 마음을 담아놓은 그릇에서 실처럼 꺼내 쓰는 것이다. 진정한 다정다감한 말 한마디가 그대의 품격을 나타낸다.

⁂ 삶이란 것이

고통과 번뇌가 없다 한들 그리움 · 후회 · 안타까움이 응어리진 것이 삶이다. 그나마 사랑이 있어 모든 것이 반감되고 삶의 의욕도 생기는 것이다. 좋아하는 것만 보고 듣고 믿는 것이 사람인지라 욕심이 모든 화를 불러들이는 삶에서 사랑은 정화수다. 주고 희생하고도 기뻐하는 것이 사랑이다. 사랑은 습관이고 중독 같은 것.

⁂ 앉을 자리

삶을 돌아볼 나이가 되면 알게 되는 것이 앉을 자리와 앉아서는 안 될 자리를 구분하는 것이다. 악행 즉 사악한 잔꾀는 불행의 함정이다. 망상 · 욕심 · 욕망은 무가치한 것. 무리한 짓을 말고 게으르지 말며 조급하고 나태하지 말라.

죄는 아무리 가벼운 것이라도 자신을 약골로 만들고, 오만은 뜬구름 같아 허무를 부르는 주문과 같다. 거목이 자란 주변 환경을 보라! 그와 같은 곳이 그대가 앉아 있을 곳임을 알라.

⁂ 긴장, 불안, 초조

느긋한 여유로 긴장을 막아라. 긴장은 내적 투쟁이자 어느 의미에서는 소모적일 뿐이다. 불안도 긍정과 안심으로 막아라. 불안은 일종의 마음의 파산이다. 불안은 사랑 결핍과 불확실성에서 온다. 불안은 준비를 요한다.

불안과 자책은 무익하다. 평안만이 불안을 몰아낼 수 있다. 큰 나무 밑에 앉아 있는 자신을 발견하자. 하루하루를 하나님의 선물이라 생각하라. 그럼 편안해질 것이다.

⁂ 여행지에 집을 산다

여행지에 집을 살 필요가 있을까? 별천지를 본다 한들 말이다. 흔적이란 한 단면이 남아 입김이라도 될까?

⁂ 믿음

물이 변하여 포도주가 되고 달걀로 바위를 치면 바위가 분명 깨질 것이라는 강한 믿음만이 당당하리라.

⁂ 외면(外面)

겉으로 드러난 모양. 겉모양을 말함이 아니다. 마주치기를 꺼려 얼굴을 돌리거나 일을 인정하지 않고 도외시하는 행위를 말함이다. 착한 사람을 외면하면 악인을 만나 고초를 당할 것이고 정치를 외면하면 참으로 저질스런 자에게 지배당할 것이고 사랑을 외면하면 외로움에 몸서리칠 것이다. 외면하지 말라. 삶은 사회적이다.

⁂ 귀천(貴賤)

인간에게 함량 차이는 있으나 자고로 귀천은 없다. 귀하고 천함은 자신의 행위로 말미암은 것이다. 탐욕과 증오 · 시기 · 배신하는 사람을 귀하다 하지 않을 것이고 살아 있는 생명을 쉽게 대하고 거짓 증언하고 불효하고 남을 속이고 위선적인 사람을 귀하다고 말할 사람은 없다. 스스로 천하게 행동함이다.

⁂ 생명줄

탯줄은 생명줄이다. 태아를 먹이기 위해 어미가 가진 생명의 진수를 잔인하게 뽑아 아이에게 전달하는 생명줄이다. 그러나 아이가 세상에 나오는 순간 잘린다. 생명줄이 잘린 아이는 죽음을 맞는 것이 아니라 새로운 세상을 맞는다. 죽음을 뛰어넘지 아니하고 새로운 세상을 맞을 수 없다. 과감히 버리고 새로운 세상에 도전하라. 벼랑 끝이 시작임을 알라!

⁂ 갈증

갈급증. 목이 말라 물을 마시고 싶은 느낌. 갈증은 참기 어렵다. 인간은 갈증에 약하다. 물을 마셔본 사람은 물을 원한다. 갈증은 욕구라 맛본 자는 달콤함을 잊을 수 없어 더욱 갈증을 느낀다.

지식이나 지혜에 대한 갈증도 지나치면 좋을 리 없다. 권력도, 돈도, 욕심도, 성도, 갈증으로 목이 탄다. 지배해 본 사람은 지배에 대한 갈증에 빠진다. 맛은 갈증으로 통하기에 맛을 탐하는 것은 갈증을 불러오고 갈증이 심하면 파멸에 이른다. 맛을 탐하는 것이 갈증이 되는 것.

⁂ 장인(匠人)

예수님도 목수 일을 하셨다. 소목장이셨다. 자연을 조성하는 장인이셨을 것이다. 세월이 장인이다. 세월이라는 신의 손이 자연을 다듬어 만든다. 자연을 보면 하나님을 볼 수 있다. 원래 일하는 순간은 신과 가까이하는 순간이다.

⁂ 분수

우리네 속담에 "뱁새가 황새를 따라가다 가랑이 찢어진다"고 했고, "누울 자리 봐가며 발을 뻗어라" 했다.

모두 분수를 알라는 말이다. 사람인 것에 만족하는 자, 이 땅에 태어남을 만족하는 자, 하룻강아지 범 무서운 줄 아는 자, 허욕으로 성공할 수 없음을 아는 자, 대도를 휘둘러 파리를 잡으려 하지 않는 자, 지나치게 많은 것을 탐하지 않는 자, 남의 명품을 탐하지 않는 자, 만족하는 자는 분수를 아는 사람이다.

⁂ 힘

권력 · 경제력 등 소위 힘에는 늘 만용이란 악마가 숨어 있다. 뛰어난 경영력이란 환경과 변화에 적절히 대응함을 의미한다. 힘 속에 숨겨 있는 오만이나 만용이 소인을 만나면 화를 부른다. 대인이라 해도 그 속성을 자제하기 어렵다. 하물며 소인이라면 예리한 칼을 정신병자에게 쥐어주는 것과 다를 바 없다.

권력과 돈 · 완력까지 잘 다듬어진 사람에게 필요하다. 아무리 훌륭한 정치제도가 있어도 정치인이 그 힘의 악마에 빠지면 발전이 어려울 뿐이다. 탐할 것이 못 된다.

⁂ 기도

인간은 어찌할 수 없을 때 기도한다. 영혼을 살리는 자산이기 때문이다. 간절한 기도는 분명 끌어당기는 힘이 있다. 기도는 마음이다. 말이 아니다. 기도는 가장 강대한 힘이다. 간절한 소망이 기도이고 영혼을 다스려 행복을 찾아준다. 법정 스님이 말했다.

"기도는 아침을 여는 열쇠이고, 하루를 마감하는 저녁 빗장이다."

⁂ 비교

만물 중 남과 비교하는 슬픈 운명을 가진 것이 인간이다. 꽃과 나무, 새와 짐승들. 그들은 비교하지 않는다. 비교하는 자는 슬픈 운명을 맞게 되어 있다. 나름대로 개성과 아름다움을 상실케 된다. 이 아름다운 정원에서 무엇이 될까 그리고 나름대로 어떻게 살까를 생각하며 살자.

⁂ 어느 장로님의 말

"내년부터 기초생활보조금 21만 원이 나오는데 그 많은 돈을 어떻게 쓸까?"

간소하고 검소하며 의연한 태도가 나를 몹시 부끄럽게 만든다. 나는 가진 것이 많으면서 더 많은 것을 원하지만 항상 모자란다. 마음이 허하고 충만치 못해 그러하다. 욕심으로 감사와 만족을 몰라서다. 마음이 충만치 못하니 행복을 원해도 이루어짐은 요원할 것이다. 너무 많은 불필요한 것들을 버리자. 마음만 풍요롭고 거추장스럽지 않고 가뿐하게 하자.

40년 가까이 자가용을 몰았다. 타던 차도 팔고 없다. 집도 없다. 작은 집에 세 들어 산다. 가진 것이라고는 없다. 말 그대로 홀가분하다. 신경 쓸 일이 없다. 수도 · 전기 · 주민세가 전부다.

법정은 무소유를 즐겼다. 가진 게 없어 행복하다고 말한 사람도 있다.

⁂ 마음

하나님은 인간을 만드신 다음 마음을 만드셨다. 마음에 성령을 감추어놓았다. 필요에 의해 악령도 살게 두셨다. 나와 너의 마음은 하나다. 다만 나뉘어 서로 다른 사람 속에 들어가 있으나 난민 소년의 죽음을 보고 가슴 아파하는 것은 너와 나 그리고 제3자의 마음이 하나라서 그렇다.

요사 모사한 마음을 바르고 청빈하기 힘드나 어려워도 겸허해야 한다. 마음을 맑게 하는 것이 곧 자선이고 타인에 대한 배려다. 마음 한편에 희생과 배려의 자리를 남겨두라. 지혜로운 자가 배려라는 보시를 한다. 인생길이다. 마음의 평화가 상대를 자유롭게 한다. 마음에 긍정적인 생각과 소원을 두라. 모두 이루어지리라.

⁂ 잠

잠을 자며 꿈을 꾼다.

망상과 번뇌가 많아 꿈을 자주 꾸는 것이다.

꿈을 꾸지 않고 깊은 잠을 취하고 잠에서 깨어나라.

숙면은 심세(心洗)만이 가능한 일.

⁂ 삶이 아파도

고생도 재산이 된다. 고통 또한 행복의 징검다리다. 담금질이다. 들뜬 경솔한 마음을 지그시 누르는 추다. 젊어 고생은 돈 주고도 못 산다. 고생 자체가 자신을 교만으로부터 해방시키는 지렛대다. 고생은 다이아몬드를 탄생시키는 빅뱅이다. 김형석 교수는 사랑이 있는 고생만큼 행복한 것은 없다고 했다. 가장 불행한 것은 사랑 없는 고생이다.

힘겹고 고통스럽기는 해도 달콤한 감로수가 될 것이다. 겪고 넘어야 할 고통의 산은 반드시 넘어야 한다. 겪어야 할 모든 고통은 그대가 선악의 행업으로 과보(果報), 업과(業果)를 쌓아놓은 업보(業報)임을 알아야 한다. 업은 반드시 자신에게 돌아온다는 사실을 알아야 한다.

고생 · 고통은 영혼을 맑게 한다. 하나이신 하나님께 가는 통로이다. 순응하며 정직하게 넘어라. 고통도 축복이고 행복이며 힘겨운 일도 행복의 한 모습이다. 경험이 능력이 된다. 빈곤도 실패도 고통이다. 고통 또한 능력이다. 경험과 고통은 후일 타인에 대한 자신의 경쟁력이 될 것이다.

⁂ 종자(種子)

씨앗은 어느 의미에서는 영혼으로 통한다. 씨앗, 종자를 잃음은 영혼을 잃는 것이다. 씨앗은 타임캡슐이자 환생이다. 지금 많은 종자가 사라지고 있다고 한다. 거의 90% 사라진 것도 있다. 종자는 신의 선물이다. 지극한 사랑이다. 그곳에 창조의 신비가 감추어져 있다. 종자의 변형은 신에 대한 도전이자 인간의 오만이요, 탐욕이다.

씨앗은 인간을 위한 먹을거리요, 환경이다. 씨앗 자체가 언어라는 사실을 잊고 산다. 씨앗을 잃는 것은 삶을 잃음이요, 생명의 존엄을 해치는 것이다. 예로부터 우리 배달민족은 씨앗을 소중히 하며 지켜 왔다. 배가 고파 죽을 지경에도 종자는 남겼다. 그 귀한 종자를 묵묵히 가꾸고 관리하는 사람들이 있어 참으로 다행이다.

⁂ 황경환의 사모곡

이순신 장군의 우수영 울돌목을 거쳐 작지만 매력과 안심이 숨 쉬는 추자도를 찾는다. 답답하고 막힌 가슴에 숨 터를 찾아가는 길이다. 청정 바다에 기암절벽 나지막한 해변에 훈훈한 인심이 모여 이상향에 이르는 곳. 장군 최영의 숨결이 머물고, 황경환의 애절한 사모곡이 구름 되어 하늘가를 날고 바람이 울어 가슴에 남아 성지(聖地)가 되고, 절벽에 맴돌아 안타까움 되어 성모의 은총과 그리스도의 가호(加護)와 함께 해풍을 다듬고 돌을 깎아 기원하는 곳. 성지는 바로 이런 곳.

북한이 6차 핵실험을 해도 강 건너 불구경하듯 적폐청산이니 방송장악이니 평화협상 운운하고 극심한 오만과 친중 사대에 얼빠진 어리석은 사람들 그리고 국익과 생존에 무신경한 사람들이 싫어 멀리 떠나온 길. 오로지 백성의 생존에 시퍼런 칼을 뽑았던 장군 이순신의 단심(丹心)을 더듬어가는 길이다.

성웅 이순신의 눈에는 감투나 국민을 기만하는 평화공존 같은 것은 무의미한 때 묻은 낡은 천 조각, 오로지 백성의 생존만이 가슴에 그리고 눈에 남았다.

오늘도 울돌목의 물결은 다급한 울음을 운다. 넘실대는 푸른 파도를 가르는 배는 추자항에 제집 찾은 기러기마냥 머문다. 이윽고 찾아온 추자도. 삶의 비린내가 코를 찌르고 훈훈한 인심이 비로소 막힌 숨을 토하며 피안의 정토 같은 곳에 이른다.

산등성이에 오르니 맑은 하늘에 달이 걸리고 산 아래 해변에 달이 숨었다. 절벽과 갯바위로 둘러싸인 해안은 가슴이 뻥 뚫리도록 전망 좋고 봉글레산과 등대산, 물이 빠질 때면 건너갈 수 있는 모세의 기적 같은 섬 다무래미가 가까이서 기다린다. 몽돌이 파도에 몸을 뒤척이는 모진이해수욕장, 엄바위 장승, 해안가를 따라 전망 좋은 자리에 정자가 있어 반기고 추자도가 품은 뭍이 그리운 부속 섬들이 운치를 더한다.

멀리 보이는 보길도는 해무에 잠시 숨는다. 하늘길이 지나는 나바론 절벽은 영화 나바론 요새에 나오는 절벽처럼 험하다 하여 탄생한 이름. 현지인들은 아련한 아픔을 품은 독산너머라 부르던 곳이다. 깎아놓은 듯 아찔하다.

등대산 정상의 추자등대는 한참 계단을 올라야 하지만 정상에서 내려다보는 경치에 다리품이 아깝지 않다. 하늘길이 끝나는 곳도 등대산. 이곳에서 여명을 보았고 낙조를 본다.

선경을 말해 무엇 하리! 자연이 질서가 되고 인심이 삶의 지혜가 된 숨 터요, 이상향이 되리라! 추자에 젖어든다.

⁂ 종점(終點)

마지막으로 도착하는 곳, 인간이 만들고 더 이상 갈 곳이 없다고 믿는다. 죽음이 종점이고 끝이다. 그러나 종점은 다시 시작하는 출발점이다. 종점에 머물러 돌아가지 않는 것은 아무것도 없다. 종점은 절망이나 절망을 넘어 소망을 보라. 모두 돌아갔다 또다시 돌아온다. 종점은 탄생과 꿈이 시작되고 잠시 쉼터가 되고 출발점이 되기도 한다.

어느 곳에도 종점은 없다. 종점과 시발점이 같이 있을 뿐이다. 절망과 소망 · 희망이 같이 있고 정반합이 함께 있을 뿐이다. 죽음과 탄생도 함께 있고 성공과 실패도 함께 있을 뿐이다. 종점이라 생각지 말라. 시작이요, 잠시 쉼터요, 출발점이라 생각하라.

⁂ 부모와 자식

자식이 철드는 것을 자랑하지 말라. 자식이 철들면 부모가 죽을 때가 다가온 것이고 또한 이별이 가까이 왔음이다. 불효막심(不孝莫甚)한 자식만 아니면 슬픈 기대는 아니다. 주변을 돌아보라!

⁂ 자식(子息)

자식은 원수가 환생한 애물이라고 한다. 빚을 받으러 온 존재라고 한다. 자식이 원하는 것은 손익계산 없이 준다. 부모는 자식을 위해서라면 자존심과 치욕도 감수한다. 부모는 언제나 자식의 옷깃 속에 숨어 있어 자식의 모습을 엿보고 안타까워하고 기다리는 살아 있는 인형 같다.

부모를 능욕하는 자식들이 있다. 불효를 넘어 부모를 배신하는 자식도 있고 심지어 부모를 해하는 자식도 있다. 부모에게 책임이 없는 것은 아니니 부모의 성숙이 곧 자식의 성숙이다. 보통 이하 아버지는 보통 이하 자식을 만든다. 교육을 잘못 시켰고 부모로서 존경받을 모범을 보이지 못한 점도 있을 수 있다. 그래도 자식한테 욕을 당할 이유는 없다. 낳아서 버렸어도 낳은 것만으로 자식에게 엄청난 축복이기 때문이다.

탄생은 축복이고 천운이다. 한 생명의 탄생은 우주의 모든 신비와 축복을 한꺼번에 모아 이루어진다. 부모는 자식에게 웃음과 배려·사랑을 주고 자신은 슬픔·외로움·고통을 감수한다. 자신의 몫이라고 생각하기 때문이다. 하지만 자식은 그런 부모의 마음과 외로움을 모른다. 그래서 부모는 자식에게 사랑을 주고 자식은 부모에게 독을 준다는 말이 있다.

나이 들어 자식을 낳아 부모가 되어서야 겨우 부모의 심정을 알게 되지만 이미 부모는 살아 있어도 즐거움을 잃었거나 아니면 죽어 없을 때이다. 부모와 자식 관계는 주고받는 상호관계가 아니라 줄 뿐

받을 수 없는 일방통행의 관계일 뿐이다. 특히 한국의 부모는 유별나다. 한없이 주고 스스로 가난뱅이가 된다. 영원한 짝사랑이다.

죽어서도 자식을 배려하는 부모, 부모의 실체다. 때로는 자식에 대한 사랑이 지나쳐 자식을 병들게 하고, 편애와 편견 · 과잉으로 자식의 장래에 좋지 않은 영향을 줄 수 있으나 언제나 밑바닥에는 애정이 샘물처럼 고여 있다.

죽음 앞에 자식은 훈장일 수 있다. 성공한 자식이 부모의 훈장이라고 생각하지만 죽은 자의 묘비명일 뿐이다. 태어나 우리의 의무를 한 것일 뿐. 자식으로 태어나 부모가 되어 통한의 후회만 없다면 실패한 인생은 아닐 것이다. 부모와 자식, 영원히 불가사의한 교차하는 평행선이다.

⁂ 영화(榮華)

진시황과 조조는 사후에도 부귀영화를 꿈꾸었고 서태후는 생전 천상을 오르는 계단과 천상의 문을 만들었다(천상의 문을 만든 자는 보아서는 안 될 문을 보았다 하여 목숨을 잃었다. 진시황도 조조도 파라오도 마지막 비밀의 문을 만든 자들의 목숨을 여지없이 거두었다).

이집트의 파라오 같은 절대 권력자들은 끝없는 집착과 탐욕으로 자신을 괴롭혔다. 모두 헛수고일 뿐이다. 영원한 부귀영화는 없다. 오늘날 역사의 산물로 남은 크고 불가사의한 건축물들은 평범한 사람들의 피맺힌 한이 서리어 있을 뿐 결코 아름답지 않다.

72개나 된다는 진시황이나 조조의 무덤이나 피라미드나 으리으리한 궁전, 이 모든 것들은 권세로 영원한 부귀영화를 꿈꾸었던 상징이나 죽음으로 사라질 뿐 허용되거나 용인되는 것은 처음부터 없었다. 이를 깨달았던 환웅천제나 단군왕검께서는 그런 허무맹랑한 일을 하지 않았다. 집착과 탐욕을 버리고 나누며 살자. 죽어 이름을 남기지 않는다 한들 한스러운 것도 없고 나누고 가면 잘 살다 가는 것이다.

법정 스님, 이태석 신부, 김수환 추기경은 평상복 한 벌 입고 홀연히 떠나갔지만 그 누구와도 비교되지 않을 것이다.

⁂ 콩코드 광장에서 상념

농부가 막강한 부를 누리는 나라 프랑스. 슬픈 역사의 파리 콩코드광장 골목길에 접어드니 상호가 커다랗게 쉼표(,) 하나 찍혀 있는 상점이 있다. 말을 잃었을까? 쉼표를 가리키며 물으니 주인장 그저 웃는다. 편견도 선입견도 모난 마음도 어리석음이라!

⁂ 나무 그리고 열매

정원에 10여 년 자란 감나무 두 그루가 높이 서 있다. 봄에 감꽃이 벚꽃처럼 피어나더니 감이 주렁주렁 열렸다. 너무 많이 열린 감을 보고 내심 불안했다. 여름이 오자 감은 갓난아이 주먹만 해졌다. 감나무 가지가 능수버들처럼 늘어진다. 폭염과 가뭄에 떨어진 감이 쓸어 담기 거북할 정도로 많다. 가뭄이 극심해지자 잎이 빨갛게 물들어가는 정원에 물을 주기 시작했다. 정도의 차이는 있으나 여전히 감은 떨어졌다.

아침저녁으로 정원에 물을 뿌렸고 떨어지지 않은 감은 점점 굵어졌다. 감나무 가지는 그렇게 많은 낙과가 있었음에도 능수버들을 닮아갔다. 가뭄이 극심하자 태풍이라도 기다리는 심정이 들 즈음 '브랜든'이라는 태풍이 감나무에 불어닥쳤다. 깜깜한 초저녁 밤 '딱' 하는 소리가 들렸다.

동백, 배롱, 모과나무, 후박나무, 능소화나무 등 정원수들이 질풍과 광풍으로 몸살을 앓고 광란의 간밤을 겨우 지났는데 아침에도 바람은 여전히 불어댔다. '딱' 소리는 감나무 소리였다. 무수히 많은 감을 매달고 있던 제일 큰 가지가 무게를 못 이겨 잔인하게 부러졌다. 부러진 감나무 가지는 석류나무와 목단 모과나무를 뭉개버렸다. 지나치게 욕심껏 매달린 감나무 가지를 바람으로 날려버렸다.

자연의 질서다. 자연의 질서에 과욕은 없다. 사람들은 종종 파초에서 바나나를, 찔레에서 포도를 원한다. 나무의 열매는 거짓이나 과욕이 있을 수 없다. 선을 심으면 선이 자라고 악을 심으면 악이 자란다. 악을 심었는데 선한 열매를 맺는 나무는 없음이다.

불평 · 불만 · 증오 · 배신을 심고 그대가 바라는 것이 무엇인가?

⁂ 여유(餘裕)

경제적 시간적으로 넉넉하여 남음이 있고 서두르지 않고 느긋하게 생각하며 행동하는 마음 상태를 말함이다. 여유는 사랑을 잉태한다. 사랑 없는 정직은 오히려 각박(刻薄)일 뿐이다. 인심은 여유에서 나오고 인색은 각박에서 나온다. 여유는 교만치 않으며 태연하다. 경제적 안정이 정신적 여유를 부른다. 여유는 장수를 부르고 병을 멀리한다.

우리는 알고 있다. 예나 지금이나 삶이란 불안전하고 위험의 늪에서 끊임없이 문제에 맞서 살고 있음을. 그러나 이런 삶의 늪에서 어떤 사람은 유유자적하고 어떤 사람은 전전긍긍한다. 마음에 여유가 있는 자는 100리를 가도 90리를 반으로 생각하며 유연하게 대처한다. 급하면 돌아가야 하고 조급하면 근본을 잃을 수 있으니 명심할 일이다.

인생을 분석하려 들지 말고 즐겨 지켜보며 열심을 다하라. 여가를 이용하지 않는 사람에게 여가는 없고 바쁜 자와 조급한 자에게 기대할 것은 없다. 평정과 여유는 마음에 평화를 깃들게 하고 의연케 한다. 세상이 갈수록 각박해지고 있다. 선동과 거짓이 난무한다.

⁂ 삼신(三神)

삼신을 따르는 자는 성공하고 분명 행복도 누린다. 행복의 무지개를 본다. 만물의 영장(靈長)이란 사람에게 삼신이 있다. 하늘에는 하나이신 하나님이 계신다. 스스로 계시는 살아 있는 온전하신 신이시다. 그리고 부모가 계신다. 살아계시든 돌아가셨든 수호신이다. 유일하게 볼 수 있는 화신이다.

다음이 마음신이다. 마음을 정갈하게 하여 더럽히지 말라. 신의 조율이 필요한 곳이다. 눈으로 들어와 마음에서 하나님을 영접하는 곳이다. 성령과 악령이 자리한 곳. 생각을 담아둔 곳이다. 마음에 불평, 분노, 절망, 좌절, 시기(猜忌), 욕심을 담아두지 말라. 악마를 부르는 주문이 될 수 있다. 홀리는 것이다. 뭔가에 홀려 정신을 차리지 못하고 헷갈려서 갈팡질팡 헤맬 것이다. 인간은 누구나 무엇인가에 홀려 삶을 낭비한다. 미혹(迷惑)이다. 돈이든 명예든 권력이든 성(性)이든….

인간은 자신의 의지대로 사는 것 같으나 삼신 뜻대로 산다는 사실을 염두에 두고 지극정성을 다하여 정갈하게 삼신을 모실 것이다. 우리의 삶이 삼신의 섭리 통제 안에 있음을 알아야 한다. 그리하면 진정한 행운이 찾아올 것이고 분명 복을 받을 것이다. 진정한 행복을 맛볼 것이다.

⁂ 얼굴

얼굴은 명함이요, 간판이다. 얼굴 잘생긴 거지는 없다. 흔히 얼굴 뜯어 먹고 산다고 한다. 분명 곱고 선한 얼굴을 가진 거지 없고 빈궁하지도 않다. 관상이 좋다는 말을 자주한다. 시원한 이마에 선명하고 굴곡 없는 매끈한 코에 콧구멍이 보이지 않고 귀는 크고 두툼하며 탁하지 않은 눈썹 시원한 검은 눈동자 깨끗한 피부를 가졌으면 좋은 얼굴이라 한다. 편안하고 선한 마음이 있어야 좋은 관상이 된다. 얼굴 형상에 관계없이 간사함이 없고 위선이 없는 웃음기 가득한 얼굴.

얼굴 안에 신용 · 평판 · 명예 · 체면이 자리한다. 링컨도 "자신의 얼굴에 대한 책임을 져라"라고 했다. 옳은 말이다. 얼굴은 그 사람의 모습이라 얼굴에 살기 · 사기 · 시기 · 오기를 띠면 좋은 얼굴이 될 수 없다.

얼굴에 먹칠하고 깎이는 일을 꺼리는 것은 몸과 마음의 창인 얼굴을 깨끗하게 하고자 함이다. 얼굴값 한다거나 얼굴이 폈다거나 얼굴로 먹고 산다는 것은 긍정적인 얼굴의 가치를 말함이다. 얼굴을 중요시함은 눈 코 입이 안에 있어 짐승과 달리 얼굴로 기억되기 때문이다. 자신의 얼굴은 거울이나 남을 통해서만 볼 수 있기에 인간은 의식적이든 무의식적이든 죄를 짓고 시치미를 떼고 살기 마련이다. 자신의 얼굴을 직접 볼 수 있으면 죄를 행할 때 자신의 비뚤어진 얼굴을 보며 죄를 짓지 못할 것이다.

성형으로 얼굴 미인을 만들 수 있어도 좋은 관상은 만들 수 없다. 관상에는 심상이 있고 언상이 있다. 얼굴에 편안하고 다정한 온기를 띠고 살자. 잘생긴 미인은 아닐지라도 분명 믿음 가는 아름다운 인상을 가진 사람은 될 것이다.

⁂ 무가치한 사람은 없다

세상에는 무수히 많은 사람이 있다. 어떻게 태어나도 가치를 부여받고 탄생한다. 무가치한 사람은 한 사람도 없다. 잠재력을 가지고 태어난다. 잠재력은 취미로 나타난다. 인간이 지니고 있는 의의나 중요성이 그 사람의 달란트로 취미나 소질이 된다.

중국 고사에 세상 아무짝에도 쓸모없는 자가 세금징수원이 되었는데 무리 없이 세금을 잘 징수했다는 말이 있다. 잠재력 개발, 자신이 할 일이다. 보물이 있는 곳에 마음이 있다. 그대의 보물이 마음 안에 있다. 자신을 쓸모없는 사람으로 만들지 말라. 신성 모독이자 죄악이다. 쓸모없는 자는 없다. 저능아도 최악의 불구자도 나름 가치가 있다는 사실을 알 일이다. 하나님의 작품에 졸작이 있을 수 없음이다.

⁂ 삶의 오솔길에서

70년대 초반 중형 벤츠에 롤렉스 금장시계를 차고 운전기사와 가

정부를 두고 강남 중심에 대지 826.45㎡, 지하에 43평 홈바가 있는 건평 168평 정도 집을 소유하면 만족하며 행복할까?

다이아 1.6캐럿과 2캐럿 정도 반지와 수준에 맞는 양복, 페라가모 신발을 신었다. 장미 뿌리 파이프에 백금장 던힐 라이터 정도 포켓에 넣고… 잠시였지만 유유상종이라고 그 수준의 사람들을 많이 사귀었는데 그들 또한 분명 행복하지 않았다. 당연한 이치요, 귀결이다. 그때를 생각하면 부끄럽고 후회되는 일이 많다. 외적인 소유나 권위가 이성적으로 행복의 필요 부분일 수는 있어도 충분조건은 될 수 없다.

행복의 요건은 무엇일까? 신을 경외(敬畏)하고 맑은 안심과 안정 그리고 이성으로 자연 질서와 지혜를 배우고 터득함이 아닐까?

높고 큰 나무 열매는 아주 작다거나 큰 과일은 키 작은 나무에 열리고 또 큰 것은 가볍다거나 봄이 지나면 여름이 오고, 여름은 가을을 소리 없이 받아들이고 가을은 겨울을 불러들이고, 엄동을 지나 꽃이 피고 지고 나면 꽃보다 아름다운 녹음이 서러움처럼 자라는 현상과 질서.

이런 자연 질서에 순응할 줄 알고 행동하는 것이 행복의 기본 요소다. 자연은 욕심도 오만도 파괴도 용납지 않지만 질서를 역행하는 행위 또한 묵인하지 않는다. 겸손하고 분수를 알며 한 줌의 빛이라도 소중히 여길 때 자연은 그 넓은 가슴을 내어줄 것이다. 구름은 보이나 잡히지 않고 바람은 보이지 않으나 머리칼을 날린다.

자연 속에 행복의 요건이 있고 자연을 닮은 행복의 그릇이 마음이다. 행복의 제2 요건은 마음이다. 마음은 몸 안의 물을 거느리고 호수처럼 일렁인다. 슬플 때나 기쁠 때 물은 마음의 요동침에 따라 울먹이고 환희에 넘실대지만 오욕칠정으로 탁해지고 더러워지기도 하고 무지갯빛처럼 곱기도 하다.

마음을 잘 다스림이 행복의 요건임도 이 때문이다. 안심을 영유하는 것이다. 몸 안의 호수도 자연의 일부다. 욕심으로 마음이 탁해지면 100억인들 많을 리 없고, 온갖 부귀영화도 모자랄 것이다. 욕심에 욕심을 더하여 마음의 호수 물을 오염시켰다면 행복할 수 없음은 불을 보듯 뻔하다.

욕심을 털어버리고 만족하면 10만 원도 거금일 수 있고 몸은 환희에 차 출렁일 것이다. 근면하면서 사명감에 만족하는 마음을 가지면 행복을 느낄 수 있고, 매사 과분하다고 생각하는 마음으로 감사한다면 행복이 안에 있는 것이다. 비교하지도 탐하지도 거짓을 행하지도 허망하고 허황된 꿈을 꾸지도 말 것이며 고요한 마음을 유지하여 마음의 호수 물이 출렁이지 못하도록 함이 행복의 요건이다.

신중히 생각하고 말하며 화로처럼 따뜻하게 행동하라. 노상 입을 즐거이 하지 말고 외모나 허상에 지나치게 빠지지 말며 뒷모습이 아름답게 보이도록 마음을 다스려라. 세 번째 요건이랄까?

지나치게 높은 자리에 오르려 애쓰지 말라. 몸이 높으면 바람을 타고 높은 곳에 앉음은 자신의 허상을 드러내며 시기, 질시, 흠모의 대상이 되고 일거수일투족이 가십 대상이 될 것이다. 높은 산 정상의 나무가 온전한 모습으로 존재할 수 없고 널리 알려진 이름은 허명이 되기도 하지만 외로움과 고독의 응어리가 될 것이다. 행복과 거리가 면 망망대해로 쫓겨난 사람이 될 것이다. 흐뭇하고 만족하여 부족하거나 불만 없는 삶이 자연을 닮은 삶이다. 이것이 최선이다. 자연은 때를 늦추지도 거스르지도 않고 경솔하고 게으름이 없으며 과분이란 존재하지도 않는다. 자연은 언제나 포근하고 인자(仁慈)하며 사랑의 참 모습이다.

자연은 늘 그 자리에서 겸허하고 고요하다. 자연은 허욕이 없고 베풀고도 받고자 함이 없다. 인간 100세라 해도 찰나 같은 삶. 헛되이 시간을 낭비하지 말고 오늘을 최후의 날처럼 최선을 다해 자연을 닮아가라. 소득 10만 불이 넘는 선진국 국민이 느끼는 행복지수와 아마존강 밀림에서 자연과 더불어 사는 원시부족의 행복지수를 비교해 보니 아마존 원시부족 행복지수가 더 높았다는 연구 결과는 시사(示唆)하는 바 크다.

삶의 오솔길에서 이성적으로 생각해 보자. 경솔하고 게으른 것이 최대의 적이요, 어질고 성실하며 지혜로운 언행으로 삼가 조심함이 최고의 미덕이다. 겸양과 고요하고 욕심 없는 마음가짐은 행복과 만족을 느끼는 선비의 길에 들어와 있음이라. 겪을 일이나 넘어야 할 산은 그대가 쌓아놓은 죄업이라 생각하라. 오래 길게 사는 것은 하늘의 뜻이고 행복과 여유는 그대의 몫이다. 하늘에 맡기고 즐거워하며 묵묵히 오늘이 최후의 마지막 날인 양 최선을 다하라.

⁂ 고난

고난은 삶의 진주가 될 수 있다. 병약한 스티븐슨은 『보물섬』 작가가 되었다. 헨델은 치료비를 빌리고 갚지 못해 감옥에서 '할렐루야'를 작곡했다. 악성 베토벤과 발명왕 에디슨은 농아였다. 『실낙원』 저자 밀턴은 시각장애인이었다. 고난을 이기고 일어나면 창조의 초석이 될 수 있다. 고난을 통해 하나님을 만나고 인격이 성숙하면 삶은 경건과 행복이 자리한다. 하나님을 찾아 소망의 삶을 살자. 고난과 고뇌의 짐은 하나님께 맡기고 회개하며 하나님을 만나자.

"무거운 짐 진 자들아 내게로 오라!" 하신다.

⁂ 기다림

꿈과 소망 그리고 너를 기다린다. 사람이나 때가 오기를 기다리는 것은 형벌이다. 그리움은 금방 가슴을 메우고, 병이 되기도 한다. 그러나 종장에는 축복이다. 특유의 시련이자 보상이다. 선명한 인내를 품고 묵묵히 괴로워하며 안타까워함이다. 노심초사, 초조, 불안이 엄습할 때도 있고 자책도 한다. 끝까지 한 번 더 참고 온유하라.

나는 기다린다. 중원의 왕검성 그리고 동북삼성의 옛 우리 고토가 우리 땅이 되길 죽어 지하에서도 기다릴 것이다.

⁂ 언어의 혼란

요즈음 언어가 혼란해지고 있다. 언어란 국민이 쓰는 나라의 고유한 말, 즉 나라말이자 한국어다. 자기 나라 말과 글을 아끼고 다듬는 민족은 강성해진다. 프랑스 사람들은 자기 나라 말에 긍지가 대단하다. 독일에 수차례 침략당하면서도 남다른 말과 그들의 글을 지킬 수 있었던 것은 사랑하고 긍지가 있었기에 가능했다고 볼 수 있다. 영어에 대한 영국의 자존심 역시 이와 같아 세계가 영어권에서 헤어나지 못한다.

말과 글은 국력이다. 자기 나라 말과 글을 다듬어 가꾸지 않고 오히려 혼란스럽게 변형하여 쓰고 비속어를 만들어 쓰면 국력은 서서히 약해지고 애국심도 약해지기 마련이다. 요즈음 태국에서는 한글이 제2외국어가 되어 대학입시에 쓰이며 베트남을 위시하여 세계 각국에서 우리글에 대한 열기가 대단한데 우리 정부는 적극적인 지원은커녕 나 몰라라 한다. 애국심이 둔해지고 내 것에 대한 천시는 곧 우리 것을 잃는 것이다.

우리 것을 천한 것, 소소한 것이라 생각하면 그것을 탐내는 자들이 있기 마련이다. 역사를 되짚어보면 우리의 빛나는 유산이 남의 것이 된 것이 어디 한두 가지랴!

우리의 말과 글을 장난삼아 변형시켜 은어나 비속어를 쓰는 행위는 자신을 시궁창에 구르게 하는 행위이다. 자신의 것, 우리의 것을 소중히 하고 아끼는 것은 애국이기 이전에 사랑이요, 자존이다.

⁂ 연극성 인격 장애

인격의 사전적 의미는 개인의 지적(知的) · 정적(情的) · 의지적 및 신체적 측면을 총괄하는 전체적 통일체를 말하며, 신에 대해 인성(人

性)을 갖춘 품격이며 한 개인의 일상생활 전반에 걸쳐서 나타나는 감정이나 행동상 특징을 말한다.

인격 장애는 보통 사람에게서 볼 수 있는 일반적 범위를 벗어나고 융통성 또한 떨어져서 적응 · 직업 · 대인관계 등에서 문제를 일으키는 것이다. 히스테리성 인격 장애는 여러 인격 장애 중에서 감정 표현이 과장되고 주변의 시선을 받으려는 특징이 있다. 연극성 인격 장애 또는 히스테리성 인격 장애(histrionic personality disorder)는 지나치게 극적(劇的)이며 매우 흥분하고 과장된 행동을 일삼아 연극하는 듯한 장애이다. 주의를 끌기 위한 행동이 심하고, 사고와 느낌을 과장하며 지나친 존재감을 유발한다. 소소한 거짓이 일상화되면 바늘 도둑이 소 도둑 되듯 커져 연극을 만들어간다고 볼 수 있다.

거짓은 할수록 진해지고 커지는 것. 거짓이 발단이 된 연극성 인격 장애는 자신도 삼키는 괴물이 된다. 거짓으로 환상을 만들고 마치 그것이 사실인 양 꾸며 자신을 돋보이려는 행위는 결국 자신을 묶는 사슬이 되며 허망한 아픔으로 돌아온다. 없는 것도 있는 것처럼 편집하고 거짓으로 자신의 아성을 치장하고 사실화하는 것이 안락으로 가는 길이 될 수 없다.

평정심을 찾고 당당하고 행복하게 살고자 하면, 거짓은 죄업을 쌓는 것이다. 외로움을 달래줄 선한 사람들을 떠나게 하는 행패 같은 연극을 멈추어라. 정직과 선만이 행복으로 가는 첩경이니 화려한 거짓된 연극도 그대 주변에 있는 사람을 감동시킬 수 없음을 알라. 순수함만이 사람을 감동시킬 수 있다.

⁂ 생각의 전환

자신의 생각을 바꿔보라. 확신도 바꿔보라. 발상의 전환을 가져보라. 생각을 파괴하고 전환해 보라. 다른 방향이나 상태로 바꿔보면 분명 보이는 것이 있을 것이다. 또 다른 알맹이를 발견할 것이다.

⁂ 사자의 먹잇감

동물 세계의 핵심은 공격성이다. 동물 사회에도 질서는 있다. 힘만으로 질서를 유지하지 않는다. 노인의 지혜를 필요로 한다. 영역싸움을 해도 반드시 항복이라는 것이 존재한다. 항복한 자를 죽이지 않는 것이 동물 세계의 질서요, 불문율이다. 인간만이 항복한 자를 죽인다. 동종 간에 죽이는 종은 인간밖에 없다. 항복하면 그것으로 끝이 난다. 사자는 먹잇감을 잡을 때 얼굴을 찡그리지 않는다.

⁂ 뿌리 깊은 나무

뿌리 깊고 튼튼한 나무가 되려면 심한 비바람에 살아남아야 가능하다. 강한 비바람은 뿌리를 깊고 튼튼히 하며 땅 깊은 물은 뿌리를 더욱 깊게 한다. 뿌리 깊고 튼튼한 나무는 열매 또한 탐스럽다. 뿌리가 약하고 잎만 무성한 나무는 고사한다. 이것이 인생이다.

낭만적인 사업은 없다. 낭만적인 생각부터 버려라. 낭만은 리더십도 아니다. 과감하게 결별하라. 사업을 함에 그림을 그리고 아름다움을 꿈꾸지 말고 성과만 챙겨라. 이익은 결과로 남는다. 뿌리 깊은 나무 열매처럼.

⁂ 나와 너

세상에는 많은 사람들이 살지만 언제나 나와 너만 존재한다. 너와 나. 너는 또 다른 나의 분신 우리가 된다. 사랑하는 사람도 나와 너요, 슬픔이 있는 곳에도 너와 내가 있어 반분된다. 보듬어주는 사람도 나와 너이고 오순도순 이야기하는 사람도 너와 나다. 다정이 병일 때도 나와 너요, 창공에 높이 나는 철새를 보며 꿈을 이야기한 것도 나와 너다.

절망과 분노, 삶의 고통과 괴로움에 치를 떨 때도 너는 나의 분신. 억울하다 하소연할 때도 너는 또 다른 나. 이별이 아쉬워 가슴 졸였던 것도 너와 나다. 남편과 아내도, 아버지와 아들도, 스승과 제자도, 엄마와 딸도 모두 너와 나다. 한평생 같이하는 사람도 나와 너이고 죽음과 삶을 맹세하는 사람도 나와 너다. 나와 너는 언제나 길이 달라도 화합해야 하고 그립고 아쉬움도 같이해야 한다.

인생 종장에는 언제나 나와 너만 존재한다. 너는 나라는 존재가 있어 하소연하고 미워도 하고 사랑도 하고 절망도 했다. 가슴 터지는 그리움도 아픔도 너라는 존재가 있어 울음처럼 삼키며 살 수 있었다. 건강하고 아름다운 사회는 나와 너의 조화에 있다.

⁂ 양반이 바쁠 이유 있나?

상놈이 바쁘지 양반이 바쁠 이유는 없다. 백성과 하인, 상놈만 방방 뛰고 바빠서 이리저리 날뛰고 있을 뿐이다. 그러나 상놈이 최고의 귀족이었던 시절도 있었다. 요즈음 양반이 되어 군림하는 그대들의 추락을 느끼고 있는지 의심스럽다.

⁂ 사물을 대함에

사물 아니 만물을 대함에 있어 먼저 애정을 가져라. 사물을 사랑하라. 사랑하면 알게 되고 이해하게 된다. 사랑하지 않고 상대를 알 수 있는 방법은 없다. 알고자 하면 사랑하라. 진심으로 사랑해 보라. 살아 있는 모든 것은 사랑의 대상이다. 모두 통하리라. 그대가 알고자 하는 것이 무엇이든 먼저 사랑하는 자세로 임하라. 희열로 통하리라. 사랑하면 알게 되고 알게 되면 사랑하게 될 것이다. 사람도 이와 같을지니….

⁂ 살아 숨을 쉰다는 것

살아 숨 쉬는 것 자체가 행복이다. 생명이 있음이다. 사람은 누구나 행복할 수 있다. 일이 있다면 금상첨화다. 마음에 꽃다운 심정이 있어야 꽃이 아름다울 수 있다. 힘든 일이라 해도 힘겨워하지 말라. 다만 쫓기어 살지 말라. 복잡하게 살지 말라.

행복한 삶을 위해 마음의 안정이 필요하다. 차분한 여유가 있어 행복의 싹이 자란다. 지금 이 순간 행복을 만들어야 한다. 먼 훗날의 행복을 소원하지 말라. 행복은 주어지는 것이다. 인생의 삶도 꽃을 피워 향기를 낼 수 있다. 삶은 바로 이 순간이다.

기쁘게 생각하고 좋아하는 스포츠나 즐거운 노래를 하듯 하라. 숨 쉬고 일하며 아름다운 것들을 보고 듣는 것은 축복이다. 삶의 진미를 맛보는 행운이다. 능률과 창의성, 열정을 가지고 일하면 행복은 가까이에서 미소 짓고 똬리를 튼다. 안심(安心)으로 보라. 집착이나 아집, 비교, 이용(利用) 따위는 버려라.

행복의 조건은 살아 숨 쉬고 일하면서 희망의 작은 씨앗을 발견하는 것이다. 살아 숨 쉰다는 것은 자신에게 주어진 희망과 행복을 지켜주고 키워줄 천사의 입김이다. 생각은 행복의 선반에 올려놓고 숨 쉬고 행동하며 자유와 사랑을 나누라. 진정 살아 있는 모습이다. 행복하라!

⁂ 자존 자신감

자신이 가치 있는 존재임을 인식하며 자신을 사랑함이다. 자신이 갖고 있는 것에 대한 진정한 가치를 파악하는 것이다. 기어 다니는 삶을 살지 말라. 한 번뿐인 삶이다. 역경에 분연히 맞서 이겨낼 수 있는 자신의 능력을 믿고 삶에서 승리자가 될 수 있다는 확신을 가져라! 그것이 자존감이다.

균형 잡힌 자존감이 형성된 사람은 자신을 소중히 여긴다. 다른 사람과 긍정적인 관계를 유지할 수 있다. 자신을 지탱하는 심지가 굳건하므로 타인의 비난이나 어쩌다 생기는 실수에도 흔들리지 않는다. 인생의 굴곡 앞에서도 유연하게 대처할 수 있다.

건강한 정신은 균형 잡힌 자존감에서 나온다. 자존감이 약한 사람은 남의 시선을 의식하며 전전긍긍 살아간다. 자존감은 극단에 치우치기보다 균형을 유지하는 것이다. 무엇보다 자신을 사랑하고 항상 긍정적인 사고방식을 갖는 것이다. 용기 있는 사람만이 자존도 유지할 수 있음을 새겨둘 일이다.

⁂ 행복 쌓기

남의 불행 위에 자신의 행복을 쌓을 수 없다. 덕 · 공적 · 재물도 이와 같다. 죄악을 수단으로 어떠한 행복도 얻을 수 없는 법. 마음이 편하게 쉴 수 있는 곳에 행복은 자리한다.

기쁨과 행복을 나누라. 마음에 사랑을 담으면 모두 사랑스럽다. 사랑하는 사람이 사랑받는 사람보다 행복하다. 안심만이 그대를 행복으로 초대한다. 시련을 주는 하나님일지라도 마음에 품어라.

⁂ 만남

정도를 지키고 사물을 보라. 사물이 제 모습대로 보일 것이다. 정도를 벗어나 보는 사물이 제대로 보일 리 없다. 만남도 정도를 이탈하면 좋은 만남을 기대하지 말라. 선한 자를 가까이하면 선한 자가 모이고, 악한 자를 가까이하면 악한 자가 모이는 법이다. 악한 자를 사귀어 낭패 보았다고 상대를 탓함은 자기 허물을 드러냄이라. 순진하고 순수해서라고 하나 악한 사람에 끌려 가까이 있었음을 상기하고 반성하라.

⁂ 인사말, 안녕하세요?

걱정이나 탈 없이 잘 있음을 묻고 평강을 바라는 뜻이다. 인사는 안부를 묻거나 공경하여 예를 표하는 말이다. 처음 만나는 사람끼리 통성명하거나 사람 사이에 지켜야 할 예의이다.

비가 추적추적 내리고 바람까지 부는데 힘겹게 우산을 받쳐 들고 가던 어린 초등학교 여자아이가 맑은 눈을 들어 인사한다.

"안녕하세요."

모르는 아이인데 아파트에서 나를 보았나 보다.

"요 앞 아파트에 사니?"

"예."

"인사하는 모습이 예뻐서 할아버지가 주는 돈이니 받아라."

3,000원을 준다. 받지 않겠다는 것을 억지로 준다. 적은 돈이지만 자라면서 인사가 습관이 되어 아이의 인격이 되기를 바람이다. 인간의 가치는 인격에 있고 인격은 행복을 부른다.

예절은 사람을 만들고 출세를 보장한다. 나는 자주 젊은이들에게 인사만 잘해도 출세할 수 있다고 말한다. 가장 쉬운 출세 방법은 웃으며 인사하는 것이다. 깍듯이 인사하라. 그가 누구이든 상관없이 인사하라. 곧 호감을 얻을 것이고 상대에게 기억될 것이다.

인사는 덕목이다. 참 멋은 세련된 인격에서 나온다. 다정한 미소, 친절한 태도, 머리 숙여 인사하는 인품은 당신을 결정짓게 할 것이다. 행위가 훌륭해 보이고 인격도 돋보이니 누군가 그대를 중히 쓰고자 눈여겨볼 것이다. 악수 이전에 인사다.

⁂ 3월 14일 결혼

37세 나이에 아들이 장가가는 날. 신부는 곱고 착한 미모를 겸비한 총명한 아이다. 지난봄, 아무 일 없이 장가갈 수 있게 해달라고 소원했다. 모든 부동산과 동산으로 아들 빚을 정리하고도 혹여 모르는 부채가 남아 식장에 채권자나 경찰이 들이닥치는 일이 없도록 바라며 친구들조차 망신이 두려워 초대 못 한 상황이었다.

IT사업을 한다고 세상에 도전장을 내고 망망대해로 나간 아들의 인생, 결과는 난파선이 되고 병들어 겨우 돌아왔다. 처참한 난파이나 불행 중 다행인 것은 항해를 시작한 항구로 다시 돌아온 것이다.

분명 상처의 원인을 알고 있으니 적어도 수리와 진수는 차질 없이 진행할 것이다. 다만 만신창이 된 몸과 마음을 용기로 가다듬어야 한다. 뼈아픈 성찰이 있어 자신을 돌아봐야 한다.

실패할 수 있으나 좌절은 용납할 수 없는 일. 분명 용기만이 살길이다. 다시 먼 바다에 나갈 그날을 위해 새롭게 진수하는 심정으로 가다듬을 것이다. 이 땅에 사는 부모들은 모두 나와 같은 심정으로 처신하리라. 상처를 덮을 수 있는 것은 사랑밖에 없다.

자식을 너무 믿은 어리석음, 아니 자식을 형무소에 넣어두고 돈을 아껴 편히 잠을 잘 수 없는 부모 마음, 분명 토끼 새끼 정도의 자식을 범 새끼로 착각한 교만한 내 죄. 재도전 결과는 15년을 보상할 수 있을까? 분명 없을 것이다.

– 2015년 3월 14일 아침에

⁂ 소망 · 희망 · 성공

하늘에 소망을 두라. 조급하지 말고 여유를 가지고 살라. 내일의 희망은 오늘을 기쁘게 한다. 희망은 가능성을 내포하기에 소중하다. 희망 끝에 소망을 이루는 자가 성공하는 자요, 승리하는 자다. 지극한 소망은 이루어진다.

⁂ 쓰레기

쓰레기는 쓰레기통에 버려라. 버릴 것은 버려야지 내 것도 아닌 것을 가지고 있어 뭐 하겠는가? 마음을 비워라. 욕심으로 품지 말고 줄 것이 있으면 주어라. 마음이 번다하면 새로운 것도 행복도 받아들일 수 없다. 욕심, 교만 때문에 허망한 기대를 하며 가슴앓이하게 만드는 쓰레기는 과감히 버려라. 불평 · 고통 · 불안 · 불행 쓰레기라고 판단되면 버리는 것이 상책이다. 버리지 못함은 병이 될 수 있음이다.

효용가치가 있든 없든 쓰레기라는 생각에 이르면 무엇이든 과감히 버려라. 재물도, 사랑도, 인간도 이와 같을진대 버리지 못할 것이 있겠는가? 마음에 감사와 믿음과 사랑을 담아라.

⁂ 봉사가 참회

살다 보면 실수할 때가 있다. 실수를 아파하며 반성하고 아름답게 마무리한다면 용서되는 것이 삶이다. 색과 도박에 찌들어 살다 200평 남짓 밭을 일구어 살며 봉사하고 전도하며 봉사를 참회의 기회로 삼는다.

⁂ 외로움

피지 해변. 풍요와 무료함이 덩어리 되어 수정 같은 외로움으로 밀려온다. 아름답고 경이로운 자연 뒤에 서려 있는 외로움. 외로움의 극치. 외로움의 공포가 죽음의 공포만큼 강하게 밀려온다. 긴장하던 바쁜 일터가 새삼 그립다.

⁂ 닮아가는 것

욕하며 닮고 정으로 닮는다. 지극히 사랑하면 상대를 닮기 마련이다. 시어미 흉보며 닮아가는 며느리, 윗사람 비방하며 닮아가는 아랫사람. 비방하고 욕하는 자는 상대를 닮아 가리라. 옆에 누가 있으며 누구를 사랑하는가 또는 미워하는가? 닮아갈 것이다.

⁂ 마음의 진가

진정한 우정은 말이 아니라 마음에 있다. 우정뿐이랴! 사랑도, 효도, 소망도 다 그러하다. 그대의 자산 중 따뜻한 마음이 가장 값진 재산이다. 믿으면 있고 안 믿으면 없다. 마음에 긍정적인 생각과 소원을 두라.

⁂ 사라지는 직업들

시대 변천에 따라 사라지거나 감소할 위기에 처한 직업들이 있다. 인터넷이 활성화되면서 오프라인으로 주고받는 편지가 감소하여 우편배달부가 고전하는 중인데 각종 고지서, 택배 등을 전하며 명맥을 유지한다.

전기 계량기나 수도 계량기를 점검하는 검침원은 원격 또는 컴퓨터로 계기 눈금을 볼 수 있는 시설이 발달한 탓에 숫자가 줄어들고 있다. 농부도 위기를 겪을 것으로 추정된다. 대규모 공장형 농장이 속속 등장하면서 소규모 가족 단위 농부들은 경쟁력을 잃어가고 있다. 신문기자, 보석 세공사, 벌목공, 비행기 승무원, 드릴 기술자, 보험설계사, 재단사 등도 계속 숫자가 줄어들 것이다.

그들이 독버섯이 되어 돌아오지 않도록 사회는 갈수록 효와 도덕을 강요할 것이다. 그러나 줄어드는 만큼 사회적인 필요에 의한 새로운 직종이 자연발생적으로 생길 것이다.

⁂ 욕심을 넘어 피안으로

욕심 · 권력 · 돈 · 애정은 모두 바닷물 같아 맛볼수록 더욱 갈증을 느끼게 한다. 누구나 탐나는 것들이긴 하다. 그러나 탐나는 것에는 항상 독이 있다고 생각하라.

우선 마음을 정리하라. 마음은 천사와 악마가 동거하는 곳이다. 악마를 누르고 천사를 대접하라. 괴로움도 미움도 마음의 습관이다. 긍정으로 욕심을 넘어라. 모든 것은 내가 잠시 보관하고 있다는 생각에 미친다면 즐겁고 욕심이 지나치지 않으리니.

욕심으로 세상을 보면 한시라도 마음 편한 날 있겠는가? 능력이 있어 잠시 보관 중이라 생각하면 갈증은 차츰 사라지지 않겠는가? 삶이란 자연 이치를 따라가는 것이니 열매가 과하면 가지가 부러지고 꽃이 너무 많은 나무는 시들어 죽는다.

이승의 어떤 것도 저 건너 피안의 세계로 가져갈 수 없으니….

⁂ 처음처럼

사람을 대할 때마다 처음 만났을 때 심정으로 대하라. 초면의 호기심과 담담함으로 말이다. 단순히 어제 만났음을 상기하여 오늘은 많이 달라졌으리라는 순진한 생각은 버려라. 상대가 원래의 모습으로 돌아가 있을 수 있음이다. 사람을 대할 때 항상 느긋한 심정으로 처음 만날 때의 심정으로 대하여 미연에 심상(心傷)을 차단하라.

⁂ 세월호 참사를 보라!

정치적으로 이용하니 국민의 착한 마음을 앗아가 버렸다. 기부하는 것, 배려하는 것, 남을 돕는 것이 자랑거리가 되지 못하고 자책과 후회만 남는다. 엄청난 기부를 한 사람도 조금씩 베푼 사람도 오히려 피해의식이 생기는 사회라면 누가 기부하겠는가? 나누고 베풀고 봉사하는 사람이 대접받으려 하지 않아도 예우와 칭찬함이 당연한데 오히려 당연시하거나 폄하하는 행위는 잘못된 처사다.

남이 한 일은 잘못이고 의도가 불손하고 나만 옳고 또한 지도층도 나 몰라라 하는데 살기도 바쁜 사람이 기부해서 뭘 하겠나 하는 의식이 문제이다.

⁂ 삶이 어려워도

인생은 고해의 늪이 아니다. 번뇌의 세상도 세계도 아니다. 고통의 늪은 더더욱 아니다. 늪과 정글은 있으나 고해나 고통만 가득한 곳이 아니라 아름다운 정원의 일부일 뿐이다. 고해도, 번뇌도, 고통도 인간이 만들고 풀어가는 지혜의 미로일 뿐이다. 고해, 고통은 넘치는 환희의 잔을 준비하는 여정이다. 다만 환희가 짧을 뿐이다.

인생! 삶은 참으로 아름답고 즐거운 환희의 낙원이요, 아름다운 정원이다. 고통, 아픔, 슬픔, 분노, 악 그리고 번뇌도 아름다움을 떠받치는 꽃잎 같은 것이다. 그 모든 아픔을 뒤집으면 환희와 희열 그리고 행복의 잎사귀가 펼쳐져 있다.

유독 불행을 말하는 사람은 너무 많은 것을 가져 호강에 겨워 또는 허전한 사람이 대부분이거나 남을 아프게 한 자들이다. 풍요에 지친 모습 또는 무료한 일상은 원초적 본능으로 귀의한다. 갖춘 사람이 언제나 행복하지는 않다. 참을 수 없는 고통도 세상에는 존재하지 않는다. 참을 만하고 견딜 만하다. 아픔이 있어 즐거움도 느낄 수 있음이 인생이다.

⁂ 천사는 산다

오늘날 여자 하면 미모를, 남자도 꽃미남을, 백치라도 예쁘고 잘생긴 사람을 선호하는 풍조는 미모 뒤에 숨은 사악함을 간과하게 한다. 미모를 탓하는 것이 아니다. 미모란 어찌 보면 가죽 한 꺼풀의 아름다움일 수 있다. 해서 성형으로 바꿀 수 있다. 역대 미인들의 운명은 하나같이 박명했다. 미모를 폄하해서 하는 말은 결코 아니다. 가꾸어 만든 미모는 늙어 추함이 극에 이른다. 아름다운 사람이 고운 마음씨를 가져 더욱 돋보이는 경우도 있다.

잘생기고 멋진 남자가 나누고 베푼 배려나 효는 참으로 돋보인다. 얼굴은 평범하나 풍기는 미소와 생각은 꽃처럼 아름다운 사람이 있다. 요즘 같은 세상에도 분명 천사는 있다. 인간의 모습으로 살고 있으나 분명 천사는 있다. 미인은 아니나 그들의 시선과 마음씨는 우리와 다르다. 천사는 우리가 볼 수 없는 것을 보고 자신을 태워 남을 밝혀준다. 나는 보았다. 분명 아름다운 천사의 모습을.

⁂ 악플

헛소문은 당사자에게 무서운 십자가인데 책임지는 자가 없다. 얼굴 없는 비겁자가 비열하게 즐기는 바보 놀음이다. 거짓 선동도 이와 같다. 악한 자의 저주다. 당하는 사람은 억울해도 하소연조차 할 수 없는 기막힌 일이다.

"아니 땐 굴뚝에 연기 날까?"라는 속담이 있는 우리나라에서는 더욱 그렇다. 소문은 좋든 나쁘든 분명 아픈 상처가 된다. 헛소문, 뜬소문, 선동, 루머는 칼이 되어 날아다닌다. 헛소문의 근원은 악의 눈물이 고여 있는 끝도 없는 파멸의 구덩이다.

종장에는 헛소문을 흘리는 장본인도 어느 날 반드시 무거운 십자가를 지고 골고다 언덕을 오를 날이 올 것이다. 악플을 다는 자는 어리석고 형편없는 아주 큰 바보다. 헛소문은 피어오르는 안개쯤으로 생각하고 과잉 반응하거나 민감하게 행동하지 말라. 안개처럼 사라질 것이고, 말에 말을 더하여 허공에 나는 것이….

⁂ 행복한 수행

도는 둘일 수 없고 단지 행복일 뿐이다. 도인도 욕심과 불평의 늪에서 산다. 부질없이 망설이고 엉뚱한 것에 홀리고 부귀에 빠져들고 욕심의 끈을 놓지 못하고 끝도 없는 유혹과 연민에 시달리는 것이 인생이다. 연민 끝에는 사랑이란 망집이 자리한다.

삶의 모든 유혹에서 벗어날 수 있는 길은 자나 깨나 일과 더불어 남을 돕고 봉사(奉仕)하며 아름다운 인연을 만들어감이 최선이다. 거창한 봉사를 생각지 말고 홀가분하게 할 수 있는 봉사활동을 생각하라. 봉사는 우리에게 살아갈 힘과 희망 같은 관념이다. 행복해질 것이다.

봉사의 즐거움에 취하면 돈과 시간을 봉사에 써서 미욱한 생각과 행동할 시간이 없을 것이다. 봉사의 참뜻은 남을 배려하는 것만 아니라 자기 수양이요, 수행이다. 삶이라는 인연의 숲에서 행복을 쏘아 올리는 것이고 희망을 찾는 것이다. 부질없는 망상을 걷고 참된 길을 가는 구도의 길임을 알 것이다. 마음의 모든 사악함을 봉사로 다스려라.

⁂ 어둠

새벽이 오기 전이 가장 어둡다. 절망의 늪이요, 악마의 텃밭이다. 절망의 늪에서 포기하지 않고 노력한다면 반드시 행복의 싹은 틔우기 마련이고 주어진 혜택이요, 성찬이 준비되어 있다. 새벽이 오기 전은 정상인이 갑자기 눈먼 장애인이 된 것 같은 어두움이다. 허나 이때 망연자실하여 무기력하게 밝아오기만 기다리는 것은 의미 없다. 어둠은 악이요, 은밀(隱密)함이며, 광명 건너편이나 모든 싹은 어둠에서 발아된다. 생명의 싹이 어둠의 장막을 걷고 나옴이다.

부단히 노력하되 여유를 가지고 임하라. 노력의 결과는 하늘이 만들어주리라. 어려움이 몰려올 때는 연거푸 떼 지어 온다는 사실도 염두에 두라. 파도처럼 숨 돌릴 틈도 주지 않고 연거푸 밀려오는 어려움은 힘겨운 고생의 연속이겠지만 사라질 때는 흩어지는 구름 같으리라.

진흙탕 물속에서 아름답게 피어오르는 연꽃을 기대하며 살아 있음을 즐기면서 여유로 삼가고 노력하라. 시 한 줄 읽고 하얀 종이에 점 하나 찍어 인연과 인연 사이를 그리고 여유를 품은 여백의 섭리에 인생의 행복과 성공에 대해 통찰하라. 행복의 계곡으로 들어가라.

⁂ 오늘을 말하고 내일은 희망을

오늘을 말하고 내일의 희망을 이야기하자. 사자의 음성으로 사랑이 듬뿍 담긴 말이어야 한다. 과거를 말하면 어리석은 사람이자 허전한 사람이다. 과거의 잘잘못은 거울로 삼을 뿐이다. 과거는 사라진 추억일 뿐이다.

과거의 금송아지가 의미 있는가? 어리석은 자의 넋두리다. 오늘이 있기에 내일은 희망이요, 꿈이다. 오늘을 감사하고 내일을 기대하자. 오늘은 일 년 후 아니 한 달 후 또는 일주일 후의 오늘이다. 오늘은 사라지는 가장 젊은 날이고 안타까운 순간이다.

오늘을 헛되이 보내지 말고 내일을 희망 없이 맞지 말라. 오늘은 최선이요, 내일은 진한 삶의 의미라. 오늘이 어려워도 내일이 있어 행복할 수 있음이다. 내일이 있기에 성냄도 노함도 지그시 누르고 기대할 수 있음이다. 오늘을 허망하게 보내고 내일을 기대하는 부끄러운 자 됨을 삼가라.

⁂ 안타까워 말라

잊히고 사라지는 것, 줄어들고 없어지는 것을 안타까워하지 말라. 처음부터 그대 곁에 잠시 머무는 바람 같은 것이라. 새털구름 같은 것이다. 청량한 아침에 입김 같은 것이다. 마음을 정화하면 당연한 자연의 질서이니 안타까움도 없으리라.

⁂ 살아가는 지혜

근본과 현실을 깨닫는 것이 지혜다. 근본이나 현실은 진실이기 때문이다. 근본과 현실을 도외시하는 자는 우매하고 오만하다. 이런 자는 수장이 되어서는 안 된다. 불행을 몰고 오기 때문이다. 사람이 근본을 알고 현실을 인식하면 비로소 지혜로워져 언행이 숙성되어 나타난다. 지혜로운 사람은 행복할 수 있는 여건을 가진 사람이다.

삶이 배와 같아 항구에 있을 때 안전하지만 그렇다고 항해를 포기할 수는 없다. 항해를 위해 만들어졌기 때문이다. 끊임없는 도전이 필요하다. 모험도 뒤따른다. 일이 휴식이고 낭비 없음이 성스러운 삶이다. 시간까지도 말이다. 인생도 이와 같아 죽음으로 안주할 수는 없다. 다만 죽음이 있어 완전하고 그곳에 항구처럼 머물게 된다.

⁂ 빚

빚에 대한 표현이 많다. '빚에 쪼들리다. 빚이 눈덩이처럼 불어나다. 빚보증하는 자식은 낳지도 말라. 빚 주고 뺨 맞기', 남에게 후하게 하고도 도리어 봉변을 당하게 됨을 비유한 말이다. 급해 돈을 빌려도 사람은 핑계를 만들어 갚기를 주저한다.

인간은 빌린 돈을 마치 공돈으로 생각하는 습성이 있다. 여기서 빚을 말하고자 함이 아니다. 돈 갚을 때를 말함이다. 상황이 어떤 처지이든 남에게 돈을 줄 때는 멋있고 아름답게 주라는 이야기를 하고자 함이다.

돈을 갚으면서 더러운 사람, 이것이나 먹어라 하는 식으로 주는 것을 삼가라는 것이다. 아쉬워 쓸 때를 생각하고 반성하라. 멋있고 우아하게 갚아주자! 돈을 천하게 만들지 말고 상대를 비굴하게 만들지 말며 자신을 오만하게 만들지 말라. 빚을 갚으러 가서도 '지긋지긋한 뭐한 사람(놈)' 하지 말고 귀하게 쓰고 곱게 갚으러 왔다고 말하라. 돈에 대한 새로운 심안이 열릴 것이다.

우리는 알게 모르게 빚을 진다. 금전적 빚뿐 아니라 마음의 빚까지도. 그래서 빚뿐만 아니고 돈을 지불함에는 모두 이 생각으로 하니 얻는 쾌감 또한 컸다. 그리고 항상 즐겁다. 지불은 주는 행위다.

정승처럼 쓰라는 말도 있다. 베푸는 행위이다. 베푼다는 것은 많고 적음을 떠나 그대가 삶에서 할 수 있는 최선이다. 이때 오만은 금물이다.

재물이 늘어도 마음 두지 않고 피 같은 돈에 의식이 맑고 건전할 때 그대는 돈을 소유할 수 있고 베풀 수 있으며 얽매이지 않는 사람이 되리라.

⁂ 신이 감추어놓은 비밀

신이 인간의 몸속 깊이 감추어놓은 비밀한 것이 있다. DNA라는 신비한 신의 언어다. 신이 인간에게 비밀히 만들어놓은 이 언어에는 무한한 가능성과 인간으로는 어찌할 수 없는 숙명이 담겨 있다. 신은 의지대로 성을 포함하여 질병과 행복, 불행을 조종하여 왔으며 인간들은 이를 숙명이라 생각하고 살아왔다. 그러나 신의 영역인 DNA를 인간들이 해독하고 신의 진화를 통제하는 단계에 이르렀다.

DNA를 풀어 신의 명령인 앞으로 일어날 병리현상도 제거하고 완벽한 최상의 인간도 만들 수 있다. 파란 눈에 백옥같이 하얀 피부, 금발머리의 준수한 얼굴도 만들 수 있다. 원하는 미남 미녀도 가능하다. 이는 다시 인간들에게 선악과를 만들어 선택해야 하는 지경에 이르게 할 것이다.

DNA를 조작하여 원하는 인간을 만드는 것이 반드시 좋을 수만은 없다. 인지가 발달할수록 인간을 통제할 수 없는 지경이 될 것이다. 세계대전 중에 독일은 우수한 독일인을 만들고자 시도한 바 있다. 물론 할 수 있다. 천재를 만들 수 있고, 우수한 예술인, 미모의 인간, 건장한 사람도 만들 수 있다. 이미 7천여 명의 인간을 탄생시켰다고 한다. 이는 결국 신의 신비의 조화와 질서, 평등 그리고 아름다움과는 거리가 멀고 행복도 멀어지는 인위적인 조화(造花)의 화원을 만드는 것이다.

신의 질서 조화, 아름다움과 행복은 신이 내린 최고의 선물이기에 이에 반하는 인간의 어떤 행위도 결국은 재앙으로 돌아올 것이다.

⁂ 공격으로 분노를 풀지 말라

분노를 조절 못 하고 상대를 공격하거나 행패를 부리면 분명 아픈 대가를 치르기 마련이다. 정당방위도 퇴색한다. 허허 하고 웃을 수 있는 여유만이 그대를 행복한 안심으로 초대할 것이다.

충동조절장애는 간헐성 폭발장애, 병적 도벽, 병적 방화, 병적 도박, 발모광, 기타 충동조절장애, 충동적 행동을 동반하는 신경과적

질환(예를 들어 파킨슨 병) 등을 포괄하는 넓은 개념이지만, 대개는 좁은 의미로 간헐성 폭발장애에서 기타 충동조절장애까지 가리키며, 이들을 따로 '달리 분류되지 않는 충동조절장애자'라고 한다.

이들 장애는 한편으로는 강박증과 다른 한편으로는 중독과 유사한 양상을 보이는 것으로 이해되고 있다. 이들 장애가 있는 경우, 자신이나 타인에게 해가 되는 행동을 반복하며 충동과 욕구를 억제하거나 조절하지 못하고, 충동적 행동을 하기 전 긴장이나 각성이 고조되고, 행동으로 옮긴 후에는 일시적인 쾌감이나 안정감 또는 긴장 해소를 경험한다.

다른 정신질환에서와 달리 충동적인 행동은 자아의 목표나 필요 또는 자신의 행동에 대해서 스스로 이상하다고 느끼지 않는 것을 말하며 대개 행위 후 자책, 후회, 죄책감이 없는 편이다.

후회와 자책 또는 죄책감이 든다면 충동조절장애를 극복할 수 있다. 강한 의지만이 장애의 늪에서 나올 수 있다.

⁂ 고통

힘든 일 후에는 반드시 좋은 일이 기다린다. 화가 복을 부름이다. 몸은 거저 늙지 않는다. 늙어가는 와중에 즐거움을 맛보지 않았는가 말이다. 날카로움이 넉넉함으로 승화될 때 고통의 참 의미도 알게 된다. 복을 싸고 있는 덩어리는 화다. 당의정과 반대다. 다시 말해 화의 가장 안쪽 중심에 있는 씨앗이 복이다. 어렵고 힘든 고통을 잘 견뎌 어둠을 뚫고 나오면 분명 복이 기다리고 있음이다. 낙상으로 어깨뼈와 허리를 수술하여 달포 정도 병원에 입원한 적이 있는데 그 고통은 삶에서 교만을 누르는 추가 되었다. 고통만이 삶을 돌아보는 하나님과의 대화다.

어려워 말라. 복이 가까이 와 있는 징조이니 슬기롭게 넘겨라. 급하게 재주 부릴 얄팍한 생각은 하지 말고 생활을 다이어트 하는 모습으로 넘겨라. 즐거움을 따라가는 표정으로 즐거이 넘겨라.

⁂ 용서, 화해 그리고 배려

용서는 최고의 선이며 화해는 용서의 몸짓이다. 상대의 반성에 반하는 무모한 용서는 무책임이다. 선을 향한 생각의 전환이다. 변화와 개혁은 받아들이는 데 각별한 용기가 필요하고 이를 유지하는 것 역시 매우 어려운 과제이나 결코 불가능하지 않다. 다만 용기와 인내가 필요할 뿐이다.

인류 앞길에 배려나 축복만큼이나 무거운 독선과 갈등이 기다리고 있음은 자명하다. 지구촌 곳곳에 흐르는 변화와 개혁의 움직임은 막을 수 없을 것이다. 지금보다 더 나은 미래를 향한 인류의 용서와 화해 그리고 배려와 나눔의 실천이 우선시되고 필요하다. 더불어 행복하게 살기를 소망하기 때문이다. 용서는 상대와 나를 살리는 최상급 용기와 분별력이다.

화해는 평화로 가는 지름길이다. 평화는 곧 힘의 근원이다. 힘없는 평화는 유지될 수 없다. 힘은 배려와 평화를 존중할 때 빛난다. 용서와 화해, 배려는 힘 있는 자의 진정한 선이다.

힘 있는 자나 국가가 이를 가벼이 할 때 인류는 도처에서 피를 흘렸다. 힘은 국가나 개인, 나를 막론하고 용서와 화해 · 배려로 전환될 때 비로소 주옥같은 귀한 존재가 된다.

⁂ 정치

정치는 우리 몸의 두뇌와 같다. 두뇌는 몸의 일부라는 사실을 잊지 않는다. 특권이라는 입장을 갖지 않는다. 정치하는 사람이 특권의식을 갖는 것은 비열한 독소를 갖는 행위다. 우리 민족은 이미 5,000년 전 홍익인간이라는 통치이념을 갖고 있었다. 『25시』 저자 게오르규 신부는 이것을 지구상의 가장 완벽한 법률이자, 가장 강력한 법률이라고 했다.

널리 인간 세계를 이롭게 하는 것이 정치다. 정치가 맑으면 나라가 맑아진다. 사회 혼탁은 정치에서 기인한다. 정치하는 사람이 특권의식을 갖는 순간 그는 정치할 자격을 상실한 것이다. 정치인이 국민 수준이 조금 떨어진다고 얕잡아보고 무시하면 그는 뇌가 부종(浮症)을 앓는 것이다. 백성은 정치인보다 질이 뒤처진 적이 없다.

법을 만듦에 있어 백성에게서 그들을 위해 편의를 찾아야 한다. 정치인은 친화력을 가지고 많은 사람의 말을 경청하며 상대를 설득해야 한다. 치화, 즉 경제와 국익을 무시하고 투사인 양 설치는 정치인은 무의미하고 쓸모없다. 책임질 줄 알고 권력을 사용할 줄 아는 사람이 강력한 끈기를 요한다. 권력의 속성에서 탈출하여 국익과 백성이 머무르는 곳에 그대가 봉사자의 마음으로 더불어 있다면 그대는 검을 쥐어도 되리라.

⁂ 정치판

협객은 없고 건달만 있다. IMF 때 대한민국을 통째로 팔고 1조 남짓한 돈을 투기하여 10조씩 걷어가도 책임지는 정치인이 없었다. 배신 · 비방 · 트집은 있어도 국익은 없었다. '국민' 혹은 '국민의 뜻'은 필요할 때 쓰는 사탕발림이었다. 님비(NIMBY) 현상을 부추기고 과시와 오만이 전부였다. 일일이 이름을 들어 호통치고 싶으나 나 또한 그들과 같은 종자니 부끄러워 입을 닫는다.

핵을 만들고 광란하는 북쪽 위정자들에게 돈을 주는 사람들을 지원하고 평화협상을 말하는 자 좋아했으니….

오노에서 만나자는 느헤미야. 무서운 이빨을 감추고 미소를 지으며 협상을 요구하는 정치 건달.

⁂ 마음의 때

마음의 때란 세상에 나와 육신을 거두어 먹이기 위한 행동 때문에 생긴다. 대부분 욕심이다. 욕심이 있어 부귀를 누릴 수 있으나 마음의 때가 지나치게 덕지덕지 오물이 되어 붙으면 파멸을 부른다. 마음의 때로 말미암아 자유로움을 잃을 수 있음이다.

맑음이 사라진 마음에서 나온 언행은 업이나 욕으로 변해 자신의 삶을 망칠 수 있음이다. 마음이 가야 몸이 가고 마음에 보여야 눈에 보이고 마음이 있어야 사랑을 느낀다. 보는 것은 마음으로 눈을 통하여 보고 맛은 마음으로 입을 통해 느낀다. 그러나 이 마음에 때가 끼어 가는 길, 때 묻은 마음 따라감이 행복한 길이겠는가?

양심도 죄악에 찌들어 때가 끼면 가벼이 보고 죄의식이 무디어져 대수롭지 않게 생각하기 쉽다. 죄악을 수단으로 어떠한 행복도 얻을 수 없거늘 단호히 말하니 양심의 더러운 때를 씻어 맑게 하라.

⁂ 주는 것과 받는 것

받을 때는 작은 것도 크게 보라. 만족할 것이다. 줄 때는 큰 것도 작게 보라. 베푼 것이 되어 교만치 않을 것이며 즐거움을 맛볼 것이다. 받거나 남는 것은 크게 보아라. 주거나 베푼 것은 작게 보아라. 좋든 싫든 타인과 더불어 살면서 베푸는 자와 베풂을 받는 자가 있기 마련인데 수혜를 입는 자, 혜택을 받을 자가 등 뒤에서 비수를 꽂는 법이다. 흉도 수혜를 받은 자들에게서 나오는 법이다. 배신은 빈자, 그들에게는 꽃이다.

돈은 악마의 심장과 천사의 미소로 장식하고 태어난다. 잘 쓰면 천사의 미소이나 잘못 쓰면 악마의 심장이 된다. 끈 돈이나 남의 돈은 칼보다 무섭다. 돈에 인격이 있을 수 없고 인정도 불필요한 거추장스러운 것일 뿐이다. 허나 돈이 모여 냄새를 풍길 때 그 사람의 인격적인 명함이 된다. 준 자는 기억해도 받은 자는 잊는 법이니 베풀거든 잊어라. 주고 아파하지 말라. 주고받을 것을 생각하면 어리석음이고 받은 상대가 기억해 주기를 바라는 것 또한 졸렬한 행위다. 준 자는 기억해도 받은 자는 망각하는 것이 인간이다. 받은 사람은 편리한 자기 방어적인 합리성을 동원하여 잊거나 합리화시키거나 둘 중 하나를 택하게 된다. 주고 가슴 아플 것 같으면 주거나 베풀지 말고 주고 즐거움을 느끼고 잊을 수 있으면 주어라.

자신이 옹졸한 사람이라고 생각되면 실체가 가까이 존재하는 것에는 베풀지 말라. 늘 보면서 흐뭇해하는 것이 한순간에는 실망과 배신이 될 수 있음이다. 자식도 이와 같다. 잘 주는 것은 도요, 받음을 잊지 않고 베풂으로 승화시킴은 진정한 선이다. 살면서 누군가의 희생과 배려가 있음을 염두에 두자.

⁂ 행복을 원하면

세상에 꽉 찬 행복은 존재하지 않는다. 행복은 항상 어떤 불행과 연관되어 있기 마련이다. 국보급 청자라도 미세한 흠이 있음을 볼 수 있다. 이 점이 고려청자가 명품임을 입증하는 작품성이다.

이기심을 버려라. 의심과 교만을 버려라. 배타적인 사고도 버려라. 원한이나 미움, 고민도 버려라. 잃은 것을 안타까워하는 마음도 버려라. 욕심은 죄악이라 생각하고 버려라. 화도 버려라. 이 아름다운 세상에 나그네로 왔다가 빈손으로 가는 것이 인생이다. 나그네가 이 세상에 와서 취한 것은 모두 잠시 빌린 것들이다.

나그네가 어머니의 품을 빌리고, 숙소를 빌리고 사랑하는 아내나 남편을 빌려 쓰고, 다만 자식을 남기고 가는 것이다. 그러나 언젠가는 이 모든 사랑했던 것들을 돌려보내게 된다. 취한 것도 잃은 것도 없는 나그네의 삶이다.

행복은 버릴 것을 다 버리면서 인연의 끈을 놓으면 자연히 얻는 것이다. 버릴 것을 버리지 못하면 불행해진다.

⁂ 진정한 행복

짐승같이 태어나 인간답게 살다 가는 사람이 있으며 인간답게 태어나 짐승같이 살다 가는 사람이 있다. 인간답게 태어나 인간답게 살다 가는 사람. 참 인간답게 사는 사람은 행복을 아는 사람이다.

실패를 경험하고(실패했을 때 꾸지람보다는 용기를) 건강한 자신감을 깨우친 사람, 윤리 의식과 겸손을 몸에 익혀 당당한 사람, 맡겨진 일 주어진 일에 열심인 사람은 행복을 아는 자다. 만남을 소중히 하고 인연을 아름답게 가꿀 줄 아는 사람. 주어진 것을 감사하는 자세로 살고 없는 것을 탐하여 부러워하는 자세를 버려라. 모자라고 없는 것을 탐하지 않고 원망을 멀리하고 감사하라.

참회나 회개하여 안락한 마음을 유지하며 얻고 잃는 것에 여념하지 않는 행복한 사람. 우리글과 참된 우리 역사를 알고 상상력과 예술 감각이 풍부한 사람이 주어진 일에 열심이면 행복을 알고 인간답게 살다 가는 사람 아니겠는가.

⁂ 인생의 정답

삶에 정답은 있다. 정답 없는 문제는 없기 때문이다. 쌓은 덕과 수양으로 차분히 삶을 풀어나갈 때 정답을 얻을 수 있다. 정답은 절실한 노력으로만 가능하고 역순으로 검증된다. 문제없는 삶에 정답이 있을 리 없지 아니한가? 삶은 언제나 문제투성이이기 때문이다. 철학은 삶의 문제를 해결하는 학문이고 종교는 삶의 정답을 제시한다. 진리라는 것도 그 시대상의 반영일 뿐 영원할 수는 없다.

영원한 그 무엇을 남기고자 헛되이 노력하지 말고 현실에 충실하며 마음에 담아둔 소원에 끊임없이 도전하는 것, 인생은 소유가 아니고 아름답게 즐기는 것, 사랑이 최선이다.

답은 신에 대한 믿음뿐이다.

⁂ 종교(宗敎)

신의 부재(不在)는 인간을 두렵게 한다. 두려움과 공포가 엄습하면 손에 땀이 나고 바싹 입이 마르고 다리가 후들거린다. 두려움과 공포가 없으면 죽은 자이다. 두려움은 심약한 인간에게 해충이다. 악으로부터 보호받고 지켜주며 마음의 평화를 찾는 것이 종교다. 국가나 종교라는 무형 안에 인간은 산다. 매듭을 풀고 얽힘에 자유를 주는 것도 종교다.

우주의 신비, 인체의 신비, 자연의 신비가 드러난다 할지라도 두렵고 무서운 공간은 남는다. 지나친 과시욕과 오만한 자들이 존재하는 한 그리고 폭력과 살생이 있는 한 종교는 영원할 것이다. 종교가 다소 자유를 부자연스럽게 한다 할지라도.

마음속 깊은 상처를 치유할 방법이 있는가? 지우고 싶은 상처가 있거든 지우려 애쓰지 말고 오히려 간직하라. 간직하고 죄업으로 다스려라. 아련한 추억이 되리라. 죄의 산실은 천한 성정이요 마음이 정(定)치 못함에서 온다. 아무리 행복해도 서러운 것이 인생인데 여기 있으나 성전 안에 있으나 장소가 문제는 아니고 다만 신에 대한 믿음 곧 사랑을 담은 마음이다.

마음을 씻어주는 것이 종교다. 죽음이 가까울수록 두려움을 떨치고 하직할 수 있는 길로 인도하는 것도 종교다. 죽음이 있기에 종교가 있다. 절대자를 원하고 절대귀의(絶代歸依) 감정이 종교다. 사랑이요, 반성이다. 신앙이요, 희망이며, 소망이다.

종교 없는 곳에 독재와 횡포가 만연하고 인도주의는 사라진다. 종교는 인간의 마음을 정화하고 안심과 평화 행복을 부르는 지극한 영약(靈藥)이다. 희망이자 살아 움직이며 관용과 사랑이자 진실과 정의다. 인간의 잘못이 용서 되는 곳이다.

노먼 빈센트 필(Norman Vincent Peale)은 "하나님이 당신을 도와주심을 믿고 그 일에 성공한 모습을 마음에 그려라"라고 말하였다. 위험이 사라졌다고, 성공했다고 하나님을 잊지 말라. 그대와 함께함이라.

⁂ 경제교육과 국익

건전한 경제와 국익에 대한 교육은 필요하다. 이론이 아니라 실천이다. 자본주의 국가에서 경제를 모르는 대통령이 국가의 장래를 짊어진 것은 비극이다. 지나친 이념이 무슨 소용이겠는가? 황금 모으는 행위가 불결하고 깨끗하지 못한 것 같은 교육 태도는 안 된다.

정부 개입이 시장 개입보다 중요하게 서술되어 가르치는 것은 반시장 경제 가치관을 심는다. 잘못된 교육이다. 반 기업정서나 반시장 경제를 조장하는 교과 내용, 지나친 노조의 이익 극대화, 노동귀족의 인정, 공익이나 정부 기능을 지나칠 정도로 강조한 교육은 이미 경제 교과서일 수 없다.

기업의 윤리적인 교육, 지나친 사익 추구에 따른 문제점만 부각시켰고 이윤의 사회 환원이나 기업인의 사회 기여도는 축소하는 교육도 문제다. 물질적인 풍요는 심리적으로 불안과 좌절감을 불러올 수 있다. 환원과 나눔이 해답임을 강조하는 교육도 필요하다. 기업과 경영자의 윤리 부분을 반기업적으로 묘사하거나 돈을 가진 자는 정직하지 못하다는 등식의 교육은 잘못된 근시안적인 교육이다. 경제를 살찌우는 경제인은 존경 대상이지 지탄 대상이 아니다.

이론 중심으로 현실 경제를 정확히 반영치 못하거나 기업과 시장경제에 대한 설명 부족인 경제 교육은 잘못이다. 경제는 자율자본주의의 찬란한 꽃이며 위대하고 아름다운 유산임을 교육해야 한다. 우리에게 국익은 딴전이고 명분이나 정쟁에 몰두하는 정치인, 지식인, 식자층이 너무 많다. 빛 좋은 개살구요, 덜 떨어진 방갓쟁이들이다. 이익 없고 건조한 무의미에 빠지는 어리석음을 지양하고 치화 장자방이 필요하다. 이익 창출이 필요하다. 자만은 죽음이다. 안주는 폐

가다. 돈 버는 재미에 증기기관처럼 심장은 뛰어야 하나 씀에는 배려라는 이름으로 황금에 열정을 가져야 한다.

황금은 뜨거워서 용광로 같으니 가까이 가되 조금 떨어져야 황금 속에 용해되어 망하지 않고 돈을 모을 수 있다. 황금의 섬광은 시력을 상할 수 있으니 너무 가까이 가지 말 것이며 단순하고 강직하게 가야 한다. 단순하게 말이다. 한국 부자들은 인맥 연금술사들이다. 외국 부자들은 절약과 낭비의 달인이다. 치밀한 분석과 명쾌한 돈이 되는 혜안을 가진 자들이다.

아름다운 그림을 그리는 사람은 부자가 될 수 없다. 부자는 최소 투자로 그림을 사서 최대 이익을 생각하는 자들이다. 돈에 삶의 영혼이 있다고 본 사람이거나 영혼 채우듯 돈을 버는 사람이 부자들이다. 돈을 지극히 사랑한 자들이다. 마당발, 인맥의 요체, 수신제가(修身齊家)의 그물망에서 탄생한 다이아몬드 같은 것이 부와 명성임을 아는 자들이다. 일한 만큼 돌려주는 것이 자연의 섭리라는 것도 잊어서는 안 된다.

부자는 결단과 실천이 중요하다. 자본주의를 택한 대통령은 국익 앞에 삼성을 선전하고 시골의 작은 오리농장을 선전해야 한다.

⁂ 여명을 즐겨라

아침 일찍 일어난 새는 신선한 먹이도 먼저 먹는다. 처음이라는 의미가 주는 신선함과 행복감이 여명(Twilight)이다. 여명을 알리는 닭은 동트기 전 모이를 다 먹은 뒤 아침을 즐기며 운다. 그래서 닭은 하늘과 땅을 이어주며 빛을 가장 빨리 느끼는 전령사다. 아침의 섬광을 가장 먼저 느껴 울음을 터트린다. 또 닭은 십이지간 중 서쪽을 지키는 지킴이다. 동쪽 빛의 계시를 서쪽의 어둠이 그리고 사악함이 침범치 못하도록 지키며 액을 막아주고 복을 불러주는 동물로 상징된다.

아침밥을 거르면 비만을 부르고 집중력이 저하되어 일의 능률을 기대하기 어렵다. 또한 위장의 기능 저하를 부르고 건강을 해친다. 동창이 밝기 전에 여명을 맞이함은 일에도, 건강에도 으뜸이다. 여명을 즐김은 새벽의 천기를 받는 것이고 자신도 모르는 사이에 조금씩 신선이 되는 것이다. 단순히 여명을 즐기는 것이 아니라 새로움을 맞고 신선함을 맞으며 부지런히 일하고 즐겨라. 반드시 많은 이익을 취하리라.

⁂ 봉사와 우정

봉사는 육신이 하는 것이나 배려는 마음이 하는 것. 봉사를 즐긴다고 남을 배려하는 마음이 충만하다고 볼 수 없다. 배려는 몸에 스민 향기 같아 스스로 풍겨 나옴이다. 행복을 느낄 줄 아는 마음이 있어 가능하다. 상대방이 되어 보고 마음이 정갈할 때 우정도 자란다. 특히 남녀 관계에서 우정이란 성적 긴장감이 없을 때 또는 상대가 이성으로 보이지 않을 때 가능하다. 감정 또한 저녁노을 같을 때이다. 친구 사이도 마찬가지다.

제3장

【내일은 희망】

⁂ 삶이란

삶은 아슬아슬 건너는 불안한 징검다리. 태어나 마지막 누울 자리를 찾아가는 여정이다. 살림은 제자리를 찾는 것이다. 하루 종일 살림해도 별로 한 일 없는 것처럼 보이니 쉼 없는 것이 살림이다. 꺼내 쓴 것을 정리하여 제자리에 놓아야 일을 마침이다.

삶이란 살림살이하듯, 신이 베풀어준 자연과 환경 그리고 마음을 풀어놓고 끊임없이 생각을 꺼내 쓰다 정리하기를 반복하는 일상이다. 신의 질서는 반복이다. 채우고 비우기를 반복하나 실수가 따른다. 반복만이 인지 능력을 향상시킨다. 어제 한 일과 오늘 한 일이 같아 보여도 다르다. 지난 일을 새롭게 반복할 뿐이다.

철학도 반복의 산물이다. 반복의 의미는 심오하다. 여기에 예지도 있고 행불행도 있다. 아침을 밝힌 태양은 다음 날 아침 다시 떠오른다. 하루하루를 하나님의 선물이라 생각하라.

삶이란 끊임없이 자신의 자리를 찾는 과정이다. 끝내 자신의 자리를 찾지 못해 방황하거나 남의 자리에서 힘겹게 생을 마감하는 어리석은 삶도 있다. 자신을 알고 노력하는 사람만이 자신의 자리를 찾는다. 반복하며 밀려오는 파도를 보며 쉬고 일하고 배려하며 여유와 겸손을 익혀 행복하라.

⁂ 절망은 희망을 품고 오는 법

지독하게 운 없고 억울하며 일은 얽히고설키어 하는 일마다 잘못되어 삶에 회의를 느껴 절망할 때 세상을 포기하고픈 생각도 든다. 허나 인생에는 봄 · 여름 · 가을 · 겨울 사계절이 있으며 지금은 지독하게 추운 겨울이라 생각하라.

시련과 반복이 있어 살아 있음을 상기하는 것이 삶이다. 분명 봄은 오니 파종할 씨앗을 준비하라. 따뜻한 봄날 언덕에 행복의 뭉게구름이 피어오르는 달콤한 꿈을 꾸면서…. 어려움은 절망이나 단련이며 소망이 자라는 곳이다.

의미 있는 일을 만드는 것이 행복을 모으는 삶이다. 머리를 탁 치는 죽음 직전 주마등처럼 지나는 영상은 몇 컷 안 된다. 지금 겪는 대부분 일은 분명 잔영조차 남지 않으리니 인생이요, 삶이다.

⁂ 내일은 희망

분명 내일에 희망을 두라. 내일 희망이 있기에 오늘 힘들고 두려워도 포기하거나 주저앉지 않는다. 곤란에 처했을 때 낙담하고 절망하면 미약함을 보이는 것이고 희망이 없음이다. 과거에 연연하여 자책하면 인생의 반은 실패하는 것이고 미래를 희망과 행복의 장으로 보지 못하고 불안해하면 실패한 인생이 될 것이다.

과거의 잘못은 과감히 지워라. 완전한 진선진미는 없다. 어제보다 오늘, 오늘보다 내일이 소중한 것. 내일의 꿈을, 소망을 키워라. 꿈을 잃은 사람, 희망 없는 사람은 죄악의 늪에 빠지는 법이다.

숲속에서 길 잃은 사람이 이정표를 발견하는 것 같은 희망을 말하라. 새벽안개가 짙을수록 날씨는 맑은 법이다. 칠흑같이 어두운 밤이 지나야 섬광 같은 새날이 온다. 최악의 상황이라 해도 '하나님은 나를 돕는다'고 믿고 용기 있게 행동하라.

⁂ 행복한 사람들

이름과 얼굴이 널리 알려진 유명인이 아니라 행복한 사람들. 유명인 그들은 정상에 서 있는 풍상에 찢기고 잘린 나무다. 외로움이다. 화려함은 오히려 족쇄가 된다. 그들은 정상에서 힘겹게 아래를 본다.

정상이 아닌 우거진 숲속의 이름 모를 나무 같은 사람들. 거칠 것 없는 자유인이다. 족쇄를 차 본 사람만이 진정한 자유를 알 수 있다. 자랑스러운 사람보다 행복을 즐기는 사람, 자연인이다. 고마운 마음과 감사한 마음이 있어 행복한 사람이다. 스스로 행복하다고 생각하며 사는 사람은 행복하다. 구김 없는 사람들. 참되게 살고자 하면 복잡을 피하고 단순하게 살 일이다. 많은 것과 많은 사람, 많은 칭찬과 존경에 초연하라. 탐욕과 풍요, 유명세를 멀리하는 삶이 행복하다. 과한 욕심 없는 본심은 행복을 부른다.

⁂ 가르침

배우고 익혀서 가르쳐라. 가르침은 씨앗이 되어 숲이 되리라. 멀리 날아가 꽃이 되고 나무가 되고 가르침 받은 자가 찾아오면 참으로 기쁠 것이다.

⁂ 소담한 행복

네 잎 클로버를 찾으려 애쓰지 말라. 세 잎 클로버가 분명 희망과 행복일 것이다. 행운은 거기에도 있다. 도처에 앙증맞고 작은 풀꽃 같은 소중한 행복이 도사리고 있다. 작고 붉은 고추 같은 사람. 들국화 같은 여인. 유리하다고 교만하지 말며 불리하다고 비굴하지 않으면 잃고 다칠 일이 없을 것이다. 마음을 고요히 하고 소박하게 내려놓은 마음에 붉은 고추 같은 사람이면 그대는 참 행복하고 소중한 사람 아니겠는가?

행복은 멀리 있지 않고 가까이 소담스럽게 웃고 있다. 행운처럼 가까이 있다. 좋은 사람과 좋은 음식을 같이 하는 소소한 행복. 현실은 소박하게, 꿈은 원대하게 갖는 것이 행복한 인생을 사는 귀한 방법이다.

⁂ 친구와 함께하는 삶

현명하고 행복하게 살고 싶다면 좋은 친구를 가까이하라. 슬기로운 사람을 가까이하면 덕이 쌓이고 존경할 만한 사람을 가까이하면 존경받는다. 분수를 알고 부모를 섬기며 자신의 일에 정성을 다할 때 그리고 배려하고 남을 비방치 않을 때 귀한 사람이 된다.

아리스토텔레스는 "가장 좋은 친구는 알아주지 않아도 아무 대가 없이 상대가 잘되길 바라는 사람이다. 우애는 자신이 느끼는 감정의 확장이기 때문이다"라고 했다. 인디언에게 친구는 '내 슬픔을 등에 지고 가는 자'이다. 하나둘 친구를 잃을 때 죽음이 임박한 것이고 친구를 다 잃었을 때 죽음이 온 것이다.

⁂ 한판 놀다 가자!

맑은 자연의 소리를 듣는다. 자연은 치우침이 없다. 태양과 물과 흙의 조화. 신의 말씀과 신비가 그 속에 있다. 들과 산, 바다에. 자연의 소리는 맑고 고와 우리의 영혼을 청소한다.

봄날 아침 일어나 곧 반가운 손님이 찾아올 것 같은 이른 시간에 새소리는 청아하고 맑다 못해 곱기도 하다. 어디에서 불어올까. 바람 속에 계절이 묻어온다. 옷깃을 스치는 바람에서 '쏴' 하는 소리가 난다. 맑은 소리들. 판소리, 섣달그믐 밤 다듬이소리, 풍경 소리, 새소리, 갈잎의 가을바람 소리, 돌 사이 흐르는 개울물 소리, 섣달 깊은 밤 할아버지의 밭은기침 소리.

들녘을 걸으면 새싹 터지는 소리가 들리는 듯하다. 단을 만들어 춤을 추자. 살아 있는 것은 조물주의 은덕이자 축복이다. 단 한 번 주어진 천국의 삶 아닌가! 죽어서 가는 천국이 '이승'만 하겠는가! 목청껏 창(唱)을 하자. 뜨겁게 살자. 고지가 눈앞에 있는 것처럼. 욕정을 털고 평화로운 마음으로 걱정 근심 없는 사람처럼….

⁂ 산사 산방에서

산방에서 나와 짚신 신고 오솔길을 걷는다. 몸에는 말초신경이 7,200여 개 있다고 한다. 건강한 말초신경 관리는 하루 30분 이상 맨발로 걸으면 된다는데 짚신은 참으로 훌륭한 자연친화적 신발이다. 맨발로 걷는 것이나 같으니 말이다. 굿 빙(Good Being) 제품이고, 건강 요법이나 가난한 선조들이 즐겨 신던 신발이다. 눈물과 땀이 모이고 거기에 진한 애환이 녹아 흐른 꿈과 소망이라는 꽃이 된 신발. 가난한 선비는 짚신을 신고 무슨 생각을 했을까?

얼마 걷지도 않았는데 발이 아프다. 아파도 10리는 걸을 심산이다. 산길을 걸으며 나름대로 명상을 해본다. 명상이랄 것도 없이 겪고 있는 것, 알고 행동하지 않는 것은 모르는 것만 못하다. 공짜나 횡재만큼 비싼 대가를 치르게 하는 것은 없다. 가진 것이 많으면 버릴 것도 많고, 미련(未練)이 많으면 놓을 것도 많은 법. 칠순이 되어 겨우 터득한 것이라니, 참!

짚신을 신발 삼아 걷는 소나무 숲길은 참으로 청량하다.

⁂ 운명 같은 사람

친구가 될 수 없는 사람은 칭찬에 인색하며 남의 험담을 즐기는 사람, 고소 · 고발 잘하고 약점 잡기를 좋아하는 사람, 불 난 집에 부채질하듯 악을 부추기고 배려를 모르는 사람, 누군가를 배신한 전력이 있는 사람, 정직한 척 위선적인 성격의 소유자이다.

친절한 척하고 간사하며 신용 없는 사람, 내 탓은 없고 남 탓만 하는 사람, 시기 질투하며 잘못한 일이 없다는 사람, 지나친 과시욕과 오만함으로 뭉친 사람, 능력자라 자평하며 우쭐대는 사람, 남의 것이나 국가 것을 소홀히 하는 사람. 유명인이라도 존경받지 못할 사람이다. 분명 친구로 할 수 없는 사람들이나 운명처럼 가까이 있다면 부처 모시듯 대하며 깨우쳐주고 너그러이 이해하라. 인간의 본성은 쉽게 고쳐지는 법이 없으니 고치려 들지 말고 직심으로 대할 뿐이다. 필연이든 우연이든 가까이 있는 사람은 소중하다.

가까이 있다는 것만으로 무심하게 대할 수 있으나 보석을 옆에 놓고 몰라보는 것과 같은 어리석음이다. 친구가 될 수는 없어도 배우고 깨달을 것이 많은 스승 같은 존재이다. 운명과 같은 못된 사람일지라도 그대의 숙명 아니겠는가? 부처 모시는 심정으로 말이다.

⁂ 실소(失笑)

돈 잘 버는 자식은 며느리 것이고, 병든 자식은 부모가 돌본다. 굽은 소나무가 산소를 지킨다. 구속당해 보지 않은 사람이 자유를 말하고 굶주림에 지쳐보지 않은 사람이 빈곤을 말한다. 사위가 아들이 될 수 없고 며느리가 딸이 될 수 없다. 암탉이 오리 알을 품어 부화하여 자신의 새끼인 양 착각하나 오리는 닭이 될 수 없다.

⁂ 기적

기적은 과학적 논거 대상이 아니다. 과학으로 풀 수 없다. 그래서 기적이다. 논거(論據)에 의한 과학적 접근이 확실하다면 기적이라 할 수 없다. 하지만 많은 기적이 일어나고 또한 기적 같은 일도 얼마든지 일어나는 것이 세상 이치요 삶이다. 기적은 우연히 왔다가 보이지 않게 결과만 남겨놓고 사라진다.

한평생 많은 기적이 찾아왔다 흔적만 남기고 사라져 갔음을 뒤늦게 느끼는 날이 올 것이다. 그대 앞에 일어날 기적 같은 일은 그대가 기적 받을 그릇을 준비할 때 행운이 될 것이다. 실은 삶이 곧 기적이다. 불평이 감사로, 부정이 긍정으로, 절망이 희망으로 요모조모 하나님이 보살펴주시니…. 준비된 사람에게 찾아오는 우연의 복이 기다리고 있을 것이니 기적이라 하리.

⁂ 하늘의 창조물

자연은 신의 창조물이다. 자연만이 신이 창조한 유일 유산이다. 자연에 창조주의 오묘한 철학과 진리가 모두 들어 있다. 풀수록 많은 해답이 거기에 있다. 철학의 근거도, 모든 학문의 뿌리도 있고 예술도, 율동도, 심지어 문화도 있다. 창조주는 인간에게 자연과 철학을 함께 주었다.

토지 안에 경제와 정치, 삶이 있다. 치산치수(治山治水) 자연의 섭리. 인간은 실험을 한다. 자연에 땅에. 그러나 답은 오묘하고 신비스럽다. 친구도 선배도 스승도 심지어 동기도 그대를 속일 수 있으나 땅은 신의 작품이기에 속이지 않는다. 콩 심으면 콩이, 팥 심으면 팥이, 정성을 심으면 정성이 자란다. 부동산이 돈이 되는 경우는 정치인의 교만과 무지 또는 자만지수와 정비례한다고 볼 수 있다. 사상누각(沙上樓閣)일 뿐이다. 토지는 원래 값이 없는 신의 자율영역이나 인간의 교만이 붙어 매매가가 정해져 고가가 된 만큼 함부로 덤비지 말라. 그러나 땅은 언제나 늘 그 자리에 있고 자유와 자율이 머무는 곳, 땅을 가지고 무지하게 선동하는 자 하늘의 벌을 받을 것이다.

⁂ 얻어먹은 자가 흉을 보는 법

좋든 싫든 남과 더불어 삶에 베푸는 자와 수혜자(受惠者)가 있기 마련이다. 얻어먹는 자, 수혜를 입고 혜택을 받을 자가 언제나 등 뒤에서 비수를 꽂는 법. 흉도, 칭찬도, 수혜를 받은 자들에게서 나오는 법이다. 배신은 빈자(貧者), 그들에게는 꽃이다. 허나 배신하면 희망을 잃는다. 배신당한 사람은 자신도, 희망도 없는 사람이 된다.

⁂ 우리는 혹은 나는

속담에 인정 많은 며느리 시아비가 아홉이라 했던가! 역사를 뒤져보면 한때 우리 민족은 대륙을 경영하는 대제국을 이루었으나 모두 잃어버리고 지금의 조선반도 안으로 밀려왔다. 정이 많아 심약해서다.

우리는 어떨까? 사돈이 잘되는 것도 배가 아프다. 국익도, 배려도 모른다. 과시욕과 오만으로 뭉쳐 있어 최고급 명품을 챙긴다. 우리 민족의 DNA가 이런 것일까? 한 가지 더하여 의심과 불신이 많아 선천적 의심불신결핍증은 없는가? 이런 것이 문제라면 고치자!

⁂ 고향

고향은 영혼의 쉼터다. 힘들고 지치면 찾는 곳이고, 태어날 때의 순수한 영혼이 영원히 숨 쉬는 곳이다. 고향이란 기다림이요, 항시 마음이 머무르는 돌아갈 낙원이다. 고향이 있기에 따사로운 환희가 있는 법. 풀밭에 누워 창공을 보며 편한 마음으로 흐르는 구름을 보면서 여유로움을 즐길 수 있었던 고향. 자라고 정든 집은 진정 고향이다. 즐거우나 슬프나 홀연히 영혼은 고향집으로 간다.

고향은 죽어 귀신이 돼서도 찾아가는 곳이다. 내가 자란 고향집. 지금은 허물어져 잡초가 자라고 밭이 되었다. 고향은 마음속에 남고 머릿속에 있는 고향 마을은 잃어버렸다. 지키는 사람이 있고 반겨줄 사람이 있어 찾아갈 고향이 있는 것이 아닐까?

고향에는 어머니의 그림자가 있다. 죽으면 영혼이 되어 반드시 찾아간다는 고향. 영혼마저 고향을 찾은 후 타향으로 간다고 한다. 맑고 고운 영혼이 아름다운 것들을 많이 보고 찾는 곳. 태양처럼 뜨거운 열정에 빠져본 사람만이 찾아왔다 하늘에 오르는 곳이다.

기계와 문명 도움 없이도 충분히 풍족한 곳이 고향이요, 금의환향의 원천이 되는 안타까운 곳이다. 새들도 고향을 찾고 숭어도, 거북도 고향을 찾는데 그곳이 나에게는 없는 것일까? 현대인은 고향을 잃어버림으로써 낙원을 잃은 것은 아닌지….

⁂ 언젠가

해 저물고 땅거미 내린 서울 시청건물 전광판에 2002년 월드컵 558일이라는 불빛이 찬연하다. 558일 그날이 오고, 다시 흐르는 세월, 세월 따라 여위어가는 부모님 모시고 행복하고자 했거늘, 지금 부모님은 먼 곳으로 가셨다. 부모님의 귀한 말씀을 여벌로 들었거늘 그 뜻을 아니 나도 황혼이다. 세월이 흘러 역사가 되고, 흔적으로만 남을 2019년. 언젠가 이날도 옛날이 될 것이다.

⁂ 대인관계(對人關係)

베풀면 보답을 기대하지 말고 은혜를 입었거든 반드시 보답하라. 이용하려 들지 말고 아부하지 말라. 노력 없는 대가가 있다고 생각지 말 것이며 비판하거나 판단치 말고 격려하라. 증오하거나 미워하지 말고 사랑하도록 노력하라. 정죄하거나 논죄하지 말고 용서하도록 노력해 보라. 율법과 트집으로 보면 이순신 장군도 역신이 될 수 있고 죽음을 면치 못할 것이다. 사랑의 눈으로 볼 일이다. 어렵지만 노력하면 할 수 있다.

몸을 파는 여자를 추하게 생각지 말고 여러 번 이혼한 여인이라도 손가락질 말 것이며 돋보이는 자 폄하하지 말며 무능한 자 무시하지 말라. 자신은 참으로 깨끗한 사람인 양 생각하고 행동하거나 말하지 말라. 소인은 항상 깨끗하고 정직하며 선명하다고 여기지만 대인은 자신에게 티가 있고 허물이 있음을 고백한다.

증오나 분노는 결국 자신에게 날아오는 비수가 된다. 교만과 욕심, 자존심을 내세우는 경솔은 자제하고 '욱' 하고 성질부리는 행위는 소인배의 추태이니 버려라. '욱' 하고 성질부리는 것은 무의식에서 일어나는 것, 자각(自覺)으로 스스로 꾸짖어 고쳐라. 자신의 죄

많음을 살피고 생존은 공생임을 알라. 자신을 보지 못하는 자는 대인 관계에 소홀한 사람이다.

⁂ 자살

요즈음 이름 있는 자들이 자살한다. 입을 닫고 비밀을 묻고자 자살을 택하기도 한다. 수치와 모욕의 두려움으로 목숨을 끊는 자도 있다. 사람은 극도의 절망에서 혹은 억울하고 분하여 자살을 생각한다.

심화는 자신을 태운다. 심화는 상실감에서 온다. 극심한 자기 부정이나 극도의 허탈감 그리고 믿은 자의 배신과 부도를 맞았을 때도 자살을 생각한다. 상실은 자학을 부른다. 있는 돈 다 털리고 지불해야 할 돈은 많고 사면이 벽으로 가려 있을 때 죽음을 택하기도 한다.

극심한 자학이 자살이다. 자신이 정말 바보였고 너무 한심한 나머지 아무 쓸모없고 아무것도 할 수 없는 무능함을 느낄 때, 심한 우울증과 자학으로 몸부림 칠 때, 버림받았다고 느낄 때 자살한다. 자학하며 실패자라 생각하고 앞날의 비관적이고 추한 자신의 모습을 연상하며 쓸데없는 죄의식에 빠져 제 목숨을 끊는데 가장 잔인한 범죄 행위다.

폭력 중 가장 잔인한 행위가 자살이다. 그러나 수치와 모욕, 억울함과 분함, 자학과 우울증 그리고 허무 때문에 단안을 내렸다면…! '어차피 이미 죽은 몸 마지막으로 남을 위해 좋은 일 한 번 하고 죽자.'

모든 것을 내려놓고 정말 좋은 일 한 번 해보라. 반드시 살아야 할 이유가 생길 것이다. 남겨질 가족들을 떠올리며 다시 한 번 가족을 사랑하자. 그리하면 자신도 사랑하게 될 것이다. 사면이 벽일 때, 돌아갈 길도 앞으로 나아갈 길도 없을 때 하늘을 보라!

살면서 자살을 한 번도 생각해 보지 않은 사람이 있을까? 하지만 죽음을 택하는 사람은 무지하다. 무책임이다. 그래서 범죄다. 어려운 보릿고개 시절에도 생활고를 못 이겨 자살하는 사람은 별로 없었는데 작금의 풍요로운 세상에서 생활고로 자살하는 사람이 많다. 자살은 정신이 죽고 육체가 따라가는 것이다. 자살은 자신의 정신이 죽었기에 천명을 다한 것이다.

삶의 가치를 부정하고 자신을 사랑하지 않는 사람은 이미 자살에 들어가고 있는 것이다. 죽어 있는 자신의 천한 모습을 생각하며 죽은 몸이라 치부하고 모든 것을 벗고 자학에서 해방해 보라.

유다는 예수를 팔아 금화를 챙겼지만 자살했다. 그 유다가 자살하지 않고 "내가 예수를 배신하고 팔아 금화를 챙긴 사람인데 그 죄가 크니 나를 돌로 쳐 죽이라" 말하며 용서를 빌었다면 성경이 바뀌었으리라!

⁂ 산

산은 늘 그곳에 있다. 산은 신의 의자요, 지상의 모태다. 인간이 마지막 돌아갈 본향이다. 육신의 마지막 쉼터다. 바다는 어머니 형상이고, 산은 아버지 상이다. 산은 정복하는 것이 아니며 정복되지도 않는다. 다만 교만한 인간들이 내뱉는 어리석은 말일 뿐이다.

정복자는 전리품과 정복당한 자를 거느린다. 허나 산 정상에 올랐으나 전리품은 없다. 항상 그 자리에 있을 뿐이다. 정복이라기보다 자연의 한 자락에 그것도 잠시 안기는 것뿐이다. 예와 도를 깨우치고 질서를 배우며 편안하게 안기는 법을 배우는 곳이 산이다. 산에는 거목이 있다. 그 아래 작은 나무의 푸념이 들리는 듯하다.

"너의 조부는 나보다 작았다"고.

⁂ 오해

세무사는 세금 문제의 달인이며, 변호사는 법률문제에 두루 통달하고, 종교인은 양심이 깨끗하다는 생각은 한심한 오해다. 도덕성 또한 머리 좋고 우수하고 높은 관직에 있는 사람이 높을 거라는 생각은 버려라. 세금 문제는 세무사가, 법률문제는 변호사가 비전문가에 비해 조금 더 알 뿐 완벽하게 아는 것은 아니다. 전문가들보다 피해 당사자나 절박한 장본인이 그 일에 대해 좀 더 알고 있음이다.

전문가들은 절박한 당사자보다 여유로워 강 건너 불구경하듯 절박함이 없어 중요 부분을 놓칠 수 있다. 그래서 한가한 그들이 절박한 자신보다 전문가라는 것은 오해다.

⁂ 속는 것

콘택트렌즈에 속아 시력이 좋은 줄 알았다. 염색약에 속아 노란 머릿결을 가진 사람인 줄 알았다. 허우대가 미남이라 멋있는 사람인 줄 알았다. 감쪽같이 속아 넘어간다. 거짓은 두려운 자의 변명이고 허풍이나 숨김은 없는 자의 변명이다. 생존을 위한 변명일 수 있으나 속는 자는 천성이 고와서 또는 사랑해서 속는다. 남을 속이는 사람은 자신도 속인다. 사랑하는 자식이라 속는 부모, 속는 것이 아니라 속아주는 것이다.

⁂ 추억(追憶)

빛바랜 기억은 추억으로 남겨둠이 아름답다. 아련한 기억이나 아픈 추억을 다시 되돌려 찾으려 하지 말라. 좋은 기억이나 아름다운 추억은 다시 찾고 싶어 하는 것이 인지상정이나 어리석은 짓이다. 수십 년 전의 아름다운 추억으로 남은 기억이 우리를 끌어 회상의 언덕으로 유인한다. 부질없는 욕망이다.

10년 전 의리와 능력을 갖춘 '갑'이라는 친구가 있어 묻고 물어 찾아서 그를 만났다. 잠시 반가움은 참으로 컸다. 다소 늙기는 했어도 모습은 그대로인데 그때 그 사람은 없고 사기꾼이 다 되어 있었다. 1,300만 원만 날리고 말았다. 제주도 '완'도 이와 같아 1,800만 원을 날렸다. 돈이 아까운 것이 아니라 그의 염치없이 변한 모습이 안타까웠다. 물론 옛 모습보다 더 멋스럽고 참하게 변한 사람도 있을 수 있다. 그러나 기억 속의 그 사람은 아니고 추억으로 남을 만한 사람이 아님을 알라. 10년이면 강산도 변하는데 인간이야 오죽하랴!

아름답고 못다 한 추억은 기억 속에 아름답게 남겨두라. 추억 속에 기억을 묻어 고이 남겨두라. 아픈 기억이나 추억이 있다면 용서하고 흐르는 물에 씻고 잊어라.

⁂ 시력(視力)

시력이 나쁜 여인이 있었다. 맞선 보는 자리에 안경을 벗고 나가 상대를 보니 준수하고 믿음직해 몇 번 만난 후 혼인했다. 당시는 안경 쓰는 것을 터부시할 때였다.

결혼 후 감출 것이 없어 안경을 쓰고 남편의 얼굴을 보았다. 마마자국이 심해 경악할 얼굴이었다. 그 후 가능한 한 안경을 벗고 남편의 얼굴을 보았으나 이제 늙어 시력이 더 나빠진 상태에서 안경을 쓰고 남편을 봐도 나쁘지 않은 얼굴이다.

젊어 고왔던 얼굴이 점점 늙어가는 모습을 가려주는 것은 점점 나빠지는 시력이다. 시력이 나빠짐은 늙어가는 상대의 안타까운 모습을 가려주려는 신의 배려인가?

⁂ 젊음과 늙음

젊음은 자체로 아름답다. 빨리 사라지기에 더욱 그러하다. 젊은 시절에는 매사 의욕이 넘치지만 나이가 들면 포부나 희망도 의욕과 더불어 사라지고 남는 것은 미련이요, 후회다. 세월이 가면 늙어가는 것이 아니라 사라지는 것이다. 어제는 영원으로 사라져 다시는 잡을 수 없는 것. 영원도 영생도 알 수 없는 것. 오늘 최선을 다하라. 주어진 여건에서 최선을 다하라. 산을 오를 때는 산이지만 내려올 때는 친구가 되듯 말이다. 그래서 늙은이의 벗은 미련과 후회다.

아파하지 말라. 어차피 삶이란 그런 것. 허허롭게 하늘을 보라.

⁂ 노화

빨간 원색이 그다지 싫지 않고, 남성과 여성이 서로 덤덤해지고, 고단함에 황혼이혼을 생각할 시기는 몸에 밴 노화가 온몸을 녹이는 때이다. 윤기를 더해 주던 윤활유 성호르몬이 서서히 사라지고 있다는 증좌다. 이때쯤 젊은 날 그대가 상대에게 베푼 사랑과 배려의 진가가 나타난다. 젊은 날 허랑방탕했다면 그 허망한 대가를 받을 것이요, 성실하고 진정한 배려였다면 그 열매의 달콤함을 맛볼 것이다. 심은 대로 거두는 것이 삶이고 인생이다.

눈물로 씨를 뿌린 자는 웃음으로 거두어들인다. 뿌리지 않고 거두려 하지 말며, 무씨를 뿌리고 산삼을 기대하지 말라. 한 그루의 나무를 심고 숲이 되길 바라지 말라. 숲이 어찌 한두 그루 나무로 이루어지겠는가? 한 올의 실로 동아줄을 꿈꾸는 것과 다를 바 없다. 끊임없이 심고 가꿀 때 숲이 되며 한 올 두 올 수십 수백 올을 엮을 때 비로소 동아줄이 된다.

행복도 이와 같아 작고 소소한 씨앗일망정 성실히 심고 가꾸는 과정에 행복의 씨앗이 발아하여 숲을 이루고 내를 만들어갈 것이다. 젊은 시절 그대가 알게 모르게 뿌려놓은 씨앗의 열매를 거두는 시기가 노화이다. 늙어 남은 고운 추억이 그대의 삶의 모습이라.

⁂ 아름다운 나의 집

자식들의 마음이 모여 울타리가 된 곳. 푸근한 어머니의 품속이자 인자한 아버지의 미소가 모인 곳. 마음의 정원이 있어 초원이 된 곳. 그곳에 나는 살고, 성령이 작은 제비꽃 되어 피어나고 솔바람이 되어 흐르는 곳이다. 내 영혼이 쉬고 육신은 안락을 느낀다.

아내의 아무렇게 걸친 옷도 나비의 날개처럼 아름다워 보이는 곳.

그곳은 내 집이니 부끄러울 것도 없이 느긋한 모습으로 가슴을 풀어 헤치고 어머니가 잠을 청하는 곳. 추억이 되고 추억처럼 아름다운 나의 집.

⁂ 행복을 주는 사람

입 안 가득 황홀한 맛으로 혀를 사로잡는 향락의 요리사. 향락의 요리사는 아닐지라도 어머니의 맛은 믿음의 맛이다. 자식의 마음을 읽기 때문이다. 긍지와 자부심도 대단하다. 천사의 날개옷을 선사하여 자존을 챙겨주는 의상 디자이너.

가족애를 일깨우며 머리와 가슴에 함께하는 행복을 전하는 가장. 유쾌 통쾌 상쾌 짜릿하게 행복을 전해 주는 비경 가이드. 얼어붙은 가슴에 훈풍을, 웃음을 잃은 사람들에게 마음의 꽃을 피게 하는 행복 전령사들. 생명의 말씀을 전하는 사람. 지식의 갈증을 영적인 갈급을 채워주는 사람들. 고향을 만들어주고 소명을 알게 하는 사람들. 삶의 의욕을 북돋아주고 희망을 말하는 사람. 이들에게 하늘의 축복이 있을 것이다.

⁂ 아버지의 소망

아버지의 교과서에는 자식이 아버지를 뛰어넘어 더 넓은 세상으로 나아가서 꿈을 펼치고 사랑하며 삶을 축제처럼 즐기고 행복하게 살기를 간절히 소망한다.

⁂ 암벽 바위손이 삶을 말하고

산바람, 솔바람. 암벽에 아스라이 붙어 있는 바위손. 강풍과 폭설에 조마조마하게 매달린 바위손. 힘겨운 내 삶과 같다. 때로는 따사로운 햇볕과 미풍이 불어 한껏 즐거운 시절도 있었지. 삶을 생각게 하는 산은 이승이다. 인내하며 수고하는 세계다.

오늘이 내 삶의 절정이다. 슬퍼도, 수고스러워도, 괴로워도 오늘이 지나면 내일이 있을 뿐. 이승은 여름날 환상처럼 피었다 사라지는 무지개. 순간이 지나면 늙고 외롭고 서러워진다.

마음이 추운 것을 누가 알까? 나이 들어 병들면 잘 낫지도 않는 것. 병도 젊어서 들어야 치료가 가능하다. 젊은 날 높이 치켜뜬 눈이 자신을 왜소하게 한다는 것을 왜 깨닫지 못했을까?

젊은 시절 덥고 황홀함이 영원하지 않다는 것을 좀 더 일찍 깨닫지 못함이 한이 될 뿐이다.

⁂ 손님

손님은 하늘이 보낸 귀한 사람, 소중한 인연이다. 배가 고파도 손님이 먹을 음식은 남겨두라. 잠자리도. 자신과 같이 사랑하라. 소홀히 대하면 자신이 만든 작은 집도, 자신의 이름도 지키기 힘겹다. 죽어 묻힌 유택조차 50년을 지키기 어렵다. 인연을 소홀히 한 사람은 외로울 것이다. 사람을 만나면 기쁘게 맞이하고, 병든 자를 만나거든 사랑으로 맞고, 어른은 공손과 존경으로 맞으며, 젊은이는 아량으로 대하고 희망을 주라.

⁂ 한가(閑暇)

극한 상황이나 위기에 몰리면 드디어 돌파구가 보인다. 애써 찾을 수밖에 없는 것. 이런 위기상황에 생사의 갈림길이 존재하는데 긍정적으로 돌파구를 보는 사람은 살고, 부정적으로 보는 사람은 죽는다. 4면이 막혀 있어도 하늘은 열려 있다. 어차피 생과 사는 등을 맞대고 있는 것.

고난을 아는 자만이 값진 여유를 즐길 줄 알고 여유의 참 의미도 느낀다. 극한 위기에 몰리면 철저한 준비 부족을 반성함이 옳다. 안이한 생각이나 태만도, 할 일 없어 한가함도 준비 부족이라 할 수 있다. 한가함은 무능으로 통함이다. 위기란 하늘이 내린 벌이다. 반성과 성찰 그리고 의연한 태도를 필요로 한다.

할 일도 하지 않는 한가함은 징벌이자 단련임을 명심하라.

⁂ 가난

가난은 반상을 가리지 않는다. 가난은 노력하는 자에게는 가벼워 한낱 바람에 날리는 낙엽 같다. 다만 끈기와 노력을 시험하는 하늘의 장난이다. 불평 없이 가벼이 넘어라. 어리석은 자는 넘기 어려운 질곡이다.

⁂ 어떻게 살까

무엇이 될까? 어떻게 살까? 무엇이 되느냐보다 어떻게 살지 고민하라. 단 한 번 살다 가는 인생이니 추구하고자 하는 목적에 따라 다를 것이다. 자신의 가치는 신만이 정확히 안다고 볼 수 있다. 자신의 가치를 과대 포장함은 건방지고 불손임이 틀림없으나 과소평가는 비굴한 처사다. 겸손만 겸비하면 과한들 무리는 아니다.

자신이 진정으로 즐겨하는 일을 찾아보라. 자신의 정원을 가꾸는 정원사는 자신이기 때문이다. 수종이 많고 적음도 크고 넓음도 너의 능력이며 가지런히 가꿈은 수행과 덕, 사랑이다. 바로 자신의 정원을 가꾸니 말이다.

뜨겁게 살자. 나름대로 선구자가 되려면 아픔은 따르겠으나 크고 많고 높은 것만이 행복은 아님을 명심할 일이다.

⁂ 가식

가식도 거짓의 일종이다. 거짓과 가식은 밝은 대낮에도 숨을 곳이 없는 법이다. 욕심도 이와 같다. 어두운 밤에도 거짓과 가식 그리고 욕심은 숨을 곳이 없다. 거짓과 가식은 힘이 없다. 잠시 모면일 뿐 생명력이 없다.

성경에 "저울의 눈금을 속이는 자는 망한다"고 했다. 거짓이나 가식으로 포장하려 하지 말라. 어리석은 자의 한심한 변명이다.

⁂ 잠

기뻐하는 친구처럼 잠을 대하라. 숙면을 취하라. 잠을 잘 자는 사람이 귀인이 되는 것은 정해진 이치이다. 잘 자면 피부가 맑아진다. 생각 또한 건전해진다. 잠을 설치거나 숙면치 못하는 사람은 피로가 쌓여 피부가 까칠하다. 밤을 하얗게 새우는 사람은 과민하고 걱정 근심이 많은 사람이다. 생체리듬이 안정되고 생체시계 또한 편안하면 몸은 스스로 안정된다. 이는 장수의 기본 덕목이자 자세이다.

편안한 숙면은 욕심과 욕망의 강을 넘어 푸른 초원에 마음이 자리할 때 가능하다. 분노, 배신, 번뇌를 안고 편안한 잠을 이룰 수 없다. 번뇌는 죄를 부르고 죄는 고통을 부른다. 창조주는 선악과 5욕 7정을 한 몸에 두셨으니 선택은 자신의 몫이다. 불필요한 것은 버리고 선을 택하라. 허무도 이와 같다.

장수는 잊고 버림을 능히 할 때 가능하고, 취함에 무리하지 않는 삶의 자세가 필요하다. 적당한 노동과 건전한 운동이 있어 몸에 활기를 더하고 꿈이 있어 정신이 맑아 잠은 산들바람처럼 가벼이 깊어진다. 기뻐하며 매사 친구같이 잠을 대하자. 편안하게 숙면을 취하자.

⁂ 속리산(俗離山)

속리산 소나무 숲은 참으로 멋스럽고 질림이 없다. 집현전 학사 성삼문은 '단심가'에서 낙락장송을 고고한 절개로, 윤선도는 '오우가'에서 눈서리를 모르는 구천의 뿌리 곧은 절개로 소나무를 노래했다.

소나무는 충신이나 인재로 비유하기도 했다. 『본초강목』에서는 소나무를 수많은 약재 중 첫머리로 치며 산후풍과 관절염 신경통·

요통에 약효가 있다 하였고, 『동의보감』에서는 불로장생의 선약이라 하였다. 『경국대전』과 『대전통편』을 보면 소나무를 중히 여겨 식재를 권장하고 상을 주는 제도가 있었다.

『목민심서』에 보면 산림은 백성이 나라에 바치던 공물과 세금이 나오기에 어진 임금들은 산림에 관한 정사를 소중히 하였다. 이에 목민관은 마땅히 조심하여 지켜야 함을 강조하고 소나무 사용에 관한 관리와 준수를 명하였다. 특히 무덤가에 둘러 심은 소나무는 시신을 보호하고 부패를 방지하며 후손이 창성한다 하여 도래솔이라 칭했다. 이미 부여, 고구려, 백제시대 특히 고국천왕부터 신성시한 나무였다. 시 한 수 적어본다.

어인 벌레인데 낙락장송 다 먹는고.
부리 긴 딱따구리는 어느 곳에 가 있는고
공산에 낙목성 들릴 제 내 안 둘 데 없어라.

⁂ 흰 수염

깎지 않은 흰 수염은 삶을 포기하고 세상을 등진 사람처럼 보이며 혐오감이 든다고 한다. 뱀 장사 같다나… 집사람 말이다. 보는 시각도 각각이고 시대상 또한 다르니 탓할 일은 아니나 나는 턱의 흰 수염이 깔끔치 못해 보여 수염이 자랄 틈도 없이 면도한다. 청소 안 된 얼굴 같아서…. 존경하는 교수님의 다듬어지지 않은 흰 수염에 혐오감을 느꼈던 추억이 있다. 그 시절은 아마 그랬을 것이다. 그 후 늙어 흰 수염이 나오면서 남에게 보인 적은 없다.

20대 젊은 시절 수덕사에서 잘 다듬어진 긴 흰 수염을 한 신선 같은 노인을 만난 적 있는데 그 모습, 그 흰 긴 수염은 먼 훗날 동경의 대상이었다. 그런 모습으로 변할 자신이 없었다. 깔끔하게 면도할 수밖에 없는 모습이 내 모습이다. 시대상은 모나리자의 눈썹을….

⁂ 거울

술과 도박은 그 사람의 마음을 비추는 거울이다. 사악함은 아무리 포장해도 비추이듯 세상 도처에 그대를 비추는 거울이 있음을 알라. 사악함이 숨을 곳은 어디에도 없다. 사악한 사람이라 해도 마음을 비추는 양심이란 거울이 있다. 얼굴이 그대의 거울이다.

⁂ 어디에 있는가?

반성과 의미와 긍정과 배려 그리고 용기는 계명이라 생각하고 행함을 주저치 말라. 자신에게는 반성을, 일과 매사는 의미와 긍정을, 남에게는 칭찬과 배려를 하라.

천국에 가고자 하면 천국 안에 있어야 하고, 사랑을 얻고자 하면 사랑 안에 있어야 한다. 재물을 얻고자 하면 먼저 재물 안에 자신이 있어야 하며 희망과 꿈을 이루고자 하면 자신 안에 희망과 꿈이 자라고 있어야 한다. 고로 이루고자 하는 것이 있으면 먼저 그 안에 있기를 힘써라. 마음이 거기에 자리할 것이다. 행동은 다듬어진 용기의 발로이다.

⁂ 비웃음

비소(誹笑). 남에게 비웃음 당할 때 비웃는 자들에게 대적하고 화를 내고 싸우는 것은 최악의 용렬함이다. 그렇다고 하던 일을 그만두거나 그들의 눈치를 살피는 것은 비굴하고 굴복하는 꼴이다.

하는 일이 옳고 필연으로 해야 한다면 결과는 하나님에게 맡기고 의연하게 계속하라. 조금도 흔들리지 말라. 옳고 성실함은 강한 쇠도 녹이고 상대의 간장도 서늘케 함이다. 필연의 마음가짐으로 안으로 반듯하게 정리 정돈하고 밖으로는 원만하게 살아야 한다.

⁂ 그리움

인간이 가진 감정 중에서 죽을 때까지 남아 아프고 서럽게 하는 것은 그리움이다. 사모의 정이다. 미움이든, 사랑이든, 증오든 모든 감정은 나이가 들수록 엷어지지만 그리움은 외로움과 더불어 점점 커진다.

외로운 사람에게 베푼 사랑은 뼛속에 스민다. 그리움은 맑고 순수한 영혼의 아픔이다. 눈물이 마르고 세월이 흘러 임종을 맞을 때 비로소 영혼과 함께 사라진다. 영원한 사랑도 영원한 이별도 없다. 모두 그리움만 남을 뿐이다. 기다림과 희망도 그리움 대상이요, 아프게 찔린 영혼의 가시다.

⁂ 잘 사는 사람

덕이 있고 성실하면 주위에 사람이 모이고 사람이 모이면 모사가 있고 모사가 있으면 땅이 있고 땅이 있으면 재물이 모인다. 이때 성실과 근면은 소금과 같다. 바라고 소원하는 것은 많으면서 있는 것도 지키지 못하는 것이 인간이다. 허상은 좇으며 실상에 눈이 어두운 것이 어리석은 인간만의 전유물이다.

사라짐은 다시 태어나는 것이다. 남은 것은 분신이다. 우리에게 미워하고 시기할 시간이 있겠는가. 사랑하고 배려하기에도 시간은 부족하다. 자신을 알아 경거망동을 삼가는 자, 잘 사는 사람이다.

⁂ 만병통치약

자연에 만병통치약은 존재하는가? 존재할 리 없다. 다만 만병통치약을 파는 장사꾼이 있을 뿐이다. 그러나 인간의 긍정적인 사고는 만병통치약과 같다. 자연에 만병통치약이 반드시 존재하나 아직 인간들은 그것을 찾지 못했다고 생각할 뿐이다. 만병을 치유할 수 있는 것은 스테로이드 같은 화학 물질이 아니라 긍정적인 마음이다.

⁂ 인간은 무엇으로 사는가?

군집한다. 의식주를 원한다. 돈과 명예, 권력을 원한다. 성과 신을 찾는다. 명예를 잃음은 짐승을 닮아가는 것이다. 사람이 떼 지어 한 곳에 모이는 군집은 힘이다. 두려움은 군집을 원하고 내적인 외로움과 두려움은 신을 원했다.

돈과 명예, 권력은 생활이었고 사랑의 성은 후손이었다. 인간은 이것으로 산다. 철학은 이를 정당화하고 합리화하며 근본을 밝히는 등불이다. 죽음도 이들과 같이할 뿐이다. 삶은 관심이고 관심이 있으면 길이 열린다.

⁂ 육체의 사랑

육체의 사랑은 질투요, 집착이다. 영적인 사랑은 배려요, 환희다. 하늘의 경건을 믿고 경외하며 대자연의 질서에 귀의하는 것이다.

삶이 짧기에 사랑은 더욱 절실하고 사랑하게 되면 질투와 집착, 배려와 환희에 몸과 영혼이 떨게 되어 있다. 기쁨도 슬픔이요, 슬픔도 기쁨이다. 참으로 가녀린 아픔이 아닐 수 없다.

⁂ 직지사에서

산바람은 계절을 묻혀온다. 코가 아닌 마음과 귀로 꽃향기를 맡는다. 마음이 힘들면 찾아가는 곳. 범종, 법고, 목어, 운판을 보면서 언뜻 스치는 상념. 인간이란 너무나 잘 다듬어 만들어진 불안전한 존재. 세상이 물질 지옥이라….

"생각으로 공포를 만들고 욕심을 부른다."

걱정은 소심과 불성실이 자가생산한 근심이다. 만족을 모르는 미물, 신의 영역을 호시탐탐 노리는 미물. 편함도 불편해하는 존재. 법고를 치는 스님의 장삼 속에 감춰진 작은 손이 파르라니 떨린다.

최악의 인간은 공포를 조장하는 사람이다.

⁂ 여백이 있는 삶

공도 잘함도 너무 세우면 질시를 받는다. 가득 찼을 때 넘침을 경계함이 마땅하다. 항상 여유 있는 여백을 유지함이 지혜다. 행복한 삶은 여백이 있는 삶이다. 묘를 쓸 때 높은 정상을 비껴 그 아래 봉우리를 택함도 역의 건괘에 있음이요, 명당의 본이다. 효의 최고봉도 항룡유회(亢龍有悔)라 하여 그 아래 비룡재천(飛龍在天)을 최고로 보았다. 덜 찬 듯 모자란 듯한 여유가 그대의 복이다. 그곳에 멋과 가치와 수용의 여백이 있음이다.

⁂ 음식물

섭생은 삶의 경건이요, 신의 구속이자 질서다. 의식주 중 가장 귀한 선물이다. 음식이 있고 난 다음 이념도 삶도 존재하기에 생명과 의식을 지탱하는 하늘의 선물이다. 신은 음식을 통해 신의 존재를 부각시키고 입을 통해 인간을 통제한다. 진솔한 삶을 녹여 음식 만드는 사람은 신의 대리자이다. 그래서 음식은 만드는 사람을 닮아간다.

음식에도 궁합이 있고 도가 있다. 함께 먹어 이로운 것이 있는가 하면 해가 되는 것도 있다. 음식은 병을 부르기도 하고 치료하기도 한다. 음식에도 도가 있어 벗어나면 무례이고 무례는 치유 불가능한 몸을 만들기도 한다. 음식을 업신여기고 함부로 취함은 흡연보다 악영향이 크다는 보고서도 있다.

암 발생 원인이 식생활에서 온다는 사실은 음식을 천시하고 도에 어긋나는 섭취로 말미암은 것이다. 자고로 입으로 들어가는 것은 귀하지 않은 것이 없고 입에서 나오는 것은 해악이 많은 법이다. 먹는 것에 온갖 철학이 다 들어 있다. 음식에 예를 다하라. 성과 음식은 인간을 통제하고 질서를 유지하는 신의 수단이다.

⁂ 반지 유감

반지는 사람을 묶는 가장 작은 정표이자 수갑이다. 인연과 마음이 뭉친 작은 결정체다. 스스로 속박을 원하는 축복이요, 완전으로 향하는 모습이다. 영혼을 맑고 깨끗이 하여 헤어지기 싫어 같이하는 행위이다. 축하받을 만한 일이지만 축복과 은총은 부모와 하늘의 몫이다. 태어날 수 있는 확률은 몇 십억만 분의 일이며 인연 또한 그러하다. 가벼이 보거나 대하지 말라.

⁂ 훌륭한 스승

덕담도 비전도 받아들이지 않으면 우이독경(牛耳讀經)이다. 양서가 없고 좋은 스승이 없어 사회가 혼탁한 것이 아니다. 적기에 훌륭한 스승이 없기 때문이다. 깨끗한 화선지 같은 시기, 흡인력 충만할 때 훌륭한 스승이 있어 삶의 도리를 갖추게 함이 중요하다.

사람이 마땅히 행하여야 할 바른길은 훌륭한 스승만이 지도할 수 있는 덕목이다. 인격도야(人格陶冶)를 이끌 스승을 말함이다.

⁂ 억지, 떼를 쓰다

"억지가 사촌보다 낫다"는 속담도 있는 세상. 억지로 떼를 쓰는 자 많은 세상. 모이면 떼쓰기를 주저치 않는다. 억지를 부리려거든 능청스레 능글맞게 여유를 가지고 부려라. 옆에 있는 사람 특히 성질 급한 사람을 미치게 하라.

상대가 약이 오르고 분기탱천할 때 차분하게 즐겨라. 그러나 급한 성정을 가진 사람이 제풀에 꺾여 몸부림치는 모습이 내 모습이라 생각하라. 억지로 자신을 파괴하고 손해를 자처한 처절한 그대 모습일 것이다. 분노하고, 목소리만 크고, 분개하고 남은 것은 숯 덩어리가 된 처절한 모습일 뿐. 젖을 달라 떼를 쓰는 아기는 귀엽기나 하지….

⁂ 한마디 말

"말 한마디에 천 냥 빚을 갚는다"라고 했다. 참으로 옳은 말이다. 그 시절 인간들은 자연을 벗 삼아 인간성을 유지하며 질서를 따라 살고자 했다. 작금에 와서는 말 한마디에 천 냥 빚을 갚기는커녕 말 한마디에 천 냥씩 빚을 지는 경우가 비일비재하다. 천 냥을 잃은 설화라고나 할까?

한마디 말로 잘될 일을 망치는 경우가 있고, 노적가리를 쌓아놓고 일거에 날리는 경우도 있고, 선망의 지위를 버리는 경우도, 사람을 발탁하고자 굳힌 마음을 일거에 날려버리는 경우도 있다. 말 한마디에 천 냥 빚을 갚는 것이 아니라 천 냥을 잃어버리는 세상이라고나 할까? 혀는 인격이 숙성될 때 비로소 천 냥의 가치가 있다는 사실을 염두에 둘 것이다.

⁂ 아들아!

재물보다는 행복이다. 행복은 은총이요, 나눌 줄 아는 자의 면류관이다. 나누고 베푸는 즐거움을 모르고 인생을 어떻게 말하랴. 사랑도 주는 것 중 일부일 뿐이다. 심연(心淵)에 나눔의 씨를, 베푸는 싹을 자라게 하라. 사랑의 씨앗이 풍성하게 자라도록 애 쓰고 소중하게 가꿔 키워라.

긍정적인 사고와 칭찬을 아끼지 말라. 그 힘은 돈과 여유가 있어 가능하니 재물의 가르침에도 소홀하거나 게으름 피우지 말라. 부도덕과 불법은 절대 가까이 말라.

아들아! 이것이야말로 편안하게 인생을 즐기는 명예이자 행복이다.

⁂ 사랑과 증오

증오는 인간에게 살 용기를 주기도 한다. 증오가 인간을 단련시키는 경우가 허다하다. 그러나 증오나 오기는 뿌리 깊지 않은 나무에 잎과 열매가 과한 나무 같아 결국 부러지거나 죽는다. 뿌리가 깊고 튼튼하지 못해 결국 고사할 수밖에 없다. 그래서 증오는 사랑보다 힘이 약하다. 증오는 결국 자신을 파멸시킨다. 사랑은 증오보다 강하다.

⁂ 고통

인간은 타인의 고통을 즐기는 경향이 있다. 숭고한 희생도, 그들의 넋을 추모한다며 강 건너 불구경하듯. 그것이 잔혹할수록 더욱더 흥미를 느끼고 즐거워한다. 인류는 그 잔혹함이 결국 당사자가 아닌 우리 자신에게 도움이 되었다는 사실이나 고마움을 느끼지 못한다. 당하는 사람만 서럽고 통분할 따름이다. 그런 잔혹함이 있었기에 우리 아니 나 자신이 행복할 수 있다는 사실이다. 잔혹한 희생은 기억할 이유가 있다.

⁂ 투쟁

목적과 의도를 가지고 상대를 이기려는 투쟁, 목적을 이루기 위한 투쟁, 목적 달성을 위한 투쟁은 혁명으로 통한다. 정치 투쟁은 진실이 아니라 권력을 다투기 마련이다. 감투를 원하는 투쟁이나 임금인상 투쟁 같은 것은 낮은 수준의 투쟁이다. 자유를 빙자한 수많은 투쟁이 있었다.

진정한 투쟁은 사느냐 죽느냐에 관한 생존 투쟁이다. 남북이 대치하는 상황에서 이제야말로 반드시 생존을 위한 투쟁이 일어나야 할 시기가 임박했다. 분명 올 것이 온 것이다. 북한 2천만의 목숨보다 귀한 한 명의 살찐 돼지 적장을 위한 여윈 이리들과의 치열한 생존투쟁이 그것이다.

⁂ 빙점

오늘이 빙점이다. 제로에서 시작이요, 원점에서 출발이다. 옥함이

드디어 깨지는 것이다. 물만 있으면 생명은 있다. 절망에 빠지지 않는 한 반드시 길이 있다. 절망은 악마의 미소다. 생명줄의 싹을 고사시키는 병균이다. 절망의 싹은 자라지 못하게 하라. 빙점은 누구에게나 한 번쯤은 온다. 자연스러운 현상이라고 보자. 절망이 아니라 희망의 시작일 뿐이다. 겨울이 지나 봄이 오는 현상과 다를 바 없음이다. 신은 절망을 허락하되 치유를 바랄 뿐이다. 신은 준 것을 다시 가져가고 돌려주기도 한다.

⁂ 자연(自然)

자연은 신의 작품이다. 숨겨진 자연의 진리를 찾아보자. 자연을 배우자. 자연에 순응하고 자연으로 돌아가 자연을 벗 삼고 노래하다 보면 자연의 작은 일부가 될 것이다.

자연의 모든 동식물은 더불어 사는 인간에게 유익하지 않는 것이 없다. 인연이 아닌 것이 없고 약초는 외로운 자의 향기 같다. 약초는 밤에도 향기로 자신을 알린다. 자연은 인간의 스승이다.

자연 속에 삶에 대한 섭리와 질서, 철학이 인연처럼 가지런하게 놓여 있다. 자연을 귀히 볼수록 자신도 귀하고, 천하게 볼수록 천한 인간이 되리라. 이론만 강하고 행동 없는 열매 없는 과일나무는 되지 말라.

⁂ 진실

진실과 거짓이 다툴 때 사람들은 진실에 손을 들 것 같으나 이익이 되는 편에 손을 든다. 진실이란 것이 양파 껍질 같아 벗기고 벗겨도 끝이 보이지 않는 것이기에 더욱 그러하다.

진실은 때로 바보들의 입에서 나온다. 말 못 하는 어린아이의 행동에서 나타날 수도 있다. 진실을 빙자하여 험담하는 것은 진실일 수 없고 상대의 상처를 후비고 자신의 악을 표출하는 행위다.

⁂ 천국

인간이 죽음을 싫어하는 것은 낙원을 떠나기 싫어함이다. 인간이 알고 있는 천국이 바로 현세이기 때문이다.

저승의 10년은 이승의 하루만 못하다. 2,000년 잠든 미라가 깨어나도 생명을 얻을 수 없음이다. 생명은 신비요, 경건이다. 살아 생명이 있는 모든 것에 애정을 가져라. 생명에 충전이 있을 수 없다. 소중하고 귀한 생명을 고사하는 행위를 삼갈 뿐이다.

아무리 어렵고 힘든 일상이라 해도 분명 그에게도 나름 이 세상은 천국이다. 천국이요, 낙원이기 때문에 어느 누구도 아름다운 천국을 떠나고 싶지 않은 것 그래서 죽음은 두렵다.

한시인들 천국의 삶을 망치지 말라. 욕심도 관리 가능한 정도로 하고 분노 · 절망 · 자살 · 수치에 이르는 행위를 삼가라.

⁂ 의미

내 칼도 남의 칼집에 들어가면 쓰기 어렵고, 내 돈도 남의 수중에 있으면 내 돈이 아니다. 내가 관리할 수 있는 것만 내 것이다.

먼 곳에 부동산을 소유했다 하더라도 관리가 허술하면 구실을 제대로 할 수 없음도 이와 같다. 많은 것을 소유하지 않아도 욕심과 아집을 버리면 부족함이 넉넉함으로 대치되고 행복하다. 매사 관리에 의미를 부여함은 소중하게 여김이다. 의미를 부여함은 생명을 불어넣는 것이다. 내 것이 소중하면 가까이 두고 정성을 다해 관리하라.

⁂ 개척자(開拓者)

개척자는 어느 의미에선 선구자다. 개척자의 길은 험난하다. 실패도 다반사고 죽음도 불사해야 한다. 개척자의 삶은 자체가 불운이요, 불행의 연속일 수 있다. 그러나 실패로 삶을 마감한다 해도 많은 희망의 싹을 키우기 마련이다. 어디에선가는 꽃으로 피어난다. 희망의 홀씨가 되기 때문이다. 또한 꺼지지 않는 불씨를 곳곳에 남기므로.

⁂ 고객(顧客)

명함 나눈 사람을 결코 잊지 말고 반가운 고객으로 만들어라. 악수를 한 사람은 잊지 말고 고객으로 만들어라.

부모의 친지를 정중한 고객으로 모셔라. 사람의 신뢰는 신의 영역이나 사랑의 대상임을 염두에 두라. 한 사람을 만남은 최소 15인의 잠정 고객을 가지고 있음을 알라. 이들을 고객으로 모셔라. 고객 이전에 소중한 인연이라 생각하고 예우를 다하라.

소홀하지 말라. 외톨이로 담을 치지 말라. 칭찬이나 감사를 생활화하라. 그대의 정원을 가꿈과 같은 것. 죽음에 임해도 외롭지 않을 것이다. 외로운 자는 인연을 소홀히 한 자이다.

⁂ 어리석음

생각이 많으면 괴로움과 불안과 걱정 근심이 생긴다.

명상이란 무엇인가? 생각을 줄이는 것이다. 하나로 줄여 핵심을 남기고 털어버리는 것이다. 불안 · 걱정 · 근심은 보이지 않으며 실체도 없다. 실체 없는 것들을 미리 챙기고 걱정함이 어리석음이다. 생각을 단순화하여 만족을 찾는 것이 중요하다.

만족은 그대의 최고 가치 재산이다. 자신의 그릇 크기를 자신은 알리라. 넘치는 것은 과욕이다. 자신의 욕심 이상을 탐하고 훔치는 것은 천기를 훔치는 것과 같아 목숨이 위태로운 법이다.

참으로 어리석은 자이다. 자신은 자신만이 인도할 수 있다.

⁂ 상대 칭찬

가급적 상대에게 부담을 주지 말라. 상대를 비판할 때 자존심을 세워주라. 상대 치부를 드러내지 말라. 사과할 자신이 없으면 변명하지 말라.

사돈이 땅을 사면 배가 아프다는 속담이 있다. 어리석은 자다. 사돈이 땅을 사면 칭찬하라. 나보다 나은 자는 스승같이 생각하고 언제나 시작이고 끝이라 생각하라.

누군가 의로운 행동을 했을 때, 또는 선한 행동을 하였을 때 칭찬하고 그를 존경해 주면 너도 같은 복을 받을 것이다. 상대의 상급까지 칭찬해 줌도 이와 같다. 상대의 마음에 큰사람으로 각인될 것이다.

⁂ 오늘

오늘이 가장 젊은 날. 오늘 무료하게 보낸 하루는 어제 죽은 누군가가 그토록 기다린 하루다. 행복하라. 어제가 아니고 소중한 오늘이다. 기회도 오늘이고 오늘이 미래이다. 오늘 괴롭지 않으면 행복함이다. 최선을 다하고 결과는 수용하라. 오늘을 생애 가장 즐거운 날로 맞으라.

⁂ 관상

누군가 춘원 이광수 선생의 관상을 보고 평하길 “출가 상이나 눈썹이 탁하여 속세에 산다”고 했다. 폭압과 암울한 시기의 천재였기에 더욱 연민이 가고 슬픈 사람.

사람의 얼굴을 보고 성질이나 운명 따위를 판단하는 소위 관상이란 것. 신이 감추어놓은 비밀을 인간이 알아낸다는 것은 가소로운 일. 그러나 얼굴 안에 신용 · 평판 · 명예 · 체면이 자리한다.

호감이 가는 좋은 인상의 얼굴이 있다. 얼굴 안에 7공이 있고 산수가 가지런하고 신비의 극치이니 얼굴을 가지고 말도 많다. 대자연을 축소해 놓으니 신비의 극이다. 짐승과 인간의 구별이 얼굴로 말미암으니….

⁂ 잡은 고기

잡은 고기에 먹이를 주는 사람이 있을까? 잡기 전에 먹이도 주고 미끼도 던지고 아부하고 유인하여 애교도 부리는 법이니까. 현재 그대의 처지가 잡힌 고기는 아닌지 또는 고기를 잡는 어부인지 생각해 보라. 유념할 것은 잡은 자에게 최선을 다하는 것이다. 그가 스스로 따르도록 만들라. 분명 잡는 어부가 아니고 양식하는 선한 사람이 될 것이다.

⁂ 죽음 앞에서

죽음 앞에서 안타까워하며 허무를 말하면 그것이 그대가 살아온 인생이다. 죽음에 대한 감정이 무심이면 무미건조한 인생을 살았다는 증좌다. 후회로 마음이 번다하면 그대의 인생은 참으로 안타까운 삶이었다.

"감사하고 행복했노라" 말할 수 있다면 천국에서 살다 귀천하는 것이다. 더하여 칭찬을 아끼지 않았다면 그대는 천국에서 영원한 천국으로 향하는 것이다.

⁂ 산다는 것

교만은 교만을 삼키고 살듯 거짓도 거짓을 먹고 산다. 성실은 성실을, 믿음은 믿음을 먹고 산다. 황홀한 믿음을 가져라. 살다 보면 당연히 어렵고 힘겨울 때가 있기 마련이다.

삶이 어디 즐거운 소풍 같으랴? 힘들어 결단을 내리고 싶을 순간도 있을 것이다. 그러나 힘들고 징그러운 일에 보물이 있고 그곳에 접근을 막아주는 해자가 어려움이다. 믿음과 여유로 인내하면 넘을 수 있는 것이 고통이다. 땀과 노력 그리고 소망을 믿어라. 유명한 사람이 되기보다 자신이 좋아하는 일에 전념하는 무명인이 되어라.

⁂ 용기 없는 사람

간신을 키우는 원인과 토양은 비겁함과 연약함 그리고 우유부단이다. 비겁한 자, 용기 없는 자, 우유부단한 자는 지근거리에 아부하는 자를 키우고 간신을 양육한다.

나약하고 용기 없는 사람은 입속의 혀처럼 행동하고 아부하기를 좋아하는 사람을 멀리하지 못한다. 그들은 입속의 혀처럼 움직이며 파멸로 몰아가기 때문에 멸망에 이른다. 용기만이 간신을 멀리하는 보검이다.

⁂ 공원

죽은 자와 산 자의 영혼이 마주할 수 있는 안식처이자 휴식처. 살아 있는 사람들이 찾아와 추모와 심신을 돌보며 죽음은 삶의 끝이라고 보는 우리의 시각을 다시 한 번 재고할 수 있는 곳. 자연과 어우러진 숲을 만들고 살아 있는 자들의 쉼터가 되는 공원을 만들면 참으로 좋을 듯하다.

⁂ 우매(愚昧)한 자여! 사랑을 알라

요행과 행운을 믿고 베풀 줄 모르고 대접받기를 즐기며 칭찬은 인색하고 거짓에 능한 사람은 멀리하라. 자신도 이와 같으면 개과천선(改過遷善)으로 방향을 돌려라. 받는 데 이골이 난 사람이 주는 기대는 거절보다 잔인한 것.

허망한 것에 대한 기대는 어리석음이라. 허세나 허망한 생각은 일종의 생존 본능일 수 있으나 잠시 위안일 뿐 자신 비하니라. 탐욕과 화와 어리석음의 소멸이 사랑을 잉태하는 것임을 알아 깨닫고 이때가 비로소 행복에 이르는 문을 여는 것임을 알라.

⁂ 짝퉁 중국

원래 일본이 모방과 짝퉁의 나라였다. 모방과 축소지향 일본이 미국과 유럽의 선진기술을 모방하여 선진 대열에 승차한 후 장기불황 늪에 빠질 때 한국은 일본의 뒤를 이어 모방으로 비약적인 발전을 한다.

지금은 한국의 뒤를 이어 중국이 모방과 짝퉁의 나라가 되어 발전을 이루며 핵까지 소유한 나라가 되었다. 문제는 다음이다.

일본은 아베라는 군국의 피를 이어받은 자가 통치하고 백성이 그를 지지한다. 반성을 모르는 국가가 핵무장하면 문제가 있다. 전쟁으로 재미를 본 민족은 상황만 유리하면 다시 전쟁을 일으킬 것이 분명하다.

중국도 시진핑 이후가 문제다. 시진핑 역시 국가 위상에 걸맞지 않게 협소하고 천박하며 오만한데 다음에 오는 자의 사고방식은 동북아를 흔들 것이다. 제2국 위상에 걸맞은 세련된 품격과는 거리가 먼 중국 위정자들의 한심한 모습에 그들을 추종하는 우리의 좌파까지 있어 전정이 불안하다. 한미관계를 흔들고 중국과 일본이 좌시하지 않겠다고 서로 벼르고 있는 상황에서 우리는 어떠한가?

한국은 120년 전과 별반 다를 것이 없는 상황, 지금처럼 자신밖에 모르는 한심한 이념의 사람들이 정치를 하고 강성과 떼가 통하는 사회는 망하는 길로 접어들 것이 분명하다. 미국을 등한시하는 어리석은 정치인, 일본은 무조건 나빠야 된다는 사고 그리고 종북과 중국을 맹종하고 국익과 백성은 안중에 없는 그들을 본받아 백성 또한 그리 될까 두렵다.

⁂ 혹시(或是)

만일, 혹여. 혹(或), 어쩌다가 우연히. 확실하지 않지만, 짐작하기로는, 어쩌다 등 강한 기대를 내뿜는 말이다. 혹시는 단언만 못하다. 그 상황에서 거는 기대는 현실적으로 가능성은 희박하고 어정쩡하게 시간과 정력만 낭비할 수 있다. 우연히 기대에 부합하는 경우도 있을 수 있으나 너무 희박하다. 삶의 낭비이고 자신을 유약하게 하는 세균과 같은 것이다. 마음이 여리고 심성이 고운 사람이 가질 수 있는 곰팡이다. '혹시'는 병이 될 것이고 수확 없는 쭉정이다.

확실한 것은 아니나 혹 뭔가 하는 기대는 빗나가는 화살이 될 것이고 결과는 아까운 낭비만 초래할 것이다. 확실(確實)을 짚는 불혹(不惑)이 지혜다. 요행을 바라는 혹시나 하는 기대는 한 줌의 눈덩이가 실망의 눈사람이 되어 돌아올 수 있으니 차라리 단언하라. 혹시나 하는 생각으로 시선을 돌리지 말라. 미혹은 악령의 장난이다.

⁂ 이 시대의 선비

만족할 줄 알아야 하며, 분주와 한가를 즐길 줄 알아야 하며, 옳음을 알았으면 행할 줄 알아야 한다. 만족하면 욕심과 필요가 멀어질 것이니 반드시 지혜로운 성실한 자가 될 것이다.

시대의 선순환 표상. 어머니 품속 같은 자연에 오염원이 아닌 자로 소나무와 철쭉 같은 사람이라.

⁂ 자리

지금 그대의 자리는 귀하다. 노력의 산물일 수 있고 타고난 운일 수도 있으나 귀함에는 다를 바 없다. 자리는 사람이나 물체가 차지하는 공간이다. 일정한 조건의 사람을 필요로 하는 곳이기도 하고 조직의 지위나 직위를 말함이기도 하다. 일정한 사람이 모인 곳이나 또는 그런 기회를 말하기도 한다. 기회는 과거가 아니고 미래일 뿐이다.

몸과 마음이 의지할 곳을 얻어 자리를 정하여 머무르거나 마음속 깊이 뿌리를 박은 듯 남아 있는 자리. 잠을 자려고 자리를 보며 이부자리를 깐다. 자리에 드러눕다. 이러한 모든 자리가 자신의 노력만으로 된 것이라는 생각은 버려라. 이 모든 자리는 하늘의 명이자 뜻임을 알아야 한다.

오만한 자리에 앉지 말라. 자리라는 공간은 자신의 몸이든 몸 밖이든 신비의 업이다. 그 자리에서 선을 베풀고 악을 멀리하라. 설령 악업의 자리라 해도 소중히 할 것이며 행운의 자리이면 더욱 겸허히 대하라. 자리를 우습게 보고 성의를 다하지 않는 자는 둥지를 허무는 자이다. 그대에게 주어진 자리에는 깊은 의미가 숨어 있음을 의식하라.

⁂ 호감(好感)

호감을 갖고 대할 때가 문제 해결의 기회라 생각하라. 호감을 갖는 사람을 만나는 것도 행운이다. 네 가지 유형의 사람을 만나게 된다. 호감을 가진 자, 단순히 예로 대하는 자, 덤덤한 자, 무관심한 자. 이들은 어느 곳을 막론하고 있다. 하고자 하는 일이 무엇이든 이들을 만나게 될 것이다. 그때 상대가 진정으로 호감을 가지고 대하면 기회라 생각하고 일을 처리하라. 원하는 바를 가장 근접한 상황으로 해결할 수 있음이다.

단순히 예로 대하는 상대는 자주 만나 호감을 갖도록 함도 생활의 예지다. 호감은 상대의 닫힌 마음을 열기도 하지만 자신을 무장해제하기도 한다. 취하고 열고 함에 있어 호감은 분명 득이 될 수 있으나 상대에 대한 자신의 호감은 무방비 상태임을 알라.

⁂ 영혼은 피안의 세계로

선비 같은 맑고 향기로운 삶. 맑은 영혼이 몸에 들어와 끊임없이 사랑하다 어느 날 육신을 버리고 영과 혼은 한 줄기 빛이 되어 떠난다. 끝도 없이 지독하게 나를 사랑한 영과 혼, 육신을 고목으로 남기고 떠날 때 나의 삶은 뒤뜰에 한 줌의 흙으로 돌아가겠지. 선하고 맑은 영혼을 간직하고자 하나 마실수록 갈증이 나는 욕심. 맛볼수록 더욱 갈증을 느끼는 것. 욕심으로 세상을 보면 한시도 편한 날이 있겠는가?

삶이란 자연의 이치를 따르는 것이니 열매가 과하면 가지가 부러지고 꽃을 너무 많이 피운 나무는 시들어 죽어간다. 저 건너 피안의 세계는 가져갈 것이 없고 새털처럼 가벼워야 들어갈 수 있으니.

⁂ 명품

값비싼 명품 한두 개쯤은 있어야 신분이 상승한다고 생각하는 사람들. 어리석고 허전한 사람들이다. 명품이 그를 사랑하고 보호하지 않는다. 단지 허한 마음의 놀이기구에 지나지 않는다.

명품은 오래된다고 퇴색하거나 천해지는 법이 없다. 세월이 지나도 값이 변하지 않는 명품의 진가를 폄하하는 것은 아니다. 명품, 다이아 반지, 명품시계를 가지고 있었으나 돈이 급할 때 가는 곳은 전당포였다. 명품과 전당포는 사돈과 같다.

나이 들면 안다. 장면 박사가 구리로 결혼반지를 만들어 아내에게 선물한 것을 이해한다. 명품 영화 '황색 롤스로이스'의 운명과 같을 뿐이다. 값비싼 명품은 그대의 피를 먹고 사는 아픔이요, 허전함이다. 그러나 나에게도 명품이 있다. 나에게 훈장(勳章)이요, 삶의 결정체 손자(孫子)다.

⁂ 억울(抑鬱)함

분하고 답답함. 막혀 통하지 않고 숲이 우거진 듯하다. 결과에 억울함을 말하는 사람. 과정에 겪은 일의 억울함을 말하는 사람. 당한 자신을 중심으로 일어나는 분하고 답답한 지경. 억울하지 않은 무덤은 없다고 한다. 억울한 일은 다반사일 수 있음이다. 강압에 의한 억울함, 힘이 약해서 당한 억울함은 분기를 일으키고 분노는 자신을 단련(鍛鍊)하는 담금질이 될 수 있다.

분노는 용기를 이끌어내는 마력도 있다. 칼로 무자비하게 당한 억울함은 복수만이 치유이나 감히 엄두도 못 낸다. 겪고 넘어야 할 억울함은 바로 그대가 쌓아놓은 업보임을 알아야 한다.

외적으로 억울하고 죽을 것 같은 자 많으니 가난한 자, 장애인, 추남추녀, 버려진 자, 배우지 못한 자, 잃어버린 자, 말하지 않고 꾹 참고 살아도 과하게 짐을 지고 힘겨운 자, 억울하고 분해하지 말라. 겉으로 분하고 억울한 자는 상급이 있다.

정말 뜨거운 물은 김도 안 나는 법이다. 말도 못하고 억울하고 분한 자는 겉이 아니고 안이어서 자살도 하고 심령이 화마에 싸여 타고 있는, 외적으로 멀쩡한 이들이 분하고 억울해서 자살하니 죽음을 생각할 만큼 상처 깊은 억울함은 무엇으로 치유할까?

억울함은 영혼을 병들게 하니 치유는 종교밖에 없다.

⁂ 너무 늦은 것은 아닐까

어리석어 지금까지 살면서 분을 삭이지 못했다. 매사 너무 억울하게만 여겼다. 헛된 꿈으로 재벌이 되고 싶었고, 쉽게 속아 무수히 당했다. 지혜롭지 못하여 크고 작은 것을, 길고 짧은 것을 구분하지 못했고, 조금 더 인내하지 못했다.

타고 남은 재는 후회와 번민으로 남아 마음을 쥐어뜯는다. 더 큰 후회는 내 것을 철저하게 간수하여 지키지 못하고 함부로 함이요, 쉽게 포기하였다. 귀하고 소중한 진가를 알지 못했다.

이제 다시 시작함은 너무 늦은 것이 아닐까?

희망은 용기를 먹고 크는 싱그러운 나무요, 가난한 자의 빵이다.

⁂ 악의 존재

신은 왜 악의 존재를 허락했는가? 인연도 악연도 그대가 머무는 곳에서 싹이 자란다. 선악은 쌍두마차와 같다. 필요한 짐을 싣고 달리는 말과 같아 위험하나 근본은 부합하며 일신 동체다. 신이 악의 존재를 인정한 것도 선을 속 깊게 싸고 있는 것이 악이기 때문이다.

선으로 악을 정화할 수 있다고 보는 것이다. 죄악만 있고 공덕이 없는 나라.

사죄할 줄 모르는 원시 부족. 신풍을 믿는 도깨비 민족. 군국주의자들의 고향. 병(兵)이 지배하고 무(武)가 신민인 나라. 이런 나라의 존재가치는 충분하다. 그들에게 선은 악을 싸고 있는 반대의 포집(包輯)이다. 악은 세습된다. 악은 악을 낳고 선은 선을 낳는다. 인간에게는 천사적인 요소보다 악마적인 요소가 더 자극적이기 때문이다. 천사도 악마도 한 사람의 족적이요, 표상이 될 수 있다는 사실.

레오나르도 다 빈치가 예수의 얼굴을 찾아 떠난 여행 중 만난 선한 농부는 '최후의 만찬'에 예수 얼굴로 그려졌고, 그 농부가 죄인이 되어 참형을 당하러 가는 얼굴이 유다의 얼굴이 되었다. 선악이 한 몸임을 말한다.

죄악을 수단으로 어떠한 행복도 살 수 없는 법, 단호히 말하니 양심의 더러운 때를 씻어 맑게 하라. 희망 없는 사람은 죄악의 늪에 빠지는 법이다. 지옥은 인간이 만들어놓은 죄악의 실체다. 약점 있는 곳에 죄악의 씨앗이 자란다는 끔찍한 사실을 명심하라.

⁂ 공자 유감

인(仁)과 예(禮)는 공자의 모습이다. 공자는 이상(理想)이다. 주나라 곡부에서 탄생했다. 일생 동안 학문을 좋아하고 실천을 중시한다. 망하려는 나라에 들어가지 않고 어지러운 나라에 살지 않았다.

『논어』 태백 편에 "정의가 행해지지 않는 나라에 살면서 가난하고 지위가 없음은 부끄러운 일이다. 그러나 불의가 통하는 나라에서 부자이거나 지위가 높은 것은 더욱 부끄러운 일이다"라고 하였다.

공자 생명력의 비밀은 어쩌면 그의 지독한 이상주의(理想主義)에서 찾아야 할지 모른다. 공자는 당대에 "그 아니 될 줄 알면서도 애써 행하려는 이(知其不可而爲之者)"라는 말을 들어야 했다. 하극상의 반란으로 상나라를 멸망시킨 주나라.

하극상이 팽배한 현실에서 주나라 문화와 질서를 이상으로 추구했던 공자로서는 당연히 들을 만한 얘기였을 법하다. 바로 거기에 공자의 생명력이 있다. 동아시아의 많은 지식인들에게 공자는 '그 실현하기 힘들 줄 알면서도 애써 실현키 위해 노력할 만한 이상적 정치와 문화와 사회관계'를 제시하고 추구했던 이상주의자였다. 현실에서 쉽게 이룰 수 있는 이상에 매료되는 사람이 과연 있을까?

이루기 쉽다면 과연 이상일까? 이상은 이루기 힘들 때 이상으로서의 매력과 힘을 발휘한다. 우리는 공자의 이상에 빠져 방향을 잃은 적이 무수하다. 심지어 공자가 죽어야 우리가 산다고 말한 사람도 있다. 그리하여 유감을 쓰는 것이다.

진시황과 공자는 우리 영토를 많이 잃게 한 사람들이다. 공자와 진시황 같은 인물이 우리에게 없었다는 것이 참으로 안타깝다.

⁂ 생각이 머무는 곳

행복의 연장이 삶이다. 불행 끝에 행복이 숨은 듯 온다. 시련만 있고 행복은 없어 보이나 실은 시련을 확대하여 보고 행복은 축소해 보기 때문이다. 성공과 실패도 인간들의 오만과 무지한 판단일 뿐, 결과는 대소동천(大小同天)이다. 행복하기 위해 한 일이 오히려 불행의 단초가 된다. 무지에서 온다. 어리석음이다. 매사 사랑 부재에서 오는 것. 삶이 곧 사랑이다.

⁂ 삶

삶이란 하루하루 사라지는 것이다. 살면서 당연히 어렵고 힘겨울 때가 있기 마련이다. 쉬운 인생도 쉬운 삶도 없다. 삶이 어디 즐거운 소풍 같겠는가? 힘들고 결단을 내리고 싶을 때도 있을 것이다.

미래는 희망이어야 하며 희망은 비전이고 삶의 활력소이다. 성실하게 돈을 벌고 벌어들인 사소한 돈이라도 함부로 쓰지 말자. 적은 돈을 더 소중히 하며 경제 관리와 건강, 시간, 재능 관리에 힘쓰자. 그리고 노후를 생각하며 부끄럽지 않게 살기를 소원하라.

석양의 비경이 아무리 좋아도 떠오르는 해 같겠는가? 빛이 있는 곳에 그림자가 있기 마련이다. 내 마음이 맑으면 모든 생명체가 다 맑고 밝다. 너무 쉽게 살려고 하지 말라. 몸이 편하면 마음이 힘들고 마음이 힘들면 삶이 힘겹고 어렵다. 오르는 것은 욕심과 허영으로 할 수 있으나 내려옴은 겸손과 배려의 장이다. 내려오는 것이 참으로 진정한 삶이다.

자유로운 삶의 즐거움과 생존의 힘은 자유에 있다. 생존은 공생이다. 행복의 선택 그것은 즐거움이다. 단 한 번 주어진 귀중한 생명의 환희나 삶의 의미는 결국 행복을 만끽하는 최고의 자아의 완성 아니겠는가!

부 · 권력 · 명예에만 최고의 행복이 있음이 아니고 자신이 그려내고 만들어놓은 자아로 완성된 선한 인연의 왕국이 최고의 행복 아니겠는가! 소유가 인생의 목적은 아니다.

삶의 목적이란 혼신을 다하여 갈고 닦아 이루고자 하는 행복한 자신의 아성, 자신의 일생을 만드는 것! 남을 알고 소중한 것을 알고 행복을 즐기는 것이다. 아름다운 꿈을 가져라. 삶이란 눈물겨운 것이니 긍정과 배려를 담아 웃고 또 웃어라. 행복할 수 있을 것이다. 열정적인 삶, 이것이 삶의 꽃이다. 간절한 소원을 가지고 갈구하자. 천국의 천사들도 부러워할 만큼 아름답고 실현 가능한 꿈을 꾸며 가꾸고 행복하게 살자.

⁂ 안타까운 현실

간도 지방과 대마도를 빼앗기고도 말 한마디 못 하고 이 좁은 땅마저 두 동강 나 남과 북이 서로를 안타깝게 하고 있다. 땅과 국민을 지키지 못하고 잃어버림은 나라의 존망을 가늠하는 척도이며 문화의 죽음이다.

밤이 깊어도 새벽은 오기 마련이다. 초조와 번민을 여유와 화합과 국익으로 다스리고 정도(正道)로 가면 칠흑 같은 어두운 현실에도 여명이 온다는 사실을 인지하라. 매사는 인간의 잔재주나 눈가림으로는 안 된다. 항상 하늘의 뜻이 살아 있음을 명심하자.

현실은 소박하게, 꿈은 원대하게 갖음이 행복한 삶을 사는 방법이다. 환상은 현실의 짐일 뿐이다. 그러나 환상 같은 꿈은 예외다. 근본과 현실을 깨닫는 것이 지혜다. 예도 현실과 이치에 맞으면 경우 예가 아니다.

일관되게 핵무장에 혈안이 되어 있는 북한에 따뜻한 햇볕 자금을 퍼준 사람들, 잘한 일일까? 잘못한 일일까? 북한 주민에 퍼준 자금이라면 분명 잘한 일이나 소수의 김일성 일족에 준 것은 또 한 번 김정은과 한민족과의 대결에 기름을 부어준 꼴이다. 어리석다.

6 · 25는 북한과 남한의 전쟁이 아니었다. 김일성과 한민족의 전쟁이었다. 북한의 2천만 명 목숨보다 귀한 소수의 김일성 일족과 한민족과의 비참한 대결이었다. 그들은 일관되게 공산화를 꿈꾼다. 착각하지 말라, 한민족의 나약한 선비들이여!

⁂ 무릎

슬두(膝頭)라고 한다. 무릎은 심장의 머리다. 자존심이 모인 곳이다. 해서 쓰러질지언정 무릎을 꿇지는 않겠다고 한다. 항복을 뜻하기에 하는 말이다. 하늘에 무릎을 꿇는 자는 인간에게는 무릎을 꿇지 않는 법. 몹시 좋은 일이나 놀랄 만한 일이 있을 때 무릎을 탁 치며 기뻐한다. 무릎은 자존심이기 때문이다.

무릎은 겸손과 자신을 낮춤을 말한다. 비굴하게 무릎 꿇는 것은 참으로 안 될 말이다. 그러나 겸손과 겸허로 자신을 낮추고 무릎 꿇는 것은 용기 있는 자의 행위다. 가족이나 친구, 남을 위해 무릎 꿇는 것도 용기의 한 행위다.

⁂ 가족과 친구

한국 사람처럼 가족의 소중함과 끈끈한 정을 귀히 여기는 민족도 흔하지 않다. 채워주고 고쳐주며 사랑해 주는 것이 가족이다.

나를 사랑하듯 내 분신처럼 사랑하는 것이 가족이다. 함께 있어 기쁨이 커지고 슬픔은 작아질 수 있는 것이 가족이다. 내가 어디를 가든 따라오는 마음이 가족이다. 가족은 그리움을 녹이는 아메바다. 가족은 삶의 원동력이다. 가족이 아름다운 것은 꿈과 희망을 공유하기 때문이다.

어둠 속에서 또 무서워 두려움에 떨 때 같이 있어 주는 것도 가족이다. 이 아름다운 낙원에서 가족과 진정한 친구와 더불어 살아감이 얼마나 축복인가? 내 가족은 서로 다른 육체에 마음으로 하나이고 영혼을 같이 나눈 사람들이다. 진정한 친구도 서로 다른 육체에 깃들인 하나의 영혼이 아닐까? 가족과 친구는 이 낙원에서 한 파트너다.

⁂ 이상(理想)

생각할 수 있는 범위 안에서 가장 완전하다고 여겨지는 상태로 자연의 질서와 조화 속에서 피는 꽃이다. 인연이 되는 삶에서 이상은 핵이 된다. 집착일 수도 미망이 되어 올 수도 있다. 이상은 현실에서 후회와 이별과 고통이 되나 그것이 삶이다.

생각할 수 있는 완전한 상태. 이상이란 현실을 만나야 비로소 생명을 얻는다. 이상이 때로는 젊음을 유지하는 촉진제가 될 수도 있다. 이상을 포기할 때 기력을 상실할 수 있기 때문이다. 이상은 완벽을 부르나 완벽은 다분히 이상향일 뿐이다.

존재하기 불가능한 것이 완벽이고 완벽하기를 원하느니 현실에 정감 어린 행위를 터득함이 보다 인간적인 것이 아닐까? 삶에 대한 지혜를 구함이 삶의 철학이다. 삶의 지표나 의의를 제시하지 못하는 철학도 이상도 의미는 별로이다. 삶에 대한 한없는 애착과 안타까움을 불꽃처럼….

⁂ 올림픽 메달

한겨울에도 보일러를 돌릴 수 없는 어머니 모습에 금메달리스트 최민호는 어느 상대도 두렵지 않았을 것이다. 엄마를 위해 죽음도 영광처럼 느꼈을 테니까. 마라토너 황영조가 물질하는 어머니의 가쁜 숨을 떠올리며 마지막 결승지점에 이르러 혼미 지경에 생각했다는 것과 상통하는 의미이다. 암울했던 시절, 마라톤 영웅 황영조는 신선한 충격이자 섬광 같은 희망이었다.

올림픽은 국익이다. 보는 것만으로도 애국자가 된다. 메달을 경쟁하는 그 자리에 실력의 차이는 없다. 다만 목숨과 바꿀 만큼 절실함이 있다. 불꽃같은 절실함만이 메달을 획득한다. 강인한 용기가 녹아 흐르는 곳이다. 인간의 한계도전을 초월하는 싸움의 장소이기 때문이다.

⁂ 인성교육

행복하게 살기를 바라는 부모의 심정은 극진하나 먼저 인성교육부터 철저히 하고 난 다음의 일이다. 본성과 어진 인성이 갖추어지고 뜻을 품어야 비로소 삶의 길이 있는 법. 인성과 배려를 갖춘 사람만이 값진 삶을 영유할 수 있기 때문이다.

인성교육은 고기를 잡는 법과 먹는 방법 그리고 나눔을 한꺼번에 가르치는 교육이라 행복을 알게 하는 첩경이기 때문이다.

⁂ 의무

나라를 걱정하고 기부 · 봉사 · 병역 · 납세를 자랑스럽게 하라! 성실 납세와 병역을 필한 사람만이 공무원이 되어야 한다. 국가가 불행하면 국민이 행복할 수 없다. 국민이 세금을 내고 병역을 마치는 것도, 남을 돕는 것도 자랑스럽게 만들면 대한민국은 세계 어느 나라도 할 수 없는 일들을 거뜬히 할 수 있는 나라요, 국민이다. 그래서 우리에게 희망이 있다.

이 땅에서 정직과 양심 심지어 국익은 실종되고 소통과 위기 극복에는 무능하며 신뢰는 의미조차 없다. 공감과 소통은 의미 없는 누더기다. 특히 국회와 국회의원은 가장 무능하고 신뢰할 수 없는 집단으로 본다. 이리와 양들의 모임이다. 국익에는 관심 없고 이념과 강성, 부정에 심지어 적폐니 사화니 하며 주저앉아 정치 후진성이 극에 달하였다. 윗물이 탁하니 아랫물도 탁해 친구 · 동료도 믿지 못한다는 의식이 거의 60%선이다.

"당한 놈만 억울하지" 하는 말은 없어져야 한다. 많이 배운 사람, 상류층, 많이 가진 사람들의 불신의 벽은 더 심하다. 독선과 아집 혹은 진보연하는 사람들은 사회의 불신의 씨앗이 되고 있다. 우리가 이룬 업적을 폄하하거나 부정하는 행위는 삼가야 하며 자본주의를 경멸한다거나 돈 많고 똑똑한 사람을 시기하거나 까닭 없이 미워하는 것도 삼가야 한다.

스스로 가치를 창출하기보다 남이 해놓은 것을 뺏으려 들거나 해적질함도 삼가야 하며 남에게는 시장 개방을 원하나 자신은 문을 닫음도 삼가야 한다. 남이야 어찌 되든 우선 나만 챙기고 칭찬보다 흠집을 내고 욕하고 폄하하는 저질화된 언행은 물로 씻어버리자.

⁂ 평안(平安)

걱정이나 탈 없는 평강 상태. 평안은 어디에서 올까?

마음이다. 바른길을 가고 지나친 욕심을 버리고 덕행을 즐기며 자연 질서에 순응할 때 평안이 오고 고통과 불안 초조가 사라질 것이다. 고난으로부터 평안이다. 함께하는 믿음이 평안이다. 위로와 평강은 하늘로부터 얻으며 자신의 죄를 용서받을 수 있는 절대자는 반드시 필요하다. 짐 벗어 절대자에게 모두 맡겨라. 길이요, 진리를 외치는 절대자를 마음에 둘 때 평안이 올 것이다.

⁂ 빈곤(貧困)

속박과 구속을 당해 보지 않은 사람이 자유를 말하고 굶주림과 기아에서 살아보지 않은 사람이 빈곤을 말한다. 예로부터 밥상머리 자세가 바르지 못하면 천골이고 빈곤해진다. 소중한 음식에 대한 경이이자 빈곤을 두려워함이다.

빈곤을 숙명처럼 받아들여 불편함을 모르는 자는 가난하지 않다. 풍요나 빈곤은 돈의 자식들이지만 돌연변이같이 변종이어서 찬란할 정도로 아름답거나 추할 수 있으며 안정되어 있는 상태는 아니어서 불안하고 돌발적인 마성을 속성으로 한다.

일하지 않고 빈곤을 원망함은 인간이기를 포기한 자의 잠꼬대일 뿐이다. 풍요와 빈곤 모두 인간을 파멸시킬 수 있는 마성이 있다. 빈곤의 도전은 반드시 성공할 수 있어도 풍요의 도전은 십중팔구 실패한다. 풍요는 어떤 의미에서는 빈곤만 못한 경우가 있고 풍요의 병리현상은 치유 불가능한 경우가 많다.

그릇에 물이 차면 넘치는 이치는 풍요에 대한 절제이다. 적당히 모자라고 절제하는 행위는 화근을 멀리하는 자세이고 행복으로 가는 좁은 문이다. 지식도 이와 같다. 천재성을 갖춘 춘원 이광수, 미당 서정주, 홍난파, 안익태를 친일파로 보는 시각은 풍요로 가는 과정에서 풍요만 보고 빈곤을 보지 못함이다. 인간은 폭압에서 자유로울 수 없는 육체를 가지고 있음을 잊은 것이 아닐까 한다.

배부른 자에게 자유가 존재하고 좋은 금실도 존재한다. 배고픈 사람은 자유도 사치고 금실도 난센스다. 오직 밥이 우선이다. 빈곤과 풍요의 지근에서 삶을 영유하는 현명한 사람이 되라.

⁂ 칭찬

매사 긍정적인 사람이 되라. 칭찬은 등 뒤에서 하라. 지혜로운 자 반성하고 매사 칭찬하라. 칭찬은 하늘이 하는 것이고, 칭찬받고자 하면 먼저 칭찬하라. 하늘은 스스로 행하고 겸양한 자를 돕는 법이고 또한 그리 대접한다. 순수하게 칭찬하고 남을 돕는 자는 스스로 대접받을 것이고 칭찬받아 마땅하다. 간혹 무절제한 칭찬이나 아부는 순수성이 결여된 모가 난 사람들의 전유물인 경우가 허다하니 받음에 유의할 것이며 사양하고 겸양하라. 서로 격려하고 칭찬에 인색치 말고 입보다 가슴으로 말하라.

진심을 담아 칭찬하는 자에게 천국에 안식처가 준비되어 있다. 매사 의미를 부여하고 긍정하라, 의미를 부여하고 긍정하면 세상 힘든 일이 존재하지 않음이다. 칭찬이나 비난에 흔들리지만 않아도, 의를 이익보다 중히 여길 줄만 알아도 인이니 해탈이니 자비니 하는 인간들의 마지막 동경 대상을 구름 속 햇살처럼 알고만 넘어가도 우리는 범상한 사람이 된다.

⁂ 후회

사랑과 기침은 감출 수 없으나 후회는 뼛속에 녹아 흐르기에 감추어지나 뼈를 녹일 수 있다.

사람을 믿는 것은 참으로 어렵다. 그러나 믿고 후회함이 불신으로 힘들어하는 것보다 낫다. 대부분 모든 실패와 후회는 사람을 믿음에서부터 출발한다. 믿음이 실망이 될 수 있음이 허다하다.

일을 꾀함에 운 좋게 성사되기를 원치 말라. 일이 쉬우면 경솔함으로 뼈를 깎는 후회를 남기게 될 것이다. 정은 뼛속 깊이 숨겨놓은 마음의 비밀이다. 정이 병이 됨은 당연한 일이고 그것이 행복이 됨도 당연하다. 인정 많아 남는 것이 후회와 번민일 수밖에 없고 정으로 말미암은 화근은 암세포와 같다.

젊어 복잡하게 살다 보면 늙어 후회하게 된다. 설령 그런 일들이 좋고 훌륭하고 칭찬받아 마땅한 일이라 해도 먼 훗날 후회의 대상이 된다. 훗날 후회하지 않을 결단을 하라. 판단하라. 실수나 실패도 마무리는 깔끔하게 하라. 그리하여 후회를 남기지 말라. 경거망동을 삼가라. 쉽게 흥분하여 함부로 말하지 말라. 반드시 후회할 것이다. 살아갈 때는 의욕이지만 늙고 나면 미련이요, 후회다.

⁂ 우연 그리고 만남

우연한 만남이라 하더라도 만남의 의미를 찾는 현명함을 잊지 말아야 한다. 누군가를 만나는 것은 생활의 변화를 가져온다. 뜻하지 않은 사람을 만나도 가면 쓰고 만나지 않는 한 일상의 변화가 일어난다. 준비된 자에게 찾아오는 하나님의 우연의 법칙이 있다.

하늘은 스스로 돕는 자를 돕는 우연의 복이다. 하찮은 만남도 속에 반드시 필연의 의미가 숨어 있다. 인연은 만남으로부터 시작되고 좋은 사람을 만나는 것은 결국 행복의 단초가 되고 출세의 첩경이 되기도 한다. 특히 헤어진 사람과 다시 만날 때는 만남 자체만을 즐거워하라. 무엇도 기대하지 말라. 헤어짐에 분명 의미가 있다. 악연일 수도 있다.

짧은 만남은 언제나 긴 이별을 뜻한다. 이별은 다시 만남이 없음을 전제하기에 시원하기도 서럽기도 하다. 우연한 만남일지라도 한 사람을 만남은 최소 두세 사람을 대하게 됨을 인식하는 지혜를 터득하라. 특별한 만남은 하나님과의 만남이다. 우연은 기적이다. 기적이 일어날 것이다.

⁂ 노포(老鋪)

대대로 물려 내려오는 점포(店鋪)에는 인정과 향수가 전통이라는 이름으로 흐른다. 우리같이 역동적이고 변화무쌍한 민족에게 적어도 3대 이상을 이어 같은 장소에서 대대로 일한다는 것은 숙명이자 경건한 아름다움이다. 노력과 정성 그리고 숙명 같은 책임감이 그림자 되어 있다.

다음으로 연결되는 전통과 분신이 있어 희망과 안도가 자리해야 한다. 전통은 이어지는 것이고 맛과 문화는 살찌울수록 귀해지고 값은 더해진다. 끊임없는 노력과 개혁으로 이어지지 않는 전통은 사라질 것이고 살찌우지 않는 문화는 소멸될 것이나 이를 잇는 사람들은 개혁과 사랑 그리고 숙명이 함께한다.

오래된 식당 혹은 가게는 멋과 맛 그리고 격이 있다.

참으로 아름다운 곳이여!

⁂ 숫자

숫자를 세고 자랑할 때 탐욕이 자리하고 교만과 오만이 자란다. 긍지와 다르다. 사용 인구 숫자로 순위를 치면 한글은 세계 12위 정도다. 1천만의 종교인, 100대 부자, 억만장자, 1,000대의 그 무엇? 이런 숫자는 자랑이 아니다. 교만일 뿐.

⁂ 속도

컴퓨터가 나와 10년은 성황이었다. 다음 모바일이 또 10년을 아우성쳤다. 앞으로는 인공지능시대가 올 것이다. 컴퓨터와 인터넷 혁명의 시대가 지나고 4차 혁명 시대의 도래다.

인간은 속도에 열광한다. 머지않아 서울에서 아침 먹고 점심은 파리에서, 저녁은 뉴욕 그리고 밤에 서울에서 차를 마시는 날이 분명 올 것이다. 빠른 자가 느린 자를 잡는다. 빠르고 순발력 있는 것이

느리고 안이한 것을 집어삼킨다는 사실을 알아야 한다. 속도보다 중요한 것이 방향이다.

약육강식은 농본 시대 산물이다. 21세기는 첨단과 속도 싸움이다. 느림보는 죽는다는 것을 알라. 세계는 속도전이다. 빠른 몸짓과 손놀림은 우리가 최고이며 빠른 두뇌 회전 또한 우리다. 속도 콤플렉스에서 해방되어 세계화의 선봉에 서라. 문명의 속도는 인간의 여유와 마음의 풍요를 조급하고 분주하게 만들어 앗아가 버린다.

앞으로는 속도의 혁명시대가 온다. 세계사에 전무후무하고 고금을 통해 위대한 정복자 중 한 사람인 칭기즈칸의 전승은 정보전달이 타국보다 월등하게 빨랐고 의사결정 또한 빨랐기 때문이었다.

광속을 다투는 광란의 속도전이 시작되지 않았는가? 전기는 속도를 가속시키고 속도는 인간을 안달케 한다. 생각은 신의 속도다.

⁂ 비방(誹謗)

비방을 즐기고 헐뜯기 좋아하는 자는 심사가 꼬여 병증이 심한 정신 질환자다. 정신적인 패륜아다. 그는 분명히 병들어 있다. 육체나 정신이 온전할 수 없으니 병이 깊어질 수밖에 없다. 몸이 신음하니 그러하다.

남을 비방하는 입은 신의 노예밖에 될 수 없는 입이다. 상대에 대한 비방은 그대의 부모에게 돌아가는 것. 일등은 순수하고 선하기 때문에 앞서가기 위한 노력은 있어도 비방이나 반란은 처음부터 없다. 타인을 비방하고 폄하하며 자신을 돋보이고자 하는 소인배가 돋보일리 없다. 냄새나고 싫은 사람이다.

더욱 싫은 것은 잘못한 일이 없으니 반성할 게 없다는 사람이다. 자신은 후회할 일도 잘못한 일도 없어 회개나 반성할 필요도 없는 완벽한 사람이라고 생각하고 행동하는 자, 그런 자는 몸도 마음도 병이 깊다. 남의 잘못만 비방하지 말라. 굳이 비방하려면 적어도 세 번은 자신의 부끄러운 점을 반성하라. 잘못을 뉘우치지 않는 것이 가장 큰 잘못이다. 인간은 누구나 실수하고 잘못을 저지른다. 회개하고 용서를 빌라. 참 인간이 되어감이다.

남을 비방하는 자, 고소 고발을 좋아하는 자, 혼자 정직한 자, 그들은 모두 가짜요, 쭉정이다. 가짜가 진짜를 구축한다. 가짜는 보기 좋으나 씹을수록 맛없는 고기 같고 진짜는 설령 보기는 별로이나 씹을수록 맛 나는 고기와 같다. 나누고 배려하고 칭찬하면 우선 몸이 건강을 부르며 풍요가 가까이 이를 것이다.

⁂ 초조(焦燥)

애를 태우며 기다리는 심사는 기대는 크나 이룸은 미미할 것 같은 안타까움에서 오는 심성이다. 밤이 깊어도 새벽은 오기 마련이나 초조는 가시지 않는다.

예지의 빈곤이 더욱 초조를 증폭시킨다. 초조와 번민을 느긋한 여유로 다스리자. 분명 잘될 것이라는 긍정과 믿음이 대책이다. 얼마 남지 않은 시간이라 생각하여 초조하게 살지 말라. 부정적 사고는 호주머니에 항상 불안과 초조를 넣고 다닌다.

협상은 상대가 심리적으로 초조함을 느끼는 마감 시간대가 최적이다. 이때를 노려 최대한의 협상력을 활용하는 것이 초조한 상대를 이용함이다. 초조한 자는 약자가 됨을 명심할 일이다.

자신과 싸우지 말라. 자학, 불안, 초조는 자신과의 전쟁이다. 불필요한 출혈이다. 자신의 파괴다.

⁂ 처서(處暑)

“처서에 비가 오면 독 안의 곡식이 준다”라고 믿어온 우리네.

폭염에 대지를 식히려는 듯 비가 온다. 모처럼 시원한 단비다. 여름에서 가을로 넘는 징검다리. 더운 여름 성찬 후 디저트 같은 가을로 가는 역정. 처서가 지나면 풀이 더 이상 자라지 않아 논두렁의 풀을 깎거나 산소를 찾아 벌초한다. 숨을 쉴 수 있도록 풀을 깎고 술을 부어드린다.

아침저녁으로 신선한 기운을 느끼는 계절이기에 처서다. 계절의 전령사 귀뚜라미가 하나둘 나오기 시작한다. 이때를 별로 할 일 없는 '어정칠월 건들팔월'이라고도 한다. 어정거리면서 칠월을 보내고 건들거리면서 팔월을 보낸다는 말인데, 다른 때보다 그만큼 한가한 계절을 표현한 말이다.

처서 무렵은 벼의 이삭이 패는 때이다. 강한 햇살을 받아야 벼가 성숙할 수 있기 때문이다. 처서는 더위에 지친 몸에 영양을 공급하고 기를 넣어주는 자연의 질서요, 지혜다. 농본사회를 지나 지금의 처서는 풍요로 넘어가는 계절 그리고 지친 몸에 정기를 충전하여 넘는 희망의 관문이자 풍요의 절기다.

⁂ 군락(群落)

군락은 가족이다. 같은 환경에 가족이 되어 모여 자라는 것이 군락이다. 자연에서 군락은 살기 위한 집단이다. 가족도 이런 것. 함께 모여 살아 가족이 되고 군락이 된다. 식물 · 나무만이 그런 것이 아니고 사람도 이와 같다. 군락은 신의 조화다. 자연의 미풍과 군락은 서로 닮은 미소다.

무궁화 군락 사이에 자목련 꽃잎을 희롱하고 지나간 산들바람은 보리수나무를 흔들고 돌 틈에 가냘프게 줄기를 세운 더덕 군락에 나비처럼 고이 접고 앉아 아양스럽다.

⁂ 청렴(淸廉)

성품과 행실이 고결하고 탐욕이 없음이다. 청렴은 믿음이요, 신용이다. 선비 정신은 청렴과 청빈을 우선 가치로 삼고 실생활에서 검약과 절제를 미덕으로 삼는다. 선비는 공부를 통해 마음을 다스리고 인격을 연마하여 그 역량을 사회에 실현, 실천해야 할 책임을 진다. 청렴이 으뜸이고 결백이 다음이고 절제와 검소함이 그다음이다. 출세에 연연하지 않고 높은 관직을 오히려 부끄러워했다. 세상이 아무리 혼탁해도 분명 청렴한 자 도처에 있어 나라는 굳건히 유지되고 인간 관계도 이어진다.

청렴이 습관이 되어 자유로울 때 삶의 참 행복을 알게 된다.

⁂ 요절(夭折)

요즈음 젊은이 부고를 자주 접한다. 젊은 죽음은 누구라도 안타깝다. 금년에 벌써 3명이나 부음을 받았다. 술과 스트레스, 자살도 한몫 한다.

영혼을 울리는 순수한 작곡가 슈베르트는 성문 앞 우물가에 서 있는 보리수마냥 말없이 서서 베토벤을 그리며 현악 4중주 15번 등 주옥같은 많은 가곡을 쓰고 31세에 요절했다. 명분과 남성 권위에 빠진 조선 사회에서 너무 앞서간 천재 여인 허난설헌, 그녀는 가슴에 한을 품고 27세에 요절했다. 비애와 고통을 소리도 내지 못하고 삼키고 살아야 했던 여인. 그녀의 시 한 수를 적어본다.

장간행(長干行)

우리 마을은 장간리예요.
이 마을 앞길을 가다 꽃을 꺾어 임 주며 물었지요.
꽃하고 나하고 누가 더 예뻐?
(家居長干里 來往長干道 折花問阿郎 何如妾貌好)

32세 나이로 요절한 시인 김소월. 한순간의 삶도 정말 소중한 것을… 부르고 싶은 이름들, 하고픈 말들이 얼마나 많았을까?

요절이 안타까운 것은 할 일이 많은 사람이 너무 빨리 아름다운 세상과의 별리 때문이다.

⁂ 병증(病症)

분노, 불안, 초조, 근심, 걱정, 시기, 미움, 비방은 자신이 병마를 초대하는 것이다. 악마가 즐기는 식사다. 시기나 원한과 저주는 상대가 아니라 자신을 병들게 한다.

빨리 늙음도 이들의 장난이요 병, 단명도 이들의 농간이다. 건강히 장수하는 사람은 남을 시기 비방하고 미워하지 않는다. 젊고 건강한 삶은 이들을 추방하고 잊으며 화기애애한 애정과 긍정으로 바꾸는 데 있다. 늙어 자신을 돌아보라.

병든 몸은 자신이 만든 것이다. 세월 따라 쇠잔하는 것은 섭리이나 병마는 자신이 부른 것, 누린 대로 거둠도 염두에 둘 일이다. 모자람을 채우려는 결핍증은 절망의 길로 가는 병증이다. 절망을 희망으로 바꾸고 나누고 비우고 섬기고 배려하는 삶을 살아보라.

⁂ 자기(自己) 존중

자기 돌봄, 자가 인정, 자신 존중, 자기 긍정.

우리는 종종 "나 같은 것이…" 또는 "내가 뭘…" 하며 자신을 비하하거나 겸손이 지나친 말을 듣는다. 겸손하다 하여 오히려 좋게 보는 경우가 허다하다. 그러나 자신을 돌보며 인정하고 존중하는 것은 자신에 대한 예요, 자존이다.

이기적인 행동이라 볼 수 없고 남을 초라하게 하는 비도덕적이고 무책임한 행동이 아니다. 자신을 사랑하고 자신에게 용기를 주는 자기 사랑이다. 자신을 돌보며 남을 자신만큼 배려하는 것이야말로 진정한 배려다. 먼저 자신을 사랑하라 그리고 남을 사랑하라. 자기 긍정이 남을 긍정적으로 보는 발판이다.

자신과 싸우지 말라. 자학, 불안, 초조는 불필요한 출혈이요, 자기 부정이자 파괴다. 사람이 긍정적인 정신으로 살다가 죽는 것을 천수를 누림이라 하고 자기 존중이 아닌 남의 정신, 치매라든가 망령 등으로 사는 것은 덤으로 살아가는 것이다. 비명횡사나 교통사고로 죽는 것도 애달프지만 천수를 다한 것이다. 자신의 정신으로 죽었기에 말이다.

⁂ 차례(次例)

차례는 인간이 만든 것으로 보이나 실은 신의 순번이라는 작품이다. 앞이 사라지고 다음으로 잇는 사라짐의 잔영이다. 매사 안달하지 않고 기다려도 차례는 온다. 초조할 필요는 더욱 없다. 순번이 지나갔다 해도 차례는 어김없이 온다.

신이 만든 차례를 인간이 거슬러 나아갈 수 없음을 알 때 지혜의 싹이 튼다. 지나가고 사라짐은 당연한 것. 차례를 빗겨나고자 하나 사라지는 세월 따라 죽음의 차례도 온다. 태어나 늙고 병들어 죽어가는 생명이 있는 만상은 느낌으로 오는 차례에 입 다문 냉가슴이다.

⁂ 지옥(地獄)

인간이 만든 지옥은 현세에 존재한다. 못 견딜 만큼 괴롭고 참담한 형편이나 환경을 말한다. 신이 만든 지옥은 불가에서는 중생이 지은 죄업으로 죽어 영혼이 되어서 간다는 지하 세계를 말하며 모두 136종류의 지옥이 있다고 하고 나락이라 한다.

기독교에서는 죄인이 구원받지 못하고 죽으면 영원히 벌을 받는다는 곳이 지옥이다. 희망은 없고 어둠과 증오만이 존재하는 곳. 그리고 영원한 저주의 세계이다. 이런 지옥은 죽어서 가는 곳이다.

여기서는 현세의 지옥과 천국을 말하고자 함이다. 인연에 얽힌 사끔이 자신을 지옥과 천당의 자리에 머물게 한다. 이 세상은 낙원이자 지옥의 수용소다. 지옥이 존재하는 낙원이다.

이 낙원에서 지옥의 삶처럼 번뇌만 안고 처참하게 슬퍼만하고 살 것인가? 돈의 유혹은 영광과 축복을 부르는 무심한 천국과 지옥의 교착점이다. 분노와 적개심 · 심화 · 욕심 · 배신 · 증오 · 과욕 등에서 벗어나지 못하면 지옥에 사는 것이다. 삶의 지옥도, 자신이 만들어 가며 괴로워하는 삶. 마음의 평화를 잃고 봉사와 사랑 환희 평안 등을 마음에 담지 못하여 괴로워하는 화근 덩어리 미물이 인간이다.

가장 올바른 삶은 어떻게 사는 것일까? 환희와 배려 평안을 마음에 담아 실천하고 살면 이는 천국의 삶이다. 영혼도 맑아질 것이다.

⁂ 좌우명(座右銘)

좌우명은 성공하기 위해서만 필요한 것이 아니고 행복하기 위해서도 필요하다. 좌우명 속에는 성공 비법이 숨어 있다. 늘 가까이하고 염두에 두고 항시 생각하기 때문이다. 대부분의 성공은 좌우명에서 시작된다. 좌우명은 그 사람 자체라 할 수 있다. 좌우명은 그 사람의 인격과 꿈 그리고 사상까지 압축하여 표현된 문장이다. 성웅 이순신의 "반드시 죽고자 하면 살 것이고 살고자 하면 죽을 것이다(必死卽生 必生卽死)"라는 좌우명은 이 나라 백성이라면 대부분 알리라.

젊은이들이여! 꿈을 꾸되 그 꿈을 압축하여 좌우명을 만들고 늘 가까이 하라. 그리고 시도하라. 반드시 성공과 행복을 이루리라. 나의 좌우명은 경청(敬聽)이다.

⁂ 무료(無聊)

지루하고 심심한 상황을 무엇으로 견딜까? 노동이 대책이다. 일하지 아니하고 즐겁고 행복할 방법은 없다. 조물주는 걷는 발과 일하는 손 그리고 일을 조율하는 머리, 일하기 위해 힘을 생성하도록 입을 만들어놓았다. 원하는 대로 이루어지면 삶이 무료해진다.

무료함을 달래는 모든 수단과 방법이 도를 넘어 중독으로 가면 즐김만큼 파멸의 함정은 깊어진다. 술, 도박, 마약만이 문제가 아니고 무료함과 허망함을 향락으로 메우기 위한 인간의 발버둥은 캄캄한 밤 유화 등에 나방이 모여들어 결국 하나둘 빠져 죽어가는 것과 같다.

무료하게 보낸 하루는 어제 죽은 이가 그토록 기다린 하루다. 무료는 삶의 경건에 대한 죄악이다. 파스칼은 신 없이 살아가는 인간을 공허와 무료함 그 빈자리를 헛된 향락으로 채우는 권태에 빠진 인간으로 보고 오로지 신에 대한 믿음을 통해서만 구원받을 수 있다고 보았다. 힘든 노동과 위대한 예술은 인생을 무료에서 해방시킨다. 늙어 잃을 것도 얻을 것도 없는 나이. 삶의 무의미가 마음에 자리하고 절망도 원망도 없고 무료하기도 하고 후회스럽기도 한 시기. 무료함을 달래고 살아 있음을 느끼게 하는 것은 신성한 노동과 자신에 알맞은 봉사와 배려다.

어제가 오늘 같고, 내일이 어제 같고, 하루하루가 무기력하고, 진부하고, 색다른 것이 없고, 무료하다면 그대는 의미 없는 하루를 소비하고 있을 뿐이다. 생기 있게 사는 것이 아니라 겨우 연명함이다.

⁂ 소인배(小人輩)

성정이 부정적인 간사하고 옹졸한 사람. 주책을 떨고 푼수 · 이간 · 음흉 · 망령은 행복을 멀리하는 참으로 어리석은 소인배의 모습이다. 아부나 아첨도 이와 같다. 자신에게 지극정성인 사람을 싫어할 사람이 있겠는가? 소인배일수록 더욱 달콤한 유혹이다. 그러나 아부하는 자는 등에 배신을 업고 다니는 법이니 각별히 유념하라. 용기와 희망, 비전, 배려를 모르는 자는 소인배이다. 심신이 힘들고 근심 걱정에 휩싸일 때 자신이 소인배라서 큰일을 맡기기에 적당치 않아 성숙한 폭넓은 사람으로 만들려는 연단이라 생각하자.

삶의 아름다운 정원에서 단 한 번 선택받은 기회가 아닌가. 긍정과 애정의 길을 가자.

⁂ 혜택(惠澤)

누린 만큼, 혜택 받은 만큼 대가를 치르는 것이 삶의 이치다. 자동차를 타고 편리를 누린 만큼 크고 작은 사고도 당한다. 혜택을 본 만큼 어려움도 당한다. 분명한 것은 대가는 누린 것에 비해 사소하다는 것이다. 그러나 대가가 지나치게 크다고 생각하는 것이 인간이다. 뿌린 만큼 거두는 이치도 이와 같다.

지금 누리는 혜택은 언젠가 대가를 치른다는 사실을 유념하라. 혜택은 자신의 능력으로만 얻어지는 것이 아님을 알라. 두뇌가 우수해서 앉은 자리라 생각하지 말라. 능력이 있어 그 자리에 앉았다고 생각함은 교만이다. 단지 혜택이다. 얻어먹는 자, 수혜 입는 자, 혜택받은 자가 언제나 등 뒤에서 비수를 꽂는 법. 견장이나 직함에 중독되어 혜택을 독식하려 들지 말라.

⁂ 사랑

살아 숨 쉬는 것만으로 만족하고 봉사하고 자신도 사랑하고 남도 사랑하라. 육체의 사랑은 질투요, 집착이다. 영적인 사랑은 배려요, 환희다. 삶이 짧기에 사랑은 더욱 절실하고 사랑하면 질투와 집착, 배려와 환희에 몸과 영혼이 떨게 되어 있다. 가족이라 사랑하는 것이 아니다. 사랑하니 가족이 되는 것이다. 사랑과 전쟁에서는 뭐든 정당하다.

증오는 변형되고 변신된 사랑의 애원이다. 사랑을 애원하고 구걸하는 행위가 증오다. 그래서 사랑은 증오보다 강하다. 사랑이 짧으면 슬픔이 길어지는 법이니…. 흔한 말이 행복이요, 사랑이라 생각하지 말라. 아무리 흔한 말도 비길 데 없는 귀한 말이다. 착하고 양심적으로 살며 남을 도우라!

신을 만날 수 있는 길은 사랑밖에 없다. 사랑 안에 신이 존재하니… 사랑이 깊을수록 작은 일도 서운해지는 법이다. 믿음보다 오해가 앞서간다 해도 사랑하라.

칭찬하라. 축복하라. 감정이 고갈되어 의미를 잃기 전에 말이다. 뜬구름 같은 인생에 그대가 할 수 있는 가장 소중한 일이다.

⁂ 죄(罪)

죄는 지은 데로 가고 덕은 닦은 데로 가는 것은 상식이다. 죄와 덕의 씨앗은 태생적으로 함께 자란다.

선악은 육신과 더불어 탄생한다. 다만 성장하며 받는 선행교육이 덕을 자라게 하고 환경이 선을 요구함에 선, 즉 덕이 왕성해질 뿐이다. 선은 지그시 죄를 누르는 지렛대이다. 인간은 성악이지 성선은 아니다. 단지 성악으로 존재가 불가능하기에 선이 악을 지배하고 있을 뿐이다. 인간에게는 원죄 이전 태생적인 죄의 씨앗이 아픈 암이 되어 박혀 있다. 관상도 종장의 의도가 얼굴에 나타난 악의 집중도, 다소를 가려 보는 것이다.

악을 통제하기 어려운 인간은 하늘로부터 위로와 평강을 얻으며 죄를 용서받을 수 있는 절대자가 반드시 필요하다. 위험하고 사악한 일을 하기에 인생은 너무 짧다. 죄에 대한 벌은 결국 불이다.

⁂ 무관심

현대인에게 가장 무서운 병은 무관심이다. 자신에게 이익이 되지 않으며 괜히 복잡한 일에 연루되기 싫고 귀찮아서 개입하지 않으려는 사고다. 하여 핑계를 만들고 나만 목격한 것이 아니라 여러 사람이 본 것이며 굳이 내 책임이 아니라고 한다. 무관심은 미래에 대한 불안감과 조급증, 치열한 경쟁 등에 따른 사회적 병폐 현상으로 보는 사람이 있으나 인성교육의 부재다. 현대인들은 모든 게 불안하고 경쟁이 치열하다 보니 자신만 본다. 관심을 가지고 신고하면 경찰에서 오라 가라 하는 것이 귀찮고, 공권력을 믿지 못하는 부분도 있어 관여하지 않으려 한다. 또한 나중에 보복당할 수 있다는 생각도 한다.

언사와 행동이 없음은 무관심이다. 욕심과 무관심으로 보면 귀한 약초도 잡초로 보일 뿐이다. 무관심이 범법 행위는 아니지만 분명 사회 구성원으로 가장 부도덕한 실수를 저지르는 것이며 용기 없는 자다. 사랑의 반대는 증오가 아니라 무관심이다.

사랑은 관심에서 생성되는 무지개이기 때문이다. 무관심으로 사랑이 싹을 틔울 수 없음이다. 공동체 일원인 내 책임이라고 생각하는 현상 그리고 나누고 섬기고 배려하는 자세야말로 인성의 최고 가치다. 신사도이자 숙녀의 예다.

⁂ 기다림

기다릴수록 욕구는 커진다. 기다림과 희망은 그리움의 대상이다. 기간이 길면 터짐이 폭발적이다. 긴 행보는 에너지를 축적한다. 그래서 분출하는 용암이 거대하다.

긴 기다림도 이와 같아 순수한 알맹이가 찬란한 빛을 띠게 된다. 빅뱅이 되기도 한다. 물론 반대로 너무 길어져서 회생 불가능한 죽음을 맞기도 한다. 고사되기도 하고 동면이 심지어 에너지 축적이 될 수 있는 기다림, 생명의 숨결이 잦아들어야 한다. 노아의 기다림같이 그 기다림 속에 보물이 있음을 알고 인내하라. 열매를 위해 가을까지 기다리는 것이다.

삶의 아름다운 기다림이 여유다. 정직으로 심신도 다듬어라.

⁂ 더 높은 곳을 향하여

세상을 물질의 지옥으로 보는 사람이 있다. 욕심으로 세상을 보지 말라. 꿈과 희망으로, 기도와 수신으로 보라. 욕심을 버리고 선한 맑은 마음으로 더 높은 곳을 향할 때 보이는 게 무지개요, 피안의 언덕이다.

⁂ 거인을 고대하며

북한의 핵개발 의혹이 드러난 1998년 2월 김영삼 대통령은 "동맹국도 민족보다 나을 수 없다"고 강조하며 김일성과 회담을 제의한다. 옳은 말이나 김일성 집단을 모르는 한심하고 무지의 안타까움이다.

이때 북한은 핵확산금지조약 NPT를 탈퇴한다. 1999년 김영삼과 정상회담을 앞두고 김일성이 사망한다. 그 후 김대중 대통령은 김정일의 핵동결을 과신하며 2000년 6월 남북정상회담을 한다. 노벨평화상용이라 보는 사람도 있고 순진한 모험으로 북을 다스릴 절호의 기회인 북한 최고인사 황장엽의 망명까지 물거품으로 만든다.

2004년 11월 방미한 노무현 대통령은 "북한 핵과 미사일은 외부 위협에서 자신을 지키기 위한 억제 수단이다. 북한 주장에 일리 있는 측면이 있다고 본다"며 북한의 핵개발 논리에 정당성을 부여한 것처럼 말한다.

1년 후인 2006년 10월, 북한은 함북 풍계리에서 핵실험을 한다. 그는 이때 연설에서 "북한이 핵무기로 선제공격할 가능성은 없다"는 입장을 밝힌다. 어처구니없다. 생존 문제에 이처럼 가소롭게 말할 수 있단 말인가? 한민족이 지켜온 이 땅을 버리고 떠나기라도 하란 말인가?

일관되게 공산화를 꿈꾸는 그들에게 보수 정부 이명박 대통령은 북한이 핵을 포기하면 연소득 3천 달러가 되도록 지원하겠다며 북의 실체를 인식조차 못 하는 듯 6자회담만 믿는 한심하고 어이없는 사고를 하였다. 북한은 2016년 5차 핵실험을 하고 모처럼 북한 정권 실체에 근접한 박근혜 대통령은 "김정은의 정신 상태는 통제 불능"이라며 강경한 자세였다.

당국은 "북한이 도발 시 평양을 지도에서 사라지게 할 것"이라 공언한다. 그러나 그녀는 율법의 잣대에 의해 탄핵되고 만다. 진정한 보수는 인간의 모든 자유를 위해 투쟁하는 사람이다. 사이비 보수는 쭉정이다. 지금 우리 국민은 국가와 국민을 생각하는 결연한 의지와 자유통치 철학을 갖춘 거인을 학수고대한다. 인기에 영합하며 무지하고 성과와 좌경에 집착하고 어리석은 패착을 해온 그들이 아닌 뜨거운 김도 나지 않고 태워도 태울 수 없는 국가와 국민만을 생각하고 죽음도 불사하겠다는 강인한 차돌 같은 거인을 원한다.

⁂ 종말(終末)

종말은 이미 사라졌다. 종말론은 무의미하다. 제국의 종말은 존재했다. 개체수의 종말도 있었다. 그러나 신이 창조한 지구나 인간의 종말은 이미 사라진 지 오래다. 종교 역사가 짧은 나라일수록 맹신자가 많다.

극단주의자들 또는 이단들이 종말론을 말하며 성전이나 종말 운운하며 다분히 개인적이고 정치적으로 이단시하는 행위다. 이는 내 것 내 생각이 소중하면 남의 것과 남의 생각도 소중히 여기는 종교인의 자세에 어긋나는 독선 행위다.

인간의 탐욕과 무책임한 낭비가 결국 지구의 종말을 불러올 것이라 보는 견해도 있으나 지구를 살리려는 강렬한 의식이 있어 지구 멸망이나 종말은 요원하다. 예수 그리스도에 의하여 계시된 종말(Eschatology)을 인식하고 그리스도의 재림(再臨)이 사실로 나타나기를 바라는 이 소망에 의하여 현재의 의미를 찾아낸다.

종말은 역사의 지향인 동시에 완성이며 역사는 이에 의하여 심판받는다고 생각한다. 그러나 예수가 이 땅에 온 이후 사실상 그의 죽음과 부활 그리고 승천과 함께 종말은 사라졌다. 예수 그리스도의 죽음과 함께 종말적인 인자를 모두 거두어 가셨기 때문이다.

⁂ 성숙(成熟)

생물이 발육하는 것. 성장은 성실하게 자리를 지켜낼 때 비로소 가능하다. 옮겨 다니는 부평초 같은 상황에서는 성장할 수 없다. 옮겨 다니는 나무가 언제 자리 잡고 자랄 수 있겠는가? 고사하기 일쑤다. 박토에서 옥토로 옮김도 신중을 기하라. 안정과 집중에 성숙이 있고 성장이 있다. 터를 잡고 그 자리에서 안정과 집중을 모색하라.

봄에 씨앗이 자라 성숙하는 삶의 질서를 터득하고 그것이 자연 친화임을 깨달음이 삶이다. 성숙이 머무는 곳이 둥지다. 성숙이 있어 탐스러운 과실이 주렁주렁 열린다.

⁂ 선물(膳物)

뇌물과 선물은 혼동할 일이 아니나 순수 선물이라 해도 기억되고 후일 대가를 돌려줄 것을 생각하니 궁극에 가서는 뇌물이 되기 마련이다. 뇌물수수는 참으로 더러운 일이다. 보이는 선물을 보이지 않는 선물로 은밀히 감추고자 돈을 이용한다. 신이 내린 선물만이 진정한 선물인 이유가 여기에 있다.

자식은 선물이다. 원수가 자식이 되었다 하더라도 보석이요, 참으로 아름다운 선물이다. 사랑도 이와 같아 인간에게 내린 가장 아름다운 선물이다. 선물 같은 사랑을 하는 자 행복할 것이다. 인간의 마음속에는 한 아름 선물 보따리가 있다. 꺼내서 배려하고 베풀면 된다. 나누고 베푸는 것에 인색하지 말라. 어리석음이다. 주고받음의 황홀함은 배려에 있다. 죽음이 임박하면 사랑받고 사랑한 것만 남는다.

⁂ 여진(餘震)

큰 지진이 일어난 후 작은 지진은 계속된다. 여진이다. 큰 지진 여파다. 지진만 여진이 있는 것이 아님을 알라. 한 번 실수하면 뒤따라 작은 실수, 잘못이 일어난다. 실수나 실패뿐 아니라 반대로 잘된 일도 작으나마 좋은 일이 연거푸 일어난다. 떼로 밀려온다. 단수가 아니고 언제나 복수다. 하여 실수나 실패 · 무례는 두세 차례 여파가 밀려옴을 깨달아야 한다.

충격은 작아도 결과는 크다. 소나기와 가랑비 같은 것. 잘못된 선택도, 판단 착오도, 전쟁에서 패함도, 사업상 부도도 이와 같이 여파가 두려운 법이다. 여진 · 여파에 무너진다는 사실에 유의할 일이다.

⁂ 평화

평화는 전쟁만이 이룰 수 있다. 힘이 있어 평화가 가능하다. 입으로만 평화를 논하는 사람은 평화주의자가 아니다. 평화의 배신자다. 사이비일 뿐이다. 수비하고 평화를 사랑한다는 말은 죽은 자의 잠꼬대일 뿐이다. 죽은 자들의 변명이다. 공격자만이 세상을 지배했다.

수비자는 망하거나 죽었다. 평화는 미명이다. 공격자 입장에서 평화를 지켜라.

⁂ 색(色)

색은 자연의 언어다. 맛이 될 수 있다. 유혹이 되기도 한다. 신의 디자인이다. 같은 종패를 뿌려도 같은 색깔 같은 무늬가 없어 백합이다. 미색이 출중함은 권력이다. 신의 선물이기에 귀하다. 너무 아름다운 미모는 칼날과 같다.

인간이 할 수 있는 것은 자신을 보호하는 보호색이 전부일 뿐이다.

⁂ 사람

어리석은 자여, 그대 이름은 사람이라! 어리석음을 탓하며 자학치 말라. 결과가 어리석은 일이라 해도 최선이었다고 생각하라. 완벽할 수 없는 인간이 어찌 앞일을 알 수 있겠는가? 추측만 할 뿐이다.

술, 돈, 색, 명예, 권력에 빠져 깊은 후회를 하고 어리석음을 탓하며 심신을 괴롭히지 말라. 너무 일에 빠지지 말고 다른 사람과 비교하여 눈치 보지 말며 솔직하게 감정을 표현하라. 친구를 소홀히 대하지 말며 좀 더 웃고 행복하기를 힘쓰라. 알았거든 어리석음을 떨치고 기초를 다시 하라. 어리석기에 인간이다.

⁂ 내 모습

타인의 허물을 보면 내 허물이 보일 것이요, 타인을 비판하면 내가 비판받을 것이다. 내가 싫어하고 미워하는 사람은 나와 가장 많이 닮은 사람임을 알라. 말 많은 사람이 그와 같은 사람을 싫어하고 도둑이 도둑을 싫어하고 간교한 사람이 간교한 사람 싫어함과 같다.

자신이 싫어하는 모습을 보며 왜 저 사람이 싫을까 생각해 보면 그 사람과 자신이 너무 많이 닮았거나 때론 그 반대임을 알게 될 것이다. 그 모습이 그대의 모습일 수 있음이다.

자신을 돋보이게 하는 최선의 방법은 주는 것, 배려다.

⁂ 바늘과 도끼

상대가 죽지 않을 것이기에 무기가 바늘이라면 쉽게 쓸 수 있다. 그러나 도끼는 한 번 쓰면 죽을 수 있기에 함부로 쓸 수 없다. 다만 상대에게 겁을 줄 수는 있는 것. 사람들은 도끼 갖기를 원한다. 설령 쓸 수 없어 상대를 겁박할지언정 말이다. 지나치게 크고 많은 것도 도끼의 일종이다. 돈과 권력도 이와 같다.

진시황의 만리장성도 김정은의 핵도 도끼 같은 것으로 스스로 망하는 망자의 물건이다. 믿는 도끼로 자신의 발을 찍을 것이다.

인간이기를 포기한 자들은 도끼를 쓸 수 있음을 명심하라.

⁂ 신로마시대

신로마시대가 오고 있다. 대한민국에서다. 로마는 담장을 치고 성벽을 쌓아 폐쇄하며 망했다. 로마인의 자존심은 병역과 세금 그리고 개방이었다. 로마인의 제1 덕목은 병역이었다. 공화정 시대 로마 시민권은 귀족의 상징이요, 부와 권력 그리고 자존의 표상이었다. 그러나 로마는 성벽을 쌓으면서 사라지는 국운을 감수할 수밖에 없었다.

지금 대한민국은 밖으로 영화, 음악, 음식, 패션을 내보내며 개방하고 있다. 단순히 이것만이 아니다. 많은 선교인이 세계를 누비고 있다. 분명 빌보드 차트를 석권할 것이고 영화나 패션의 중심이 될 것이다. 대한민국의 단순하나 강한 서민적인 인자가 세계의 허를 찌르고 있다.

수많은 사람들이 코리언 드림을 꿈꾸며 대한민국을 찾고 있다. 희망과 새로운 삶을 찾도록 길을 열어놓은 자유로운 터 이곳이 신로마지대이다. 한류가 얼마나 더 지속될까? 의문시하는 사람들이 있다. 걱정할 필요 없다. 한류가 되어 나간 자리는 세계의 자양분이 모여들어 선순환을 이루기에 오랜 세월 유지될 것이 확실하기 때문이다.

단순하고 서민적인 요소는 누구나 좋아하고 즐길 수 있는 음식, 문화, 음악, 패션, 영화, 첨단의 사고 등 그 속에 마력이 존재한다. 신로마제국의 탄생이다. 다만 안타까운 것은 국익을 도외시하는 허망한 정치인이 많다는 것이다.

⁂ 장수(長壽)

장수하는 것이 중요하지 않다. 인간다운 삶을 즐겨라. 일하는 자가 놀고먹는 자보다 장수하고 화목하고 취미생활을 즐기고 긍정적인 사람이 장수한다.

자연식을 즐기며 과욕을 부리지 않으면 또한 장수는 당연한 일. 비우고 섬김을 즐기고 칭찬하고 배려하는 사람도 장수한다.

⁂ 파리와 사자

파리는 사자를 괴롭혀 움직이게 만든다. 파리가 무서운 거구의 사자를 움직이게 하여 운동시킨다. 소도 매한가지. 가죽에, 눈에 달라붙은 파리는 꼬리를 흔들게 하고 몸을 움직이게 한다. 거구의 소를 움직인다. 끊임없이 운동시켜 날씬하게 만든다.

비대해지고 둔하면 죽음이다. 작다고 하지 말라. 사자도, 소도 작은 파리가 아무리 짜증스럽고 귀찮아도 죽일 수 없다. 벌과 나비, 개미가 엄청나게 큰 자연의 거구들을 조종한다. 소소한 것이 그대를 움직이고 있음을 알라.

⁂ 한복

한복은 단순 단아하다. 한복은 평면제단이다. 그러나 입으면 입체가 되는 마력이 있는 세계 유일의 옷이다. 한복은 미인을 만드는 옷으로 누가 입어도 아름답다. 이런 특수한 옷은 세계 어디에도 없다. 추녀도 입으면 아름답고 추남도 입으면 품위 있는 마력이 있다.

외국인이 입어도 어울린다. 우아하고 고상하나 다소 불편하다. 참을성 없고 육체가 드러나 섹시한 미를 즐기는 현대인들에게는 고품격 옷으로 함부로 입을 수 없는 옷이 되었다. 평면이 입체가 되고 허함도 감싸주는 마력의 후덕한 옷이다.

⁂ 서민음식 그리고 세계화

우리에게 서민음식이 있다. 김밥, 튀김, 떡볶이, 콩나물비빔밥(무비빔밥), 잔치국수, 순대, 설렁탕, 해장국 등이다. 배고픈 서민들이, 돈 없는 학생들이 또는 물만 부어 많은 사람들이 나눠 먹을 수 있는 음식들이다.

이런 음식에 우리 민족의 강한 의지가 숨어 있다. 민족의 애환도 숨어 있다. 그러기에 끌리는 마력도 있다. 부대찌개는 미군부대에서 흘러나오는 고기와 햄, 소시지, 치즈 등에 김치와 채소, 매콤한 고추 등을 넣어 끓여 서민의 노곤한 삶을 화끈하게 달래준다.

주머니 가벼운 사람들의 음식이지만 외국인의 눈에 값비싸고 화려한 음식보다 경이적인 음식이 될 수 있다. 더하여 된장이 가미되면 환상적인 맛의 변화가 일어난다. 보기에는 단순하고 화려하지도 귀해 보이지도 않으나 한 끼 식사로 손색이 없다. 분명 이런 우리의 서민음식은 세계화될 것이다.

영국 런던에 영국인이 문을 연 김밥 집은 시사하는 바 크다. 싱가포르의 떡볶이 집, 마카오의 튀김 집, 북경의 부대찌개 집, 프랑스의 호떡 집, 독일의 잔치국수 집, 마카오의 비빔밥 집 등 앞으로 세계 곳곳에 우리의 서민음식점은 열게 되어 있고 머지않아 세계화될 것이며 귀한 음식이 될 것이다. 이 또한 밑바닥에서 상승기류를 타는 한류다. 시골 어머니들의 호미가 유럽 가정 정원의 귀한 손님이 될 것이고 빨래판이 귀한 대접을 받을 날도 멀지 않으리라!

가장 한국적인 것이 세계적인 것이다. 분명 사라진 제국의 힘은 밑바닥에서부터다.

⁂ 국익

국익에 반하는 행위를 하는 사람이 정치를 하고 은행장을 하니 국민은 참으로 한탄스럽다. 개탄스럽다.

5조 원대 분식회계를 눈감고, 또 북에 5억 달러를 갖다 주어 핵을 개발하게 한 사람이 오히려 고개를 빳빳하게 들고 햇볕정책을 말한다. 햇볕정책이라는 몽상에 빠져 극심한 오만을 떤다.

이들에게 국익이란 무엇일까? 동족이란 말은 무엇을 말함인가? 핵 없는 독립이 가능할까? 알량한 그들 나름의 민족이란 무슨 말인가? 어처구니없는 나라의 어처구니없는 사람들.

⁂ 벼랑 끝에 서면

벼랑이 아니라 죽음 앞 황천에 이르는 순간, 살기 위한 집착과 소유와 탐욕은 모두 부질없는 것. 100개 넘는 방이 있어도 2평 남짓한 누울 자리가 전부다. 요즈음은 작은 단지로 마감한다.

금은보화도 의식에 없고 수북이 쌓인 현금 통장도 의미를 잃는다. 이때 우리는 집착을 벗어놓고 영원으로 떠나는 것이다. 지식도, 명예도, 그저 그렇고 다만 조용히 영원으로 사라지는 것이다. 희망도 소망도 무의미한 곳으로….

천국은 진정 완벽한 평등이 자리한 사회주의 왕국이다. 지상에서의 사회주의는 당연히 실패한다. 지상에서는 속임수일 뿐이다. 시작도 영원에서 왔고 가는 것도 영원으로 조용히 사라지는 것이다. 죽음을 거창하게 말하지 말라. 원망도 허물도 덮어주는 죽음으로 덕을 보려하지 말라. 그저 사라지는 것이다.

⁂ 정치인

정치인을 성직자로 보지 말라.
정치인을 협객으로 보지 말라.
정치인이 반드시 진실의 편에 서줄 거라고 생각지 말라.
정치인이 국민을 위해 정치할 것이라 생각지 말라.
정치인은 민심을 받들어야만 되는 것이라 생각지 말라.
어리석은 정치인은 민심만 탓한다.

⁂ 이상과 현실

이상은 평화로우나 현실 그리고 역사는 폭력적이다. 이상은 낭만적이나 현실은 잔인하다. 이상은 자유로우나 현실은 부자유하다. 이상에 머물러 현실에 어두운 자는 참으로 안타까운 사람, 어리석은 정치인이다.

⁂ 군인, 성직자, 교사

군인과 성직자 그리고 교사를 비하하고 흔들면 나라는 패망으로 간다. 또한 이들이 자존을 잃으면 나라가 병든다. 이들은 어느 경우라도 조롱 대상이 되어서는 아니 되는 사람들이다. 이들은 존경의 대상이자 지표다. 적폐의 대상일 수 없다.

⁂ 말과 글

사람은 섬세하고 오묘한 감정의 동물이다. 감정이 통하면 사랑을 느끼고 연민도 생기며 정분도 일어난다. 정분은 또 다른 생명을 생성한다. 말은 나와 너 혹은 너희들과의 교통이다. 이를 매개하는 것이 글이다. 서로 다른 인종도 말과 글이 있어 하나가 되고 이해된다. 강한 말과 글이 한 집단을 이루고 한 사회 한 국가를 만들고 제국을 만든다. 말과 글이 사라지면 그 국가 그 종족은 사라진다. 인간은 사회적 동물이기 때문이다.

신은 인간에게 수많은 말을 주고 서로 다른 종족을 주었으나 차츰 말의 수는 줄어들 것이고 종족도 사라져 갈 것이다. 인간이 오묘한 감정을 가지고 있는 한 말이다.

영어는 78억 1,500백만 달러, 독일어 25억 5,000만 달러, 스페인어 17억 8,300만 달러로 가치를 평가하기도 한다. 한국어는 우수성으로 맹렬히 치고 오르고 있다. 중국 청나라 제국이 망함과 동시에 만주어가 사라졌다는 사실을 기억하며 130년 쓴 우리의 말을 살펴보며 우리의 말과 글의 장래를 생각해 보자.

⁂ 풍자

풍자는 사실에 근거한다. 나 아닌 남의 결점을 무엇에 빗대어 재치 있게 경계하거나 비판하고 조롱함이다. 그러나 사실이 아닌 것을 사실처럼 말하거나 확대 조롱하는 것은 아니 될 말이다. 범죄다. 사실이 아닌 것을 조롱하는 것은 못된 행위다. 코미디도 웃자고 하는 행위 또한 아니다.

힘없는 백성은 깊어가는 가을 하늘을 쳐다볼 한가로운 시간조차 없다. 그런데 사회지도층이라는 사람들이 국익이나 백성은 아랑곳없이 비방이나 조롱으로 날을 세우니 참으로 싫다. 또한 유명하고 대단한 실력을 갖춘 자들이 요설로 혼란만 준다. 분명 새날이 오고 있는 나라인데 말이다.

⁂ 다툼

다툼은 욕심으로 빼앗고 취하려는 데서 일어난다. 시기, 오만, 교만에서 일어난다. 조롱에서 일어나기도 한다. 다툼이 커지면 싸움이 되고 싸움이 승하면 전쟁이 일어난다. 세상에는 다툼 요소가 수없이 존재한다. 오랜 세월 다툼은 살아 존재했고 이어져 왔으며 앞으로도 이어질 것이다. 인간의 복잡성과 성취욕 그리고 극도로 취하려는 즐거움 탓이다. 다툼이 종식될 수 있는 것은 인간이 극도로 외로움을 탈 때뿐이다. 극도의 외로움만이 인간을 다툼에서 해방시킬 수 있다. 그러나 전 인류를 외로움에 떨 수 있게 할 묘책은 어디에도 없다.

⁂ 거짓과 정직

거짓보다 정직이 어렵다. 거짓에 빠진 사람이 정직으로 돌아오려면 용기가 필요하다. 정직은 모든 사람이 좋아하나 모든 사람이 싫어하는 거짓보다 행하기 어렵다. 스스로 정직을 말하는 자는 거짓을 말하는 자이다.

정직은 늘 고독하다. 소심한 인간은 정직하기 어렵고, 욕심이 많은 자도 정직하기 어렵다. 정직은 최선이고 두려움 없는 것이나 자신에게 이롭고 유익하다고 느낄 때 지키는 것이다.

자신을 속이는 정직은 자비롭지 못하고 각박(刻薄)하기 마련이다.

양심에 가책을 느끼면 자신을 통제할 수 있으며 자신과 탁 터놓고 지내는 것만이 정직해지는 자가 훈련이다. 거짓으로 이루어지는 것은 없다.

⁂ 방문

상대에게 기쁨을 줄 수 없으면 초인종을 누르지 말라. 상대에게 취하고 얻을 것이 있다 해도 먼저 양해를 득하라. 초인종을 누를 때는 행복의 전령사가 돼라. 직업상 어쩔 수 없는 상황이라도 함부로 초인종을 눌러 상대를 긴장시킬 권리는 없다. 불가피한 경우라 해도 상대를 배려하는 기본적인 도리는 지켜야 한다. 사전에 정중히 양해를 얻을 필요가 있다.

직업상 상대에게 고통을 전하고 화를 전하는 일이라면 더욱 깊은 배려를 하라. 요즘은 초인종 누르는 사람의 얼굴을 볼 수 있으나 상대를 볼 수 있고 없고가 문제가 아니라 상대에 대한 배려가 문제다. 경솔하게 벨을 눌러서 상대를 조롱할 수 없음이다.

부도로 사정이 심각한 집을 방문하여 이야기하는데 누군가 벨을 누르자 얼굴이 사색이 되고 어두워짐을 본 적이 있다. 부도 낸 당사자는 없고 그의 아내가 가슴을 붙잡으며 고통스러워하기에 이유를 묻자 채권자, 경찰, 검찰, 법원, 세무서, 관공서 등에서 수시로 찾아와 거의 노이로제 상태임을 말해 준다. 대충 알고 있었으나 너무 심각했고 병이 깊어져 있었다. 벨소리에 가슴을 칼로 째는 듯한 통증으로 명치끝이 뜨끔하다 했다.

남의 집에 초인종을 누름은 상대를 최소한 즐겁게 할 수 없으면 부담을 주지 말아야 함은 예의다. 환영받지 못할 집에 방문하는 것은 초대장 없이 잔칫집에 쳐들어가는 것이나 다름없다. 아무 이해관계가 없다 해도 방문할 상대의 심경이나 처지를 헤아림이 우선이다.

초대장 없는 방문은 무례다. 휴식처를 파괴하는 행위요, 둥지를 흔드는 처사다. 요즈음은 집뿐 아니고 상대의 전자우편이나 블로그에 함부로 들어가는데 이 또한 무례다.

요즈음 입만 열면 상대에게 아픈 말을 골라하는 사람이 있다. 이들의 말로는 비참하다. 기쁨 · 사랑 · 존경 · 보살핌 어느 하나라도 줄 수 없는 방문은 삼가라. 나도 3인에게 거액을 사기 당했으나 울화를 지그시 누르고 참고 있다. 고소도 포기했다.

친구야! 희망을 노래하고 사랑을 말하는 전령사가 되었는가? 행복의 전령사 외로움을 보듬어 안고 녹여줄 메시지를 가졌는가? 기쁜 소식을 전할 메모지는 가지고 있는가?

봄이 오는 소리, 희망의 속삭임을 전할 수 있을 때, 그대의 목소리를 들으면 행복해하는 사람을 그려보게나. 초인종을 누르게나.

제4장

【승자의 길】

⁂ 절망

절망은 기회다. 참담한 절망. 죽음에 이르는 절망은 인생의 바닥이다. 뒤편이 희망이다. 절망을 뒤집으면 희망이 된다. 바닥이란 튀어오를 기회의 장이다. 절망이 깊을수록 살 수 있는 기회는 바로 옆에 있다. 다만 용기가 필요할 뿐이다. 절망이 극에 다다르면 실오라기만 한 용기도 벅차다. 한 스푼의 작은 용기라도 말이다.

용기를 잃음은 속 빈 고목이 되는 것이다. 용기를 모아 절망을 대망으로, 희망으로 바꾸자. 곤란에 처했을 때 낙담하고 절망하면 자신의 미약함을 남에게 보이는 것이다. 오뚝이를 생각하라. 그대는 할 수 있고 해야만 살 수 있음이다.

승자의 말과 글만 남는다는 사실을 기억하라. 하늘의 경건을 믿고 경외하는 자는 계속 성장할 것이며 이룰 것이다. 먼 훗날 절망은 작은 가십거리에 지나지 않을 것이다.

⁂ 과정을 즐기는 지혜

없는 것이 두려운 것이 아니라 없어지는 것이 두려울 뿐이다. 실패나 망함이 두려운 것이 아니고 실패할까 봐 망할까 봐 두려운 것이다. 결과가 두려운 것이 아니라 진행 과정이 두려운 것이다. 그러나 진행 과정을 즐길 수 있다면 삶을 최고로 행복하게 즐기고 유지하는 사람이다. 잃어버리는 과정이나 죽어가는 과정 자체도 말이다.

삶은 인연을 풀어가는 과정이다. 두려움에 대한 해답은 나와 있지 아니한가? 결과는 귀결일 뿐 두려움도 무서운 것도 아닌 단지 해답 같은 것이다.

⁂ 소망의 주문을 외워라

평범한 존재라는 생각은 버리고 뜨겁게 살지 않는 인생은 가치 없음을 깊이 새겨라. 집안이 안 좋고 가난해도 배운 것이 부족해도 탓하지 말라. 거추장스러운 것을 모두 버리고 대망을 꿈꾸며 행동하라.

더욱 뜨겁고 끈기 있게 살며 창공을 날고 있는 독수리가 되어 나는 절대 쓰러질 수 없다는 주문을 외우자. 땀과 노력으로 씨를 뿌린 자는 웃음으로 거두어들인다. 무씨를 뿌리고 산삼을 거두려 하지 말 것이며 심은 대로 거두는 자연의 섭리를 배워 익히자. 일함에 있어 땀과 노력을 믿고 혼신을 다하여 매진할 것을 마음 깊은 곳에 새겨두며 주문을 외우자. 적은 내 안에 있다. 몇 번이고 외우자, 용기가 샘솟을 때까지.

"나는 절대 쓰러지지 않을 것이며 반드시 성공할 것이다. 나의 땀과 노력을 믿을 것이며 소망을 이룰 용기와 함께할 것이다."

⁂ 시련(試鍊)

시련은 자신이 누구이며 어떤 사람인지 알려주는 인식표다. 시련만이 인간을 정화시키는 청량제이다. 때로 시련이 심약한 사람을 병들게 하고 심지어 나약하게 하며 죽음에 이르게도 한다. 신은 인간에게 시련을 주고 또 행복도 주었다. 시련을 겪고 나서야 진정한 행복을 알게 된다. 시련은 행복으로 가는 등용문이라 생각하고 인내하며 통과하자. 삶에 대한 통과의례라고 생각하자.

크고 넓은 세상을 가슴에 품고 깊이 생각하면 시련은 어쩌면 당연할 수 있다. 크고 넓은 세상을 가슴에 품고 견디어라.

⁂ 추구(追求)

춘추시대에 돈이면 뭐든 하는 '사람을 죽여 간을 회쳐 먹은' 도척이라는 악명 높은 도둑이 있었다. 돈만 추구하는 천박하고 몰인정한 도치기로 통했다. 이런 악인은 당연히 천수를 누리지 못하거나 비명횡사할 것이라 생각하나 착각이다. 천수를 누렸다. 그는 오로지 돈만 추구하였다.

주나라 백이는 명예를 추구하고 죽음을 맞이했다. 삶이 너무 힘겨울 때 나보다 더 힘든 사람을 생각하라. 다 가질 수 없는 것이 인생이고 더 좋은 조건에 흠집이 있는 것이 삶이다.

인생의 갈피에서 사람마다 추구하는 것이 다르고 나 자신이 선택할 수밖에 없었던 추구는 자신에게는 진로요, 인연이다. 후회하지 말라. 선을 위장하고 법을 악용하며 자신의 이익을 추구하는 사람 앞에서 법은 정직한 자를 보호하지 않는다.

성공이나 행복 또는 인간들이 추구하는 모든 것. 그것이 사랑이든 명예 · 권력 · 재물이든 이런 것들을 획득함에 있어 첩경이란 존재하지 않는다. 간절한 갈구가 있을 뿐이다.

⁂ 승자의 길

승자의 길은 험난하고 온실이 아닌 가시밭길임은 누구나 알고 있다. 엄동설한 산야에서 홀로 무예를 닦는 것과 같다. 좋은 회사에서 좋은 상사와 일하며 배우는 것이 승자의 길 같으나 그렇지 않다. 최악일 뿐이다.

가장 좋은 승자의 길은 나쁜 회사에서 나쁜 상사와 일하며 배우고 깨닫는 것이고 두 번째는 좋은 회사에서 나쁜 상사와 일하는 것이다.

세 번째는 좋은 회사에서 좋은 상사와 일하며 배우는 것으로 최악이다. 물론 좋은 회사에서 좋은 상사와 더불어 일하는 것은 샐러리맨의 행운일 수 있다. 그러나 승자의 길은 아니다.

악마를 알고 천사의 길에 들어감이 최고 승자의 길이 될 수 있을 것이다. 나쁜 회사에서 나쁜 상사와 일하면 그 회사는 망할 것이다. 그러나 인간관계, 모범적인 회사 경영, 좋은 상사의 자질, 회사의 비전 등을 배우게 되어 대성의 길을 볼 것이다. 배우고 경험을 익혀 요긴하게 활용하라.

⁂ 수난

아무리 어려운 역경도 즐거움으로 출발하고 쾌락으로 풀어라. 쾌락의 끈을 놓는 순간 공포가 엄습할 것이다. 인생에서 사람을 믿고 당하는 어려움은 참으로 견디기 어렵다. 허나 사람이 사람을 믿지 않고 살 수 있겠는가?

불신은 자신을 병들게 하고 영혼을 더럽힌다. 믿어서 고통스럽게 실패했다고 하더라도 불신으로 영혼이 병드는 것보다 낫다. 혜안과 직심으로 사람을 볼 줄 아는 지혜를 터득할 것이다. 재물 · 인간관계 · 명예 등등 어려움에 처했을 때 허둥대거나 걱정하지 말라. 해답은 가까이 있고 차분히 돌이켜보면 풀리지 않는 어려움은 없다. 필연적인 해답을 부르고 믿는 자, 해답 앞에 정면으로 나오는 자는 답을 얻을 것이다.

불안과 두려움이 엄습할 때, 시련과 후회 · 실패는 불청객처럼 오는 것은 아닐진대 그 어려움을 하늘에 맡기고 환상은 버리고 진정과 직심 그리고 꿈을 가꾸어 밀어붙여 날려버리자. 현실을 직시하고 살아야 어려움에 빠지지 않고 현실 타파가 가능하다. 짐을 벗어놓으면 가볍다. 무거운 짐을 벗어놓으라.

⁂ 공(功)과 허물(虛物)

속담에 열 번 잘하고 한 번 잘못하면 잘못한 것이고, 아기를 아홉 번 잘 보고 한 번 울리면 애를 본 공이 없다고 한다. 칭찬은 인색하고 허물에는 잔인한 것이 보통 인간의 속성이다. 대부분 사람들이 공과를 생각하며 섭섭하고 서운한 감정에 빠지나 어리석음이다. 매사 열 번 잘할 자신이 없거든 하지 말라.

칭찬과 친절은 용감하고 대범한 사람들이 닮고자 노력하는 일종의 도다. 잘한 일은 칭찬해야 하나 허물을 씹는 것은 쉽고 칭찬은 어렵다. 칭찬은 멀고 욕설은 가깝다. 거짓과 욕설과 비난이 난무하는 곳에 정의는 숨는 법이다. 정의는 만민의 교리다.

언제부터인지 우리 민족은 칭찬에 인색하고 작은 허물도 대공(大功)만큼이나 키워 씹는다. 이는 큰길을 가고자 함에는 부정적이며 장래가 암울해진다. 부정은 자멸을 부추긴다. 허물을 탓함에 열을 올리지 말 것이며 칭찬과 인정 그리고 배려로 살아보자.

⁂ 소명(召命)

자신의 소명을 알고 그 소명을 다한 자만 행복하게 죽음을 맞을 수 있다. 죽음에 아무 감정이 없다면 소명을 다하지 않은 무미건조한 인생을 살았다는 증좌다. 쌍둥이도 같은 삶을 살지 않는다. 태어난 소명대로 제 갈 길을 가라. “행복했노라” 말할 수 있다면 나름 소명을 다한 천국에서 살다 귀천하는 것이다.

히말라야의 슈바이처라 불리는 강원희 씨는 의대를 졸업한 후 속초에서 병원을 개업, 풍요의 생활을 할 수 있음에도 1982년 49세의 나이로 해외 의료봉사에 나선다. 이후 30년 동안 네팔과 방글라데시에서 봉사한다. 방글라데시 개발협회를 만들어 농업 교육, 새마을운동을 벌인다. 그가 주도한 새마을운동은 훗날 한국정부와 NGO들이 펼치는 해외원조 사업이 된다. 가난하고 어려운 환자일수록 정성을 다한 강 박사는 하늘이 부르시는 그날까지 한 사람이라도 더 살리는 게 소명이라 믿는다. 현재 강 박사는 네팔에서 한국국제협력단(KOI－CA)의 도움을 받아 건립한 한국 - 네팔 친선병원 진료원장이다.

13살 어린 나이에 통조림인 줄 알고 딴 깡통이 대인지뢰여서 두 손을 잃은 강경환 씨는 진한 땀을 흘리며 염전에서 일한다. 그는 피땀 묻은 소금으로 절망에 빠진 이웃에 희망의 홀씨를 심고 있다. 장애를 극복하고 소리 없이 이웃을 돕는 소금장수 강경환 씨는 하늘로부터 받은 소명을 실천하는 사람이다. 그는 자신을 닮은 소금을 하늘로부터 받으며 그 소금으로 세상을 살맛나게 하는 썩지 않는 소금 같은 존재이다.

소명을 찾아 소명을 다하는 사람들. 이들에게 주어진 훈장은 기념품일 뿐이다. 주어진 소명이 소소하고 보잘것없다 해도 소명을 다하는 것은 참 삶을 사는 것이다. 죽음이 참으로 편안할 것이다. 이들이 진정 미인이다.

⁂ 감사하는 마음

감사는 상대를 즐겁게 하고 자신을 포근케 하는 긍정의 마음이다. 내일이 보장되어 있는 삶이란 없다. 아침에 눈을 뜨고 걷고 앉고 먹고 보는 것 같이 사소한 일상도 감사할 따름이다.

걷고 보는 것도 할 수 없는 사람이 있다. 아침을 맞고 저녁에 잠자리에 편하게 들 수 있는 것이 얼마나 감사한가? 이처럼 소소한 일에서부터 감사하고 살면 풍요로운 삶이다. 뿐만 아니라 긍정의 마음은 능률도 오르고 용기를 부른다. 감사는 어렵고 힘든 일도 용이하게 한다.

용기는 성공을 부른다. 교만하고 사악한 마음은 감사를 모르는 마음에서 생겨나는 독버섯 같다. 감사를 모르는 자는 위험하다. 감사는 여유를 부르니 자연의 질서를 익히고 양서를 읽으며 자연의 소리에 귀 기울이고 고독한 시간을 가져보라. 좋은 벗과 담소를 즐기며 어린이를 가까이하고 봉사하는 시간을 가져보라. 성공할 것이고 행복할 것이다. 범사에 감사하는 마음은 적을 만들지 않는다.

⁂ 희망을 말하라

없어도 행복하고, 참아도 행복하고, 주어도 행복하고, 모아도 행복해지는 것은 행복 속에 작은 씨앗, 꿈과 희망이 있고 의미가 있어 더욱 증폭되고 자라남이다.

영롱한 아침 이슬 같은 인생, 희망을 말하고 행복을 소원해 본다.

입으로 의인이 되지 말 것이며 지나치게 지적인 자 됨을 경계하라. 지혜의 옷을 입은 지식만이 참 지식이고 지혜는 장수를 부르고 부귀를 불러들인다.

사익에 독설은 교만한 자라 생각하라. 정치인의 독설은 자기주장의 분노일 뿐 무가치한 교만이다. 입으로 희망을, 행복을, 사랑을 말하자. 천사의 말을 해도 사랑이 없으면 소음에 불과하다.

⁂ 고통과 은총

고통이 자심한 곳에 은총 또한 큰 법이다. 날씨가 매일 맑고 따뜻하면 사막이 된다. 비 오고 바람 불고 엄동설한이 지난 후 따뜻한 봄이 와야 아름다운 자연이 탄생한다. 새싹을 기대하려면 계절의 변화를 겪어야 한다. 인생도 이와 같으니….

고통과 시련만이 인간을 겸손케 하고 영혼을 정화시킨다. 인간은 무모하고 교만하여 고통이 없으면 영혼이 타락한다. 교만은 겸손하게 하늘의 명을 따르지 않고 하나님과 같이 하지 않음이다.

고통과 시련을 피하지 말라. 고통 속에 성장이 있다. 고통과 시련은 넘치는 잔을 준비하는 서막일 뿐이다. 맑은 영혼을 얻으려면 번뇌는 필수이다.

⁂ 삶의 경영

삶은 경영이다. 진로를 선택하고 그 선택을 자신이 경영하는 것이다. 선택하고 나면 사물을 다각도에서 보는 눈이 생기는 것은 실패가 두렵기 때문이다. 잘못된 선택은 시간을 낭비하고 심신을 병들게 한다. 그리고 인생이 짧다는 것을 느끼게 한다.

인생을 좀 더 깊이 보는 눈이 생기는 것이나 지혜로운 것도 선택의 정당성을 보고자 하는 것이다. 단순한 판단보다 복잡하며 깊이 있는 정확한 판단을 하는 것이 인생을 조금 더 아는 것이고 진지해지는 것이다. 그러나 건강 다음이 판단이다. 인물을 봄에 있어 판단은 최고의 덕목이다.

지혜롭고 깊이가 있으며 정확한 판단은 결국 자신이 선택한 삶에 좀 더 진지한 올바른 선택을 했다고 인정하고 싶은 행위다.

⁂ 최고의 인연

한 인간이 하는 일이 그의 삶이고 운명이다. 운이 좋은 사람은 성공한다. 부자도 된다. 운이 샘솟는 옹달샘은 웃음이요, 긍정적인 생각이자 마음이다. 부정적인 마음에 운은 멀리 사라진다. 웃음 띤 긍정의 마음은 기회도 창출하고 아름다운 연도 이어진다. 준비된 자에게 기회가 온다. 사소한 일일지라도 절실한 심정으로 하라. 삶의 법칙으로 굳어진다.

누구나 좋은 인연을 만남으로 삶이 바뀌고 행운도 따를 수 있다. 자신에게 주어진 운과 재능 · 성격 등 모든 것, 즉 자신의 장점을 찾아 가능성을 넓혀주는 사람을 만나면 좋은 사주, 좋은 관상, 심성을 능가하는 행운을 만나게 된다. 자연적인 모습을 이성적인 체계로 구성하여 방향을 열어주기 때문이다. 희망과 용기를 준 것이다. 최고의 인연을 만나라!

⁂ 허허(虛虛)한 마음의 실소(失笑)

평등도 공평도 공정도 실현하기 어려운 진보적 사고일 뿐이다. 부르짖고 말하되 행동하지 않는 사람, 그들은 죄의식이 없다. 탐욕이 있을 뿐이다. 탐욕 건너편에 분노가 있다. 탐욕은 공동체의 이익을 먼저 생각하기에 분쟁을 부르나 절제할 때 상생이 있고 분노를 다스릴 수 있다. 탐심은 분노를 자극하니 내려놓음이 옳다.

탐욕은 싸움을 불러들이고 상생을 파괴한다. 탐욕이 자리한 곳은 싸움이 성하다. 죄의식 없는 양심이 무딘 사람과 싸워야 할 때 힘이 든다. 약간의 죄의식이라도 있다면 싸워 이길 수 있다. 양심이 있어 마음속에 이미 백기를 들고 임하기 때문이다.

헌데 죄의식이 전무한 사람, 의도적으로 동문서답하는 사람에게는 오히려 힘겹고 정나미가 떨어지고 지긋지긋하다. 웃음 띠며 엉뚱한 말을 한다. 한마디로 지겹다. 지루하고 힘겨운 싸움이다. 선한 얼굴에 죄의식이 없기에 더욱 힘겹다.

하지만 국민은 이런 상대를 알고 있다. 어느 날 더욱 철면피한 사람과 싸우게 될 것이다. 게을리한 의무는 더 두려운 대상으로 돌아온다는 사실도 알며 웃는다. 실소다. 웃자! 웃음은 보약이다. 웃음만이 뇌를 쉬게 한다. 웃음은 육신의 보약이고 미소는 정신의 영양제이나 사랑과 배려는 영육의 생명이다.

⁂ 인연(因緣)의 숲에서

인생이 짧다고 해도 팔구십까지 간다. 그 먼 길을 가며 우리는 인연의 숲으로 들어간다. 삶이 인연의 숲이다. 세상에 인연 아닌 것이 없으며 그 인연을 소중히 하는 자는 성공하고 행복도 누린다. 인(因)이란 자신의 능력이라 할 수 있고 연(緣)은 타인과 주변 환경이다. 자신의 능력으로 출세했다고 생각하는 사람은 분명 연의 소중함을 모르거나 도외시한 사람이라 곧 무너진다.

아름다운 세상은 주변에 맑고 수정 같은 인연이 있어 가능하다. 자연 질서에 순응하라. 자연을 닮아 반성하고 매사 의미 부여하고 칭찬하라. 그대의 연이니라. 삶은 소풍 같은 것. 들뜨고 반가운 마음으로 보물찾기 하듯 인연을 즐겨라. 인연의 숲에서 가장 향기로운 것은 사랑과 칭찬 그리고 격려와 꿈을 공유함이다. 이들은 향기 짙은 꽃과 같아 주는 사람도 받는 사람에게도 진한 향기가 남는다. 인연의 숲에서 가장 귀하고 아름다운 말이자 쓰고 써도 남아도는 화수분이자 후회 없는 삶의 진수라!

⁂ 탕자

성경에 탕자(prodigal son) 이야기가 나온다. 부자 아버지를 둔 아들이 자신의 몫을 받아 흥청망청 탕진하고 유대인이 가장 끔찍하고 치욕적인 일로 여기는 돼지 농장에서 일하게 된다. 그제야 정신을 차린 탕자는 잘못을 뉘우치고 집으로 돌아온다. 아버지는 탕자를 따뜻하게 맞으며 하인들에게 아들을 되찾았으니 성대한 잔치를 열라고 명한다. 집에서 착실하게 일한 자식에게는 한 번도 베푼 적 없는 잔치를 탕자 아들에게 베푸는 것이다.

비유의 핵심은 아들의 방탕함이 아니라 신의 자비이다. 성경적인 탕자의 해석을 말하고자 함이 아니다. 마음을 말하고자 함이다. 열 손가락 깨물어 아프지 않은 손가락이 없다는 말이 있다. 그러나 그중에도 특별히 마음 가는 시린 손가락이 있다.

성경의 탕자처럼 완벽하게 잘하는 자식보다 어설픈 짓을 하거나 실수하고 잘 못하는 자식에게 더 정이 가는 것은 그곳에 마음이 자리함이다. 곧 인간에 대한 신의 마음이리라. 자신의 모습일 수도 있다. 마음 가는 곳에 뜻이 있다. 부모뿐 아니라 정치인 사업인 교육자 등 지도자 위치에 있는 사람의 마음이 어디에 있고 어디를 보며 무엇을 생각하고 있는가가 결국 행동으로 나타난다.

마음이 머무는 곳, 그곳을 보라.

⁂ 성탑을 쌓는 일

삶이란 바벨탑을 쌓아 올리듯 탑과 성을 쌓는 것. 성 자체가 삶이다. 크든 작든 성을 쌓아 올리지만 결국 무너지는 오만의 성이 대부분이다. 욕심과 오만이 끼어들면 부실한 재료를 사용하기 마련이다. 견고하고 우아해 보이지만 약간의 충격에도 무너지는 성을 쌓는 것이다. 유리성이요, 모래성이다. 천 년을 버틸 수 있는 성을 쌓는 자가 되라.

탑을 밝히는 악인의 등불은 꺼지기 마련이며 또한 악인의 혈통은 저주의 난간에서 무너진다. 불의의 부자가 소유한 돈은 간을 뚫고 폐를 녹일 수 있다. 정직한 돈일지라도 쌓아놓으면 냄새만 날 뿐 의미 없고, 나누어 뿌리면 거름이 된다. 훔치고 잘못된 돈으로 쌓은 종탑은 비수가 되어 자멸할 것이다.

삶은 인연을 만들어 쌓는 종탑이다. 누군가의 덕으로 보살핌으로 살고 있음을 생각하고 정직과 성실한 재료로 천 년의 성탑을 쌓아라.

⁂ 자책

과거에 연연하거나 자책하면 인생의 반은 실패하는 것이고 미래를 희망과 행복의 장으로 보지 못하고 불안 초조해하면 인생의 실패자가 될 것이다. 자책과 불안·초조로 얻는 것은 없다. 절망만 안고 돌아올 뿐이다.

꿈과 소망으로 미래를 설계하되 과거는 참고할 뿐이다. 미래는 단지 희망일 뿐이고 천국으로 직행하는 소망 열차 같은 것이다. 흐르고 사라진 것 또는 불확실한 것을 염두에 두지 말라. 여기가 천국이다.

젊은 시절 삶에 애착은 엷으나 나이 들수록 애착은 강해진다. 이곳에 태어나 살아본 경험을 가진 인간들은 삶이 고해라 한들 죽어서도 다시 이 세상에 오고 싶지 않겠는가?

천국을 닮은 곳, 화려 금수강산. 여기서 숨을 쉬고 살아온 인간들이 떠나고 싶겠는가? 환생도 꿈을 꾸고, 윤회도 믿어보고, 천국도 부활도 영생도 믿어보고 안타까워하면서 말이다.

과학의 발달로 유전자를 편집해 영생을 누릴 수 있다고 말하는 사람도 있긴 하다. 육신의 집을 벗고 돌아올 수 없는 먼 곳으로 가기 전에 뜨겁게 인생을 살아라.

⁂ 아름다운 정원

삶의 아름다운 정원에서 생명이 있어 살아 있는 것은 조물주의 은덕이자 축복이요, 행운이다. 살아 있는 것만으로 행복이다. 행복의 시작은 만남으로부터 이루어진다. 탄생과 더불어 어머니를 만난다.

행복은 만남의 인연 속에서 욕심과 탐욕을 누르고 조화를 이루는 데 있다. 탐욕 앞에서는 항상 부족하다. 눈과 마음을 선하게 단속하자. 진정한 행복은 평화로운 마음에서 오는 것. 분수에 맞는 조화로운 삶에서 온다. 생명이 있어 짜증도 부리나 생명에 대한 모독이다. 거룩한 생명에 위해가 되어 병마를 불러들임이다.

산다는 것은 행운이나 한시적이며 한때이다. 그러나 소중한 한때이다. 한때의 행운에 둥근 달을 마음에 품고 덕으로 감사하자. 섬기며 배려하고 덕을 품어 분노를 몰아내고 마음을 다스려라. 선은 사랑이니 끊임없이 베풀어도 옹달샘처럼 차오를 것이다. 속도와 돈에 현혹되지 말며 나누어라. 그것이 삶이다.

⁂ 회사 경영

직원이 행복하게 회사를 경영하라. 먼저 자신이 하는 일을 사랑하라. 그리고 민첩하게 행동하라. 변화에 대응하라. 무조건 직원을 사랑하라. 구차하게 굴지 말고 미봉하려 들지 말라. 구차 · 미봉은 더 큰 화를 불러들임이다. 국가가 국민을 위한 뚜렷한 목표만 있으면 국민은 훨훨 난다. 회사도 목표만 있으면 사원은 훨훨 난다. 분명한 목표를 주자. 수입에서 은퇴는 있으나 소모에서 은퇴는 없다.

⁂ 현대판 양반

가문을 정리한 족보가 있고, 현금자산이 10억 이상 되어야 한다. 하나 이상의 봉사활동 단체에 가입하여 활동하며 1억 이상 기부한 아너 소사이어티(Honor Society)에 준하는 단체 회원으로 수입의 10% 이상을 가난한 사람에게 쓰고, 교만치 않으며 수치를 알고, 고리대금을 하지 않고, 땀 흘려 일하며, 제물이 있다 하여 신선놀음하지 말 것이며 10% 이내의 종합 상위 집단에 들어야 한다.

경제력이나 사회기여도, 지적 수준을 말한다고 한다. 귀함을 알고 깨쳤으면 천함에 기본을 둘 것이며 높음을 자각했으면 낮은 곳에 본을 따르고, 용기는 몸속에 품고 겸손이란 옷을 입은 사람이 현대판 양반이다.

⁂ 어떻게 살 것인가

행복하기 위해 태어났다. 참으로 귀한 선물을 받은 것이다. 자신이 평범한 존재라는 생각은 버리고 뜨겁게 인생을 살라. 대망을 꿈꾸되 꿈만 살지 말고 행동하라. 긍정적인 생각과 소원을 마음에 두라. 신에 대한 강한 믿음과 용기, 인연과 사랑은 언제나 소중히 하라. 불안과 초조는 종교로 다스려라. 무엇이 될까 보다 어떻게 살까에 마음을 가다듬자. 시기나 질투는 이성을 마비시키고 배려의 창을 닫게 하는 악마의 속삭임이니 버려라.

경쟁 모델을 세우고 단순하고 젊고 건강하게 살자. 용서하고 잊어버리는 삶을 살며 악의적인 경쟁을 삼가고 남의 일에는 까닭 없이 끼어들지 말라. 용서는 참 수행이다. 적을 만들지 않고 폭넓은 인간관계와 깔끔한 금전 관계가 생명이다. 갚을 자신이 있을 경우에만 빚을 져라. 죽을 고생을 하며 벌면 갚을 수 있고 신용까지 얻는 일거양득의 효과를 누릴 수 있다. 빚에 시달려 보지 않은 재벌이나 억만장자는 없다. 억만장자의 길은 빚을 지는 것이고 그 빚을 갚기 위한 뼈를 깎는 노력이 있어 부자 반열에 오를 수 있다.

투자는 빚이다. 빚을 변제하지 않고 성공할 수 없다. 빚이라는 약점이 있는 곳에 죄악의 씨앗이 자라날 수 있다는 끔찍한 사실도 잊어서는 안 된다. 빚이 약점이 될 때 독버섯처럼 악이 자라지만 빚이 광명일 경우에는 옹달샘처럼 화수분이 될 수 있다. 그래서 깔끔한 금전 관계는 생명이다.

인간은 자신이 탐하는 것에 빠져 죽기 마련이다. 술을 좋아하는 자 술에, 돈을 좋아하는 자 돈에, 도박 · 마약 · 색을 좋아하는 자 그것에, 명예 · 권력을 좋아하는 자 명예 · 권력에, 게으름을 좋아하는 자 게으름에 빠져 어려움에 처하기 마련이다.

삶이란 모순과 딜레마의 관리라 볼 수 있다. 어려운 문제를 풀어가는 과정이다. 죽는 날까지 풀지 못한 문제가 있고 또한 정답이라 생각했던 것이 얼마든지 오답일 수 있다. 수정 집행이 필요하다. 다만 죽음에 임박해서 정답이라 생각되는 답은 정답이다.

내 마음이 맑으면 모든 생명체가 다 맑고 밝은 것이다. 쉽게 이루려 하지 말 것이며 너무 쉽게 살려고 하지 말라. 몸이 편하면 마음이 힘들고 마음이 힘들면 삶이 힘겹고 어려우니, 산다는 것이 무엇이냐? 눈으로 보고 마음으로 느끼고 생활하고 행복해하는 일상이다. 아름다운 자연과 소리 그리고 마음으로 느끼는 것을 얼마나 보고 가느냐의 차이점일 뿐. 즉 시간의 차이일 뿐 죽음은 모두에게 찾아오는 육신의 종착지점이다.

죽음은 언제라도 찾아올 수 있고 그림자처럼 붙어 있을 수 있다. 그러나 두려워할 필요는 없다. 죽음보다 무서운 것이 아무 꿈과 희망

없이 사는 것 아니겠는가. 소망도 꿈도 없어 자살을 생각하고 실행하는 사람도 있다. 하지만 죽음을 택하는 사람은 무지한 변명이자 사악한 사람이다. 어려움이 많으면 은총 또한 많다는 사실을 알라! 항상 감사하며 고맙다 생각하고 말하라. 상대를 칭찬하고 긍정적인 마음을 갖자. 같이하는 사람과 꿈을 공유하자. 삶이란 그대에게 주어진 하나님의 귀한 선물이다.

⁂ 개 이야기

눈처럼 희고 윤기가 흐르는 '백미'라는 참 귀여운 개를 길렀다. 그러나 사람만 보면 짖는 백미. 집에서는 귀엽고 앙증맞았지만 대문 앞에는 어떤 개도 사람도 범접할 수 없도록 지나치게 설쳐 지나는 사람들도 깜짝 놀랄 정도로 물고 짖고 뜯었다.

어느 날 대문이 살짝 열리고 백미 옆에 보호해 줄 사람이 없는 순간, 개들이 싸우는 소리와 비명이 들려 골목에 나가 보니 이미 큰 개 서너 마리가 백미 목을 사정없이 물어뜯어 죽어가고 있었다. 지나치게 포악을 떨던 백미를 개도 사람도 좋아하지 않은 것이 화근이었다.

집에 사람이 들어오면 무신경하게 보다가 작은 물건 하나라도 가지고 나가려면 즉시 물어뜯었다. 짖는 법도 없었다. 짖으면 조심이라도 할 텐데 조용히 있으니 무방비였다. 개조심도 의미 없고 어떤 대책도 무의미했다. 우리 가족이 남과 언성만 높여도 상대를 물어뜯으니 도무지 마음을 놓을 수 없었다. 우리 식구를 제외한 사람들은 백미를 싫어했다. 얄밉게 굴던 백미를 골목의 개들이 한꺼번에 달려들어 요절낸 것이다. 앙탈이 지나치고 미움이 도가 넘어 원성이 쌓이면 짐승들의 세계에서도 죽음을 자초함이다.

⁂ 거짓말

얻는 것이 있기 때문에 많은 사람들이 거짓말을 한다. 그러나 종장에는 잃어버리나 당장 그 사실을 깨닫지 못하는 것이 인간이다. 대부분 거짓말의 동기는 자신이 얻는 혜택 때문이다. 거짓말은 두려운 자의 변명이고 허풍은 없는 자의 변명이다. 생존을 위한 변명일 수도 있다.

예수가 한 말은 예수 자신이 얻는 것이 없기에 거짓일 수 없다. 성인들의 말이 위대한 것은 그들의 말이 그들에게 도움이 되거나 편리를 제공하지 않고 오히려 족쇄나 죽음이 되었기 때문이다.

당시에는 너무나 파격적인 평등과 자비, 사랑이었기에 더욱 그러하다. 그들은 온 인류의 도덕 선생이요, 삶의 영원한 안내자들이었다. 그래서 그들의 말은 위대하다. 얻을 것이 없는데 거짓말할 바보는 없으므로 그들의 말은 모두 사실이다.

군자도 사람을 속이고 거짓을 말하나 인자는 거짓을 말하지 않는다. 거짓말과 거짓된 행동을 안 하고 산다는 것은 우리 같은 소인에게 참으로 힘겹다. 욕심이 승하여 혜택을 얻고자 하기 때문이다.

상대가 다치지 않으면 그만이라는 거짓말부터 상대에게 지독하게 상처를 주는 거짓말까지 그리고 불특정 다수에게 자신들이 유리하게끔 유도하기 위해 퍼트리는 통계나 앙케트, 설문조사 내용 등은 모두 거짓말에 속하기 마련이다. 목적이나 조사 방법 그리고 처음부터 알고 밝히고자 하는 의도가 순수하지 않기 때문이다.

이익과 편리 그리고 욕망이 마음에 자리하는 한 거짓말은 사라지지 않는다. 자신도 거짓을 말하고 상대도 거짓을 말하는데 진위를 파악하는 현명함은 날선 지혜다. 거짓말을 많이 하는 집단을 경멸하나 자신도 그 자리에 있을 경우 자신은 거짓말에서 자유로울 수 있을까? 거짓은 거짓을 먹는다. 독은 독으로 다스림이 쉬우니까?

성철 큰스님은 "거짓말을 너무 많이 해서 수미산을 넘는다"고 하셨으나 그분의 참회록일 뿐 거짓말을 하지는 않았다.

다시 아침을 맞을 수 있는 이 축복. 감은 눈이 떠지고 지옥에서 천국으로 오름이다. 잠에서 깨어날 수 있는 이 엄청난 은총을 받은 사람들이여! 거짓은 어리석은 자의 민낯이니 삼가고 범사에 감사하자.

⁂ 열린 마음

열린 마음으로 남을 배려하고 사랑하라. 잔머리 굴리는 사람의 훈수를 구하고 그의 조언을 따랐다면 백해무익할 수밖에 없음을 상기하라. 배척하지 말고 포용을 배워라. 배신하는 자는 버려라.

⁂ 복(福)

복 하면 오복을 말한다. 유가의 오복은 '수(壽), 부(富), 강녕(康寧), 유호덕(攸好德), 고종명(考終命)'이라 했다. 오복 중 둘만 누려도 다행이지. 현대판 오복은 뭘까? 수명, 부, 건강, 행복, 길동무 같은 말이 통하는 좋은 배우자가 아닐까?

⁂ 감사(感謝)

아침에 눈 뜰 때 옆에 아내가 있어 감사하다. 나를 믿고 따르는 이 있어 한없이 고맙다. 때론 미안한 생각이 든다. 감은 눈이 떠질 때 늘 생각한다. "나 지금 천국에 들어왔구나."

아침 이슬 같은 인생에 나를 믿고 사랑하는 사람이 곁에 있다는 것은 분명 축복이다. 지극히 겸손한 마음으로 자신을 돌아볼 때 그다지 별 볼 일 없는 자신을 발견하게 되고 그럼에도 믿고 따르는 사람이 있다면 그대의 삶은 천국이다.

세월이란 고장 나서 멈추는 법 없이 흐르고 사라지는 것. 순간순간 감사로 채워도 짧고 안타까운데 비방하고 트집 잡고 미워하고 시기할 시간이 있는가?

감사는 남을 위한 것이 아니라 자신을 위한 수양의 열매요, 정결한 마음이다. 소소한 것에 감사하고 행동하는 자만이 큰일을 이룰 수 있다. 감사의 나무가 자랄 때 칭찬의 잎도 무성해진다.

인간이 하늘에 올릴 수 있는 유일한 기도는 감사하는 마음이다. 감사를 늦추지 말라. 하늘에 오르는 관문이다. 범사에 감사하고 감사의 원인을 알고 사는 것은 그대가 천국에 있음이다. 감사는 복의 근원이자 영혼을 소생시키는 빛이다. 감사는 황금 알을 낳는 근원이다. 감사를 잊는 것은 삶의 배은망덕임을 기억하고 아무리 사소한 것일지라도 감사하자. 감사를 연발하자.

⁂ 소중한 것

잃어버리기 전까지는 소중함을 모른다. 늘 가까이 있으니 더욱 그러하다. 가까이 있는 것이 가장 귀하고 소중하다. 가까이 있고 흔하니 소중함을 모른다. 아니 잊는다. 공기, 물, 동식물 아니 사람까지. 진한 인연이 거기에 있음을 모른다. 마치 산소처럼.

소중하고 귀한 것이면 입으로 말해 토하지 말고 마음 깊은 곳에 숨겨 키우자. 세상에서 가장 어리석은 자는 소중한 것의 가치를 모르고 함부로 대하는 자다. 늘 가까이 있기에 소중함을 잊는 자는 한없이 불쌍하다. 물질이든 사람이든 너무 가까이 있어 소중함을 망각하면 분명 후회할 것이다.

우연처럼 쉽게 얻은 것, 자신의 능력으로 이룸이 아니고 뜻밖의 이룸은 분명 하늘의 뜻이 있을진대 이를 모르고 너무 쉽게 대할 때 잃을 것이고 후회할 것이다.

사람 심지어 젊음도 가볍게 대하면 후일 후회하게 된다. 오늘 일확천금이 생겼다 치더라도 내일 다시 쉽게 일확천금이 가당키나 하겠는가? 오늘 이룸을 소중하게 생각할 때 내일이 있고 주변에 사소한 것, 천한 것이라 치부한 것들이 가장 소중한 것이라는 진미를 알 때 삶도 소중해진다. 어리석은 자는 소중한 것을 사소하게 대하는 자다.

당연한 숨을 쉬는 오늘도 참으로 소중하다. 어제 귀천(歸天)한 사람이 오늘을 얼마나 기다렸을까? 소중한 것을 아는 것 그리고 그것을 간직 간수하는 것만으로도 행복할 수 있음이다. 병들고 철들어서야 가치를 알고 서러워하지 말고 가까이 있는 모든 미물까지 소중함을 되새겨보라.

⁂ 물 그리고 호수(湖水)

"지구요? 물로 만들어졌죠. 넓어요. 육지에서만 살아온 사람들은 육지 안에 호수가, 바다가 있는 것으로 생각하는데 잘못된 생각이죠. 대해(大海) 안에 산과 육지가 있는 섬일 뿐이죠. 생명도 70%의 물이 있어 살아 있는 것이죠."

물과 공기 그리고 빛. 물 위의 뭍과 도시. 물과 공기, 빛은 늘 가까이 있기에 고마움을 잊는다. 그러나 지구상 3분의 2는 물이다. 물로 된 거대한 지구에 육지는 조그마하다. 물은 부드러우며 섬세하고 포근하며 매우 탁월한 여러 요소를 가지고 있다.

모든 생명체는 물로부터 생명을 얻는다. 물로 탄생과 성숙 그리고 사멸한다. 탄생부터 발육 그리고 치료까지 물은 생명체를 보살핀다. 물은 때로 보약이 되기도 한다. 생명의 요람. 인체의 수분 속에 들어 있는 다양한 미네랄은 대양에 포함되어 있는 것과 비슷하고 수억 년 전 태고의 바다는 약 37도로 우리 몸의 체온과 같았다. 물을 생명을 대함과 같이 할 것이며 진한 고마움을 알라. 물을 몸처럼 대하라.

⁂ 식인증후군

고액 연봉자를 질시 대상으로 보고 그들을 타도하려는 것이 식인증후군이다. 고급 인력이라 자타가 인정하는 사람들이 있다. 급료로 한 달에 몇 억을 가져가는 사람이 있다. 분명 이들에게 그만한 능력이 있다고 생각하기 쉽다. 능력을 인정한다 해도 그들이 가져가는 거금은 문제다. 그들의 거금은 많은 사람의 몫을 훔치는 것이기 때문이다. 도덕적으로 하자 없는 행위라 말하나 파장은 크다. 한 사람의 고임금은 모든 사람의 임금 상승으로 이어지고 심지어 도덕 불감증도 유발한다.

고액 수령자가 가져간 돈을 어려운 이웃에게 나누어준다면 별문제 없으나 홀로 독식하면 재앙이 시작된다. 자신은 분명 최고 능력이 있어 당연하다 생각할 수 있으나 교만이다. 교만은 패망과 죽음으로 연결되는 통로다. 귀족의 힘이 막강하였던 사회는 결국 망했다.

최저 임금의 100배 이상은 지나치다. 최저 임금을 받는 그들보다 100배 이상의 능력자라 말할 수는 없다. 여기에 식인증후군이 생성된다. 그들을 타도하고 먹어 치워 그들과 닮고자 하는 의식이 생겨난다.

⁂ 제왕절개수술(帝王切開手術)

미국 명문대 스탠퍼드를 나왔으며 수많은 수술에 성공한 유명한 외과의사는 "수술은 일단 몸을 파괴하고 들어가 환부를 치료하는 것"이라며 가급적 수술을 금한다. 수술은 최후 수단이요, 어찌할 수 없는 마지막 행위라는 것이다.

어깨가 아파 수술을 의논하니 물리치료와 약물치료를 병행해 보자고 한다. 뼈와 살인 이 국토를 단순한 경제 논리로 유린하는 것은 부도덕한 행위이자 비열한 처사다. 땅은 수많은 생명체가 어울려 사는 곳으로 몸과 같아 건설을 빙자한 자연 파괴 또는 손쉽게 절개하여 애를 낳는 행위도 안타까울 뿐이다.

도저히 방법이 없어 불가피한 수술을 제하고 편리와 용이함 때문에 하는 행위는 참으로 어리석다.

⁂ 보이지 않는 빚

삶이란 과정은 빚투성이의 연장이다. 원하든 원치 아니하든 사람은 빚을 지게 되어 있다. 단순히 욕심 때문이라고 말하기 어려운 것이 삶이다. 연유야 어떻든 빚은 갚아야 하는데 빚에도 종류가 있다. 크게 말해 보이는 빚과 보이지 않는 빚이 있기 마련인데 보이는 빚은 대부분 돈이니 갚을 수 있으나 보이지 않는 빚은 대부분 쉽게 잊고 산다.

돈을 빌려달라는 사람은 빌려주지 않는 사람보다 나쁜 사람이라 할 수 있다. 돈은 상대방의 피이기 때문이다. 상대의 피를 요구한 것이며 해서는 안 될 말을 한 것이다. 하물며 돈을 쓰고 나 몰라라 하는 사람은 인격 파탄자다. 돈을 받음과 동시에 핑계를 만들어 갚지 않으려는 충동을 느낀다. 애써 잊고 구실을 만든다.

우리네 속담에 빚진 자는 10리도 못 간다는 말이 있다. 빚진 죄인이란 말도 있다. 빚진 자는 용서 대상이 될 수 없는 사람이라는 말도 있다. 성경에도 빚진 사람은 회개하여도 용서 대상이 아니었다. 빚을 지고도 태연한 사람은 참으로 악한 자다.

빚을 진 사람은 어떠한 경우라도 거짓말로 모면하지 말며 지불 날짜를 정해 놓지 말라. 거짓이 될 수 있고 자신을 속이는 말이 될 수 있음이다. 빚은 반드시 갚아야 한다. 늦어도 동짓날 전날까지 갚아라. 그리고 새날을 맞아라. 최선의 노력을 하되 비굴하지 말라. 빚은 세월이 갚는다.

문제는 보이지 않는 마음의 빚이다. 선한 행동은 마음의 빚을 줄일 수 있다. 그러나 타락한 마음은 상대를 아프게 하고 그로 말미암아 자신에게 빚이 쌓여 감을 알아야 한다. 과한 것은 언제나 빚이 된다는 사실도 알아야 할 것이다. 능력 이상의 소유도 결국은 빚으로 남고 오욕도 빚으로 남을 것이다. 남에게 죄가 되는 빚을 짓지 않도록 애쓰라. 마음의 빚은 보이지 않아 결국 죽음을 맞아도 청산되지 않은 업이 되기도 하고 그의 영혼이 연옥에 붙잡혀 산다고 봐야 할 일이다. 마음의 빚도 동짓날까지 정리하도록 힘쓰라.

⁂ 분노와 원망을 담아두지 말라

분노는 부당하거나 억울한 경험을 했을 때 외상 후 나타나는 질환이다. 심리적으로 융통성이 부족한 사람에게 잘 나타난다. 분명히 인식할 것은 분노나 원망을 제공한 자들은 태연자약하다는 사실이다. 마귀다. 쓰레기다. 조용히 버려라.

관우와 장비의 죽음을 본 유비는 극도의 분노 때문에 북벌에 실패한다. 결국 망국으로 간다. 극도의 분노와 절망, 원망, 자책은 죽음에 이르는 단초가 되기도 한다. 분노는 죽음보다 강한 마성이 있다. 분노 끝에는 뉘우침과 후회만 남는다.

분노를 삭이려면 차분하게 생각을 정리하고 물 흐르는 소리, 새소리, 바람 소리 등 자연의 소리를 녹음하여 자연에서 휴식하듯 들어보라. 그리고 쓰레기 버리듯 조용히 분노를 버려라. 분노가 치밀 때 잠시 생각도 말도 하지 말고 숨을 깊이 들이마시고 천천히 내뿜어보라. 하나 둘 셋….

모난 것을 생각하지 말고 둥글둥글한 것들을 머릿속에 그려보라. 호박 같은 동그란 물체들을… 화가 득이 될 수 없음을 알게 될 것이다. 분노는 실수를 부르는 소인배의 특기이다.

노여움은 잠깐의 광기. 원망 또한 버려라. 대상이 인간이든 주변 환경이든 마음의 분노를 다스리며 둥글둥글 원만으로 바꾸면 원망 또한 사라지리라. 분노는 자신에게 더 큰 해를 입힌다는 사실을 명심하라. 분노나 원망이 깊어 병이 되면 측은하지 않은가. 마음에 화를 담아두지 말라.

분노를 지그시 누르고 언행하라. 분노로 얻을 것은 없다. 잃을 뿐이다. 화를 버릴 때 몸은 비로소 생기를 얻음이다. 그러나 참을성 있는 자의 분노와 화가 치밀 때 웃는 사람은 경계하라.

⁂ 행복!

사소하더라도 남에게 도움을 주고 베풀어라. 행복할 것이다. 가까이 있는 모든 살아 있는 것들을 사랑하라. 행복할 것이다. 어렵고 힘들고 고생스러워도 누군가를 위해서 나누고 섬기고 배려하라. 행복할 것이다. 사랑 있는 고생이 진정 행복이다.

⁂ 경영(經營)

경영이란 지혜로운 의사 결정으로 최대 이익을 창출함이 목적이다. 잘못된 경영은 잘못된 의사 결정 또는 독선에서 이루어진다. 현명한 경영은 지혜로운 마음과 다수의 의사 결집을 모아 이(利)에 맞추어 단안을 내리는 데 있다고 볼 수 있다. 독선과 아집이 아니다. 겸손한 마음과 현명한 의사 결정에 있다.

지혜로운 치산치수(治山治水) 그리고 관심 있는 인간관계가 큰 경영일 수 있겠지만 언제나 열정과 용기가 뒤따라야 함은 당연한 이치이다. 물론 줏대 없는 무능하고 무지몽매한 성정은 적보다 무서울 수 있다.

경영의 귀재는 복잡을 모아 단순화하고 섬세하고 지혜로운 사고를 모아 의사 결정을 한다. 자신의 경영은 곧 지혜의 깨달음이다. 의논이 없으면 경영이 파하고 모사가 많으면 경영이 성립할 것인즉 끊임없이 노력하고 인내하여 앞으로 나아가자. 옥함이 깨지는 아픔과 환희가 교차되는 간절한 소망은 이루어진다. 경영은 결국 고독의 토로일 수밖에 없는 결정이다.

⁂ 지식의 본질

지식은 칼이다. 지식이 쌓일수록 칼은 예리해진다. 지식을 함부로 휘둘러 입을 열면 상처가 생긴다. 덕으로 숙성되지 않은 지식은 모리배의 검이다. 그래서 덕을 겸비하지 않은 지식은 무익하다.

지식이 빛나려면 덕으로 포장한 당의정 같은 지식이어야 한다. 여기에 무사도와 지혜를 곁들이면 금상첨화다. 정가(政家)가 실망스런 것은 덕성이 함량 미달인 건달들이 있어 함부로 설치기 때문이다. 이런 함량 미달인 사람을 선출한 국민의 책임이 크다. 국익에 유익하지 않은 것들에 집착하는 정치인 · 식자(識者)는 사라져라.

⁂ 인간의 본성

인간은 긍정적인 메시지보다 부정적인 메시지에 더 예민하게 반응한다. 또 가십거리를 좋아하고 더 오래 기억한다.

덕담 또는 양서를 즐겨 읽는 것보다 악서를 좋아한다. 악역을 맡은 배우가 금방 유명배우가 되는 것도 같은 맥락이다. 네거티브 전략을 쓸 때 부메랑처럼 자신에게 돌아올 수 있음을 알면서도 쓰는 것은 악한 본능 때문이고 배신 · 음모 · 권모술수도 다 이 범주를 벗어나지 않는다. 천사적인 요소보다 악마적인 요소가 더 자극적이기 때문이다. 카인의 후예다.

돈을 버는 것보다 헐어 쓰고자 함도, 인기 영합도, 헐뜯고 짓밟고 살인도 이런 범주에서 기인한다. 공(功)은 자신의 것으로 만들려 하고, 패(敗)는 책임을 전가하는 것도 모두 이와 같다.

허나 이런 부류의 사람들도 있다. 작은 것을 크게 보는 사람과 큰 것을 작게 보는 사람이다. 작은 기쁨도 크게 보는 사람은 행복할 것이고 큰 기쁨도 작게 보는 사람은 불행할 것이다.

믿는 자가 있고 불신하는 자가 있다. 작은 걱정을 크게 확대하면 불행을 자초함이요 큰 근심 덩어리도 작게 보면서 해결 가능하다고 생각하여 방법을 성실히 찾으면 문제도 해결되고 자신도 정화될 수 있다. 본성도 정화할 수 있음을 말하고자 함이다.

⁂ 인간(人間)

인간은 2기 2원이다. 2기 1원이 아닌 또한 1기 2원이 아닌 2기 2원일 뿐이다. 영혼과 육신은 하나로 보이나 동거일 뿐 하나가 될 수 없어 인간은 영원히 외로운 존재이다. 영혼은 몸 안에 찾아든 신(神)이다. 외로운 희극이 삶이다.

⁂ 양면성(兩面性)

가진 자가 있고 즐기는 자가 있다. 잘 가꾼 정원에 국화를 피우는 자가 있고 그 꽃을 즐기며 정원을 만끽하는 자가 있다. 가진 자는 관리하고 즐기는 자는 단지 즐기고 사라진다. 사물에는 양면성이 있고 삶에도 양면성이 있다.

⁂ 유혹(誘惑)

자연은 인간을 유혹한다. 빛과 색, 맛, 향기, 시각과 달콤한 과실로 끊임없이 유혹한다. 사람은 소리 없는 자연의 유혹에 끌린다. 진한 유혹이다. 자연은 유혹하되 그릇된 마음이나 행동을 요구하지 않는다.

꽃이 아름답게 피어 유혹하고 그 꽃을 꺾는 자 있으나 왕성한 생육과 번식을 위함이다. 녹음이, 단풍이 유혹하여 부르나 교태일 뿐이며 벌과 나비, 짐승을 불러도 추함이 없다. 자연은 신의 성경이다. 성경에서 말하지 않는 것을 알려 하지 말라. 삶의 아름다운 정원, 그곳에 생명의 번식이 있을 뿐이다.

⁂ 사람!

영은 하늘로부터 오는 정갈한 기의 모임이다. 혼은 지상 모든 기의 모임으로 변화무쌍한 정반합의 불가사의한 기운이다. 인간은 끝없는 영과 혼의 합을 도모하고 수행하나 영원히 이루기 힘든 철학일 수밖에 없다.

인간은 믿음의 대상이라기보다 사랑과 배려의 대상이다. 마음은 영과 혼을 담아두는 그릇으로 위험하고 불안정한 요사체이다. 마음은 모양이 없으나 신이 자리한 곳이자 사랑이 자리한 곳이다. 끝도 한도 없는 마음을 협소하게 쓰면 영육이 병들고 시들어간다. 마음을 열어 본래 마음의 자리를 찾아라.

에너지는 어떠한 움직임도 불가한 요사체로 육신에 갇혀 있는 기다. 기 곧 에너지는 천상의 정원 대자연에서 얻은 자료와 재료를 육신이란 공장에서 소화 흡수하여 얻은 신의 선물이다. 인간의 몸과 의식은 신을 떠나 살 수 없는 소우주로 피조물이다.

인간은 경이로운 대자연 앞에 서면 말을 잃고 "아! 우와!" 하는 동물 소리를 낸다. 이는 본래 동물이었다는 증거이다. 죽음 앞에서 "저는 어디로 가는 것입니까?" 안타까이 벽을 긁고 비명을 지르는 것이 사람이요, 인본이다.

⁂ 자문(自問) 네 가지

자신에게 묻고 생각하고 대답해 보라.

1. 불필요한 것이 너무 많음에도 지키고자 전전긍긍하지 않는가?
2. 이기심과 허영심에 자신과 타협하지 않는가?
3. 집념과 확신의 틀에 마음을 담아두고 고인 물처럼 썩히고 있지 않는가?
4. 긍정적인 따뜻한 마음을 가지고 있는가?

⁂ 기대

사람을 사귐에 있어 기대를 주지 말라. 기대는 상대에게 은연중 꿈이 될 수 있다. 겉과 속이 다른 발림 말은 안 하느니만 못 하다. 들이대는 것도 과욕이다. 상대에게 희망을 주어서 나쁘지 않으나 기대에 못 미쳤을 때 그는 그대를 증오할 것이다. 증오는 배신으로 이어지고 배신은 그대에게 치명적인 상처를 입힐 수 있다. 때로 기대는 거절만 못 하다.

⁂ 새 맛

신선하고 산뜻한 새 맛을 너무 탐하지 말라. 새 맛에 길들여지면 본맛을 잃고 정성을 다한 과거의 맛을 잃을 것이다. 깊이 있는 진미를 잊을 것이다. 새 맛뿐이랴?! 모든 새것을 탐하게 될 것이다.

⁂ 횡재는 복이 될 수 없다

70년대 초 남영동은 서울 사람들이 술과 고기 특히 미군 부대고기를 먹을 수 있는 최고의 장소였다. 몇 안 되는 부대고깃집이 문전성시라 부대고깃집이나 운영해 보려고 영업 중인 집을 매입했다. 성업 중인 집이었으나 주인아주머니가 몸이 아파 팔게 되었다.

3,200만 원에 매입하기로 하고 계약금 300만 원을 지불하고 돌아왔는데 3일 후 복덕방에서 전화가 왔다. 웃돈 350만 원을 더 줄 테니 팔면 딴 집을 구해 주겠다는 제안이었다.

당시 350만 원이면 허름한 집을 한 채 살 수 있는 거금이었다. 어리둥절하여 망설이자 복덕방 업자가 복비를 받지 않겠다며 밥 사고 술까지 대접하는 환대에 그만 팔고 말았다. 이후 고깃집을 하려던 생각은 간데없이 부동산에 빠져 부동산업자가 되었다.

미모의 40대 캐디가 있었다. 우연히 호주 카지노에 들러 재미 삼아 한 도박이 잭팟(jackpot)이 터져 그 후 돈만 모이면 홍콩과 마카오를 다니며 밤새 도박을 즐겼다. 단 한 번의 행운에 자신의 인생을 늪 속으로 끌고 가는 어리석음이었다.

수백억대의 보상금도 맥을 같이한다. 기적은 어떤 의미에서 삶의 속임수이다. 대성공은 곤란을 수반한다는 사실을 유념하라. 삶에 행운이 있을 수 있다. 우연한 복은 하나님의 선택이다. 도박과 복권,

부동산, 증권에서. 그러나 어느 것도 두 번은 있을 수 없다. 단 한 번의 삶을 요행으로 망치지 말라. 횡재는 복이 될 수 없음이다.

⁂ 그림 그리기 좋아한 사람

경치 수려한 곳에 카페 겸 식당을 지은 사람이 있었다. 경치가 수려하니 제약이 많아 건축 허가를 받는 데도 여간 힘들지 않았다. 허가받고 건축하며 온갖 멋은 다 부려 완공하니 말 그대로 그림 같은 집이었다.

영업을 시작하니 손님들은 감탄하며 이런 집에 한번 살아봤으면 좋겠다는 부러움을 표현하곤 하였다. 내심 흐뭇하고 즐거웠다. 우쭐대고 싶었다. 그러나 투자에 비해 영업은 형편없었다. 관리비는 많이 들어가고 종업원 관리도 거의 배로 들어갔다. 시내에서 멀리 떨어져 같은 급료라면 오지 않았다.

현실을 무시하고 그림 그리기를 좋아한 대가는 망이었다. 개척도, 혁신도 현실과 동떨어지면 망한다. 현실을 정확히 보고 여기에 사람의 마음까지 읽는 장사꾼이 성공한다는 사실은 예나 지금이나 변함없는 철칙이다. 경치 수려한 곳에 지은 집, 한 달 만 살아보라. 외롭다. 동서양을 막론하고 커다란 성(城)에서 대박은커녕 망하지 않은 곳이 얼마나 될까?

⁂ 본성(本姓)

본성은 본디부터 가진 실성(實性)이다. 태생적인 본성은 악을 써도 고치기 어렵다는 사실을 염두에 두라. 영 그리고 혼 그 영혼을 담아놓은 마음 그리고 그 마음과 동거하는 육신 4성을 움직이는 에너지 그리고 천상의 정원 대자연. 이것이 육(6)성이다. 6성의 이해가 인간 본성의 이해다.

⁂ 금융!

금융이 발달한 나라는 신노예제도 함정국가이다. 자본주의가 발전할수록 금융업은 발전한다. 사람들은 금융업을 싫어할 수밖에 없다. 금융업은 처음부터 삥땅 뜯는 생리이기 때문이다. 은행이 망하면 정부는 은행을 구제할 수밖에 없다. 경영진의 잘못이라 해도 피해자는 국민이기 때문이다.

금융업의 완성도를 결정짓는 것은 돈이다. 돈줄은 피와 같아 조이면 죽으니 죽음을 담보로 하는 사업이다. 금융인이 아무리 무능해도 목줄만 쥐면 되고 연체의 늪에 빠지면 필요대로 피를 뽑으며 맛있게 요리하면 된다. 고이자(高利子)든 경매든 금융 생리대로 요리한다.

금융이 새로운 노예를 양산한다. 금융업의 발달은 신노예를 만들며 노예의 피를 뽑아 능력급이라는 미명하에 얼토당토않은 거금을 갈취하니 금융을 좋아할 사람은 없다. 금융인의 자성을 촉구한다.

⁂ 함정

은행원은 돈을 빌려주고 연체를 기다린다. 관리자 편리에 의한 함정이다. 위정자는 법망에 빠지기를 기다린다. 일종의 덫이다. 법은 어느 의미에선 지배를 목적으로 한다. 노예를 만드는 가장 간편한 그물망이다. 현대 사회는 도처에 함정이 있다. 관리와 제거가 목적이다. 관리자는 자신들의 횡포도 군주가 통치하기 위한 수단이라고 생각한다. 갑은 함정을 만들고 을은 집단화한다. 모두 함정을 만드는 수단일 뿐이다.

⁂ 사자와 물소

맹수의 황제라는 사자가 물소를 공격한다. 암사자다. 몸집이 더 큰 물소가 도망가다 공격하고 또 도망가다 공격하고 추격전이 계속된다. 숨 가쁘게 몰아붙인 사자가 물소 뒤에서 쓰러진다. 물소는 이

때다 안심하고 사자를 공격한다. 쓰러져 있던 사자가 밑에서 물소의 목을 물고 늘어지자 싸움은 끝난다. 지친 척 쓰러진 사자의 뛰어난 순간 대응. 앞뒤 가릴 것 없이 쓰러진 사자를 안심하고 공격하는 어리석은 물소.

황제 자리는 누구나 쉽게 차지할 허름한 자리가 아니다.

왜? 대만의 일월담(日月潭)에서 이런 생각이 들까? 중국의 막강한 힘에 숨죽여 살아온 세월의 흔적이 곳곳에 남아 있는 대만. 타이중의 야밤! 가로등이 없는 듯한 타이중의 밤, 어두운 골목의 오토바이 전조등은 고양이의 눈처럼 어둠을 밝힌다. TV 네 곳에서 한국 드라마와 오락프로가 나오고… 그들은 중국을 의식하며 항시 긴장하고 살고 있다.

⁂ 실수와 실패

많은 사람들은 몰라서 실수한다. 알고 행하는 경우는 드물다. 부주의나 만용, 어설프게 아는 것은 실수의 온상이다. 차라리 무지 무식한 자는 겸손으로 실수를 줄일 수 있으나 실수는 상처가 됨을 명심하라.

다양한 경험과 폭넓은 지식, 지혜의 옷을 입지 아니하면 교만이 되고 실수의 온상이 될 수 있다. 깊이 있는 성찰이 삶에서 실수를 줄이고 행복을 제공한다. 책은 가장 쉽게 지식과 지혜를 제공하는 보고이다. 읽고 생각하고 사랑하라.

누구나 실수하거나 실패할 수 있다. 실패를 두려워할 필요는 없다. 실패 다음이 문제다. 실패 원인을 찾아 꼼꼼히 챙기고 반성하며 용기를 가지고 다시 시작하면 다음은 잘할 수 있다.

최선을 다하고 실패했을 경우 겸허히 받아들이는 것이 좋다. 두려운 것은 실패가 아니라 좌절이고 용기를 잃어버리는 것이다. 어차피 인간의 능력은 새털만큼 밖에 안 되니까.

창공을 보며 용기를 추스르자. 실패의 터전에 새순이 돋아나고 있음이다. 그러나 실수는 되돌릴 수 없음을 알라! 실수는 실패보다 무서울 수 있다. 인간은 실수를 대수롭지 않게 생각한다. 일그러진 애정이 고개를 들 때, 들뜨고 허황된 욕심이 승할 때, 죄의식이 무디어질 때가 실수할 수 있는 기회라 생각하고 생각을 정리해 보라. 착하고 인정 많은 사람이 빠지기 쉬운 함정이다. 원래 태생적인 본성은 악을 써도 고치기 어렵다는 사실을 염두에 두라. 실수는 실기를 불러들인다. 실기는 곧바로 위험을 불러들인다. 절벽 앞에 자신을 내놓는 것이나 다를 바 없다.

실기로 기회를 놓치는 것은 처참한 형벌을 자신에게 내리는 것과 같다. 참으로 한심한 일. 기회는 정점이다. 기회는 살아 있는 승자에게만 온다. 잔잔한 수면 위에 머리를 들고 떠오르는 금방 가라앉을 황금인형 같은 것이다. 실기는 정점에서 미끄러짐이다.

이 책을 쓰는 참된 의미는 실수를 줄이자는 데 있다. 나 자신도 실수로 좋은 기회를 날리고 나이만 먹어 안타까워서….

⁂ 징계(懲戒)

사랑의 매는 어리석은 자를 징계하나 요즘은 거의 사라졌다. 어리석은 자가 없어서가 아니다. 진정한 스승, 큰 어른이 없어서다. 아니 사회가 겉멋만 들어서다.

부도는 거만하고 게으른 자에 대한 징계이며, 병고는 편안함을 탐하는 자를 징계하는 것이다. 비만은 맛을 탐하는 자를 징계하는 것이고, 실패는 자신을 모르고 날뛰는 자를 징계하는 것이며, 불행은 행복을 쉽게 얻으려는 자들을 징계함이다.

줄 줄만 알고 경계(經界)함을 가르치지 못함은 불효로 답한다. 한국의 어버이는 특히 명심할 일이다. 어리석고 게으르며 편안함과 맛을 탐하고 자신을 모르고 쉽게 살려는 자는 무심한 듯 보이나 하늘이 벌을 가함이다.

⁂ 배신

배신은 어처구니없게 친하거나 가까운 사이에 다반사로 일어난다. 믿는 사이, 죽고 못 사는 사이에 일어난다. 믿는 도끼에 발등 찍히는 것이다. 배신은 신의 없는 믿음을 깨는 간악한 행위이다. 아프다. 심령을 병들게 한다. 예수도 믿었던 금고지기 유다와 베드로에게 배신당했다.

친하지도 알지도 못하는 사람에게 배신당하지 않거니와 설령 배신당해도 별로 마음 상하는 일은 없다. 믿고 친한 사람이 배신했을 때 힘들고 아픈 법이다. 요즘은 돈과 권력 때문에 혹은 혼인을 빙자하여 배신하는 행위가 비일비재하다.

돈은 욕심을 부추기고 악마를 부른다. 돈으로 물건과 자리, 인간들이 만들어놓은 많은 것들을 살 수 있고 가질 수 있다. 그래서 쉽게 마음을 바꾸고 배신한다. 돈이라는 외장을 취할 수 있어도 진정한 내용물은 돈으로 취함이 불가능하다.

매사 지나침은 배신의 물꼬를 여는 일임을 기억하라. 설령 그가 가족이라 해도…. 배신하는 자는 따뜻한 마음을 잃은 고독한 방랑자다. 배신을 심은 몸은 병마를 부를 것이다. 이유가 뭐든 배신은 죄악이다. 인격 파탄자의 단면이다. 신의를 저버린 행위다. 배신자는 명분을 내세우고 걸맞은 달변의 변명을 해도 분장일 뿐이다. 대부분 적반하장이자 후안무치가 다반사다. 역사가 증명한다.

옷을 바꿔 입는다고 사람이 달라질 수 없고 원숭이에게 인간의 신발을 신겼다고 사람이 되는 것은 분명 아니다. 살기 위해 배신했다 하더라도 배신자는 인격 파탄자임에 틀림없다.

살고자 하면 상대를 돕고 스스로 물러나라. 선을 가장한다 해도 속까지 깨끗해질 수 없는 것이 인간이다. 그러나 배신자는 그때는 이해되고 살아남는다. 수명이야 단명이나….

⁂ 믿음

가장 무서운 저주는 불신이다. 믿지 못해 전전긍긍하느니 믿고 손해 보라. 겨자씨만한 믿음만 있어도 행복할 수 있다. 믿고 배신당함도 종장에는 이익이 됨이라. 믿음은 그대가 세상에 베푸는 긍정의 따뜻함이자 부(富)요, 선행(善行)이며 신앙이다. 확신을 바탕으로 믿음이 자라 효와 도덕이 된다. 효와 도덕은 군주요, 갑이고 지배자이기 때문이다.

믿음에 반하는 행위는 인간이기를 포기하는 것이다. 믿어서 배신당해도 좌절은 금물이다. 개도 믿음이 갈 때 등을 보인다. 믿음을 저버리는 사람 있으니… 믿지 못하고 감사를 모를 때 분명 저주받은 사람이다. 믿음으로 일상에 감사하라.

이해하면 믿을 것이다. 믿으면 따르게 되는 것. 믿음은 신앙 같은 것이다. 신앙은 믿음으로부터다. 믿음과 순종이다. 믿지 못하는 신앙은 사이비다. 이해시키고 믿음을 주라. 스스로 얻을 것이다. 상대에 대한 함락은 믿음으로 가능할 것이다. 믿음을 주고 믿음을 얻으라.

불경에 믿음은 도(道)의 근본이라 했다. 남을 믿기 전에 자신을 믿어라. 스피노자는 "자신에게 능력이 없다고 믿는 자는 모든 것이 불가능하다"고 했다. 우선 자신을 믿어라. 자기애로 신뢰하라. 그리고 생각하라. 자신이 내린 결정은 결과에 연연치 말고 옳은 결정이라 생각하라. 그대의 믿음의 결정은 단순함을 넘어 하늘을 경외하며 피와 땀 그리고 노력의 결정체여야 한다. 그대가 흘린 땀과 노력 수양의 확신이자 결과물이 될 것이다.

"너희 믿음대로 되리라."

예수 그리스도는 말씀하셨다. 믿는 자에게 능치 못할 일이 없다.

하나님을 믿어라. 그리고 자신을 믿어라. 진정한 믿음은 순수 이전에 적극적이고 진정성이며 인내를 동반하고 하늘에 순응함이다. 믿음만큼 이루어질 것이다. 생각해 보자. '처자(妻子)를 맡기고 맘

편히 머나먼 길을 갈 자신 있는가? 그럴만한 사람이 있는가?'

⁂ 의심

의심이나 불신은 정신을 파먹는 병균이다. 이것이 마음에 들어오면 아메바처럼 살아 움직인다. 결국 머리에 전이되어 건전한 생각을 파먹는다. 확실히 알 수 없거나 믿지 못해 이상히 여기는 마음은 자신을 병들게 한다. 믿지 못하는데 마음이 편할 수 없다. 일종의 병이요, 병균이다.

이는 병을 자가 초빙하는 어리석은 자의 훈장이다. 의심이 성한 곳에 정직이 놀림감이 될 수 있다. 믿어주는 아량 그리고 믿음으로 편안 마음, 인격적인 도야 이전에 자신을 사랑하는 최소한의 행위다.

⁂ 불신

의심과 불신이 많은 곳에 정직은 놀림감이 될 수 있다. 정직하기에 허술하여 의심의 과녁을 피할 수 없기 때문이다. 지혜와 지식이 불신과 의심을 교묘히 빠져나가는 수단으로 쓰인다면 한낱 면피의 시녀일 뿐이다. 현재 우리 사회의 병폐는 '나는 너를 믿을 수 없다'는 것이다.

눈부신 성장의 그늘에 드리운 불신과 트집의 곰팡이. 분명 대한민국은 자타가 공인하는 최고 모범 국가이자 우등생 국가이다. 헌데 불신과 트집 · 배신 · 선동 · 질시 등 악성 곰팡이 균이 살아 있어 무조건 불신하며 사회의 뿌리를 갉아먹고 있다. 자료에 보면 타인에 대한 신뢰도가 30%를 밑돌며 정부에 대한 신뢰도는 15% 수준이라 한다.

정치인의 수준은 이보다도 못하다.

한국 사회의 불신이 이처럼 높은 이유는 무엇일까?

'급속한 경제성장이 빚어낸 자본주의 병폐인 이기주의 때문'이라고 보는 견해가 있다. 또 '남과 북의 격차에 의한 이념적 질시 때문'이라는 견해도 있다.

도덕적으로 취약한 미국식 자본주의와 극도의 개인주의가 정신적 혼돈 현상을 일으켜 불신을 조장하는 데 일익을 한 것으로 보는 사람도 있다. 황금만능 사고는 자신의 이익에만 몰두하는 사회풍토를 만든다. 극단적인 이기주의의 팽배다.

"남을 속여 자신이나 집단의 이익을 챙기려 한다"라고 생각하기에 더욱더 불신이 증폭된다. 신뢰가 낮은 사회는 집단, 인맥, 연줄, 문화와 인연으로 엮여 있다.

분명 사회의 신뢰도가 낮으면 선진국 진입은 불가능하다. 너무 많은 사회적 비용이 요구되기 때문이다. 더구나 행복지수도 낮아진다.

국민 대통합이 중요하며 특히 불신의 늪으로 보는 정치인의 사고가 더욱더 맑아짐과 동시에 솔선수범의 신뢰가 필요하다. 사회적 자본을 키우려면 국민 화합에 각별히 힘써야 한다.

지금 이 땅의 국민은 "사람도 정부도 정치도 믿지 못하고 있으며 심지어 자신도 못 믿는 사회가 되어가고 있다"고 말한다. 기회만 있으면 나를 이용하려 하고 국가 또한 국민의 뜻은 뒷전이고 자신들의 이익과 편리, 안녕에만 치중한다고 보며 불신의 벽을 쌓고 있다.

국제적 관점에서 국익을 생각하며 군을 신뢰하고 납세자를 아끼고 자랑스러워하며 짐 지고 수고한 자를 아낄 때 불신은 사라진다. 우리 모두 칭찬하고 감사하고 나누고 배려하자! 희망의 고지가 바로 저기 눈앞에 보이지 아니한가?

⁂ 벼랑 끝에서

벼랑 끝에 서면 자포자기하고 자멸하거나 용기백배하여 다시 시작한다. 그러나 대부분의 사람들은 자멸한다. 절실한 상황에서 필요한 것이 용기이고 용기가 있는 곳에 희망이 있다.

벼랑 끝에 선 원인을 철저히 분석하고 다시 시작하라. 많은 시간과 젊음이 있다. 70에 벼랑에 섰다 하더라도 아직은 젊다는 사실을 알라. 할 수 있는 일이 있다는 것은 아직 젊음이 남아 있음이다. 벼랑 끝 불행도 습관이 될 수 있음을 상기하라. 벼랑 끝에서 출발함에 있어 이것만은 삼가라.

성공한 사람을 헐뜯어 만족하는 사람이 있다. 상대의 공에 흠집 내는 사람이 있다. 악으로 선한 자들에 편승하여 의도를 훼손하는 사람이 있다. 전체가 아닌 극히 일부를 가지고 상대를 몰아붙이는 사람이 있다. 진리를 달콤한 화술로 파괴하는 사람이 있다.

진실도 요설로 가리는 사람이 있다. 자신의 존재감 앞에 상대의 인격은 무시해 버리는 사람이 있다. 모두 불행이라는 혼돈의 열차를 타는 어리석은 자이요, 진리를 파괴하는 불쌍한 사람이다.

⁂ 자신을 돌아보자

냉정히 그리고 조용히 자신을 돌아보라. 우선 자신의 기묘한 지음을 살펴보라. 참으로 보배로움이다. 자신을 지극히 사랑하는 마음으로 말이다. 나 아닌 남들이 거북해하고 혐오하는 신념, 습관, 잘못된 인식, 행동 등을 가지고 있어 자신을 혐오하고 남을 거북하게 하는 것이 있을 것이다. 자신을 다듬어보라. 자신을 조각하라. 자신에 엄격하지 아니하고 또는 자신을 엄하게 꾸짖지 않는 자는 진정한 신사 숙녀가 될 수 없다.

그대는 원하는 선남선녀로 자신을 돌아보고 버릴 것은 과감히 버려라. 꼭 이것만은 고치고자 하는 것은 말이다. 가공되지 않은 원석이 가공된 다이아몬드처럼 영롱해질 것이다.

⁂ 심은 대로 거둔다

죽어가는 사람의 모습에서 생전 그가 심은 것들을 어렴풋이 볼 수 있다. 살아온 모습의 집합이다. 심은 대로 거둠을 절실히 느낄 것이다. 곡식을 적게 심고 많이 거두기를 바라지 말라. 많이 뿌리고 정성껏 가꿀 때 풍성한 수확도 기대할 수 있다.

악을 뿌리면 악이, 선을 뿌리면 선이 자란다. 선동과 고소를 즐기는 자, 피(돌피)를 뿌리고 벼가 자라기를 바라지 말라. 자신은 지금 무엇을 파종하는지 뒤돌아보라.

몸이 편하기 바라는가? 젊어서 놀고먹은 자라면 늙어 그것이 가능하겠는가? 심고 뿌린 대로 거두는 것은 삶의 진리다. 주변에 죽어가는 모습을 보면 너무 정확했다. 병이 깊은 만큼 치료 기간이 길어지는 것은 당연하다. 중풍으로, 치매로, 앉은뱅이로, 암으로, 간, 폐질환 등으로 오는 병을 우연이나 운수불길하다고 생각지 말고 곰곰이 돌이켜보면 병증의 초대는 자신이었음을 알게 될 것이다.

태생적인 병증은 부모의 파종 결과다. 늦게나마 자신이 심은 것들의 잘못을 알고 자신을 사랑하고 애틋한 마음으로 돌이켜 바라본들 바로잡기는 어려운 일이다. 방탕과 탐욕 그리고 악행, 욕심을 심었으면 그것이 결과로 남아 목숨을 요구하고 죽음을 맞이하지 않겠는가?

초상을 치러야 하는데 부인과 아들이 끝내 나타나지 않아 다방 친구 두 사람이 뒤처리하는 것을 본 적이 있다.

작은 나무, 풀 한 포기를 심어도 거짓 없이 정성을 다하여 사랑으로 심어라. 인연 줄이 되어 화도 복이 되어 나타날 것이다. 언제나 뿌리는 부모요, 가지는 남편과 아내, 열매는 자식이라 생각하고 심고 가꾸어라.

⁂ 숙고(熟考)

"장담하는 일은 없어야 한다. 나쁜 습관은 만들지 말라. 말을 삼가라. 두려움은 쓸데없고 하찮은 것, 미리 겁먹고 삶을 망치지 말라. 남을 칭찬함에 인색하지 말고 웃음을 잃지 말라. 배신하지 말 것이며 비밀을 목숨처럼 지켜라. 후회할 일도 잘못한 일도 없어 회개나 반성할 일 없는 사람이라고 생각하고 행동하지 말며, 남의 잘못만 비방하지 말라. 굳이 비방코자 하면 자신의 부끄러운 점을 적어도 세 번은 반성하고 하라. 거짓말도 거짓 행동도 하지 말라. 소소한 은혜라도 잊지 말라."

삶에 완벽한 교과서는 없다. 경(經)이 있고 하늘이 있을 뿐이다. 참으로 지키기 어려운 현답이다.

"고통 속에 있어도 인생은 쾌(快)한 것임을 항상 염두에 두고 잠을 자되 베개 옆에 행복이 앉아 미소 짓고 있다고 생각하라. 넘치는 잔이 마련될 것이라 소망하라."

⁂ 마이너스 경제

저축은 그만하고 돈을 쓰라는 마이너스 경기부양이 성공할 가능성은 희박하다. 인간의 심리는 긍정에는 활기를 느끼나 부정에는 움츠린다. 마이너스 금리는 오히려 저축이 늘고 돈은 잠을 잔다. 경기가 위축되면 물건 값이 더 하락할 것을 기대하고 움직임을 멈춘다. 값이 더 떨어질 것이라는 기대심리 때문이다.

인간의 마음은 긍정에 의욕과 활기를 느낀다. 플러스는 양지, 마이너스는 음지다. 매사 긍정과 희망을 심어라. 부정은 약이 될 수 있으나 희망은 아니다.

한국 경제는 고령화를 비롯한 구조적 역풍에 직면했지만 정부가 추진하는 구조개혁은 지지할 만하다. 역풍은 인구구조 변화, 수출의존 기업의 취약점, 노동시장 왜곡, 저조한 생산성, 제한된 사회안전망, 높은 가계부채 등이나 개혁과 긍정으로 얼마든지 풀 수 있다. 국익 차원에서 강력한 개혁과 긍정과 비전이 함께할 때 가능하다.

⁂ 단축과 압축

인간이 평생 걷고 뛰는 거리는 10만 km에서 100만 km이다. 요즈음은 차와 비행기가 있어 훨씬 멀리 간다. 앞으로는 우주선까지 동원될 테니 참으로 먼 거리를 갈 것이다. 인간은 길이, 넓이, 높이를 단축하여 100m 내지는 42,195km로 한정하여 본다. 빛나는 짧은 순간을 꽃으로 보며 확대하는 것이 인간의 사고요, 편리성이다.

100km를 느리게 걷는 자는 노력에 비하여 돋보이지 않는다. 짧은 100m를 전광석화처럼 달려야 스포트라이트를 받는다. 한순간 꽃이 된다. 거목의 한 송이 꽃과 같다. 짧고 굵게 빛나는 순간을 염두에 둘 것이다. 삶을 보는 단면이다. 그것이 희망이요 추구며 꽃이다.

⁂ 병리현상

사회적 병리현상이란 것이 있다. 일종의 사회적 질병이다. 수천 년에 걸쳐 인간은 최고 최선의 정치 형태를 자유민주주의라 했다. 그런데 이 체제하에서 온갖 특혜를 다 누리고 살면서 뒤떨어진 공산사회를 추종하는 사람이 있다.

자칭 식자연하고 진보연하며 이를 동조하고 따르며 지지하는 일종의 병리현상이 만연하고 있다. 침묵을 통해 행동하지 않고 묵인하는 것은 일종의 동조다. 무관심을 통해 그것들과 공모하는 것이라 볼 수 있다. 사회적 병리현상이다.

⁂ 문제(問題)

문제는 해답을 필요로 하는 물음으로 해결을 전제한다. 논쟁 · 연구 · 논의 따위의 대상이 되는 해결하기 어렵거나 난처한 대상 또는 귀찮은 일이나 말썽을 가리키기도 하나 모두 해결을 전제로 한다. 많은 사람들의 관심이 쏠리는 일이나 어떤 사물과 관련되는 일이다. 의욕과 뜨거운 노력이 있으면 답도 얻으며 해결 가능하다.

해결 불가능한 문제는 없다. 강한 의지와 용기다. 실행이다. 문제가 있으면 반드시 답이 있다. 문제에 임함에 먼저 감사해라. 내게 이런 문제를 주는 것은 반드시 해결 능력이 있고 좀 더 강하고 능력 있는 유능한 사람을 만들기 위함이라고 생각하라. 문제가 발생하면 정확히 파악하고 그 원인을 외부에서 찾지 말 것이며 세상을 탓하거나 핑곗거리를 찾지 말라.

모든 가능성을 다 시도해 봤다 하더라도 여전히 해결 가능성은 남아 있다. 비효과적인 해결 방법을 반복해서 사용했다고 생각해 보라.

삶의 어떤 문제도 해결 불가능한 문제는 존재하지 않는다.

⁂ 길

전정(前程)에 불안을 느끼지 않는 사람이 있겠는가? 희망도 꿈도 없는 무딘 자는 불안도 초조함도 있을 수 없다. 대범해서가 아니고 믿음이 있어서도 아니다. 미래에 대한 불안 초조는 미신을 탐하게 되고 그것으로 위로를 삼는 자 많으나 일시적인 위안은 될지언정 길은 아니다. 길은 성실한 지혜로운 대책밖에 없음이다. 실패도 두려움의 대상은 아니다. 절망 좌절이 두려울 뿐. 매사는 이미 정해져 있음이니 분주하고 헛된 아집에 빠지지 말라.

⁂ 진실 된 긍정으로 살자

세상에는 긍정적인 사람과 부정적인 사람이 있다. 매사를 부정적으로 보는 사람은 모든 시각이 의미 없고 부정적이며 안 되는 쪽으로만 생각한다. 편리한 사고다. 주체를 말하기도 한다. 이들은 진실을 말하는 듯 속이는 경우가 많다. 유식한 사람으로 보이기도 한다. 말하기 쉽고 깨끗한 척 구유가 더럽다고 한다. 소가 있으면 구유가 더러우나 없으면 깨끗하다. 부정적으로 더럽다 말하기 쉬우나 소의 힘으로 얻어지는 것은 많은 법. 통계도 안 되는 쪽이 높으니 말이다.

식자층에 이런 시각이 많고 자신이 꽤 많이 알고 있다고 자부하는 쪽에 많다. 대부분 이런 사람들은 불평불만이 많고 남들이 애써 쌓아놓은 공적에 흠집을 내기 일쑤다. 매사를 방관자적인 입장에서 임하기 일쑤고 지극히 소극적이지만 말만 많은 편에 속한다. 유식유능하다고 자부하기 일쑤다. 항상 자신이나 주변에 있는 사람을 피곤하게 만든다.

똑똑하게 보이나 약하고 피해 의식이 많은 것도 사실이다. 이런 사람일수록 관리 능력에 결함이 많고 의심도 많아 남을 잘 믿지 않는다. 주변에 부정적인 사람이 있으면 투자를 삼가라. 이들에게는 무엇을 투자해도 손해를 보게 된다. 능력도 믿지 않는 것이 좋다. 부정적인데 좋은 싹이 자랄 리 없고 자란다 해도 좋은 나무가 될 리 없다. 부정적인 사람을 사귐에 있어 친절하고 대범하게 하되 친구로서는 곤란하다. 부정적인 성격은 배타적이고 이기적인 기질로 나타나기 쉽고 의식적으로 남을 폄하하고 깎아내리고자 안달하는 소인배가 많고 매사 긍정적인 의미 부여가 모자라다.

부정은 음지의 극이고 긍정은 양지의 극이다. 긍정적인 사고는 적극적이고 진취적이며 활동적인 사고로 책임의식이자 사람이 사는 곳의 계명이자 진한 의미다. 지혜를 수반한 긍정만이 진실한 긍정임을 알라. 진실은 가끔 깊은 곳을 볼 수 있다.

단 1%의 가능도 가능성으로 보는 시각, 이것이 긍정적인 사고방식이다. 결단이 필요할 때는 간단명료하게 하되 경거망동을 삼가야 한다. 긍정적인 사고방식은 자칫 낙천적이기 쉽고 매사를 너무 안이하게 생각하거나 행동하기 일쑤인데 이 점은 특히 주의를 요한다. 투자나 인간 사귐 또는 남녀의 이성 문제 등은 깊이 고려를 요한다.

긍정은 진정이며 절실한 의미를 수반할 때 더욱 값진 것이다.

⁂ 이런 사람들

배신과 무성의한 태도, 회색적인 행동, 심지어 남의 둥지에 알을 낳는 사람. 이들의 행태는 국익보다 자신의 영달을 위한 정치로 참으로 꼴불견이다. 입으로 먹고사는 사람들, 정곡을 찌르기는 고사하고 변죽만 울린다.

친박, 비박이 문제가 아니라 국민이다. 국익이다. 국익 관점에서 보고 판단해야 함이 마땅하다. 배신조차 국익을 위한 행동이라면 용서 대상이나 자신의 영달을 위한 행동이면 지탄받아 마땅하다. 백성이 그를 그 자리에 보낸 것은 국가와 국민을 위해 정치하라는 위임이기 때문이다. 그 자리는 국익과 국민을 위한 자리이기 때문이다. 한심한 사람들. 칭찬받을 하등의 이유가 없는 사람들이다. 이들이 백성에게 외면당하는 것은 당연하다. 일일이 이름을 들어 말하고 싶으나 접는다.

⁂ 투자(投資)

삶은 투자의 연속이다. 농사와 같다. 시간과 돈 그리고 노력을 투자한다. 돈과 시간을 투자하면 본전이 생각나서 좀처럼 그 범주에서 벗어나지 못한다. 아까워서도 그러하다. 하지만 투자금이 아까워서 또는 공들인 시간이 아까워서 그 마법의 성에서 벗어나지 못하는 것이 인간이다.

투자가 반드시 이익으로 돌아오는 것은 아니다. 자식에게 시간과 돈과 정성을 투자했다 하더라도 반드시 그에 상응하는 대가가 돌아오는 것은 아니다. 그와 같은 이치라 생각하라. 노력한 시간과 돈이 아까워 정확한 상황파악을 못 한다면 참으로 안타까운 일을 당하리라. 노력한 시간과 투자금을 아까워 말라. 현 상황을 즐겨라. 예를 들어 2만 원짜리 뷔페식당에 들어가기 위해 1시간을 기다린 것이 아깝고 2만 원이 더욱 아까워 배가 터지게 과식했다고 하자. 너무 많이 먹어 배탈이 나서 병원에 갔다면 어찌 되겠는가? 사라진 시간은 과거다. 과거는 되돌릴 수 없는 것, 시간과 투자를 즐기되 이미 사라져버린 시간과 투자금에 매달려 상황을 파악치 못함은 어리석음이다.

⁂ 행복 방정식

강 건너 산불이 부엌 아궁이 불보다 뜨겁지 않다. 가까이 있는 사람에게 베풀고 배려하는 것만으로 우선 행복해지는 법이다. 기뻐하며 받는 자의 모습을 보라. 삶에서 실패는 두려운 것이 아니고 성숙과정이요, 행복의 메시지이다. 자연의 질서다.

삼복 같은 뜨거운 남다른 열정이 있어 잎이 무성해지고 강풍과 폭한이 있어 뿌리 깊은 행복 전도사가 되는 것. 10년을 기다리는 사람도 있는데 5년을 못 기다리는 사람, 이것이 불행의 단초다. 대세에 순응하고, 목표를 달성했다고 느낄 때 과감하게 버려라. 건전치 못한 집착은 버리고 이해하는 데 인색하지 말 것이며 배려하는 데 계산하지 말라. 넘어지지 말라. 기뻐하라. 감사하라 그리고 열심히 노력하라. 성공하려면 포기를 모르는 도전 정신과 창조적인 상상력이 있어야 가능하다. 성숙한 꿈이 있고 모험을 즐길 각오와 달콤한 박력이 있어야 성공이라는 정상에 도달할 수 있고 행복한 삶이 되는 게 행복방정식이다.

⁂ 일함에 있어

일함에 있어 티끌까지 동원할 것이다. 혼신을 다해 매진할 것을 마음에 각인하며 최선을 다하고 결과가 어떻게 나오든 후회는 접어두라. 삶이 힘들고 지치고 용기마저 소진되면 눈을 감고 10분만 걸어보자. 다시 삶이 즐거워지며 용기가 생기리라. 실패는 두려워할 이유가 없다. 실패는 연습이라 생각하고 실패도 일이라 여겨라. 막다른 골목이라 해도 길은 있기 마련이다.

최선을 다하고 실패했을 경우 겸허히 받아들이는 것이 좋다. 참담한 실패는 모든 것을 앗아가나 두려운 것은 실패가 아니라 좌절이고 용기를 잃는 것이다. 어차피 인간의 능력은 새털만큼 밖에 안 되므로. 수도꼭지를 틀면 으레 물이 나올 것이라 생각했는데 물소리는 들리는데 수돗물은 안 나오는 상황이라 해도 창공을 보며 용기를 추스르자. 실패의 터전에 분명 노란 새순이 돋아나고 있음이다.

⁂ 싸움(전쟁)

싸움은 반드시 이겨라. 최선의 방어는 공격이다. 수비를 생각하기 전에 공격하라. 승리하고 용서하라. 화해와 용서는 승자의 몫이다. 미리 평화와 대화를 말함은 적보다 월등한 힘을 가진 자만이 할 수 있는 만용이다. 그렇지 못한 자가 그런 행동을 하는 것은 적과 내통하거나 상대편에 서 있는 자이거나 용기 없는 소인배다. 이들은 극히 위험하고 경계할 사람이다. 내 싸움에 남을 믿지 말라. 동맹이라 해도 어리석은 일이다. 주변을 다 평정하고 고해성사하리라 다짐하며 시작하라.

싸움은 제 살을 파먹고 비극적인 결과가 따르기 마련이나 피할 수 없는 싸움은 주저치 말라. 군주를 쓰러뜨리지 못한 반란은 정권만 강화시켜 주는 것임을 명심하라. 전범 수장을 단죄하지 못하면 전쟁이 끝난 것이 아니고 잠시 휴전일 뿐이다. 항복 문서를 받지 않은 항복이 항복일 수 없다. 2차 세계대전 패전국 일본은 항복문서를 작성한 적이 없다. 그래서 그들은 군국주의로 돌아가고자 한다. 싸움에 임하여 염두에 둘 일이다.

자신을 내보이지 말고 상대의 허점을 찾아 노려라. 분기를 잠재우고 행복한 승리를 상상하라. 정신교란 전략을 쓰며 적을 많이 괴롭혀야 승리하는 것. 수없이 괴롭혀라. 싸움 자체를 즐기고 맹수들이 우글거리는 정글이라고 생각하라.

싸움에 이기는 것도 습관이며 중요하나 잘 처리함도 습관으로 굳혀라. 피하는 것보다 싸우는 것이 내 몸을 보호하는 것이다. 거머리 작전도 필요하다. 끈질기게 물고 늘어져라. 호랑이도 평지에서는 개에게 물린다. 어려운 상대도 내가 유리한 곳으로 유인하면 승리할 수 있다. 허나 호랑이는 쥐 한 마리를 잡더라도 최선을 다한다는 사실을 기억하라.

상대의 심리를 파악하고 상대방 사고에 접근하라. 원치 않아도 시비나 싸움 또는 경영 비즈니스 등에서 피할 수 없이 다툼에 말려들 수밖에 없을 때 필히 대치하라. 승자가 되어도 상처가 깊으면 진정한 승리라고 볼 수 없음도 명심하다. 싸움에서 가장 비겁한 것은 패배이다. 아무리 강적이라 해도 분명 승리할 수 있는 기회는 온다. 절대 포기하지 말라. 싸움은 누구나 싫어한다. 신념 없는 싸움은 반드시 패하는 법. 강한 신념을 가져라.

호랑이를 잡으려면 호랑이 굴에 들어가야 한다. 도망가거나 주저하지 말라. 피하는 것도 습관이 되고 공격을 주저함도 약한 마음의 발로이다. 지키는 것은 싸워서 이기는 것뿐이다. 싸움에는 가능과 불가능만 가지고 싸우고 논하라. 싸움은 준비된 자만 승리할 수 있다.

인간의 본능은 악이다. 악의 화신이라 생각되는 사람과의 싸움은 인간이라 보지 말라. 부드러움이 강함을 이길 수 있다. 부드러운 솜덩어리는 칼로 베지 못함과 같다. 싸움은 크고 작음을 막론하고 살아남기 위한 행위이다. 싸우지 않고 살 수 있으면 최선이겠지만 싸우지 않고 승리할 수는 없는 법. 살아남기 위해서는 이겨야 한다. 피하거나 숨는 비굴함은 절대 보이지 말라. 상대에게 등을 보이는 것도 패배를 자인하는 행위이다.

증오는 파멸을 부른다. 증오의 늪에서 빠져나와 평상심으로 상대를 노려라. 명예와 자존심은 최후의 승자만이 지킬 수 있다. 자존심을 지키려거든 끊임없이 공격해야 한다. 창과 방패를 갖추었다면 창을 사용함이 유리하다. 방패로 공격을 막으려고 함은 순수하나 승산이 없다. 창을 사용한 공격만이 싸움에 승산이 있음이다.

목숨을 내놓지 않고 싸움에 이길 수 없다. 승리를 위해서 모든 것을 다 걸어야 한다. 해도 그만 아니 돼도 어쩔 수 없다는 우유부단한 생각으로는 어떤 싸움에서도 승리할 수 없다. 두려움을 아는 자만이 두려운 것이 보인다. 자신이 두려워하는 것이 무엇인지 철저히 분석하라. 그리하면 그곳에 그대가 막고 싸워 이겨야 할 것이 보이고 승리할 것이다.

방어만 하는 것은 넘치는 오만이거나 용기 없는 자의 비명이다. 끊임없이 싸워 전진해야 승리를 쟁취할 수 있다. 함락되지 않는 철옹성은 없는 법이니 숨지 말고 싸워라. 그래야 승리할 수 있으니까.

경영도 이와 같다. 싸움에서 최대 적은 소심한 망설임이다. 싸우기 전에 걱정, 근심이 앞을 가린다면 이길 수 있겠는가? 겁먹지 말라. 총칼을 들고 있는 자 또는 싸우는 자 앞에서 등을 보임은 항복이고 죽음이다. 칼집에 넣어둔 칼을 뽑을 때는 지근에 있는 자도 모르게 소리 없이 뽑아라. 질긴 사람이 이기는 법이다. 지는 싸움이나 낭비하는 싸움은 하지 말라. 죽음보다 더한 형벌은 수모다. 치가 떨리는 수치와 함께 능멸을 당함이요, 배신이다. 능멸과 배신은 수모를 부른다. 수모와 수치를 안겨준 장본인은 용서의 대상이 아니다. 수모와 수치로 갚아야 한다.

큰소리로 말하면 상대를 만만하게 보고 낮은 소리로 말하면 귀를 기울인다. 큰소리치는 자는 허풍이 셀 뿐이고 작고 단호한 목소리는 상대를 제압한다. 계속 공격하는 놈을 이길 수 있는 사람은 없다. 천년을 쉼 없이 떨어진 물방울이 바위에 구멍을 낸다. 한 번도 실패하거나 져본 적 없는 것처럼 뻔뻔해져라.

보이는 적은 두려울 이유가 없다. 숨어 보이지 않는 적이 두렵고 느끼지 못하는 적이 가장 두려운 법이다. 쫓기는 쪽에 서 있다고 생각지 말라. 쫓는 쪽에 서서 몰아가고 있다고 생각해야 한다. 쫓긴다고 불안해함은 마음으로 굴복하는 것이나 다름없으니 상대를 숨 쉴 틈 없이 몰아 붙여라. 영지를 넓힌다고 생각하라. 전략과 전술의 차이를 파악해 보자.

수비는 공격을 전제로 한 경우에 한하여 수비일 뿐임을 알라. 수비하고 평화를 사랑한다는 말은 죽은 자의 잠꼬대이며 변명이다. 싸워 이겼다 해도 용서함은 용기 있는 자의 아량이다.

핵을 가지고 불바다 운운하며 말이 통하지 않는 사촌 같은 북한을 지척에 둔 우리 자신을 생각하여 쓴 것이다. 화해나 용서는 용기 있는 자의 특혜다. 승자는 종장에 화해와 용서로 싸움의 피를 씻어라.

⁂ 인생

인생은 무방비 산행이요, 길 없는 사막이다. 멈출 수도 돌아갈 수도 없다. 카타르시스(catharsis)로 풀어가면서 쉼도 없이 가는 여정이다. 풍요로운 마음으로 사는 것이 행복을 알게 되는 기본이다.

아름다운 세상을 보는 눈도, 지혜가 열리는 것도 낮고 작고 적은 것을 소중히 여기는 데서 출발한다. 현실이 힘들어도 잠시 잠깐의 여유에 희망의 싹이 자라고 있음을 알자. 절망도 희망도 함께하는 아름다운 여정, 산행이 인생이요 삶이다. 산행에는 위험표지판도 있고 암벽 등반에는 밧줄도 필요하다. 그러나 인생은 위험표지판도 방향을 알리는 나침판도 밧줄도 없는 산행이다. 그저 산이 있어 숙명처럼 오르고 입성이 모두 있기에 의식적으로 올라야 하는 산행과 같다.

알몸으로 나와 나름 옷을 차려입고 산 정상에 올라 잠깐 쉬고 내려오면 종장에는 쓰러질 것이다. 수의로 갈아입고 그 산에 묻히면 끝나는 것이 산행이요, 인생이다. 산을 오르는 초심과 각오 그리고 정상에서 잠깐 느낀 쾌감을 만끽할 여유도 금방 사라져 체념하고 내려올 때 허탈감으로 허무만 안고 생을 마감한다.

오만 · 과욕은 밧줄도 위험표지판도 없는 산행에서 돌이킬 수 없는 불행을 만드는 것과 같다. 알 수도 풀 수도 없는 전정을 사는 것이 인생이다. 행복하고 안전한 산행은 그대의 몫이다. 맑은 영혼으로 생각하고 다져라. 가난도 그대의 영혼을 맑게 할 것이고 병마나 불편도 오만을 지그시 누를 수 있어 맑은 거울이 될 수 있음이다.
길 없는 사막에 그대가 갔다면 거기에 길이 있을 것이다.

⁂ 믿음의 진가

먼저 자신을 믿어라. 자신의 능력을 부정하는 자는 모든 것이 불가능한 법이다. 믿음으로 삶을 망쳤다 하더라도 불신으로 주저앉음보다 낫다.

상대가 나를 믿도록 하는 것이 일함에 있어 기본이다. 믿음은 신용의 기초이다. 상대에게 믿음을 주되 상대를 의심하여 행함도 믿음의 일환이다. 자신이 믿고 싶은 것은 오히려 뒤집어 생각해 보라. 삶에 있어 당당함은 상대가 나를 믿는다고 생각할 때 오는 행복이다. 부부지간에 믿음이 무너지면 행복도 금이 가는 것은 정한 이치이다. 사랑 이전에 믿음이 있어 신앙 같은 사랑을 감싸는 것이다.

상대한테 가장 듣고 싶은 말이 '믿는다'는 말이다. 믿음이 없는데 맹세나 서약이 소용인가? 의미 없다. 믿음만이 나와 너의 잠자는 거인을 깨울 수 있다. 나를 믿고 상대를 믿어 행운을 설계하라.

⁂ 의리(義理)

신의(信義), 믿음과 의리. 사람으로서 지켜야 할 마땅한 도리. 신의를 지켜야 할 교제상의 도리다. 남남끼리 혈족과 같은 관계를 맺는 일이다. 의리와 지조를 목숨처럼 아낀 사람들은 기억에 남는다. 정은 나누어주고 의리는 지키는 것이 인간 도리다. 정과 의리 때문에 잘못도 눈감아주는 행위는 신사적인 행동이랄 수 없으나 메마른 건조한 사람보다는 낫다.

사악하고 정의롭지 못한 윗사람일망정 배신치 않고 의리를 다하는 사람을 인정하고 추앙한다. 의리 신의를 위해서 입 다물고 말하지 않는 것도 도라고 했다. 이익을 위해서 적과도 서슴없이 동침하는 시대라 의리나 신의는 단 아래로 한 발 물러 내려놓는 초미의 이기주의에 집단 이기주의가 팽배한 건전하지 못한 세태다. 이익과 의리가 다툴 때 대부분 이익 편에 서나 의리 편에 줄을 대는 자는 현명한 지혜로운 사람이다. 분명 그 이익보다 클 것이니….

⁂ 생각해 보라

꿈만 보고 삶을 보지 못하여 꿈에 사로잡혀 살다 진짜 삶을 놓칠 수 있다. 하루는 길어도 인생은 짧을 수 있다. 재는 넘을수록 험하고 내는 건널수록 깊을 때 절망적인 충격을 이겨내는 인내와 믿음이 성공으로 가는 시금석이요, 징검다리다.

걸어온 길이 멀면 돌아갈 길이 아득하고 지나온 시간이 길면 돌아갈 시간 또한 길어 후회나 번민도 길어지는 법이다. 시간에 대한 강박관념, 시간과 소리에 예민하고 민감함이 현대인의 모습이다.

⁂ 성공

발돋움하고 오래 서 있을 수 있을까?

스스로의 재능을 만족하는 자에게 발전이 있을까?

돈을 멸시하는 자가 부자가 될 수 있을까?

부자를 욕하는 자나 대기업을 질시하는 자는 부자가 될 수 없다. 겸손하게 배울 때 원하는 것을 이룰 수 있다. 욕하지 말고 존경하고 배워라. 되고자 하는 모델을 찾아 세워라. 정주영이든 로스차일드이든 필승의 마음가짐이면 인간 내부의 시스템은 성공하는 방향으로 움직이기 시작한다. 성공한 사람과 행복한 자는 허망한 일에 기대하지 않는다. 유능한 사람일수록 아침에 일찍 일어나며 상대에 대한 애정이 있다. 성공한 경영인은 높은 도덕성을 갖추고 있다. 담력을 키우고 싫은 결정도 과감하게 하라. 높고 큰 야망을 가다듬고 자기 혁신이 필요하다. 유연성을 가지고 심안을 키우라. 속도보다 방향이

중하다. 어디를 향하여 가고 있는지 방향을 점검하라.

"금전으로 성공하기 전에는 나보다 조금 나은 사람을 만나고, 성공한 뒤에는 나보다 못한 사람을 만나라." 유대인 속담이다.

사람이 느끼는 유혹 중 가장 강렬한 것이 성공이다. 성공은 정직과 긍정적인 신념에 있지 이기심에 있지 않다. 대부분의 사람들은 이기심이 성공을 부추긴 것으로 본다. 삶의 대부분이 그렇지만 성공의 요건(유형)도 대기만성형이 가장 좋다. 갑작스런 성공이나 지나치고 커다란 성공은 파멸과 나쁜 성정을 키워 결국 멸망으로 치닫는 경우가 왕왕 있다. 한 단 한 단 단을 쌓아 올리듯 차분하게 조금씩 이루어 천천히 올라가야 한다. 세상의 재물, 재화, 보물, 높은 지위 등은 여러 사람이 골고루 나눌 만큼 풍족하지 않기 때문에 사람들이 수단과 방법을 가리지 않고 상대를 교묘하게 넘어뜨리려 한다. 이럴 때 상대에게 얽히지 않고 술책이나 악에 끼이지 않고자 하면 직심(直心)을 가져야 한다. 정주영 회장의 말이 생각나 적어본다.

"나는 특별한 사람이 아니고 확고한 신념과 불굴의 노력으로 열심히 살아온 사람이다. 그리고 진취적인 기상과 신념이 기적의 열쇠가 되어 성공하는 행운을 잡은 것 같다."

"나를 세계 수준의 기업 경영자라고 하는 평가가 있는 모양이지만 나 자신은 나를 자본가로 생각해 본 적이 없고, 그저 꽤 부유한 노동자일 뿐이며 노동으로 재화를 생산해 내는 사람일 뿐이다."

⁂ 성공 연습

성공하려는 사람은 먼저 도덕적으로 정신을 가다듬고 건강한 몸을 만들라. 그렇지 않으면 설령 성공했다 하더라도 잠시일 뿐 유지는 불가하다. 성공은 신용과 능력이 쌓은 아름다운 건축물이다. 과감과 냉정 그리고 가치에 집중하여 만든 성이다. 젊음을 유지하고 성공가도를 입성하는 것은 진정 원하는 것을 찾아 열정으로 몰두하는 것이 비결이다.

위기는 곧 기회라는 말이 있다. 활력과 의욕을 가지고 변혁의 전략과 전술을 연마하라. 도전에는 실패가 따르기 마련이지만 실패 원인을 성찰하고 나만의 무기를 만들어야 한다. 실패나 실수할 수 있다. 다만 얼마나 빨리 일어나느냐가 문제다. 마음속에 나는 결코 쓰러지지 않는다는 절규를 새겨라. 성공이나 고지 정복의 꽃은 잠시 잠깐이지만 참으로 아름답고 찬란하다. 정상에 올랐다는 벅찬 감회보다 허탈함이 엄습해 올 것이다. 정상은 욕망이기에 건조하다. 정상은 성공이나 성공의 궁극적 목적은 행복이어야 한다.

⁂ 인정하라

비평하고 헐뜯기 전에 먼저 상대를 인정하라. 비평 목적도 칭찬을 구함이다. 전쟁의 씨앗도 상대를 인정치 못함에 있다.

저자가 성지순례에서 본 것은 서로 인정치 못한다는 사실이다. 종교전쟁도 이와 같다. 중동의 현실은 언제나 화약고일 수밖에 없다. 종교를 논할 생각은 없다. 다만 이슬람이나 유대나 상대를 인정치 못해 전쟁의 씨앗은 자란다.

평가보다 먼저 인정이 필요하다. 자신의 생각이나 행동과 다른 사람일지라도 인정하고 상대를 보라. 칭찬까지는 아닐지라도 상대를 인정하고 대하라. 자신의 신앙을 맹신하면 참 신앙이란 보이지 않는 법, 불가능한 것까지도 사랑하는 신뢰 같은 것이 아니겠는가?

⁂ 꿈!

꿈이 있어 계획을 세우고 실행에 옮기는 사람에게 늦은 시간이란 없다. 나이가 많아도 계획을 세우는 순간 젊은이다. 꿈꾸고 실행하는 자는 언제나 젊은이다. 아무리 황당한 꿈도 끊임없이 노력하면 이루어진다. 인간의 두뇌는 성취 가능한 꿈만 꾸게 되어 있다. 눈물과 땀이 모이고 용기가 녹아 흐를 때 꿈이라는 꽃이 핀다. 꿈은 눈물, 땀, 용기를 먹고 자라는 나무이기 때문이다. 아름다운 꿈일수록 진한 눈물과 땀, 용기가 필요하다. 불가능한 꿈은 없다. 포기하는 사람이 있을 뿐이다. 몸을 구부리면 그림자도 굽는다.

⁂ 경험(經驗)

풍부한 경험만이 그대를 강자로 만든다. 실제 경험이나 책 속에서의 경험 심지어 꿈속 경험까지 모든 경험은 살이 되고 피가 되리라.

후회 되는 경험이요, 악이 되는 경험일지라도 그런 못된 일을 끊어버리는 데 도움이 되어 그대를 강자로 만든다. 경험은 참으로 대단하고 귀한 교육이나 대가는 있다. 태어나면서 명인이 되는 법은 없다. 경험으로 갈고 닦아 명인이 되라.

⁂ 좋아하는 일을 하라

좋아하는 일을 사업으로 연결하면 분명 잘할 수 있다. 재벌은 될 수 없어도 서민 갑부는 될 수 있다. 그대의 성공이 여기에 있으니 최선을 다하되 자신이 좋아하는 일이 남에게도 좋은 일이 되도록 하라. 기업하기 적기라 생각하고 그 일에 미쳐라.

⁂ 기업이 종교라 생각하라

기업을 종교라 생각하라. 스스로 전도사 또는 예언자라 생각하고 구상하고 행동하라. 돈이 되는 아이디어를 찾았다고 확신하면 최선을 다하라. 열정을 쏟아라. 열심히 하는 것도 중요하지만 잘하는 것이 더 중요하다. 부자가 되는 지름길은 금융 아이큐를 높여서 자신만의 투자공식을 완성하는 것이다. 과거 호황을 말하는 자는 가난 보균자다. 과거는 잊고 미래를 말하고 행동하라. 총알처럼 달리고 창조적인 고통을 즐길 줄 알아야 사업을 할 수 있다.

과감과 냉정 그리고 가치에 집중하라. 반드시 성공할 것이다.

⁂ 운(運)

희망을 잃은 사람은 실낱같은 운을 따르고 잡신을 믿으며 기대한다. 희망이 보이면 사람은 노력한다. 어려워도 희망만 있으면 노력을 게을리하지 않는 것이 인간 생리다. 희망이 보이지 않으면 운을 따르게 된다. 전정이 절망일 때 희망을 잃어버린 사람은 노력을 포기하고 운명에 이끌리며 운을 찾는다. 복권, 도박, 마권, 경륜 등의 아주 끔찍하리만치 희소한 확률의 운일지라도 인간들은 작은 운을 크게 확대하여 좇는다. 대박이란 운의 꽃은 사막의 진주 같은 것. 운은 가늘고 질긴 긴 인연이다.

절망만 느껴질 때 멀리 보자. 멀리 보면 가까이 있는 절망에 이끌려 운을 따르는 어리석은 일은 저지르지 않을 것이다. 최고의 지도자는 희망을 주는 자다. 희망을 일깨워라. 그대가 삶에서 잘한 행동이 되리라.

우연이란 운명과 같다. 운이란 천연덕스럽게 우연히 찾아오기 때문이다. 신의 가호(加護)일 수 있다. 행운은 우리의 의지와 상관없이 찾아오나 불운은 대부분 자신이 만든다. 누구에게나 세 번은 행운이 온다고 한다. 세 번의 행운 중 한 번만이라도 붙잡고 소중히 한다면 그대는 성공한 것이다. 소홀히 했다면 삶이 어려워질 것이다. 늙어 고생도 이를 망각했을 때다.

⁂ 용기와 좌절

실패는 결코 두려운 것이 아니다. 고통과 시련도 이와 같다. 두려운 것은 용기를 잃고 좌절하는 것이다. 실패와 성공의 끈을 한꺼번에 거머쥐는 것이 인간이다. 인류는 성당을 지었지만 난민 수용소도 만들었고, 원죄와 순수함도 함께 선물 받았다.

위기의 순간이 있고 평온도 있다. 한계를 가늠할 수 없는 집념과 무한 노력이 상존하여 성공도 실패도 함께한다. 실패의 연장선상에 성공이 있다. 건설이 있고, 파괴가 있는 것과 다를 바 없다. 어느 쪽에 있든 반대편을 보라. 끝자락에 그대에게 닥칠 운명이 자리 잡고 있으리니….

⁂ 소박한 꿈?

젊은 날 재벌이 되고자 했다. 기회라 여겼던 두 번의 일은 종장에 실패로 끝나 피투성이가 되고 몸과 마음은 만신창이가 되었다. 지금 생각하면 당연한 귀결이다. 너무 빨리 가려 했고 과욕을 다스리지 못했다. 의욕에 불타올라 불감당한 일에 젊음을 소비했다. 감당할 만한 소박한 포부를 가졌다면 이루었고 상처도 남지 않았으리라.

소박하고 아름다운 꿈을 가져라. 관리 가능한 꿈을 가져라. 꿈이 소박하고 작아야 행복할 수 있다. 분명 꿈은 몸 안에 감추어진 씨앗이다. 대망을 꿈꾸었던 많은 사람이 불행했고 꿈을 이룬 사람도 피투성이였다. 대망을 이룬 사람은 한 몸에 존경과 추앙을 받겠지만 상처는 너무 크다. 상처는 향수가 되기도 하고 옻칠이 되기도 한다.

상처란 죽음만큼이나 아픈 향기다. 옻나무에 상처를 내고 꽃에 상처를 내어 고인 향수는 병아리 눈물만큼이나 적은 양이라 할지라도 풍김은 대단하다. 그들을 존경해 마땅하다. 고통과 외로움, 초조는 간장을 녹이고 뼈를 깎을 것이다. 안심만이 행복할 수 있고 성공도 가능하다. 초조한 사람이 정상적인 일을 할 수 없음은 당연하다. 행복한 삶은 욕심을 덜어내고 마음을 가벼이 함에 있다.

재산도 명예도 권력도 과한 욕심일 수 있다. 조금씩 욕심을 덜어내고 사는 것이 후회를 줄이는 첩경이다. 성실하고 진실하게 살면 되는 것. 크고 작고, 높고 낮은 것이 대수는 아니다. 가능한 한 복잡하지 않고 단순하게 사는 것도 한 방법이다.

⁂ 강자와 약자

강자는 갑이다. 큰 약점이 없는 사람이다. 신체적 약점은 용기로 벗을 수 있으니 치명적인 약점은 아니다. 다음이 실력 있는 사람이다. 전문적인 실력과 말하는 입을 가진 사람이다. 국제어 한두 개쯤은 말하는 입이다. 입이 있어도 말을 못 하는 입이나 남을 비방하는 입은 신의 노예밖에 될 수 없다. 단순히 음식을 탐하는 창구밖에 될 수 없다.

비교적 약점이 없고 법과 질서 의무를 다하고 숙성된 실력과 예로 무장했다면 갑이다. 국익이 있어 더욱 빛나고 돋보일 수 있다. 강자는 쫓기는 자가 아니다. 군림하는 갑은 행복을 모르는 갑이요, 허망한 강자다. 진정한 강자는 비굴하지 않은 행복한 사람으로 여유와 겸손을 겸비한 사람이다. 강자가 되는 길은 강자를 지키고 영유함에 비해 쉬울 수 있음이다. 약자는 용서와 화해를 생각하는 속성이 있고, 강자는 자신의 행동에 정당성을 부여하며 후회나 죄의식이 별로 없어 용서와 화해는 그들의 속성이 아님을 알아야 한다.

수천에서 수백만 또는 수천만의 생명을 살육한 그들은 죄의식이 없다. 처음부터 그들이 한 행위는 정당하게 포장되어 있어 용서나 화해 후회 따위는 그들의 속성에 존재하지 않기 때문이다.

⁂ 병역과 세금

의무 이전에 강자가 되는 길이다. 병역을 필하고 세금을 정상 납부하는 것은 강자가 되는 길이고 갑이 되는 행위다. 병역과 세금을 해태함은 약자가 되는 길이다. 당당함을 상실함이다. 의무를 넘어 도리이기 때문이다. 병역과 납세는 당당히 통과하는 통과의례이자 상식이며 도리다. 마지못해 우물쭈물하는 비겁을 보이지 말라. 가장 힘들고 어려운 또는 많은 것을 한다는 자존을 세워라. 그것이 대인의 길로 접어드는 관문이다.

잃는 것보다 얻는 것이 많음을 알리라. 요즈음 당연한 상식이 돋보이고 노블레스 오블리주(Noblesse Oblige)로 통하는 사회는 도덕 불감증 시대요, 미개한 사회다. 병역과 납세의무를 다하는 것이 돋보이는 상류층이나 공인이라면 한심한 상류요, 몰염치 집단일 뿐이다.

병역미필에 세금 포탈 의원이 30여 명이나 되는 국회라니… 참 어이없는 나라다. 철면피와 다름없다. 이런 한심한 자들은 자신들의 합리화를 위해 모병제를 꿈꿀 것이다.

⁂ 열정

젊음을 유지하고 성공가도를 입성하려면 진정 원하는 것을 찾아 열정으로 몰두하는 것이 비결이다.

활력과 의욕을 가지고 변혁의 전략과 전술을 연마하라. 도전에는 실패가 따르기 마련이지만 실패의 원인을 성찰하고 나만의 무기를 만들어야 한다. 불 속에 넣어도 타지 않을 강한 집념을….

누구나 인생을 어설프고 서툴게 살아가기 마련이다. 철저하게 빈틈없이 살아보려 해도 정작 살아온 길을 돌아보면 후회뿐이다. 환경을 탓할 필요는 없다.

그대가 처한 환경이 과거에도 현재도 그대에게 최적의 환경임을 알아야 한다. 그곳에서 신뢰를 쌓고 집중과 소원을 하며 일을 도모해야 한다. 때로는 숨을 쉴 수 있는 도피처를 찾을 수 있으나 도피처는 처음부터 없다고 생각하라. 어디나 삶은 늪이요, 정글이고 숲속이기 때문이다. 술이 도박이 애정행각이 여행이 또는 그 무엇도 도피처가 될 수 없고 번뇌만 안고 돌아올 뿐이다. 도피처나 쉼터는 하늘에 있을 뿐 어디에도 없음을 알라. 그대가 처한 그 자리에서 소원하고 배려하며 인연을 풀어가라. 분명 인생은 누구나 나름대로 해피엔딩이다. 긍정적으로 살자.

세상에는 긍정적인 사람과 부정적인 사람이 있다. 알밤만 찾아 먹는 사람이 있고 썩은 밤만 애써 골라먹는 사람이 있다. 썩은 밤만 골라먹는 사람은 알밤을 남겨두는 마음이다. 긍정적이고 얼굴에 웃음이 피어 있는 사람이다. 긍정은 감사를 부른다. 성공도 행복도 부른다. 숙면도 할 것이고 친절한 사람이 될 것이다.

부정은 불만과 초조를 불러들인다. 매사를 부정적으로 보는 사람은 모든 시각이 의미 없고 안 되는 쪽으로만 생각한다. 편리한 사고다. 식자층에 이런 시각이 많고 자신이 꽤 많이 알고 있다고 자부하는 쪽에 많다. 냉소적인 사고다. 대부분 이런 사람들은 불평불만이 많고 남들이 애써 쌓아놓은 공적에 흠집을 내기 일쑤다. 매사를 방관자적인 입장에서 임하고 지극히 소극적이지만 말만 많은 편에 속한다.

의심 많고 유식 · 유능하다고 자부하기 일쑤다. 항상 자신이나 주변에 있는 사람을 피곤하게 만든다. 똑똑하게 보이나 약하고 피해 의식이 많은 것도 사실이다. 스스로 폐족이라 말한 사람도 있다. 이런 자가 정치를 할 때 백성은 고달프고 국운은 쇠한다. 긍정과 감사로 행복을 보라.

⁂ 배려(配慮)

남을 도울 때 삶의 질이 달라진다. 사랑을 담아 배려하자. 배려할 때 덕의 씨앗이 자란다. 더불어 상대의 입장과 자존을 생각하고 돕자! 즐겁고 행복할 것이다. 덕을 쌓을 수 있는 기회는 도움이 필요할 때 선뜻 나서는 것이다. 친절과 사랑은 하나님의 종교다. 인연은 다시 만난다. 외나무다리나 양로원에서라도 다시 만난다. 생각과 말과 행동은 결국 열매로 맺는다.

세상을 하직하는 날 그대에게 남은 것은 사랑의 중량뿐이다. 어둠을 밝혀줄 것이고 기억될 것이다. 나누고 섬기고 배려하는 삶은 아무리 작고 사소한 것일지라도 받는 이에게는 커다란 선물이 될 것이다.

봉사나 배려는 일방통행이 아니다. 언제나 왕복이고 주는 것이 있으면 받는 것이 있다. 봉사나 배려는 남에게 하는 행위이나 결국 자신이 받는다. 예를 다한 배려만이 진정한 배려다. 예의 없는 배려는 의미 없다. 봉사는 결국 욕심과 칭찬을 버리고 더불어 사는 자세부터가 중요하다.

욕심이 승하면 봉사는 어렵다. 이기적인 마음이 승하면 배려는 사라진다. 나누고 비우고 섬기며 배려하는 사람은 분명 행복을 알고 삶을 경건하게 사는 사람이다.

위안부 할머니들이 모여 사는 경기도 광주 나눔의 집에서 살다 돌아가신 김군자 할머니는 17세 되던 1942년 3월 수양아버지인 일본 순사가 “돈이나 벌어오라”며 30대 남성에게 맡겼다. 그렇게 하여 중국 지린성 훈춘으로 간 김 할머니는 고난의 위안부 생활을 했다.

3년 후 광복이 되어 38일을 걸어 고국으로 돌아온 김 할머니를 반겨주는 사람은 없었다. 환향년 취급하며 냉대한다. 그때부터 할머니는 식모, 미제물건 노점상, 화장품 외판원, 라면장사 등 먹고살기 위해 닥치는 대로 일한다. 나눔의 집에 입주한 할머니는 정부에서 지급한 보조금을 절약하여 모은 돈을 몽땅 털어 “나처럼 부모 없는 아이들이 돈이 없어 배우지 못하는 설움을 겪지 않게 도와주고 싶다” 하며 아름다운 재단에 기부한다. 이로써 ‘김군자 할머니 기금’이 탄생한다. 끔찍하고 고달팠던 시절을 견뎌내며 아픔을 나눔으로 승화시킨 위안부 피해 할머니의 한과 땀의 배려였다.

이해하는 데 인색하지 말 것이며 배려하는 데 계산하지 말라! 내 자신이 느낀 바 있어 2000년 3월부터 입버릇처럼 하는 말, 가장 아름답고 황홀한 배는 나비섬의 배다. 나누고 비우고 섬기고 배려하는 배. 창파에 고해의 바다라는 세상을 향하여 띄우자!

⁂ 베푼다는 것

베풀고 기대하는 것은 어리석다. 보상도, 기억해 주길 바라는 것도 베푼 것의 의미를 모름이다. 베풀고 기억해 주길 바라는 마음은 거래요, 비즈니스이다. 베풀 자신이 없으면 차라리 거래하라.

베풀고 마음 상하는 경우가 있다. 과하게 베풀거나 지나침이 문제다. 머리 검은 짐승은 거두지 말라는 말이 있다. 베풀고 받으려 한다면 베푸는 행위를 멈춰라.

자식을 지극정성으로 길러 온갖 것 다 주고 효를 기대하는 것도 마찬가지이다. 기른 재미, 즐거움이 전부라 생각하라. 주고 뺏는 것처럼 기대는 상대도, 자신도 아프게 하는 어리석음이다. 어리석은 인간들의 후회일 뿐이다. 베푸는 것을 흐르는 물처럼 여겨라.

⁂ 청년들에게

대담하되 침착, 침묵하라. 천운을 얻었다고 오만하게 굴지 말고 실패했다고 절망하지 말라. 나쁜 패를 쥐었다고 기죽지 말라. 나쁜 패도 상대를 제압할 수 있음을 염두에 두고 절망하지 말라. 자존심과 열등감을 구별하라.

지금 내가 하고 있는 말과 행동이 자존심 때문인가? 열등감 때문인가? 둘 중 어느 것이든 대범하라. 그래야 젊은이다. 좌우명과 목표를 세우고 시도하라. 목표를 세우고 시도하지 않는데 이룰 수 있는 일이 있겠는가? 시도하는 것을 두려워하지 말라. 물론 실패할 수 있다. 허나 시도는 아름다운 행위이자 용기의 한 면이다.

⁂ 돈

돈은 악마의 상징 같다. 악마가 인간의 본성을 헤아려 사용에 편리하고 가치 저장에 용이함을 내세워 어리석은 인간이 만들게 하였다. 돈은 악마의 심장과 천사의 미소로 양면을 장식하고 태어났다.

잘 쓰면 천사의 미소이나 잘못 쓰면 악마의 심장이 된다. 돈에 인격이 있을 수 없고 인정도 불필요할 뿐이다. 허나 모여 냄새를 풍길 때는 그 사람의 인격적인 명함이 된다.

꾼 돈이나 남의 돈은 칼보다 무섭다. 사채, 보증, 동업을 악이라 하고 패가의 첩경이라는데… '왜'라고 말하지 말라. 돈에도 분명 운명이 있고 그 돈을 번 사람에게는 카리스마가 있다. 천만 명 중 하나라는 카리스마! 그래서 돈에도 팔자가 있고 사주가 있다. 들어오는 돈이 있고 나가는 돈이 있다.

아래에 돈이 있다.

1. 호(好) 2. 인(忍) 3. 욕(慾) 4. 도(稻) 5. 시(時) 6. 투(投) 7. 절(切) 8. 판(判)

죽어라 노력해도 돈이 모이지 않는 사람이 있고 노력은 고사하고 노는데도 거저 생기는 사람도 있다. 맞추어보라! 자신의 성격과 처지 그리고 생각을. 그리하면 답을 얻을 것이다.

돈 벌 팔자가 아니거든 단단한 주무(綢繆)라도 갖추어야지. 어찌할 수 없는 숙명 같은 것일 수도 있으니 말이다.

⁂ 돈을 벌고 싶은가?

숫자를 즐겨 계산해 보라. 습관적으로 숫자를 즐겨라. 황금 보기를 돌같이 하라는 어처구니없는 말이 있으나 황금은 황금으로 보라. 황금을 경외(敬畏)하되 황금에 현혹됨은 금물이다. 마음가짐이 이러하면 돈을 버는 기본 심성은 갖춘 셈이다. 여기에 노력과 비전이 가미되고 절약하는 습관만 더해지면 돈은 틀림없이 모인다.

돈은 때와 장소에 맞게 그리고 인내와 노력만 있으면 능히 모을 수 있다. 명심할 일은 돈은 신용을 보고 모인다는 것이다. 가끔 바람과 돈과 여자를 생각해 보라.

⁂ 성공을 원하는 자

젊은이여! 성공을 원하거든 자신이 번 돈으로 해외로 나가라. 보고 배우고 익혀라. 국제 감각을 익혀라. 지독한 어려움을 겪어도 인내와 지혜로 넘겨라. 화합을 배우고 생각의 전환을 체험하라. 발상의 전환도 익혀라. 관광은 구경에 지나지 않는 것. 그들 속에서 단 10불이라도 벌 수 있는 눈을 길러야 한다. 눈은 건전한 욕심의 창이다. 그것은 단순하나 훈련이다.

일등을 해본 사람만이, 일등하고 싸움에 이겨본 사람만이 승자가 될 수 있다. 총알처럼 달리고 창조적인 고통을 즐길 줄 알아야 사업을 할 수 있다. 공정한 평가와 정당한 보상은 핵심 인재를 육성하지만 이것은 내부 인재 성장을 돕는 것에 지나지 않는다.

사장이 직원에게 줄 수 있는 최대의 복지는 무엇일까? 그것은 두고두고 잊지 않을 지독한 득이 되는 훈련이다.

⁂ 일류가 되는 것

질서와 안정이 우선이다. 요즘 촛불시위가 한창이다. 더불어 태극기집회도 불같이 일어난다. 100만이니 150만이니 하며 숫자 놀음을 한다. 거기에는 달콤한 사냥감이 있기 마련이다. 무리한 요구와 끝없는 의혹을 터트리며 마치 살판 난 것처럼 야단법석이다. 참으로 한심하다.

질서와 안정 없이 일류가 될 수 없다. 질서와 안정이 깨지면 무리한 요구가 살아난다. 빈곤과 무질서 · 불법은 후진국의 상징이다. 불신이 팽배한 사회는 결국 망하거나 후진국이 된다.

국방력의 확립 없이 일류가 될 수 없다. 국방은 의무이기 전에 삶의 도리다. 국방에 종사자는 존경의 대상이다. 공무원 스스로 봉사자가 되고 부정부패를 용납하지 않을 때 그리고 경제인이 자유스럽게 경제활동을 하고 국익을 몸소 실행할 때 일류의 초석이 된다.

경제인을 힘들게 하는 자는 일류의 적이다. 도덕과 비전을 제시하는 지도자가 있어야 일류로 가는 전정이 될 것이다.

⁂ 마음속 불을 꺼라

심화(心火)는 자신을 태운다. 화병(火病)이 된다. 심화는 돈과 명예 권력을 잃었을 때, 배신당했을 때, 팽당했을 때, 무시 구박 비난을 당해 억울할 때, 자식으로 인하여 수모를 겪을 때, 권력을 잃은 상실감에서, 억울하고 분해서 머리로 화가 들어와 심통을 유발하여 병이 된다.

모든 사람이 착한 나를 인정해 주지 않는다고 실망할 필요가 있는가? 신이 유독 자신에게 잔인하다 생각할 것인가? 울화가 치밀어 화병이 된다. 세상은 야생(野生)이다. 떠난 사람은 자신에게 더 이상 득이 될 것이 없다고 생각한 것이다.

화병에는 처방전도 약도 없다. 불이 난 건물은 소방관을 동원하여 진화할 수 있다. 그러나 마음의 불은 자신이 진화하지 않으면 불을 끌 수 없으니 스스로 진화하면 화상이 남지 않고 치유 가능함이다.

자신이 치료치 못할 경우 병마에 쓰러져 죽음을 맞기도 한다. 이로 인한 죽은 자의 이야기는 동정 어린 조소거리일 뿐이다. 자살한 재계의 유명인 또는 정치인 혹은 유명 연예인을 보라!

마음의 문을 열고 고개를 숙이며 화기를 거침없이 밖으로 내보내라. 목숨은 덧없고 잠깐인 인생에 자신에게 화병을 전가한 그 무엇도 자신이 당당하게 건재할 때 스스로 무너지고 사라진다. 이와 반대일 경우는 화병의 마수에 걸려 포로가 된다.

어떤 경우도 마음의 문을 닫지 말라. 열린 문으로 화기나 억울함 분기를 내보내면 시간이 지나며 옅어지고 가벼운 마음으로 돌아가리라. 목숨보다 귀한 것은 없다.

분기를 잠재우지 못하는 사람이 할 수 있는 일은 없다. 아픔을 숨기지 말고 거리낌 없이 토하듯 내뱉고 마음의 주름을 펴서 편안케 하고 좌측 편 좌뇌는 귀한 사람을 위해 비워두어라. 마음의 주름은 부정적인 사고다. 긍정적인 사고의 마음으로 변환하라.

마음의 불은 마음을 활짝 열고 하늘에 고하라. 배려하고 용서하며 포용하면 진화할 수 있고 화근을 뽑아 병을 치유할 수도 있다. 성인도 고개를 숙이고 돌아가는데 나를 화나게 하는 것이 뭐 그리 대술까? 마음을 열고 자신을 한없이 사랑하라. 능력을 소리 없이 길러라. 그래야 그대의 화병을 다스릴 수 있고 마음의 불을 끌 수 있다. 몸과 마음이 가벼울수록 그대의 행복은 더해지고 아름다워질 것이다.

⁂ 젊은이에게

적어도 내년 아니 5년 10년 소망을 꿈꾸고 가꾸어라. 마음에 소원을 담아라. 자유 민주 시장경제자본주의 사회에서 돈과 명예는 소망이 될 수 있다. 그러나 조급하게 대박을 꿈꾸는 것은 어리석음이다.

내일이 없다고, 시간이 없다고 당장 오늘이라 절박하게 행동치 말라. 도박 같은 삶을 택하지 말라. 고전을 읽으며 경험과 여유와 희망 그리고 겸손으로 무장하라. 즐겨 노력하는 젊음이 있지 아니한가?

세상은 행복한 아름다운 정원이요, 삶이란 인연의 숲이다. 이곳에 귀한 손님으로 왔다 가는 복되고 존경받아 마땅한 진객으로 기억되는 맑고 수정 같은 사람이 돼라. 참으로 신의 있고 반듯하여 탐내는 자 많은 사람이 되었으면 한다. 자신을 남과 비교하지 않는 여유만만한 사람으로 주위에 필요로 하는 사람들이 많아 나눔에 인색하지 않았으면 한다. 아첨하고 비방하고 편 가르는 자는 멀리하고 대접받음을 즐기지 말 것이며 공짜 없는 세상 베푸는 자의 값싼 넝마도 호피 값을 치른다는 이치를 새겨 삼가 조심하고 배려를 즐기고 대망을 키우는 젊은이가 되었으면 참으로 좋겠다. 경거망동을 삼가고 자신이 내린 정답이 오답일 수 있음을 염두에 두라.

⁂ 젊은이의 죄악

젊은 사람이 지루하고, 무기력하게 살며, 꿈 용기 없이 누군가를 의지하여 사는 것은 죄악이다. 늙어 혹독하게 값을 치를 것이다. 뒤틀린 나무는 제 탓만은 아니다. 꿈을 가져라. 꿈을 이루고자 자존심을 팽개칠 만큼 강렬한 꿈을….

⁂ 젊어 유의할 일

젊은이는 귀하고 소중한 것을 가리지 못한다. 해야 할 일도, 해서는 안 되는 일도 가리지 못한다. 일함에도 먼저 할 일과 소중한 일이 있기 마련이나 구분하지 못한다. 못한다기보다 젊어 멀리 보지 못한다고 보는 것이 옳을 것이다.

훗날 늙어서 가장 후회하는 것이 귀하고 소중한 것들을 소홀히 하여 흘려보낸 것이다. 아니 사라지게 한 것들이다. 기회가 있을 때 시도는 아름다운 행위이자 용기의 한 면이다. 저지르지 않은 행동, 다시 말해 소중함을 가리지 못해 해야 할 일을 하지 못한 것 또한 후회하게 된다. 소중한 것을 구분할 지혜를 가지고 있다면 인생의 반은 성공한 사람이다. 지혜를 얻고자 지혜로운 사람을 찾는 것도 지혜니라.

⁂ 술과 여자, 섹스

원래 우리 민족은 술에 엄격했다. 주도(酒道)가 있었다. 여자를 대함에도 예(禮)가 지나칠 정도로 엄격하여 희롱만 해도 벌이 가혹했다. 심지어 남녀칠세부동석(男女七歲不同席)이란 말도 있었다. 주도는 반드시 어른한테 익혔으며 예법 또한 준수했다. 그런 우리가 술로 인한 잘못은 어느 정도 용서하고 웬만한 남녀문제는 덮고 넘어간다.

한일합방 후 일본인의 눈에 우리 민족은 예의지국이었다. 비록 힘이 없어 망국이 되었으나 예는 그들의 눈에 가시같이 걸렸다. 조선인을 타락시킬 필요가 있었다. 술과 여자, 섹스에 죄의식이 약한 일본인들은 술은 개처럼 먹이고 행동도 그와 같이하게 하고 여자도 일본 여자 다루듯 하게 했다. 그 맛에 재미를 느낀 우리 민족은 이제는 습관이 되어

걸핏하면 술 탓으로 돌리고 여자도 성도 가벼이 대하게 되었다.

술이 용서의 대상이 될 수 없고 핑계가 될 수 없음이다. 여자를 함부로 대함도 있을 수 없다. 신이 내린 질서의 파괴다. 망나니 습속을 하루속히 버리고 원래 우리 모습으로 돌아가자.

뼈가 시리도록 외롭고 괴롭고 허무할 때, 쓴 술이 달게 느껴지며 진한 술맛을 알게 될 때, 흐트러짐 없는 한 잔의 술이 삶을 풍부하게 하면 참으로 좋을 것이나 도와 예를 버린 행위는 망나니다.

⁂ 신용

허술하게 신용을 대하지 말고 소중히 하라. 신용은 그대의 명함이다. 돈이 많아도 신용을 소홀히 하지 말라. 돈만 있으면 신용을 얻을 수 있다는 생각은 방심이며 오만이다. 자만하지 말라. 신용은 켜켜이 쌓이는 나이테 같은 것이다. 빚을 잘 다스려야 하며 외상이나 연체와는 무조건 헤어져라. 만일 대부업체에서 신용조회를 의뢰했다면 그대의 점수는 얼마나 될지 생각해 보라.

돈만이 그대의 신용을 평가하는 것이 아니다. 돈은 기본일 뿐, 언행이 믿음에 이를 때 비로소 신용에 이르는 것이다.

허망, 허황 또는 마이너스 통장을 경계하라. 불신 사회에서 신용이 무너지면 삶 자체가 무너진다는 사실을 염두에 두라. 사회가 사기꾼과 배신자 등이 설치는 나라라 할지라도 말이다.

신용을 생명처럼 소중히 하라. 신용은 신사도라 오만하고 허술한 자에게는 어울리지 않는 옷이다. 성공은 신용과 능력을 쌓은 아름다운 건축물이다. 체크카드를 사용하면서 금융신용제도가 꼭 필요하다는 긍정적인 생각을 가져라. 신용등급은 어떤 경우라도 3등급 이내를 유지하라. 카드의 현금 서비스를 이용치 말라. 없으면 쓰지 않는다는 사고방식을 생활화하라. 신용은 신사도요, 인격이다. 부자는 신용이다.

⁂ 시도(試圖)

시도하라. 적은 노력으로 많은 것을 얻으려 하지 말라. 시도하는 자, 실행에 옮기는 자만이 능력과 재능을 부여받을 것이다. 신은 인간에게 특수한 재능을 부여했다. 망설이고 두려워하며 자신의 재능을 개발치 않는 자는 신에 대한 모독이 될 수 있다. 많은 노력과 많이 나누고 베풀 때 그 보답이 성공이다.

시도하는 것을 두려워하지 말라. 모든 가능성을 다 시도해 봤다 하더라도 여전히 가능성은 남아 있다. 비효과적인 해결 방법을 반복해서 사용했다고 생각하라. 대담하게 시도하라. 무모한 시도라 해도 시도하고 실패하는 것이 안주보다 낫다.

벼랑 끝이라 생각될 때 한 번 더 시도해 보라. 벼랑 끝이 시작이다. 시도조차 못 하는 자는 불행을 자초하는 무책임하고 용기 없는 자다.

⁂ 금광이 있다

자신 안에 금광이 있다. 엄청난 양의 금이 존재한다. 자신이 가지고 있는 금광을 정확히 인식하고 개발하라. 신기하게도 누구에게나 특수한 재능(금) 하나쯤은 있다. 개발을 게을리해서 사장되었을 뿐 개발하면 최고의 금맥을 찾을 수 있다. 세상에 존재하는 만인에게는 나름의 독특한 금맥이 존재한다. 신의 선물이다. 다만 개발에 전심 노력하는 자와 개발에 무관심한 게으른 자가 있을 뿐이다. 누구도 넘볼 수 없는 자기 나름의 재산적 가치로 극대화하는 내재된 요소를 찾아 연마하라.

참으로 귀한 내재된 가치가 그대 몸속에 있다. 유전도 있고 금광 심지어 다이아몬드 광산도 있다. 자기 개발이 살길이다. 세상 존재하는 것에 졸작은 없다. 모두 명품임을 알아 자기개발에 힘써야 한다. 뛰어난 능력과 재능을 묻어두지 말라.

⁂ 실기(失期)

기회는 쏜살같이 온다. 우연히 그림자처럼 다가온다. 대부분의 사람은 기회를 놓친다. 자신에 대한 성찰이 모자라기 때문이다. 우유부단하고 용기가 모자라며 망설임도 한 몫 한다. 주어진 성찬인데 차지하지 못하고 결국 후회만 남는다.

실기하면 위험이 닥칠 수 있으며 영광도 사라진다. 누구에게나 하늘에 예비 된 세 번의 기회가 있다. 후회하지 말라!

성실하지 않으면 실성하고 실성하면 실기한다. 실기하면 위험이 닥치고 인생이 절단날 수 있다. 어려움을 견딜 때 생각이 성실하고 정직하게 바뀌면－실성이 성실로, 자살이 살자로－인연이 연인으로 변함이라!

⁂ 잃은 것을 아파하지 말라

살다 보면 명예 · 권력 · 재물 · 사람을 잃거나 빼앗기고 포기하는 경우가 있다. 잃은 것을 아파하거나 슬퍼하지 말라. 그것이 삶이다. 다만 반성하라. 삶이란 잃어버리는 과정이라는 강을 건너는 것이다. 많이 그리고 큰 것을 잃음은 그대의 그릇이 큼이요, 소유가 많았음이다. 작고 조금 잃는 것 또한 같은 맥락에서 기인하는바 다시를 말해 무엇 하겠는가?

소유보다 잃은 것이 많은 것이 삶이다. 늙으면 초가삼간도 충분하리라. 소유도 잃음도 즐겨라. 대문 밖으로 나가 사라진 사람처럼 생각하라. 흐르는 물처럼 생각하고 삶에 임하자. 종장에는 모두 잃을 것이요, 잃는 것이 삶이다. 잃을 바에야 나눔이 최선이다.

안타깝고 가슴 아픈 일이라 해도 이미 사라진, 담을 수 없는 한 줌의 햇살 같은 것이다. 주마등처럼 지나가는 아픈 추억이라 여기고 즐겨라. 잃는 것은 채울 수 있는 여백을 만드는 것이니 아파하지 말라. 사라지는 것이 삶이다. 먼 훗날 아지랑이 되어 추억조차 사라질 일이다.

⁂ 성공과 기회 그리고 목표

성공으로 가는 첩경은 있다. 젊은 시절 30대에 예비재벌, 40대에 재벌을 꿈꾸며 목표를 세웠다. 정진했다. 일단 회사에 취직하여 열심히 일했고 회사 일을 마친 후에는 가정교사로 다음은 아침 운동 겸 배달 일을 했다. 정열이 존재할 때 젊음이 있고 정열이 있는 한 늙지 않는다. 끊임없이 정도를 가고자 노력했다. 정도만이 성공으로 가는 첩경이라 생각했기 때문이다.

꿈대로 30대에 예비재벌이 되었을까? 몇 년간 모은 돈으로 바닷가 한적한 해변에 당시는 아무도 관심을 두지 않는 모래밭 땅을 우연찮은 유혹에 4만 5천 평 샀다. 백사장이 너무 좋아서였다. 그런데 어느 날 그 땅을 사겠다는 사람이 나타나 거절하자 매력적인 액수를 제시하였다. 유혹에 넘어가 3,000만 원 정도에 산 땅을 6,500만 원에 팔았다. 일순간 세금 다 제하고 거액을 손쉽게 벌었다.

대부분 사람들은 기회를 잡지 못하고 흘려보내고 훗날 그때가 기회였다며 안타까워한다. 기회는 희망이요, 꿈의 요체다.

분명 돈을 손쉽게 벌었다. 그러나 꿈과 목표를 잃었고 소중함을 몰라 기회를 날렸다. 지킬 줄도 몰랐다. 그 후 재벌은커녕 예비재벌도 되지 못했다. 감사할 줄도 몰랐다. 그 해변 땅이 귀한 보물이라는 사실을 알았다면 그 정도의 헐값에 현혹되어 팔지 않았을 것이다.

30년이 지난 지금 10평 값밖에 안 되는 헐값에 매각함은 30년도 내다볼 지혜가 없었다는 것과 그때가 천재일우의 기회라는 사실을 알지 못했기 때문이다. 그리고 꿈과 목표가 흐려졌다. 목표는 무서운 파괴력이 있으며 분명히 이루어진다는 사실도 망각했다. 정열과 정도와 의욕만으로는 성공할 수 없다. 무지했고 멘토가 없었다.

귀함을 알고 소중함을 터득할 때가 기회다. 귀함과 소중함을 안다는 것은 긍정적이고 앞을 내다볼 줄 안다는 것. 소중한 것은 반드시 지켜야 한다. 소중함을 알고 지킬 때 꿈은 이루어진다.

⁂ 벗, 친구

진정한 벗이란 그대의 못된 부분까지 이해하고 아끼는 사람이다. 벗은 천상의 선물인 인연으로 맺어지기 때문이다. 자연스럽지 않은 억지는 버려라. 억지로 이루어지는 것이 아니다.

벗이란 묵을수록 맛이 깊고 세속에 흔들림이 없다. 뜨겁지도 차지도 않은 온수 같은 것이다. 어려움을 모르는 벗은 친구가 될 수 없고 깊은 산속 한란(寒蘭) 같은 것이다. 깊어진 우정에 생사고락을 같이 하는 참다운 사람이다. 좋은 벗을 원하거든 자신이 먼저 좋은 벗감이 되도록 하라. 벗과 친구를 동일시하는 것은 잘못이다. 친구보다 한 단계 위 순수한 관계가 벗이다.

친구(親舊)에게 이(利)를 구하지 말라. 목적의식도 금물이다. 인기, 허영, 술이 만든 친구나 돈으로 만든 친구는 그것이 사라지면 끝이라는 사실을 염두에 두라. 우정이란 인연의 속 깊은 사랑이다. 삶에서 믿음으로 얻은 친구가 있다면 성공한 인생이다. 고독이 멀어질 것이니… 친구를 원하거든 먼저 친구가 되어라.

⁂ 약속(約束)

신용을 얻으려면 약속을 지켜라. 감정에 의지한 약속은 이행키 어려움을 알 일이다. 급하고 격정적이며 신중치 못한 약속이다. 그러나 경솔히 한 약속이라도 반드시 지켜라. 신중하지 못했음을 자책하면서도 지켜라. 애초에 정치인들이 강이 없는 곳에 다리를 놓아준다고 약속하듯 그런 약속은 하지 말라. 그런 약속은 믿지도 말라.

원래 약속이란 계란 같아 깨지기 쉽다. 약속을 지키지 않는 자의 맹세가 의미 있겠는가? 남자에게 약속은 천 냥만큼 무거운 것이다. 약속은 지키기 위해 있는 것이니 이를 신속히 이행하는 자를 친구로 삼으라. 그가 양보하는 미덕까지 갖추었다면 금상첨화다. 양보는 우주의 질서이므로….

제5장

【역사를 알아야 한다】

⁂ 대한민국

지구 밖에서 우주선을 타고 찬란한 빛을 띠는 지구를 보니 가장 현란한 빛을 발하는 곳이 대한민국이라고 한다. 특히 한국의 남쪽, 동방의 해가 먼저 뜨고 신비한 빛을 발하는 땅. 분명 이 땅은 지구의 중심이자 지구의 명당이다. 빛보다 어둠을 사랑하는 자 많은 이 땅에 빛을 사랑하는 사람들이 많아지리라!

세계의 중심지다. 명당의 모든 요건을 두루 갖추었음이다. 명당이라 말 많고 탈도 많아 시끄럽다. 그러나 언젠가 용기 있는 큰 인물이 이 땅에 오는 날, 분명 일통의 대변혁이 있으리라. 말과 글이 있는 우리의 문화권이 형성될 것이다.

⁂ 배달(倍達)민족

1910년 8월, 우리의 국권을 강탈한 일본은 우리의 수준 높은 문명을 시기하고 전율한다. 그들은 배달민족의 높은 긍지와 고조선의 장구한 역사를 왜곡해 배달조선과 고조선을 신화화하고 장구한 배달민족의 긍지를 잘라 깎아내리고 사라지게 한다.

신문이나 두부 심지어 음식 날라주는 것을 배달이라 하여 능욕한다. 전달일 뿐이다. 상나라를 멸망시킨 주가 상나라 사람을 천시하여 상사농공을 사농공상(士農工商)이라 바꾼 것과 맥을 같이한다.

배달 문화에 익숙지 못한 조선 사람들에게 배달을 가르치고 밑바닥 인생이라고 천시한다. 어리석은 사람들은 남한산성에서 국을 끓여 새벽에 서울로 올라가 판 효종갱(曉鍾羹. 조선 시대 양반들이 술을 마신 뒤 속을 풀려고 즐겨 먹던 해장 음식)이 배달 역사의 시작인 양 말한다. 그것은 전달일 뿐이다. 깊은 산골 화전민이 농작물을 오일장에 팔기 위해 한밤중 캄캄한 산길을 돌고 돌아 운주(雲州) 장에 가는 것을 본 적이 있는데 이것을 배달이라 할 수 있을까? 배달이란 음가가 같은 말로 이 나라 사람을 능욕한 일본의 만행이었다.

배달민족이라 함은 깨우친 밝고 현달한 민족을 이르는 말로 지금으로부터 5,915년 전 나라를 만든 신시 배달국의 자랑스러운 배달민족이었다. 당시만 해도 배달민족을 제외하고는 깨우친 민족이 없었다.

국력이 쇠하여 일본 강점하에 있을 때 우리 민족의 자랑스러운 역사도 반토막 나고 문화마저 수모로 얼룩졌으나 바야흐로 우리에게 새로운 역사가 시작되고 있다. 일본의 잔재를 털어내고 우리 것을 바로 알아 되살리고 국학이 묘맥이 되고 배달의 혼이 살아 웅비할 때가 되었다.

지금은 극동의 태평양 시대가 도래하고 있다. 바야흐로 우리는 서서히 웅비하고 있다. 특히 세계의 명당 대한민국은 분명 세계의 중심이 될 것이다. 이미 썩은 물 같은 이념 따위는 버리고 국익으로 눈을 돌려라. 유럽을 보라! 이미 그들은 무너지고 있고 우리는 뜨고 있다. 한류는 세계 230여 국에 파도처럼 스며들어 알게 모르게 우리의 문화권이 형성되고 있다.

고도의 문화를 전수한 민족이자 대륙을 누빈 용맹한 기마 후예인 우리에게는 희망만 남아 있다. 유럽이 신대륙을 찾아 그들의 힘을 과시했듯 이제 우리도 용기를 가지고 국익과 번영으로 뭉쳐 내실을 다지고 신대륙을 개척하고 만들어 나아가자!

⁂ 배달민족의 피

배달민족은 큰 활(夷)을 자유롭게 사용하는 민족이었다. 우리 민족보다 뒤늦게 나라를 이룬 중국민족을 지배하며 1만여 리나 되는 지역까지 궁시(弓矢)를 수출한 대 민족이다. 배달(倍達)은 순수 우리말 '밝달(빛의 산)'에서 왔다. '밝다'에서 유래된 밝고 현달한 민족이라는 뜻이다. 은근과 끈기와 용기가 자랑이었으며 선민을 상징하고 태양과 광명의 상징인 백의(白衣)를 즐겨 입었고 평화와 더불어 살기를 즐기는 다정다감한 민족이었다.

배달조선 안산 신시에서 백성은 비단 옷을 입었으나 선인들은 흰옷을 즐겨 입었다. 우리 역사는 배달조선, 단군조선 이후 부여, 고구려, 삼국을 중심으로 배달민족으로 규정하며 서술되어 왔다. 배달동이족의 특성은 깨우친 어진 사람들로 평화를 사랑하고 신선의식이 강하며 특히 우수한 문자 글을 가지고 있었다. 갑골문과 가림토 문자에서 보듯 글자를 사용하는 지혜롭고 현달한 민족이었다.

배달민족은 일등을 원할 뿐 이등은 원치 않았다. 지금도 이 피는 흐르고 있다. 배달 연력 5914년 배달의 깃발 아래 뭉칠 때 우리 민족에 장래가 있다. 동방의 횃불이 되어 세상을 밝힐 것이다.

⁂ 역사를 알아야 한다

사업하는 데 역사가 무슨 상관이냐고 할 수 있다. 그러나 빛나는 우리의 역사를 아는 사람과 모르는 사람의 차이는 크다. 역사를 알면 자신의 피 속에 까마득한 오랜 세월의 찬란한 문화와 긍지가 흐름을 알게 되고 그 엄청난 지식과 긍지는 용기를 제공한다.

용기 없는 사람은 어떠한 것도 이룰 수 없다. 지식과 용기 없는 민족은 당당히 살아갈 수 없는 세계가 되고 있음이다. 꿈이 용기를 만나면 현실이 된다. 소위 배웠다는 자의 독설은 능력의 빈천함을 보이는 것이다. 인류 역사의 근간은 자유와 사랑이다.

⁂ 무너진 서열 바로 세우기

우리 선조들은 중원에 나라를 세웠다. 환국이라 했다. BC 7197년부터 BC 3897년까지 3,301년간 지속된 국가이다. 환국은 인지(認知)가 발달한 인류가 세운 최초 국가로 지구상의 깨우치고 발달한 고도의 지식인들이 모인 곳이었다.

사슴처럼 새들처럼 모여 사는 사람들 틈에 조각처럼 잘 다듬어지고 건장하고 용감하며 당당해 보이는 큼직한 몸집에 힘줄이 울툭불툭 솟은 사람들이 허리엔 돌도끼를 손에는 활과 석촉을 들고 나타난다. 그들 중 유난히 범상한 사람, 안파견(安巴堅) 환인이 초대 천제가 된다.

환국(桓國)은 중앙아시아의 천산(天山, 7,200m, 波奈留山)에서 발원했다. 『삼국유사』 '고조선' 조에도 "옛적에 환국이 있었다. 석유환국(昔有桓國)"이라는 기록이 있다(『삼국유사』는 중국 역사서를 가감 없이 옮겨 적었다는 견해인데 중국 역사서 기록이라 봄이 옳다).

이식쿨호수에 남아 있는 삼족오 흔적, 천산산맥은 키르기스스탄의 약 90%이며 옛날에는 백산 또는 설산이라 했다. 천산산맥에는 지금까지 전해 오는 천지와 배달봉 · 박달봉이 남아 있다. 카자흐스탄 동쪽으로 알타이 산맥이 있다. 여기까지는 신화적 측면이 있다. 그러나 뒤를 이어 BC 3897년에서 BC 2333년까지 1,565년을 이어온 신시배달국과 지금으로부터 5,915년 전의 신시 배달조선은 신화일 수 없다. 그 후 BC 2333년 단군왕검께서 고조선을 세워 BC 108년 한나라와 고조선의 우거왕과의 패권전쟁에 패할 때까지 고조선은 중원의 맹주였다.

이스라엘 민족은 하나님이 선택한 민족이라 믿었으나 우리 민족은 환인 천제, 환웅, 단군왕검으로 이어지는 천손의 후예였음을 자랑으로 여겼다. 천부인과 홍익인간의 하늘의 뜻, 천심을 받은 민족이다.

환웅께서 행정 · 천문 관측을 담당하고 농경을 관장하는 삼신 풍백, 우사, 운사와 더불어 3,000의 백성과 함께 황하 하류 쪽 분원천지 아래 태산 하 태안 부근에 신시 안산을 열고 개국하니 신시 배달조선이다. 신시 배달조선은 조화와 상생의 통치이념과 인본체제로 건국한 고도의 통치체제 국가였다. 순수하고 야망이 있어 수많은 사람과 더불어 살고자 거발환 환웅이 개국한 국가로 확실한 면모와 조직을 갖춘 나라였다. 국호를 배달조선이라 칭하고 상달 3일에 개국한다. 10월 3일이다.

신시 배달조선은 초대 단군왕검부터 47대 고열가 단군까지 2,096년간 지속되었다. 신시 배달조선과 고조선은 민족의 뿌리요, 가치의 핵심이다. 고인돌(선사시대)과 청동기시대 고조선은 우리 역사의 척추다. 지금도 북경 옆에 조선 현이 있고 일본에 옥산신궁이란 단군을 모시는 신사가 있다.

안산 사람들은 총(塚) · 묘(廟) · 단(壇)을 만들고 이를 수메르 사람들에게 전수한다. 수메르 사람은 우르 지방으로 건너가 예수의 탄생을 본다. 배달조선의 동방박사들은 인간의 모습을 빌려 성녀 마리아에게서 탄생한 살아 있는 신을 경배하러 황금과 향유와 몰약을 가지고 간다. 동이족은 인간의 모습으로 태어난 예수 그리스도보다 약 4,000년 전 이미 홍산 문명을 이루고 있었다.

대개 우리나라 최초의 국가로 인정하는 고조선은 청동기 문화를 기반으로 찬란한 홍산 문명을 이루고 있다. 배달 동이족(韓民族)은 하늘과 땅을 이어주는 삼족오나 솟대를 신성시했다.

오성취루(BC 1734) 같은 천문 현상을 기록과 문화로 남길 수 있는 천문대와 글자(한글과 한자)를 가진 고대 국가이며 누에를 길러 비단옷을 입었다. 영농과 어획이 늘어 물산이 풍부했고 교역이 발달했다. 9환국 통고사국(퉁구스 여진)과 선비, 숙신, 비리국과 구막한국과 고국, 기국 등 20여 개 국가, 종족 집단 및 부락연맹체로부터 조공을 받던 대연방 제후국이었다. 당시 중원의 한족은 국가를 이루기 전이었고 명실공히 국가는 배달민족의 고조선뿐이었다.

신시 배달국의 마지막 황제인 18대 거불단 환웅께서 세상을 열어 인간답게 살아가는 참 인간생활을 원하는 단군왕검의 뜻을 알아, 널리 인간을 유익하게 하기(홍익인간)에 알맞은 밝은 성산(聖山) 삼위태백(三危太白)에 천부인(天符印) 3개를 주어 내려가 인간을 다스리게 했다. 중국 산시성 백산의 분원 천지를 말함이다. (참고, 도읍지가 태백산정(묘향산妙香山)의 신단수(神檀樹) 아래라는 근거는 친일사학자들의 역사관으로 중국에서 한반도로 의도적으로 축소한 매국역사관이다.)

만주 고조선 땅에 있는 1,000여 개의 피라미드 무덤군은 비파 탐지 결과 동이족이 축조한 것으로 이집트 피라미드보다 2,000년, 중국 황하 문명보다 1,000년 앞선 것으로 보며 메소포타미아 문명보다 적어도 1,700여 년 앞선 문명이었다. 고조선 역사를 계획적으로 축소 또는 부인하고 신화화한 일본의 금서룡이나 친일사관에 빠져 축소에 동조한 조선사편수회 사학자들은 각성이 필요하다. 천손의 후예들은 태양과 더불어 천상에 산다는 세 발 달린 까마귀를 굳게 믿어 삼족오라 일컬었다. 천손 7,000년의 가려진 역사 속에는 홍익인간의 경제 제일주의의 대망이 있어 후손들에게 대망의 꿈이 되었다.

선조대왕 당시 기대승이라는 대학자는 "중국의 『삼국지』는 믿을 수 없고 나쁜 성정을 가진 사람이 쓴 거짓된 책"이라고 하였다. 당시 조선족은 천손이었고 한족은 조선족 중에 지체 낮은 민족이었다.

진시황이 중국을 통일한 후 그들의 역사서에 진시황을 포함, 중국 민족들은 고조선 동이족 일부로 되어 있었다. 또한 당시 '동제'(신시 배달조선과 단군조선 동이족 제단, 제사를 모시는 신성한 곳이었다)라 하여 조선 신궁에 제사를 모셔야 비로소 정식 왕권을 수행할 수 있다는 내용이 많이 나오고 이를 당연시하는 학자 또한 많았다. 화가 치밀어 오른 진시황이 분서갱유를 일으킨 시발점이라고 보는 견해도 있다. 모든 역사서를 다 태우고 심지어 바른 소리 하는 학자도 산 채로 함께 땅에 묻어버렸다고 한다. 물론 증명할 만한 역사서가 당시에 다 불타 없어졌다는 사실은 두고두고 한이 되고 안타까울 뿐이다.

고조선은 8조 국법이 존재한 인본법치국가로 홍익인간 이념을 통치 수단으로 번성한 나라이다. 거란, 말갈, 여진 등 구이(구환) 즉 활을 잘 쓰는 동이족이 모여 세운 나라다. 고조선이야말로 황하를 중심으로 한 산동과 만주를 아우른 국가로 한족을 탄생시킨 한나라보다 2,000년 앞서는 동아시아 역사의 뿌리임을 자랑으로 여겨야 한다.

중국은 천자, 일본은 천황이라고 떠들어대는데 실제로 우리는 천손이었으니 당연히 천제이나 왕으로 한 계단 주저앉고 말았다. 천제니 황제니 하는 말은 어느 사이엔가 슬그머니 사라졌다. 그리고 만족하고 스스로 당연시했다. 우리는 분명 천손의 나라다. 실제로 어아가(於阿歌)가 존재한 나라이다(어아가 : 황제를 칭송하고 전쟁의 사기를 진작시킨 노래). 지금은 어기야, 어 야, 어기야 어야 등으로 변형되었다고 볼 수 있다. 『김해병서』는 『손자병법』보다 한 수 위 병서로 대장군이자 막리지인 연개소문이 썼다고 하나 전하지 않으니 안타까울 뿐이다. 그뿐이랴! 천손의 수많은 기록들이 사라진 것을!

『삼국사기』와 『삼국유사』 같은 것으로 그리고 친일사관으로 쪼그라든 소인배적 사관으로 싸우려 드는 것은 대포에 총을 드는 격이다. 중국의 하 · 상 · 주 · 진 문화는 우리 조선 문화의 일부에 지나지 않는다. 혹자는 증거도 없는 억지라고 말하나 그들의 억지 주장에 비하면 순수하다.

동북공정의 목적은 한반도 전체를 노리는 인해전술의 일환으로 언젠가 중국의 패망을 앞당기는 단초가 될 것이다. 허나 중국은 그들의 역사적인 자존심을 세우고자 우리 고대사를 축소하고 감추려고 고조선과 고구려 · 발해 등의 역사를 말살하기 위하여 끊임없이 노력할 것이고 그들의 변방 역사로 편입하여 땅과 역사를 자신들의 것으로 취하기 위해 동북공정이 필요할 것이다.

전쟁터에서 죽지 않고 살아 돌아옴을 부끄러워했던 사람들의 나라, 그들은 천손들이었다. 잊어서는 안 되는 역사적 진실이다. 분명 세계 시원국가(始原國家)는 우리 신시 배달국이었다.

8괘와 태극사상 또한 우리 것이다. 배달력 분명 5915년이 우리의 자존이 되어 마땅하다. 단군력 이전 신시 배달력이 원칙이다. 우리 땅은 황하 주변 북경을 아우르고 조선반도까지라는 사실을 알아야 한다. 유구한 역사와 문화는 민족의 자존과 자신감 그리고 용기를 제공하는 근원이자 화수분이기 때문이다. 비록 잃어버린 땅이요, 문화 · 역사이나 지금이라도 무너진 서열을 바로 세울 때이다.

⁂ 홍산문화

흥륭와문화유적(BC6200~BC5400년) · 홍산문화유적(BC4710~BC2920년)

세계 유일한 동이족이 이룬 비파형 문화이고 환국 · 상나라(은) · 배달조선 그리고 고조선의 우리 민족이 이룬 문명이요 문화다. 이후 우리 민족이 흩어져 세계 4대 문명이 탄생한다. 총(塚) · 묘(廟) · 단(壇)을 모두 갖춘 홍산문화 유적지는 인류 창세 문명 발생지다.

세계 4대 문명인 이집트 · 메소포타미아 · 인더스 · 황하 문명보다 1,000~1,500년 이상 앞선 BC 4700~BC 2900년에 국가 존재를 입증하는 대규모 총 · 묘 · 단, 적석총, 여신묘, 제천단, 대형 피라미드, 여신상, 옥 웅 룡 등 다양한 옥기, 청동 주조물, 석기, 재색 민무늬 토기, 제사용 토기, 비파형 단검, 비파형 동검 등이 다량 출토되었는데 방사선 탄소 측정 결과 배달조선의 것들로 판명되었다. 신시 배달조선 환웅시대가 세계 시원국임을 입증한 홍산문화, 요하 문명이 존재한 곳이다.

1935년 적봉시(赤峰市) 홍산(紅山)에서 처음 발견되었다. 유적은 주로 내몽고 동남부, 요녕성 서부와 하북성 북부, 길림성 서부 등에서 조금씩 발견되고 있다. 발굴된 유적으로 적봉 홍산후(紅山后), 지주산(蜘蛛山), 서수천(西水泉), 오한기(敖漢旗) 삼도만자(三道灣子), 사능산, 파림좌기(巴林左旗) 남양가영자(南楊家營子), 요녕성 객좌현(喀左縣) 동산취(東山嘴), 건평형(建平縣) 우하량(牛河梁) 등이다.

방사성 탄소 보정 연대로 BC 3600~BC 3000년에 해당한다. 집자리는 방형(方形)의 반 움집이며 큰 것은 100㎡ 전후이다. 최근 새로이 발견한 금자탑식(金字塔式) '거(巨)' 자형 건축은 지름이 거의 60m, 건축 범위는 약 10,000㎡에 이른다.

석기는 타제(打製) 마제(磨製) 및 세석기(細石器. 중석기 시대를 대표하는 석기로 새기개, 화살촉, 찌르개, 긁기 등 세형돌날문화의 대표적인 유물)가 공존하나 마제 위주이며, 돌보습이 잘 만들어졌으며 구멍을 2개 뚫은 돌칼이 가장 특색 있다. 토기는 개흙, 개흙질의 홍도와 모래 섞인 갈색 토기 두 종류가 나오며 늦은 시기에 가면 뻘질의 광택 나는 흑도가 나온다.

(https://cafe.naver.com/novel2011/7065) 내용 유사

홍산문화는 빗살무늬토기와 적석총 등으로 대표되는 문화로 중국의 중원문화와 구별되며 배달조선 고조선이 신화가 아님을 입증한다. 유물 유적은 역사를 증명하는 것이자 생환의 숨소리다. 고조선 등 한반도 초기 역사와 관련이 있고 배달조선의 유물 유적이다.

세계 문명의 효시는 우리 동이족의 비파형 홍산문화에서 시작되었고 동이 민족이 흩어지고 흘러 들어가 기독교 문명의 촉수가 되어 싹을 자라게 했다고 볼 수 있다. BC 3000년경의 이집트, 메소포타미아 문명을 키웠다고 볼 수 있기 때문이다.

근현대 문명은 백인의 기독교 문명이 세계를 지배하고 있다. 현대 과학과 학문을 발달시킨 것이 서양인들이기 때문에 그들의 공헌이 큰 것은 부정 못 할 사실이나 밑바탕에는 우리의 문화가 자리하고 있

다. 이제 시대가 달라지고 있다.

백인 기독교 문명은 한계점에 이르렀다고 볼 수 있다. 백인 우월주의 역사관도 재고할 때가 온 것이다. 심지어 그들은 자신들의 한계를 열등 인종과의 혼혈에 따른 인종적 퇴폐로 몰아가지 않는가?

이런 시점에 국내 사학계는 엄연히 현존하는 기록을 재야사서(在野史書)라며 과학적인 신빙성을 의심해서는 안 된다. 세계가 인정하든 안 하든 구애받지 말고, 과감히 우리 역사를 바로잡아 용기 있게 발표함으로써 잘못 알고 있는 세계 역사학 문화학계에 문제를 제기해야 하며 오류도 바로잡아야 한다. 분명한 것은 백인 기독교 문명은 쇠락하고 지금은 극동의 태평양 시대가 도래하고 있다는 것이다. 이미 유럽은 침몰하고 있다. 바야흐로 우리는 서서히 웅비하고 있다. 유럽이 신대륙을 찾아 그들의 힘을 과시했듯 이제 우리도 국익과 번영으로 뭉쳐 나아가자! 배달조선은 최고의 시원국가이고 요하문명 역시 인류 최고의 문명으로 인정받으며 일류의 시작이 우리 동이족, 한민족에서부터 발원된 사실을 말이다.

세계 4대 문명이 홍산문화를 모태로 이루어진 문화라는 사실과 우리 동이족이 국가와 문화의 시원임을 강조하고 기독교 문명 이전에 요하문명, 홍산문화가 존재했다는 사실과 인류 시원국가라는 사실을 알릴 필요가 있다.

⁂ 고인돌과 선돌 그리고 고조선

자신의 뿌리를 찾는 날, 개벽이 있으리라. 고조선을 신화로 보는 견해는 무지의 소치이다. 자랑스러운 황제국 고조선뿐 아니라 신시 배달조선을 살리고 배달월력도 만들자!

세계 고인돌 70%가 우리 땅에 있고 만주 고조선 땅에 1,000여 개의 피라미드 무덤군이 있는데 이들 무덤을 비파 탐지한 결과 동이족이 축조한 것으로 이집트 피라미드보다 2,000년, 중국 황하 문명보다 1,000년 앞선 것으로 판명되었다. 마땅히 메소포타미아 문명보다 적어도 1,700여 년 앞선 문명이었다.

입석(立石 : menhir), 삿갓바위(立巖)라고도 하며 고인돌 열석(列石)과 함께 대표적인 거석문화(巨石文化)의 하나다. 한국을 비롯하여 서부 유럽, 북아프리카, 중동지방, 시베리아, 몽골, 티베트, 인도네시아, 미얀마, 말레이시아 등지에 밀집 분포되어 있다. 이들 지역에서 발견되는 것은 대개 고인돌 등 다른 종류의 거석 유적과 직접 또는 간접적인 상관관계를 가지고 있다.

서유럽에는 수천 개에 달하는 선돌이 열을 지어 하나의 열석군(列石群)을 이루는 곳도 있으며, 로크마리아케르(Locmariaquer) 지역에는 높이 20.3m, 무게 35톤에 이르는 거대한 것도 있다. 선돌을 의미하는 menhir(longstone)는 바로 이 지방의 고유어인 브르타뉴어(Bretons)에서 유래하였다.

한국에는 함경도에서 제주도까지 전국적으로 분포하고 있으며, 지방에 따라 할머니 탑, 할아버지 탑, 할미바위, 장수지팡이, 구지바위, 돌장승, 쇠뿔미륵, 수구막이, 수살장군, 미륵부처 등으로 다양하게 불린다. 그러나 선돌이 갖는 단순한 구조적 특성 때문에 그에 관한 고고학적인 발굴조사는 거의 행해지지 않았고, 다만 재래 신앙과 관련하여 민속학적인 연구가 주로 이루어졌다. 전한 당대의 사마천도 배달조선 고조선을 황제국으로 보는데 우리의 어리석은 사학자들은 어찌하여 작은 성읍 국가 또는 신화 정도로밖에 보지 못하는가?

간이 작고 소인배인데다 무지의 소치가 아닐까. 또는 친일사관 같은 망국사관에 길들여진 친일학자들의 조무래기 근성에서 벗어나지 못하는 우물 안 개구리 의식이 아닌가 한다.

고인돌은 비파형 동검(琵琶形銅劍), 미송리형 토기(美松里型土器)와 함께 고조선의 영역을 구분하는 기준으로 이용된다. 청동기 시대의 대표적인 고인돌은 익산시 왕궁면 왕궁리, 궁 뜰, 안산 밖에도 흔하게 산재해 있었으나 밭을 일구어 가꾸며 사라져 갔다. 지금도 어린 시절 외갓집에 가서 왕궁, 궁 뜰, 안산 밖 황토밭에서 고인돌 밑바닥을 파며 놀던 생각을 해본다. 사라지는 우리의 소중한 것들 또는 역사의 뒤안길에 묻힌 것들을 되살리는 것이 역사학계가 할 일이다. 우리의 뿌리를 튼튼히 하자.

뿌리를 보지 않고 무성한 한두 잎만 보고 다투려 들지 말자.

⁂ 백제의 담로(擔魯)

우리는 배달민족(倍達民族. 하늘의 광명이 비친 밝은 땅) 동이(東夷)족이다. 동쪽의 오랑캐가 아니라 기실은 큰활(大弓 → 夷)을 잘 다루는 민족이란 뜻이다. 백제인은 동이족이다. 대륙을 잃은 동이 백제인들은 동지나해, 남지나해를 포함하는 해상제국 담로(擔魯)를 이룬다. 3세기 『임해수토지』를 보면 대만은 이주(夷州)로 되어 있다. 즉 동이족의 담로였다. 백제에는 22국 이상의 담로가 있었다. 백제의 속방(屬邦)이었다. 백제는 해양 대제국이었다.

그 후손들은 우리의 무관심 속에 신기루처럼 역사에서 사라졌다. 당시에는 우리의 말과 글 한자가 있었다. 한자는 분명 우리 글이나 동화되고 사라졌다. 우리의 독특한 문화권을 이루지 못한 것이다.

지금과 같이 한글이 있었다면 동화되거나 사라지지 않았을 것이다. 물의 나라 방글라데시도 '강'을 '강'이라 부른다. 물론 빼앗긴 우리의 고글자 한자가 있었으나 이미 우리 글은 아니었다. 돈황(敦惶)도 동이 구이족의 한 부류인 후이족이다. 한류의 시원이 된 것이다.

⁂ 세종대왕의 영토 확장

세종의 영토 확장은 배달조선과 고조선 그리고 부여·고구려·백제의 광활(廣闊)한 영토를 잃어버린 후 처음으로 국토 면적을 넓힌 쾌거임에 틀림없다.

고구려와 백제 멸망을 가져온 신라의 3국 통일은 한반도 내의 배달민족을 하나로 묶었으나 고구려 · 백제의 드넓은 영토와 중원의 배달민족을 잃어버리는 결과를 초래했다.

고려 또한 고구려 본토는 고사하고 고토의 일부만 겨우 차지하였다. 조선조 세종에 이르러 비로소 백두산 주변과 압록강, 두만강 유역을 수복한 것과 대마도와 탐라국 그리고 부속 섬들(우산국)의 합병은 대단한 업적임에 틀림없다. 울릉도와 독도 특히 대마도를 정벌 항복시켜 경상도에 편입한 것은 세종대왕의 대단한 업적이다.

지금은 안타까운 현실이다. 이 좁은 땅마저 두 동강 나고 간도 지방과 대마도를 힘없이 빼앗기고도 말 한마디 못하고 있으며 남과 북이 서로를 안타깝게 하고 있다. 압록강과 두만강 간도 유역의 젖과 꿀이 샘솟는 땅과 국민을 잃어버림은 나라의 존망을 가늠하는 척도였다. 하물며 문화의 죽음이었다. 참으로 안타깝다.

⁂ 대한의 젊은이에게

대한의 젊은이들은 불굴의 의지와 고결한 기상을 이어받은 위대한 기마민족 후예임을 알아야 한다. 태생적으로 용감하고 명석(明晳)하며 혼례청에 들어갈 때 검은 혼례복을 입던 민족이었다. 어느 민족에게도 꿀릴 게 없었다. 본 태생이 장신이었고 우수한 두뇌에 동방의 예와 빛의 나라였다.

젊음은 강인한 의지와 상상력, 시들지 않는 열정이다. 고난을 뚫고 나아가는 기백이 있어 젊음은 유지된다. 이상 결핍과 용기와 열정을 잃으면 영혼에 주름이 잡히고 몸은 늙는다. 마음이 늙고 정신이 피폐해지면 육체는 따라서 늙는다. 희망과 낙관, 용기라는 젊음으로 무장하라.

세계 초일류 기업 삼성이 있어 자랑스럽지 않은가. LG, SK, 현대기아, 롯데 등 동남아 아니 세계에 우뚝 솟는 별 같은 기업이 있음을 자랑으로 알자. 기업을 천시하던 시절이 있었다. 공맹의 노예들이거나 평등좌파들. 근면과 성실로 축적한 튼튼한 경제력으로 동남아를 지배해 보자. 잃어버린 우리의 것을 되찾자. 기업 해서 돈을 벌어 국익을 튼튼히 하는 사람들을 헐뜯지 말고 존경하자.

기업도 한류이다. 그들이 진정 애국자이다. 외국에서 한국을 알리는 귀한 사람들. 그들이 마음껏 일할 수 있는 여건과 환경을 조성하자. 사업은 피 말리는 싸움 아닌가. 누구도 따라올 수 없는 독특한 방법과 경쟁력을 길러 무장하자. 이 나라를 지탱하는 힘은 지금도 훗날도 경제다.

공산이념이나 선동 이데올로기는 무의미하다. 최소한 일본 경제보다 앞서야 한다. 일본인과 중국인 그리고 미국인을 일대일로 비교해 보라. 우리의 우수함을 알 것이다. 세계 4강은 우리를 두려운 눈빛으로 눈여겨보고 있다.

⁂ 국민이라면

이 나라 국민이라면 4대 의무는 반드시 지켜야 한다. 의무를 알기 전에 우리의 올바른 역사와 도덕 그리고 지리는 필수로 수학을 마쳐야 한다. 이 땅에 살면서 우리의 역사와 지리를 모른다면 설령 비범한 머리를 가졌다 하더라도 망종에 가까운 사람이다. 남의 나라 역사는 알면서 우리의 역사를 모른다면 그는 빈천한 역사의식으로 이 땅에 사는 쭉정이임에 틀림없다.

엉뚱한 사대와 사회주의 사고, 타국의 사고에 젖은 사람에게 애국이 보이고 국익이 안중에 있을까? 특히 정치인 · 위정자 · 지도층은 반드시 역사와 지리를 알아 마음 뜨겁게 간직해야 국민이 보이고 국익이 보이며 나라의 장래에 일익을 담당할 수 있다. 말하기 쉬워 미국은 어떠하고 유럽은 어떠하며 선진국은 어떠하다며 그들을 빙자하고 자신들의 편익만을 말하는 추한 모습은 보이지 않을 것이다.

진보가 유식인 양 또는 국고와 국민은 깊이 생각지 않고 무책임하게 듣기 좋은 말이나 하는 자는 없어질 것이다. 무책임하게 평화와 민족을, 국민을 팔아 일하는 사람을 트집 잡아 폄하하고 불신을 조장하는 사람은 없어질 것이다. 이 사회에 팽배한 불신은 대부분 역사의식이 시원치 않은 사람들이 조장한다. 필수과목에서 역사를 제외한 사람, 말하기 좋아 한글 전용을 말한 사람, 역사를 왜곡하고 협소하게 한 사람이 있다. 참으로 안타까운 사람들이다.

이들은 역사의식이 모자라고 민족의식 또한 한미하고 경솔하다. 나 아니면 또는 적당히 반기를 들고 비판하여 나를 알리는 사람이 대인은 될 수 없다. 분열은 부정맥이다. 심장의 무산소증 불협화음과 같다. 그래서 분열은 재앙을 부른다. 숨이 차고 호흡 곤란이 오고 나중에는 심장 기능이 약해지듯 분열은 몸체를 망가뜨리는 원흉이다.

민족의 성웅 이순신은 어리석고 소인배적인 선조 임금을 폄하할 생각을 꿈에도 한 적 없고 더구나 배신은 아예 머릿속에 없었기에 민족의 성웅이 될 수 있었고 백성은 영웅을 가질 수 있었다.

⁂ 세계의 명당 대한민국에서

"나는 너를 믿을 수 없다. 어려울 때 의지할 친구나 친척이 있는가?"

이와 관련한 점수에서 한국은 OECD 평균 88.02점에 크게 못 미친 48.06으로 회원국 중 최하위다. 특히 나이가 들수록 주변에 의지할 사람이 없는 것으로 나타났다. 50세 이상의 점수는 67.58점으로 1위인 아일랜드 96.34점보다 무려 30점가량 낮았다. 갑자기 많은 돈이 필요할 때 빌릴 수 있는 사람이 있다는 응답은 60대 51.3%, 70대 43.5% 등으로 나타났다.

밤에 혼자 있을 때 안전하다고 느끼는 점도 34개국 중 28위로 하위권이었다. 개인이 평가한 삶의 만족도는 한국이 10점 만점에 5.80

점을 기록해 OECD 34개 회원국과 러시아, 브라질을 포함한 36개국 중 29위를 기록했다. 주거와 사교육비 부담이 높은 한국에서 여유 있는 삶을 살기는 힘들고 경쟁에 내몰리다 보니 사회 전반적으로 서로에 대한 신뢰가 깨진 부분도 있다고 본다. 부모와 어린이가 함께하는 시간이 가장 짧아 하루 48분이다. OECD 평균은 151분이고 이 중 아빠와 함께하는 시간은 47분이다. 우리는 3분 정도다. 일본 어린이들만 해도 아빠와 함께 놀거나 공부하는 시간이 하루 12분으로 한국보다 많다.

알려진 대로 한국 학생들의 학업성취도는 OECD 최상위권이다. 15세 이상 읽기 능력은 2위, 컴퓨터 기반 문제 해결 능력은 1위다. 성인이 돼 투표할 의향이 있는 14세 청소년 비율이 3위에 이를 정도로 사회의식도 높다. 그러나 15~19세에 학교를 다니지 않고 취업도 않고 훈련도 받지 않는 방치된 비율이 터키, 멕시코 등에 이어 아홉 번째로 높았다. 14세 청소년 중 지난 12개월간 사회활동에 참여한 비율은 OECD 국가 중 세 번째로 낮았고 중학교 2학년 학생이 자원 활동을 한 비율은 최저였다. 한국에서 학생들의 대외 활동이 상대적으로 제한됐음을 시사한다.

이런 보고서에서 보듯 지금 우리는 불신 사회에 살고 있다고 보는 견해가 많다. 불신 동기가 '믿는 사람에게 배신이나 손해를 봐서라기보다 정부나 공공기관 또는 정치인 등이 의도적으로 속이고, 투명하지 못하고 믿음직하지 않으며 배려하지 못한다'는 것이다.

사회적 비용 측면을 떠나 국민화합이 경쟁력이고 봉사와 배려가 화합의 단초이다. 사회적 자본을 축적하려면 먼저 국민화합에 힘써야 됨은 말할 나위 없고 정부나 관 그리고 정치인들은 각별한 반성과 배려가 있어야 한다. 역사에 치욕 행위를 하는 국익에 도움이 안 되는 정치인은 사라져야 마땅하다. 또한 우리는 반기업 정서와 부정적인 시각이 60%에 육박하고 긍정적인 시각은 고작 30% 이내다.

재벌의 초상을 몽둥이질하는 증오에 가득 찬 사람들이 좌경 이념으로 남한의 부조리를 북한의 부조리보다 더 미워한다. 건국 대통령이자 임정 초대 대통령 이승만과 구국 대통령 박정희는 욕하되 김일성과 김정일, 김정은은 두둔하는 사람들.

분명 이승만과 박정희는 20세기 세계 10대 지도자이다(참고로 20세기 10대 지도자는 맥아더 루스벨트, 이승만, 무솔리니, 스탈린, 달라이 라마, 처칠, 흐루쇼프, 드골, 박정희). 아무리 헐뜯어도 이승만과 박정희가 있어 오늘 이 나라가 있는 것은 분명하다. 이승만은 외교의 신이었고 박정희는 민생고를 해결한 신이었다. 최악의 조건에서 최소한의 희생으로 최대의 업적을 남긴 민족 영웅들이다.

⁂ 진정한 용기

폴란드 아우슈비츠 수용소의 나치 형장. 니콜라스 윈턴은 수용소에서 죽어가는 어린아이들을 구해서 영국으로 보냈다. 죽음 앞에서 목숨을 건 용기 있는 행동이었다. 형장에서 구명 받은 아이들은 50년이 지난 후 그 사실을 알게 되었다. 이제 60이 다 된 260여 명의 유대인 아이들이 노구의 윈턴을 초청하였다.

단지 아는 것은 중요하지 않다. 절실한 마음으로 행동해야 한다. 약소민족의 서러움, 경제와 부국강병으로 강력함을 유지하여 더 이상 이런 수모를 겪지 않도록 해야 하지 않겠는가?

⁂ 무지(無智)

나라 잃은 시대에 살았던 사람의 국가관은 남다르다. 고인이 된 오○호 선생님이 세무서에 찾아가 세금이 너무 적게 나왔다며 다시 계산해 달라 하여 조금 더 세금을 내고 행복해하시던 모습이 지금도 그립다. 평범한 시민으로 살다 가셨지만 민족과 국가를 생각하며 사셨으며 애국하는 마음이 남다르셨다.

어려운 시대를 사는 사람과 풍요한 시대를 사는 사람은 생각이 다르다. 자유국가 사람이 공산치하에 사는 사람의 고통을 어찌 알겠는가? 모르는 것은 당연하다. 이론만 알고 현실은 모르면서 아는 체하고 환상적인 생각만 하는 어리석은 진보는 가짜다. 현실이 진실이다.

⁂ 자긍심

이 세상은 지옥이 존재하는 낙원이다. 낙원 한편에 지옥의 수용소가 있는 이곳에서 아름다운 시를 읊조리며 살아갈 것인가 아니면 번뇌를 안고 고민하며 슬퍼만 하고 살 것인가? 남북이 너무 다른 우리, 국가와 민족을 깊이 생각하는 사람이 되라고 강요하고 싶지 않으나 우리 민족의 긍지만은 잊지 말라.

신시 배달국과 고조선이 중원을 호령했고 유일한 글이 있어 그 문화가 만방에 퍼져나갔으며 부여 · 고구려가 있었고 발해가 있었으며 삼국, 고려, 조선이 있었던 곳. 그리고 우리 민족이 천손이었다는 사실만은 잊지 말라는 것이다. 만주의 동북삼성이 우리 땅이라는 사실까지.

자유민주 통일국가로 공무원이 대접받는 사회가 아닌 백성이 대접받고 형벌국가 아닌 나라, 반드시 황홀한 영광은 다시 우리 곁에 올 것이니….

⁂ 역사 부정

경부고속도로 개통 당시 대전터널 입구에 박정희 대통령 친필로 '당제 터널'이라 쓰여 있었으나 어느 날 사라졌다. 찬란한 문화도 지배자가 바뀌면 파괴되어 없어진다. 특히 우리 민족은 사자(호랑이)상을 닮아 파괴력은 최고로 탁월한 민족이다. 속성이 호랑이의 잔인성을 닮았고 토지 또한 사자형이다.

우리 민족은 과거 역사를 부정적으로 보는 시각과 경향이 있다.

해방을 미국의 종속으로, 대한민국 건립을 남과 북 분단의 시작으로 보았다. 위정자들의 과거정권을 부정하는 것이 선명성을 강조하는 것인 양 치부하는 소인배 현상에 자신의 것 이외는 부정하는 사자의 속성이 자리한 탓이다. 역사적으로 거대 유적이 없었던 것이 아니라 파괴와 무관심으로 잔인하게 사라졌을 뿐이다. 역사의 기록도 모두 불태워 없애버렸다.

사마천도 인정한 황제국 고조선의 47왕 그리고 동제, 동이족 월왕 구천은 5천의 병력으로 오왕 부차의 70만 대군을 무찔러 승리했다. 동성왕은 북위의 20만 대병을 서백제에서 대파했다.

역사는 전설 · 신화와 함께할 수 있다. 일부러 신화화하려는 자는 소인배다. 천박하고 탐락적인 이기주의에 거만과 독선이 판을 치고 반목과 술수, 부정과 변덕, 음모와 모함, 선동과 배신이 난무하여 전임자의 위대한 업적일수록 질시 대상이자 파괴 1순위였다.

그래서 남은 것이 있을 수 없다. 위정자들의 사고가 백성 마음에 한을 심어 한의 정서가 삶의 무게와 겹쳐 내를 이루는 것이 현실이다. 물론 정도 차이는 있으나 다른 나라도 비슷하다. 지배자의 속성은 자신의 것 이외의 것은 남겨놓기 싫어한다.

현대 회화의 거장 피카소는 17,000년 전의 라스코동굴을 둘러보고 현재의 회화는 이미 그 시대에 다 이루어졌다고 했다. 인정하는 그의 태도에서 대인의 품격을 느낄 수 있다. 고구려 무덤벽화에도 현대 회화보다 우수한 작품이 얼마든지 있다. 현대 화가들이 감탄과 찬사를 해도 모자란다. 고대 배달조선과 고조선을 잘라 토막 낸 것이 우리이다. 부끄러운 일로 소인배 국가로 전락한 것이다.

임진왜란과 정유재란 당시 민초들을 충심으로 아끼며 전쟁을 치른 영웅 김시민 장군, 이순신 장군, 곽재우 장군 등은 모두 죽음을 맞았다. 살아남은 위정자들은 부끄러움도 반성도 없었다. 변할 의욕도 부끄러움도 모르고, 사과할 줄도, 수치를 모르며 또한 상대의 훌륭함도 인정하지 않고 흠집 내기에만 열을 올리는 민족의 장래는 암울했다. 개인도 상대를 인정하지 않는 사람이 더더욱 훌륭할 수 없다. 참담한 비극일 뿐이다.

우리의 빛나는 고대사를 복원하고 말과 글 그리고 역사를 등한시하는 교육 풍토나 의식을 버리고 나라의 장래를 밝히자. 역사를 등한시하는 교육 풍토에서 민족의 장래를 기대할 수 없다. 역사 파괴나 문화재 소멸은 당연한 무관심으로 사라지게 될 것이다. 6,000년 가까운 역사의 흔적이 빈천함은 마음까지 삭막하게 한다는 사실을 염두에 두고 생각해 보자.

⁂ 한국, 한국인

역동성과 인간미 넘치는 나라, 일등을 선호하고 이등을 기억하지 않으나 꼴찌는 기억하며 빠르고 유연하게 돌아가는 나라, '빨리빨리'라는 말을 가장 많이 쓰는 나라, 남자는 단순한 듯하지만 복잡하고 여자는 섬세하고 감성적이나 단순한 성정의 나라, 강대국의 협곡에 위치한 나라. 지정학적으로 보아도 한국 영토는 좌청룡 우백호 배산임수의 지구 전체의 명당 터다.

일본과 미국이 내외 청룡이고, 중국 · 싱가포르 · 아프리카가 내외 백호에 해당된다. 호주와 대만해협이 수요 파(破)다. 지구의 최고 명당지다. 기의 순환이 자유롭고 탁 트인 곳, 토질과 토혈이 좋고 좌우 뒤로 병풍처럼 가리고 앞에 대양의 물 그리고 양지 바른 곳, 더하여 교감까지 길(吉)하다.

평화를 사랑하고 지킨 민족은 모두 멸종되고 나라도 사라졌다. 그런데 평화를 사랑하면서 살아남은 우리 민족은 그래서 더욱 위대하다. 언젠가 큰 산이 되고 바다가 되어 작은 산과 물길이 모여들 것이다. 명당은 모이는 곳이다. 물이 모이고 뜻이 모이고 지혜가 모이고 많은 가능성이 모이고 등불이 모이는 곳이다. 모여 다시 세계로 흘러

나아가리라! 음악이, 문화가, 음식이, 의식이 종교가 되어 흘러 나가리라. 바람이 강하고 밑바닥에 용암이 끓고 있어 분출할 때 세계 제일 강국대국이 될 수 있는 나라.

⁂ 내 나라에 있는 소중한 것들

우리에게는 BC 3~4000년 이미 찬란한 고도 문화가 있었다. 홍익인간이라는 정치 이념도 있었다. 또한 타국에는 찾아볼 수 없는 사랑방 문화가 있다. 인효사상은 우리 민족의 DNA가 되었다. 인문적 요소가 풍부한 풍수지리, 선진적인 친환경 농법, 선비 문화가 있다.

우리만의 독특한 장점을 소유하고 있으나 그 가치를 스스로 폄하하고 국제사회에 효과적으로 소개하는 데 인색하다. 국제사회에 문화선도국가로 영향력을 확대하는 과정에서 유념해야 할 것은 우리 5,915년의 장구한 역사에 대한 견해다. 대제국에서 망하고 무너지고 깨져 영토가 좁아지고 결국 소국이 되고 경제력이 빈천하고 어려워지다 보니 약소민족의 테두리에서 벗어나지 못하여 갇히고 말았다.

그러나 지금은 다르다. 시대착오적인 약소국 콤플렉스에서 벗어나 당당하게 대륙을 경영한 문화 선진국으로 나아가며 세계 시원국가이자 제국의 후예로서의 긍지로 국제사회에 나아가야 한다. 무너지고 깨지며 오늘에 이르러 천손의 신앙이 모이고, 기도 기적이 이루어지며, 종교 강국이 되어 전 세계에 파송하여 영역을 넓히고 있다. 한류는 가는 곳곳마다 선망이 되고 있다.

대한민국은 세계 230여 국 중 모든 면에서 10위권이다. 남의 것을 빼앗아 10위권이 된 것이 아니고 위대한 영도자가 있어 순수 우리의 노력으로 10위권에 들어왔다. 소위 10위권에 있는 영국 · 미국 · 프랑스 · 독일 · 일본 · 러시아 · 중국 등은 모두 남의 나라를 침략하여 그들의 것을 빼앗고 착취하였다.

우리 역사 속에서 정체성을 찾아야 한다는 생각에 '역사의 산책'을 엮어본 적도 있다. 선진국 일원인 한국이 국제사회를 선도하는 보편적인 역할을 수행하며 저개발국가에서 짧은 기간에 선진국으로 발돋움한 특이한 이력과 새마을운동 등 국가 발전 경험은 개발도상국과 다른 선진국가로부터 존경받는 모범국가가 되어야 하는 사명감을 갖게 한다. 또한 우리 밑바닥에 스며 있는 유용한 전통문화를 일깨워 과거 문화민족의 가치를 재발견하여 무장한다면 21세기 르네상스를 꽃피울 수 있을 것이며 우리의 문화영토를 넓힐 것임을 확신한다.

나는 지극히 땅을 좋아하고 사랑한다. 이 땅 금수강산을 몸서리치도록 사랑한다. 이 땅은 세계에 경제 영토를 넓힐 무한한 문화의 자원을 가지고 있다. 용기를 가지고 세계를 우리의 손에 넣어야 한다. 적어도 왕검성 일원과 동북삼성과 연해주는 찾아야 한다. 국익에 반하는 사대나 이념은 이미 낡은 넝마다. 깨끗이 버리자.

지금 젊은이들에게는 은연중에 대제국의 의기가 자라고 있음을 보고 하늘에 감사한다.

⁂ 우리는

1,000번 넘는 외침, 해방 그리고 6 · 25 전쟁에 외환위기. 어렵고 힘든 상황에서도 살아나고 또 살아났다. 지금부터는 세계 파워게임에서 한국이 단연 돋보이고 나아갈 바를 찾아 남북이 하나 되고 독도, 이어도, 대륙붕 연장, 동북공정 따위에 밀리거나 매달리지 않고 오히려 강대국 놀음에 공세적이고 경제 영토도 넓혀 나아가야 한다.

기업은 희생과 배려하는 정신으로 무장, 사회봉사도 솔선하고 정부와 공무원은 국민 위에 군림한다는 생각은 버리고 배려와 화합과 나라 사랑 그리고 국익을 위해 일할 수 있는 터전을 만드는 데 여념이 없어야 하며 국민은 국가 장래를 위해 각고의 노력을 해야 한다.

지정학적으로 남북한 땅이면 어느 나라에도 뒤지거나 두렵지 않은 강국이 될 수 있다. 지리적으로도 대한 국토는 설명이 필요치 않은 세계 최고의 명당지다. 정부와 정치권 그리고 국민이 화합하고 나아갈 길을 제대로 찾아줄 싱크탱크만 있다면 말이다.

우리는 사람도 정부도 정치인도 믿지 못하는 사회에 살고 있다. 한국 사회가 비약적인 경제 성장을 이루면서 남을 돕는 데 경제적 정신적인 여유를 갖지 못했다고 생각하기 쉬우나 원인은 거기에 있지 않다. 정치적으로 정략적으로 너무 많이 속아왔다. 정부에 대한 신뢰도는 바닥 수준으로 26.2%에 불과했다. OECD 평균은 37.6%였으며 스위스는 77.9%에 달했다(참고로 스위스는 청정지국이다. 정치도 이와 같다).

일본이나 중국에 비해 속이는 범죄가 너무 많고, 여기에 교묘하게 정치적으로 속이는 정략적인 행위까지 더하여 속고 속이는 사회가 되었다.

⁂ 글자에 대한 안타까운 생각

한문자(갑골문자)는 중국 한나라의 BC 202년보다 앞선 3,400년 전에 그들이 말하는 북방 동이족이 만들어 사용했다. 처음 자수는 400여 자로 우리 선조들이 만들어 사용했으며 동이족의 풍습과 생활을 형상화한 것으로 중국 석학들이 인정하는 고증이 확실한 문자다.

중국 진시황은 7개국의 문란한 한자를 통일(소전체)하였으며 모택동은 한자의 원자를 파괴하여 간자로 만들었으나 한자가 동이족의 문자라는 사실에는 이견이 없다. 배달조선의 제후국인 상(은)의 갑골문에서도 이를 증명한다. 우리 조상은 2개의 진서(글) 뜻글과 소리글을 가지고 있는, 지구상 최고의 은덕을 받은 민족임을 자랑스러워해야 한다.

1899년 소둔(小屯)에서 15만 쪽의 갑골문이 발견된다. 이를 정리 연결해 보니 동이족이 만든 글이라는 사실이 밝혀진다. 한문이 중국글이라는 종속적인 개념에서 벗어나야 한다. 사대와 친일사관에서 하루속히 벗어나 국익을 위해 한자와 한글을 익히고 닦아 문자 강국을 이루어야 한다. 인제대 석좌교수 진태하 선생 등도 동이족만이 만들 수 있었던 한자는 긍정과 용기의 문자임을 말한다. 뜻글과 소리글을 동시에 만든 우리의 문자문화도 분명 거대한 천하일통의 영토다.

단군조선 3대, 가륵 단군(BC 2182 즉위, 재위 45년)에 이르러 삼랑 을보륵(乙普勒)에게 명하여 당시 풍속이 하나같지 않고, 지방마다 말도 서로 달라서 형상으로 뜻을 나타내는 문자가 있다 해도 100리 밖 땅에서도 통하지 않는 일이 많았다. 1,000리 밖은 전할 길이 요원함에 을보륵에게 명하여 정음 38자를 만들어 정비한다. 상형문자의 녹도문자를 정비하고 표음문자인 가림토 문자는 정음으로 완성 38자로 하여 진서로 한다.

⁂ 가림토 국문(加臨土 國文)

우리의 진서 중 하나인 가림토 문자는 단군조선의 강역이었던 일본에 전해져 신대문자인 '가나' 문자가 되었고 단군조선의 분국이었던 몽고로 건너가 고대문자 '파스파'가 되었다. 또한 배달국 분국이었으며 그 후예가 살고 있던 인도 지방으로 건너가 산스크리트 알파벳과 구자라트 문자의 원형이 되었다.

2개의 단군조선 문자는 10여 개의 문자와 말로 퍼져나가 인도어와 일본, 몽골어에는 우리와 말과 뜻이 같은 단어가 200~600여 개 있다는 연구보고서도 있다. 심지어 방글라데시에서도 우리의 '강'을 그대로 '강'이라 한다. 이스라엘 및 유럽 고문자에도 지대한 영향을 미친 것만은 거의 확실하다. 상(은)나라에서 사용한 갑골문에는 두 종류가 있는데 그중 한 가지가 가림토 문자이다.

세종대왕이 고어에 음가를 더해 훈민정음을 창제하기 수백 수천 년 전(4177년 전 배달조선 3대 가륵 단군 경자 2년 BC 2181년 창제)에 일본, 중국, 인도, 몽고에 이미 가림토 한글이 전래되어 쓰였다.

초대 환웅천황(BC 3897)이 신지(벼슬 이름) 혁덕에게 명하여 사용 중인 문자를 정리 정돈한 설형문자인 최초의 녹도 문자는 배달조선을 거쳐 단군조선 시대에도 가림토 문자와 함께 진서로 계속 쓰였다.

원래 하늘과 땅 · 사람 · 만물 형상이 녹도 문자와 가림토 문자의 기본이다. 하늘과 땅 · 사람 그리고 만물 자체가 한문자의 원조이며 한문의 원조가 신시 배달조선 시대에 우리 조상들이 만든 녹도 문자(혹은 갑골문자)인 상형문자이다. 이후 여러 과정을 거쳐 세분화되고 음가 조절이 있어 현재의 한문이 만들어졌다.

녹도문은 단군조선 제후국이자 같은 동이족인 은나라에서도 쓰였는데, 수도였던 유적지 은허에서 발견된 문자가 갑골문이다. 갑골문이란 거북의 등껍질과 소뼈에 새겨진 문자라 해서 붙여진 이름이다. 누구나 보면 알 수 있는 그림으로, 다음은 도안화되고 문자화한다.

중국인들이 우리글을 빌려 원문을 파괴하여(모택동 당시) 획을 줄여 쓰고 있음을 양심 있는 지성인들은 다 알고 있는 사실인데 우리 민족만 모르거나 아는 자 많으나 배우기 어렵고 한글이라는 좋은 글이 있어 애써 지우고 포기한 것이다.

⁂ 한글

훈민정음은 우리의 옛글 가림토 문자를 인용하고 음가를 조정하여 세계에서 가장 과학적으로 만든 목적과 만든 사람 그리고 만든 시기가 분명한 글자로 세계적으로 유일하다.

세종대왕 시절에도 최만리, 정창손, 하위지, 김문 등의 반대는 극에 달했다. 지금도 한글과 우리말 60% 정도가 중국어와 일본어에서 왔다는 사람이 있다. 참으로 무식한 사람이다. 중국의 한문자가 아니라 우리 옛글 고문자를 차용해서 쓰는 것일 뿐이다. 심한 말로 우리글을 중화족에게 빼앗긴 것이다.

정치인 또는 지도자 위치에 있는 사람들이 그랬다. 지금도 그 모습이다. 대한민국은 반성을 모르는 국가들로 에워싸여 있다. 일본, 러시아, 북한, 중국. 그들에게는 국익이 있을 뿐이다. 우리의 살길은 국익과 자강이다. 120여 년 전 시절과 비슷하지 아니한가. 이 나라의 장래를 생각하라. 세계 각 민족과 국가가 사용하는 언어가 6,850여 개라고 한다. 말은 있으나 글이 없는 것도 있고 글은 전하나 말이 사라진 것도 있다. 사용 인구수로 순위를 치면 한글은 11위 정도다.

한 나라의 말과 글은 국력이고 문화 수준이다. 한글이 최소 4대 언어에는 들어가는 날이 와야 한다. 그날이 멀지 않다고 본다. 세계에 나가 있는 우리 민족 800여만 명, 그들을 작은 정부라 생각하고 아끼고 받들고 믿어주는 것이 필요하다. 한상대회, 국제한국 여성포럼, 국제 한인대회, 세종학당뿐 아니라 교포들도 최선을 다하며 돕고 아끼자.

우리글이 제2외국어가 된 나라가 12개국이다. 친한 인사들, 베트남의 라이따이한들도 대한민국으로 모아 우리글과 말을 가르치고 노고도 치하해 주자. 소득 3만 불도 중요하나 한글을 사용하는 인구가 적어도 5억 명은 넘어야 한다. 말과 글이 있어 긍지를 가질 수 있는 나라, 이것이 중요하다.

영어가 아닌 우리말과 글로 세계를 누비고 돌아다닐 시간이 분명 올 것이다. 한글은 세계 언어학자들이 이구동성으로 세계 최고의 글이라 인정한다. 발음하는 수로 대충 말해도 영어 300여 개이고 일본어 105개 정도 중국어 220개 정도이고 한국어는 2,700여 개 정도라 한다. 경이적이다. 배우기 쉽고 모든 소리를 다 표현할 수 있는 유일한 문자이다. 언어학의 천재 세종대왕을 흠숭한다.

⁂ 문자에 대한 자랑과 용기

가림토 문자와 녹도 문자를 진서로 사용해 온 자랑스러운 고대 배달조선 그리고 고조선. 자랑스러운 우리 문자를 헤아려보며 한글과 한자를 국익 차원에서 더듬고자 한다.

고대 수메르 문자는 처음 상형문자에서 발전하여 설형문자로 변하고 다시 페니키아의 표음문자로 발전된 것이라 본다. 영어 알파벳의 원조인 페니키아 문자는 BC 2200년경 이후 단군조선에서 거주하다 이동한 아리안족이 가져간 문자에서 유래한다.

BC 7197년 이후 단군조선 초기인 BC 2181년 가림토 38자가 만들어지기 전까지 배달조선은 수메르지역과 인도지역을 순행하면서 종교와 문화 등을 전파하였고 또한 제천행사 중에 수메르지역과 인도지역에서 순행자들이 찾아와 문자를 익히고 돌아갔다. 제천행사 때 사방의 제족을 초청하여 종교·문화 행사를 했기에 많은 사람들이 모여들었다. 녹도 문자가 넓은 지역에서 뜻이 온전하게 전해지지 않으므로 원거리에는 가림토 문자로 전함이 뜻도 확실하게 전하고 순조로워 쓰게 됨이 문자의 효시를 이룬다. 한문은 배달 동이족의 풍습과 습속을 무늬화한 일종의 도안 같아 다른 민족은 이해할 수 없는 수수께끼 같은 문자다.

예를 들면, 집 家는 집에 돼지가 들어 있어 집 가가 되고 복(伏)은 사람 옆에 개가 엎드리고 있어 숨을 복이 되고 추(秋)는 불 옆에 메뚜기가 있어 가을 추가 된다. 집 마루 밑에 돼지를 길렀고 삼복에 개를 잡아먹고 가을에 메뚜기를 잡아 불에 구워 먹던 우리의 습속을 이와 같이 형상화한 것이 한문이다. 지구상에 2개의 글을 창제한 민족은 우리 동이족 배달인밖에 없다. 2개의 진서는 10여 개의 말과 글로 후일 번져 나간다. 우리의 역사는 대극적으로 고조선(배달조선 포함)을 정사로 현대사도 국익에 준하여 써야 한다.

우리글에 대해 다시 쓰는 이유는 조상의 글을 갈고 닦아 세계 문자를 일통하는 문화민족이 되는 것이 우리의 사명이고 자존이기 때문이다. 아울러 세계문화사의 시작이 우리라는 사실을 각인하고 알리는 것에 주저함이 없어야 하며 용기를 부르는 주문이라는 것이다.

⁂ 천손교회

하늘의 자손이라 일컬어 온 우리 민족은 예로부터 모든 시작과 종장은 하늘이었다. 지극히 자비로운 심오한 계획이 있어 환인 · 환웅 그리고 단군왕검으로 하여금 홍익인간의 터를 잡도록 하였다. 천손이란 자긍심이 있어 어떠한 곤란에도 의연할 수 있었고 비록 광활한 영토를 잃었지만 빈곤과 기근에도 굴하지 않고 행복할 수 있었다.

천제께서는 자유로이 살아 숨 쉬고 죽어 그 영혼은 모두 하늘로 오르도록 지도 편달하신다고 믿는 것이 우리 조상들의 교회요, 신비의 천국 하늘이었다.

세상이 열리고(開天) 이미 그곳에 우리의 안식처는 준비되어 있었다. 하늘을 경외하고 하늘을 우러러 부끄럼 없기를 소원하는 것 그것이 우리의 본향이요, 양심이 머무는 곳이다. 그곳에 우리의 성소가 있으며 이는 우리들의 믿음이었다. 이것은 우리 민족의 샤머니즘이나 토테미즘이 아니라 곧 우리들의 성전이고 종교이며 교리였다.

하늘을 공경하고 서로 사랑하라는 가르침. 널리 이롭게 하라는 뜻이었다. 홍익인간이라 함은 우리의 교리요, 평등이었다. 세계 어느 곳 어느 국가에도 없는 가장 강력하고 성스러운 통치이념이다. 이 크고 넓으며 지극히 자유롭고 심오한 계획에 의하여 조선은 개국되었고 이는 곧 조선인의 교회였으나 이 겨레 이 백성을 갈라놓는 것은 타국에서 막강한 힘을 업고 들어온 불교, 유교 그리고 타종교와 학문이 들어오면서 우리의 것을 경시하고 폐기하는 결과를 초래하였다.

지금은 우주의 신비도, 인체의 신비도, 자연의 신비도 차츰 밝혀지고 있다. 미국 항공우주국 NASA의 무인 탐사선 '주노(Juno)'가 약 5년간 28억 km를 비행해 태양계에서 가장 크고 오래된 행성인 목성 궤도에 진입했다. 인체의 게놈(Genom) 유전자 지도가 밝혀지고 있다. 신비가 밝혀진다 해도 종교가 무너지고 사라지는 일은 없을 것이다. 점차 작아질 것은 분명하다. 그러나 우리의 의식과 문화 · 종교는 번성하여 대한 반도, 조선 반도가 세계의 중심이 되는 날이 올 것이다. 천손의 후예는 잠시 잠을 자고 있었을 뿐 얼마 지나지 않아 깨어나 웅비할 것이다. 이 땅은 지구상에서 가장 대길한 터요, 양지다. 우리 민족에게는 하늘이라는 영광이 있다. 하나님께 선택받았다는 민족과는 뿌리부터 다르다. 하나님의 선택된 민족이 아니라 바로 천손이기에 처음에서 영원까지 영광이 함께할 것이다. 언젠가는 이 땅에 참으로 크신 하늘의 뜻을 전할 사람이 올 것이다.

⁂ 대사 원효

원효는 설씨로 진평왕 39년에 태어났으며 아명(兒名)은 서당(誓幢)이었다. 원효의 어머니는 율곡 바라수(婆羅樹) 아래에서 남편의 옷으로 가리고 원효를 낳았다고 한다. 원효는 설총을 낳아 계율을 어겼으므로 승복을 속복으로 바꾸어 입고 호를 소성거사(小性居士)라 했다. 광대들이 가지고 노는 큰 박으로 도구를 만들어 '무애(无碍)'라 이름 붙였다. 『화엄경』에 "죽고 삶에서 초월함이 무애이다"라고 했는데, 무애를 가지고 다니면서 춤추고 노래 불렀는데 원효가 부른 노래가 '무애가'이다. 원효가 각처를 돌면서 노래하고 춤추어 대중이 불교를 이해하고 가까이하는 데 큰 도움이 되었다.

여기에 원효대사에 관하여 쓰는 이유는 원효가 세계 4대 성인 반열에 올라도 조금도 부족함이 없다고 생각하기 때문이다. 유구한 역사와 찬란한 문화사에 세계사적 영웅호걸과 문화 창달에 기여한 선조들이 무수한데 세계 100대 위인에 단 한 사람도 끼지 못함은 천손의 한 사람으로서 너무 안타깝고 부끄러워함이다. 세종, 퇴계 이황 선생도 그러하다.

⁂ 고려장(高麗葬)과 지게

고려장은 늙은 부모를 지게에 지고 산속으로 가서 구덩이에 버려두었다 굶어 죽으면 장례를 지냈다는 풍습으로, 오늘날에는 늙고 쇠약한 부모를 낯선 곳에 유기하는 행위를 지칭하는 용어로 쓰이기도 한다. 고려장이라는 명칭 때문에 고려시대에 있었던 장례 풍습으로 인식하지만, 이러한 풍습이 있었다는 역사적 자료나 고고학적 증거는 없다.

고구려나 삼국, 고려시대에는 조부모나 부모가 살아 있는데 그 자손이 호적과 재산을 달리하여 공양하지 않거나 부모나 남편이 죽었다는 말을 듣고도 슬퍼하지 않고 잡된 놀이를 하는 자는 법으로 엄격히 처벌하는 등 효를 매우 강조하였다. 고려시대나 조선시대는 특히 효를 숭상하고 어버이를 하늘처럼 알고 받들라는 의식이 있어 고려장 따위는 있을 수 없고 그런 사람이 단 한 명도 없었다. 동방에서 가장 찬란한 문화 민족이요, 인효를 중시한 동방예의지국에서 망나니 같은 파렴치한이라 해도 고려장 같은 행위는 없었다.

일제 강점기, 일본이 우리 민족을 의도적으로 비하하기 위해 설화 형식을 빌려 마치 고려시대에 있었던 풍습인 양 만든 이야기를 고의적으로 전파시켜 유포했을 뿐이다. 당시 일본인들은 자신들의 문화에 비해 너무 월등하고 찬란한 우리의 문화와 충효 인효사상에 전율을 느끼며 조선인들의 정신을 흔들어놓고 폄하하고자 설화인 양 만들어 유포한 것임을 알아야 한다. 그러므로 우리 뇌리에서 영원히 지우고 쓰지 않음이 상책이다. 왜곡된 역사나 설화는 과감히 버려라. 국익과 진실의 역사를 모르는 자는 매국노나 다를 바 없다.

한 가지 부언하면 지게에 80 노구의 아비를, 90 노구의 어미를 지고 팔도강산을 3년 혹은 8년이나 유람하며 효를 다한 자식은 분명 있었다.

⁂ 대제국 대한민국

일본은 영원한 후진국이다. 경제 대국임에 틀림없으나 죄악만 있고 공덕이 없는 나라이다. 사죄할 줄 모르는 원시 부족이요, 신풍을 믿는 도깨비 민족, 후진 군국주의자들의 고향, 병(兵)이 지배하고 무(武)가 신민인 나라, 원자탄을 맞고도 반성이 없고 영원한 핑계만 있는 나라.

일본인은 자신을 일등국민이라 생각한다. 2차 세계대전 당시 상대국을 짓밟으며 상대에 대한 배려는 없었다. 일등국민 일본만 있을 뿐이었다. 독일도 그랬다. 그들은 포용을 모르는 소인국 소인배들이었다. 그래서 그들은 망했다. 몽골제국이나 로마제국은 포용이 있었기에 대제국을 만들고 유지할 수 있었다. 상대를 인정하고 종교까지 수용했다. 독일은 반성하지만 일본은 반성을 꺼린다. 그래서 일본의 번성은 없을 것이다. 사고의 전환이 없는 한 섬사람에 지나지 않을 것이다. 반면 우리는 다르다. 우리는 대제국 후예답게 포용이 있고 꿈을 키워준다.

잠자던 유구한 역사와 문화가 살아 세계 230여 국에 밀물처럼 들어가고 있다. 코리안 드림을 찾아 매년 30여만의 세계 젊은이들이 한국어 시험에 응한다. 우리는 예를 알고 정과 효와 포용이 있다. 비록 칼 같은 힘은 없으나 스스로 굴복하고 들어오게 하는 마력이 있다. 오래지 않아 대한민국은 제국으로 발돋움할 것이다.

*** 명성황후 시해사건

을미사변은 1895년 10월 8일(음 8월 20일) 새벽, 일본의 무력 집단이 서울에서 자행한 명성황후 살해사건이다. 부임한 지 37일밖에 안 되는 일본공사 미우라(三浦梧樓)는 서울 주둔 일본군 수비대와 행동대 공사 관원, 영사경찰, 낭인신문기자, 낭인 등을 동원하여 조선 정궁인 경복궁을 기습하여, 고종의 왕후 중전 민씨(1897년 명성황후로 추존)를 참혹히 살해하고 시신은 근처 숲속으로 옮겨 장작더미 위에 올려놓고 사타구니에 불을 지피고 석유를 부어 태워버렸다.

일본은 미우라 공사를 조선에 파견하며 세계사에도 없는 국가적 범죄를 철저히 준비하였다. 조선은 이런 일을 무수히 당했다. 한국인에게는 이 사건이 일본의 국가적 범죄라는 것이 상식화되어 있는 반면, 일본 측 연구자들은 미우라가 단독 계획하여 자행한 것으로 배후는 없으며 조선 측에서도 대원군이 적극 협조하였다는 입장이다. 그러나 대원군이 이 음모와 무관함은 재일사학자 박종근(朴宗根)이 이미 일본 측 자료의 정밀한 추적을 통해 밝혀놓은 바 있고, 사건의 주요 무력 기반이 일본군이었음도 일본의 한국사 연구자였던 야마베 겐따로(山邊健太郎)가 밝혀놓았다.

을미사변은 단발령과 함께 19세기 말 항일의병이 봉기하는 원인이 된다. 또한 신변이 위태롭게 된 고종이 이듬해 2월 러시아 공사관으로 피신하는 결정적인 계기가 되었다.

1896년 초 청년 백범 김구가 일본군 밀정을 살해하고 이후 독립운동에 투신한 계기나, 1909년 안중근이 하얼빈 역에서 이토 히로부미(伊藤博文)를 사살한 이유도 이 사건 때문이다. 이후 용감한 자는 독립군이 되고 용기 없는 자는 노예가 된다. 현재까지 을미사변은 일본이 한국에 저지른 대표적인 만행으로 한국인의 뇌리에 각인되어 있다. 그러나 감추고 왜곡하는 일에는 세계 으뜸인 일본인들은 국가적인 세계 유일무이한 이 사건을 미우라 개인이 저지른 단순사건으로 치부하고 있다. 여기서 우리가 알아야 하는 것은 세계 어떤 나라도 상대국 국모를 살해한 사건이 없으며 또 반성조차 하지 않는 소인배 국가가 일본이라는 사실이다. 사죄할 용기조차 없는 집단이다.

그들이 다시 전쟁 가능 국가로 변신하고 핵을 만지작거리고 있다. 대한민국의 현실이 안타까운 것은 120년 흐른 지금도 전과 같으니 참으로 어이없고 한심하여 쓴다. 지키지 못하고 비방만하는 자는 입을 다물라!

⁂ 대한의 남자들이여, 부끄러워하자

부끄러워하자, 반성하자. 공녀가 있었다. 위안부가 있었다. 지금도 인신매매가 있다. 대한의 여인들, 조선의 딸들이다. 이 모든 행위는 그녀들을 지키지 못한 것이 원인이다. 대한의 남자들은 반성하고 부끄러워해야 한다. 그녀들을 지키지 못한 힘없고 무능함을. 그녀들의 아픔을 말하려거든 먼저 반성하고 수치심을 가지고 통렬히 자신을 꾸짖을 필요가 있다. 이념도 상대에 대한 원망과 벌을 말하기 전에 말이다. 그들을 정략적으로 이용하는 자는 천벌을 받을 것이다. 참으로 부끄럽고 한심하다.

책임은 없고 상대만 탓하는 한심한 작태. 위안부들이 있고 중국에 30만 가까운 조선의 딸들이 억울함을 호소하고 인신매매를 당하며 짐승처럼 살고 있다고 한다. 그들을 지키지 못하는 우리 남성들, 반성부터 하고 상대를 탓하라. 그리고 지키자!

⁂ 우리에게 무엇이 있는가?

우리 민족에게 무엇이 있는가? 분명 세계인이 부러워할 그 무엇이 있다. 신명과 효, 맛과 멋인가? 강인한 민족성과 인내심인가? 독창적이고 과학적인 말과 글인가? 그뿐 아니다. 단군의 건국이념 홍익인간(弘益人間)이 있다. 우리 민족이 원한 것은 아니지만 DMZ(비무장지대 2억 77만 평이 70여 년간 출입통제구역이라 자연이 잘 보존되어 있다)도 있다.

우리 민족에게는 분명 사명이 있다. 세계인이 놀라고 세계를 움직일 하늘로부터 받은 사명, 천명이 있을 것이다. 세계의 중심지 곧 명당지(明堂地) 아니던가? 물론 이들과 더불어 밑바닥에는 한의 정서가 갈증이 되어 깔려 있다. 아리랑이 있고 판소리가 있다.

우리의 DNA는 찬란한 문화다. 화려강산을 닮은 정서와 끈기다. 긍지요, 자존심이다. 한국인의 DNA는 잠잠하게 있다가 느리고 빠르게 휘몰아치는 신명 휘몰이다. 용트림이다. 한옥과 비빔밥, 융합 예술성도 독특한 인자다. 아무리 어려워도 긍정적이고 낙천적이었다.

신명은 우리 가슴에 살아 움직인다. 음률이 되고 율동이 된다. 이는 분명 세계를 떠들썩하게 흔들 것이다. 조금만 불을 붙이면 그 신명은 거의 신기에 가까운 흥이 난다. 바람 소리, 물소리, 자연의 소리에도 한국인은 소리로, 노랫가락을 자연스럽게 만들어 사용할 줄 알았다. 판소리만 아니라 그대로 소리로 창이 되어 흘러나왔다.

세계 230개국 중 집중력과 적합도에서 세계 제일이라는 보고서도 있다. 한국인의 의상은 유명 디자이너가 만들지 않았어도 세계 유일한 아름다움이 있다. 입으면 평면이 입체가 된다.

이 모두 우리 민족의 피 속에 자연스럽게 녹아 있는 DNA의 결정체에 있는 것이다. 이 DNA는 국제화가 가능하고 또한 세계를 지배할 수 있는 우수한 인자들이다. 분명 230여 국에 흘러 들어가 그들의 혼을 녹일 것이다. 유대인의 DNA와 비교할 바 아니다. 전 인류가 가지고 있는 DNA는 약 30억 개라고 하는데 그중 우수인자 DNA는 0.0001% 이내이고 그중 하나가 한국인의 DNA다.

한국인은 빨라야 한다. 그 빠름을 가능하게 하는 IT 기술을 낳았다. 자부심은 강하지만 자신감이 약하다. 일등만 존재하는 사회다. 위기극복 능력 그리고 질긴 끈기와 정, 모두 역동적인 DNA의 결정체다. 또한 일등을 고수한다. 한국인의 창의력은 대단하나 그 환경을 만들어주는 것이 중요 과제다. 한국인은 이질적인 것들을 한 곳에 섞어 비빔밥 문화를 만들었는데 이는 천재적인 융합 DNA다. 성공 DNA는 긍정이고, 아무리 서로 다른 것을 섞어도 하나로 만드는 긍정과 융합의 DNA가 되어야 한다.

가난을 극복하는데 쌀 한 줌에 여러 가지 시래기나물을 섞어 환상의 맛을 낸 잡탕 죽이 있었다. 비빔밥은 사치 수준이고 어죽 또한 그러했다. 놀이로 땅따먹기 · 구슬치기 · 자치기가 있는 나라. 올림픽

게임 종목에 들지 말라는 법이 없다. 스코틀랜드에서 유래된 둥글고 납작한 돌을 빙판에 미끄러뜨리는 컬링(curling)이라는 종목도 있는데 말이다.

극동의 빛의 나라. 땅은 작으나 하늘 아래 대국인 나라. 홍익인간 기치 아래 박근혜 대통령도 DMZ에 세계평화공원을 만들자고 했다. UN 본부가 이곳에 오고 우리의 독특한 말과 글이 우리 문화권을 형성할 때 분명 세계는 이곳으로 모일 것이다.

⁂ 스위스 유감

스위스는 연방공화국으로 면적은 4만 1,277㎢, 수도는 베른(Bern)이다. 종족은 독일계 65%, 나머지는 프랑스계 · 이탈리아계 등이며 국민의 41.8%가 가톨릭교를 믿고 35.3%는 개신교다. 위도와 해발고도가 높지만 기후는 온화한 편이다. 지하자원이 부족하여 원자재를 수입, 가공하여 수출하는 경제 구조로 외국의 경기변동에 큰 영향을 받는다.

알프스산맥과 수많은 자연호수로 이루어져 관광자원과 수력자원이 풍부하며 기계, 화학, 금속, 약품공업 중심의 고도공업국으로 발전하였다. 정치가 안정되고 안정된 경제적 여건 아래 사회도 매우 안정되어 있다. 1인당 국민소득은 약 6만 달러이다. 나폴레옹 전쟁 후인 1815년 강대국들에 의해 영세중립국으로 보장되었다.

스위스는 은행업이 발달한 나라다. 이면에 용병(傭兵)이 있었다. 프랑스혁명 당시 루이 16세 왕가를 끝까지 지키다 숨져간 786명의 용병들. 그들은 용맹과 신의를 남겼고 신용을 남겼다. 믿음이었다. 물론 그들은 용병이기에 언제나 스위스로 돌아갈 수 있었으나 죽음으로 약속을 지켰다. 지금도 로마 교황청은 스위스 용병이 지킨다. 그 용맹과 믿음은 신용을 낳고 결국 은행업을 발전시킨다. 철저한 비밀보장은 은행을 살찌운다. 검은 돈이 숨을 곳을 제공하여 전 세계

검은 돈이 모여들고 결국 비밀스런 돈은 스위스를 살찌운다. 팔레비 왕가가 무너지고, 후세인 · 차우세스쿠 · 카다피 등이 무너지고 죽으면 비밀리에 스위스 은행에 맡긴 돈은 결국 스위스 은행에 귀속되고 그 돈은 스위스 발전에 쓰인다.

국가의 품격은 해외에 나가 있는 그 나라 국민의 행위에 의해 결정된다. 독일에 파견된 간호사 · 광부는 우리의 품격이 되었다. 심지어 월남 전쟁에 파견된 장병까지도. 그러나 관광으로 태국에 간 사람들은 품격을 저하시킨 사람이 많았다. 한국의 명예를 떨어뜨린 사람들, 태국에서 한국인을 비하하는 말을 들었을 때 안타까움을 느껴 쓴다. 대한민국 공항을 벗어난 국민은 외교관임을 명심하자.

⁂ 분명

우리는 세계인이 부러워할 아름다움을 많이 가지고 있다. '빨리빨리'는 한국인의 비명이었다. 우리가 언제 여유를 가지고 살았던가?

좀 더 많이 좀 더 빨리 하지 않으면 살 수 없었던 민족, 살아남기 위한 한숨이자 신음이었다. 풍요와 여유를 향유하는 삶의 위험이 없는 나라와는 차원이 다른 우리였다.

대륙을 잃은 후 우리 민족은 여유가 없었다. 한 끼 식사조차 여유 부릴 시간이 없었던 민족, 이제는 조금 여유롭게 '빨리'를 유머러스하게 말해도 되지 않을까?

⁂ 대통령 이승만

초대 구국 대통령 이승만은 1953년 6월 18일 반공포로 3만여 명을 국군헌병을 시켜 비밀리에 석방시켰다. 이 사건으로 세계는 경악했다. 미국은 비협조적인 이승만 대통령을 하야시키려고 하였으나 결국 한미방위조약이 체결되고 7월 27일 휴전협정이 조인되었다.

귀국 제1성

(오랜 망명생활에서 10월 16일 귀국하여 10월 17일 방송했다.)

"36년 만에 처음으로 그리운 고국에 돌아오니 감개무량하다. 나의 가슴은 무어라고 말해야 할지 모르겠다. 그러나 지금 우리 형편에 감상담을 말하고 있을 처지가 아니다. 우리 앞에는 바야흐로 길이 탁 트였다. 40년 동안 막혔던 앞길이 이제 열린 것이다. 우리의 할 일이 지극히 크다. 이 일을 잘 해내고 못 해내는 것이 오직 우리의 손에 달렸다. 밖의 사람들(세계 각국을 가리킴)이 지금 우리에게서 알고자 하는 점은, 40년 동안 남의 나라의 압박과 천대를 받아오던 조선 민족이 과연 저이들끼리 능히 자주 자유 독립 국가를 세워나갈 수 있느냐는 것이다. 그런데 내가 조선에 와서 미국 사람들(군정청 간부들)을 대해 보니, 그 염원하는 바는 조선 민족이 어서 빨리 한 덩어리가 되어주기를 바라고 있는 것이다. 〈중략〉

나는 전쟁이 끝난 후 곧 나오려 하였으나 여러 가지 사정으로 못 나오고 지금까지 애만 써왔다. 그러다가 얼마 전에 미주(美洲)를 떠나 하와이 · 괌 · 일본 동경을 거쳐 급기야 어제저녁 이곳에 도착했다. 그리고 하지 중장, 아놀드 소장과 이야기해 본즉 의견이 합치되어 협조해 갈 수 있음을 믿었다. 〈중략〉

내가 여기에서 분명히 말해 두고자 하는 것은 나는 평민(平民) 자격으로 고국에 왔다는 것이다. 임시정부 대표도 아니요, 외교부 책임자 자격으로 온 것은 결코 아니다. … 이곳 군정청과 무슨 연락이 있었던 것은 아니나 여기에 오는 길을 열어준 것은 이분들이다. 나는 앞으로 조선의 자주독립을 위해서 일하겠거니와 싸움을 할 일이 있으면 싸우겠다. 〈하략〉"

임시정부 초대 대통령이자 건국 대통령 이승만을 이북의 김일성과 나란히 놓고 보는 견해는 참으로 잘못된 소견이자 억지다. 여운형 등의 75%가 원하는 좌우 합작을 거절하고 남북협상을 거절한 높은 식견이 있어 이 나라에 자유민주주의를 탄생시켰다. 선거와 민주주의를 정착하고 문맹 퇴치를 노력한 대통령, 업적은 너무 크다. 신실한 기독교인으로 오로지 조국 사랑만이 그의 신념이었다.

애절하고 아름다운 사랑을 간직한 영혼은 죽어도 쉽게 떠나지 않는 것, 조국을 부여잡은 영혼은 조국의 산하에 머무를 것이니… 대극적인 자세로 크게 국익의 관점에서 보라! 국제적 관점에서 볼 때 위대한 지도자임에 틀림없다. 이승만이 있어 지금의 자유 민주와 시장경제 번영이 있음을 알아야 한다. 싫든 좋든 초대 건국 대통령은 이승만이다. 국부이다. 죽어갈 무렵 유창한 영어는 송두리째 잊어버리고 한국어밖에 모르던 분, 이화장의 유품을 본 적이 있다.

대통령 이승만의 검소함은 안타까움을 더해 나를 아프게 한다. 이승만은 국민을 상대로 단 한 번도 원망이나 불평한 사실이 없는 그릇이 너무나 큰 어른이었다.

'북한 공산군이 6월 25일 새벽 4시에 쳐들어왔다. 대통령은 잠을 잊고… 26일 새벽 3시, 도쿄 맥아더 사령관에게 전화를 걸었다.'

– 프란체스카 일기에서

⁂ 박정희와 보국으로 뭉친 거인들

혁명 후 제1성이 "시급히 민생고를 해결하고…"라고 말한 박정희 대통령의 정치는 국익과 경제개발에 초점이 맞추어졌다. 그의 정신은 애국애족에 함몰되어 있었다. 역사의 주제는 자유와 사랑이다.

역사의식이 남다른 거인들은 구국(救國) 대통령 주변에 모여 같은 꿈을 꾸며 외로움에 몸서리쳤다. 5만 분의 1 지도 하나 달랑 들고 짓지도 않은 조선소에 돈을 대주면 배를 만들어 납품하겠다며 유조선 수주를 따낸 정주영 회장의 진정성 있는 뚝심. 이런 뚝심으로 TV, 라디오를 겨우 만드는 실력으로 반도체 산업에 뛰어들어 세계 1위반도체 업체를 키워낸 이병철 회장의 보국, 예지가 없었다면 이 놀라운 성장은 불가능했다.

제철소를 짓지 못하면 동해 바다에 빠져 죽겠다는 각오로 일한 박태준 회장의 목적은 기업해서 돈을 벌어들이는 것이 아니었다. 산업 근대화를 위해 총과 철강 생산이 절대 필요하다는 역사적 소명 의식이 없었다면 절대 불가능했을 것이다. 자원 보국의 꿈을 실행에 옮긴 예지의 최종현 회장, 대한의 날개를 단 조중훈 회장의 애국과 보국이 없었다면 불가능한 일이었다. 구국 대통령 박정희를 중심으로 뭉친 거인들. 살아 있는 모든 것들을 사랑한 그들을 진심으로 사랑하고 머리 숙여 존경을 표한다.

⁂ 5 · 16 혁명

혁명 5 · 16을 단순히 쿠데타로 보는 것은 무리다. 당시 장면 정부는 극도의 혼란을 수습할 능력이 없었다. 법치는 무너졌다. 질서는 무시되고 통제력을 잃은 상태로 학생들은 북한 학생들과 직접 평화통일을 논하자며 38선을 넘고자 했다. 깡패가 한 바닥을 차지하고 백성은 길을 잃었다. 무엇보다 안정과 빈곤퇴치가 문제인 상황에서 군인들이 들고 일어났다.

당시 동아일보 기자이자 후일 국회의장이 된 이만섭 국회의장도 말했듯이 분명 혁명이다. 혁명이란 기존 사회 체제를 바꾸기 위해 국가 권력을 비합법적인 수단과 방법으로 탈취하는 권력 교체 형태를 말한다. 혁명을 뜻하는 '레볼루션(Revolution)'은 '변동'을 뜻하는 라틴어의 '레볼루티오(Revolutio)'에서 유래하였으며, 혁명(革命)이라는 용어는 중국에서 제왕이 부덕하여 민심을 잃으면, 덕이 있는 다른 사람이 천명을 받아 왕조를 바꾸고 새로운 왕조를 세워도 좋다는 '역성혁명(易姓革命)'에서 유래하였다고 볼 수 있다.

이러한 혁명은 지배 세력과 피지배 세력의 교체나 정부 체제의 변화만 의미하는 것이 아니라 정치 조직, 사회 구조, 경제 질서, 지배적인 사회 질서의 전면적이고 근본적인 변화를 뜻한다.

쿠데타는 프랑스어에서 유래한 말로 규정된 방법을 벗어나 비합법적인 방법으로 정권 찬탈을 노리는 시도를 말하는데, 사회 개혁이나 제도 개선 같은 구조 변화가 아니라 정권 탈취나 체제 전복을 위해 소수 세력인 군인들이 무력적인 방법을 사용한 무력 정변을 말한다.

프랑스 혁명이 지배 세력과 피지배 세력 교체라면 쿠데타는 지배 세력 간 교체라는 차이점이 있다. '5 · 16 군사정변'이라 말하는 자 있으나 이는 어디까지나 혁명으로 보아야 마땅하다. 혁명을 쿠데타로 격하하는 것은 흠집을 내는 것 외에 의미 없는 장난이다. 5 · 16 혁명은 무질서와 빈곤에서 희망과 풍요, 가능성을 심어주었다.

⁂ 사명(使命)

한반도 분단이 70년을 넘는다. 세계 유일 분단국. 한국인(남한인)은 해외에 나가면 빛이 나고 등불이 되고 성공한다. 지금 한국인은 번성하여 영화를 누리고 있다. 사대하는 자, 실상을 알면서도 이북을 추종하는 종북좌파들이 있다. 진정한 지도자 건국 대통령 이승만과 구국 대통령 박정희는 폄하하고 백성을 도탄에 빠지게 한 사람을 추종한다. 국익과 백성 편에서 일한 사람과 자신과 이념에만 빠져서 일한 사람과의 차이다.

민생고를 해결하여 세계에서 열 번째로 잘살게 하고 5대 첨단공화국, 7대 무역 강국을 이룬 영웅을 무시하고, 60년대 남한보다 3배나 잘살던 북한은 빈민국이 된 지금도 백성은 아랑곳하지 않고 핵과 화학무기로 불장난하고 있는데 이를 추종하는 사람들, 인면수심의 동물 같다.

공산주의와 자유민주주의가 민낯을 대하고 있다. 남과 북의 완충지로 DMZ가 있다. 이 땅에는 자유 민주를 신봉하는 사람들이 대부분이다. 열강들의 시선이 이곳에 집중되어 있다. 특별한 사명을 가진 나라다. 세계사적인 측면에서도 분명 뭔가가 있어 오늘이 있는 것이 틀림없다. 속고 속이는 자, 중상 모략하는 자들도 있다. 비극 같은 이곳에 DMZ 비무장지대가 있어 세계평화공원을 만들자는 사람도 있다. 공존하는 중심에 우리가 있다. 우리는 잘산다. 여기에도 의미는 있다. 여기에 분명 하늘의 천명 사명이 있을 것이다. 뜻이 분명 있을 것이다. 하늘의 사명!

⁂ 역사 현장 탐방

허망한 흥망성쇠 현장을 답사할 때 답답하기도 하지만 자긍심과 함께 감회가 깊어진다. 역사는 반복된다.

과거 실패를 거울삼아 받아들일 때 역사는 살아 숨 쉰다. 반성 없는 역사는 망국으로 간다. 국제관계 속의 역사는 국익에 서서 생명력을 불어넣어야 한다. 손(損)에 섰을 때 속방(屬邦)이 된다. 역사의 발자취를 밟는 느낌은 역사를 모르면 민족혼을 잃어버린다는 것이다. 반성을 잊어서는 안 된다. 역사의 주제는 자유와 사랑이다.

⁂ 모이자

모이자! 일단 모이고 보자. 영광과 정의가 보인다. 고지가 저기다. 번영이 보인다. 제국도 보인다. 일찍이 중원의 주인이자 동방의 큰 등불이 아니던가? 마음은 국익으로 흥분하고 몸은 천 년을 버틴 거목이 된다. 지성으로 무장한 용기는 불기둥이 되어 하늘로 치솟으리. 무한한 가능성이 모이는 이곳 대한 배달나라여! 용기는 제국의 영혼이 되리라.

뜨거운 정열과 행동이 모여 일통 제국을 만들자. 고지가 바로 저기다. 무한히 펴져 제국의 영토가 될지니 모이자. 동방의 등불이 되리라.

⁂ 한옥

한옥은 아름답고 단아한 예쁜 여인네 같다. 한복이 어울리는 집이다. 조화와 균형이 한옥만한 건물은 세계 어디에도 없을 것이다. 지붕 끝에서 흘러내리는 곡선은 우리네 산을 닮아 용마루를 만들고 이것이 내림 마루까지 유연하게 흘러내려 서까래에서 완성되는 것은 우리네 자연의 조화와 질서에 기초한 균형이다.

태백준령을 뻗어 노령산맥을 만들어 나지막한 평야를 이룸과 같다. 마치 우아한 춤꾼의 춤사위 같기도 하다. 정원은 산야의 한 폭을 옮겨놓은 듯 정겹다. 한옥은 평화롭고 편안하고 정겨운 건물이다.

한옥의 과학성은 이미 입증되었으며 한여름에도 냉방이 필요 없고 모깃불을 놓으면 그만이고 겨울에 난방은 구들장으로 해결된다. 온돌과 대청은 곧 자연이다. 온돌은 겨울을, 대청은 여름을 대신한다. 마당은 소통의 공간이요, 작업장이다.

한옥은 융통성과 소통의 공간이 집이라는 건축물로 형상화된 결정체다. 다듬이소리, 밥 짓는 소리, 불타는 소리 등 모든 자연의 소리와 더불어 아름답다. 한옥이 3,000년 가까이 아름답게 견디어 온 매력은 이 모든 것을 조화롭게 합한 풍류에 있었다. 한옥은 선비의 도가 어우러진 여유다. 고래 등 같은 99칸 집이라 해도 평등이 자리하고 오만이 없다. 한옥을 빼고 건축 과학을 논하지 말았으면 좋겠다. 통풍과 빛과 소리와 자연을 담아서 세운 것이 한옥 아니던가? 사라져 가는 한옥을 보며 한국인의 혼이 사라져 가는 것 같은 아픔을 느끼는 것은 나만의 아픔일까?

6,000년을 이어온 우리의 혼을 박물관에서나 찾는 날이 올 것 같다. 마루방과 기둥은 안정적이고 기하학적인 비율로 이루어져 있고, 정교하며 단아하게 문자화한 조각된 문살, 듬직하게 떠받친 용마루, 그 위로 절묘한 곡선을 그리면서 사뿐히 내려앉은 기와, 이 모든 것이 황금률이다. 기와지붕의 화룡점정인 막새, 목공예 고미술 문화가

혼합된 한 편의 예술작품이다.

한옥은 우리의 독특한 인자요, 진한 한류다. 외국인들이 그토록 좋아하고 경이로워하는 건축물의 진가를 우리기 모르는 것은 아닌지? 적당히 불편한 생활공간은 신의 가르침이자 배려다. 외풍 또한 건강 의학 아니던가? 파괴되고 무너짐도 자연에 오염됨 없이 동화된다. 한옥이 무너진 곳은 1년쯤 지나면 잡초 우거진 숲이 된다.

흔적도 없고 오염 없이 자연으로 돌아감이다. 뒤에 산을 두르고 그림같이 앉은 주거가 한옥이라면 최고의 문화적인 사치다.

⁂ 박물관

폭탄보다 무서운 것은 정복당하는 것이다. 가장 소중한 것들을 빼앗기고 유린당하기 때문이다. 세계 3대 박물관은 루브르, 바티칸, 영국 대영박물관을 지칭한다. 세계적으로 알려진 박물관(미술관)들은 각국의 문화유산을 독특한 형태로 전시해 눈길을 끌고 있다.

루브르 박물관은 세계에서 수집한 미술품이 총 20만 점을 넘고, 고대에서 19세기까지의 오리엔트 및 유럽 미술의 모든 분야가 망라되어 있다. 바티칸 박물관은 바티칸의 산 피에트로 대성당에 인접한 교황궁 내에 있는 박물관이다. 역대 로마교황이 수집한 방대한 미술품과 고문서 자료들이 있으며 미켈란젤로, 라파엘로, 레오나르도 다빈치 등의 대 화가에 의한 내부 벽화와 장식이 유명하다.

대영박물관은 런던에 있으며 세계적으로 희귀한 고고학 및 민속학 수집품들을 소장한 박물관이다. 주로 이집트, 아시리아, 바빌로니아, 인도, 그리스, 로마, 중국 등 각국 각 시대의 문화를 대표하는 작품들을 독특한 방법으로 전시하고 있다. 특히 전시품 중 로제타 지방에서 발견된 로제타석은 이집트 상형문자의 수수께끼를 푸는 중요한 열쇠이다. 대만 국립박물관에 있는 갑골문도 이와 같다.

박물관은 국력이다. 막강한 힘이, 국력이 결집된 곳이다. 탈취도 빼앗은 것도 국력에 의한 것이다. 지키는 것도 국력이다. 박물관에는 방대한 제국의 영토가 보이고 정복이 보인다. 우리 문화재도 있다. 지킬 힘이 없어 먼 타국의 수장고나 진열장에 숨도 제대로 못 쉬고 쪼그려 앉아 있다. 박물관에 서면 광활한 제국의 영토가 보이고 신음하는 정복당한 백성의 고통스런 얼굴도 보인다.

3대 박물관이란 것이 침략과 강탈의 순(順)이 되고 잃은 자들의 한숨이 모인 것이라면 자랑일 수 없다. 제국의 교만과 오만이 보인다. 겉은 신사이나 속은 강도 사기꾼이 숨어 있어 더 연민이 간다.

⁂ 궤변

지금 한국 사회는 궤변이 봇물을 이루고 있다. 아니면 말고 식의 의혹도 거짓도 한 몫 한다. 선동도 들끓는다. 특히 정치하는 사람이 심하고 소위 사회지도층이라는 사람이 앞뒤 가리지 않고 마치 배설하듯 궤변을 내뿜는다. 듣고 말하려 하지도 않는다.

궤변은 궤변을 낳아 국익에 도움도 안 되고 희망과 용기에도 해가 되는 난장판을 만들고 있다. 지정학적으로 남북으로 갈라져 있으며 더욱이 자본주의와 공산주의가 한반도 안에 대치하고 있으니 이념도 궤변화하는 것은 어쩌면 민족의 숙명 같은 아픔이리라. 이념이라는 기생충은 양심이 없다. 정선된 우리 역사와 자랑스러운 문화를 모르고 역사와 문화를 가소로이 보는 사람들이 있어 참으로 안타깝다.

필수과목에서 역사를 제외한 사람들도 있다. 한글날도 국경일에서 제외하자는 얼간이 같은 사람도 있다. 국어와 국사는 국익과 선양 차원에서 소중하게 다듬고 다룸이 옳다. 좌경화된 학자들의 전유물이 되어서는 안 된다. 이스라엘 유대 역사는 잘 알면서 우리 역사를 모르는 사람. 또한 친일사관이나 망국사관으로 쓰인 역사를 그대로 답습하면서 이념적 사고에 열을 올리는 사람들. 그들은 누구인가?

⁂ 선비 정신

선비가 돈을 버는 사회. 조선 왕조를 519년 지속시킨 성리학적 명분 사회, 명분과 의리를 밝혀 국민을 설득하고 포용하는 정치를 지향하고, 법치보다 덕치를 우선하는 성리학적 통치 철학으로 덕치의 왕도 정치는 인간의 자율성에 크게 의지하는 정치다.

법치의 패도 정치가 강제적인 법의 집행에 의지하는 것이라면 왕도 정치와 덕치의 장에서는 교화를 통한 전 국민의 인간화 작업을 중요시한다. 이에 조선 왕조가 설정한 이상형 인간은 학예일치(學藝一致)를 이룬 자로 학문, 즉 문(文) · 사(史) · 철(哲)을 필수로 하여 이성 훈련을 체득하고, 예술, 즉 시(詩) · 서(書) · 화(畵)를 교양 필수로 하여 감성 훈련을 체질화한 자, 즉 이성과 감성이 균형 있게 잘 조화된 인격체, 그것이 학예 일치의 이상 인간형이자 선비의 본이었다. 최고 통치자인 왕도 비켜갈 수 없었던, 조선 왕조의 인간화 작업이 탄생시킨 인간형, 그것이 선비(士)다.

조선시대 지식인은 선비로 이해되고 있다. 특히 꼿꼿한 지조와 목에 칼이 들어와도 두려워 않는 강인한 기개, 옳은 일을 위해서는 사약(賜藥) 등 죽음도 불사하던 불요불굴의 정신력, 항상 깨어 있는 청청한 마음가짐으로 특징지어진 선비 상은 아직도 많은 사람들의 공감을 불러일으키고 있다.

안빈낙도(安貧樂道)와 청렴을 실행하고 백성의 도덕적 모범으로 기능했던 선비정신은 세속적 이재(理財)를 멀리하고 예(禮)와 의(義)를 지키려 했던 우리 민족의 대표 정신이다. 그런데 요즈음은 이런 선비 같은 사람들이 거의 다 돈을 잘 벌고 부자다. 서슴없이 착취하고 거짓으로 속일 뿐 아니라 중상모략(中傷謀略) 권모술수(權謀術數)도 마다하지 않는다. 선비는 없고 선비 같은 사람들이 점령한 지배층, 상위층.

선비를 찾습니다. 선비님, 어디 계십니까?

큰 어른 같은 선비님은 없는 것입니까?

⁂ 무궁화

무궁화는 우리 국화다. 세계 곳곳에 피어 있는 지극히 서민적인 꽃이다. 이탈리아 콜로세움 가는 언덕길에도 무궁화가 피어 있었다. 화려하지 않아도 따뜻한 정감이 가는 꽃이다. 잎은 식용이 가능하고 약제로도 쓰인다. 무궁화는 전 국토 어느 곳에서나 잘 자라고 강인한 생명력이 있다. 얼마든지 아름답고 크고 화려한 꽃으로 둔갑할 소지가 있는 무궁화 종자 개량연구에 몰두하여 실행에 옮기며 민족의 영지를 무궁화 동산으로 만들기에 여념이 없는 자랑스러운 성균관대 심경구 교수가 있다.

애국가를 기피하고 무궁화를 귀히 여기지 않는 사람은 이 땅을 떠나라. 국기와 국화를 가소롭게 대하고 국익을 도외시하는 행위는 반민족 행위다. 재외한국인을 포함하여 8,500만 명 모두 대한민국으로 하나 될 때 한민족이 세계의 중심이 될 수 있다.

무궁화는 여름에서 가을까지 끊임없이 피고 또 핀다. 장미나 튤립처럼 화려하지 않지만 1만 년 이상 질기게 버티고 이어온 우리 민족의 생명력처럼 끈질긴 맛이 있고 질림이나 싫증이 나지 않는 꽃이다.

한때 국권을 잃어 태극기가 사라졌고 국화인 무궁화도 참담한 시련을 겪었다. 일제 강점기 무궁화는 수난이 너무 심했는데 일제는 전 국토에 산재한 무궁화를 뿌리째 고사시켰다. 그것도 모자라 무궁화에 진딧물, 개미, 벌레, 거미 등이 모여들어 지저분하도록 변종시켰다고 하니 사실 유무는 차치하고라도 그 시련이 오죽했으랴.

무궁화에는 천손의 혼이 담겨 있고 주술적이고 샤머니즘이랄까 불교나 유교가 들어오기 전부터 고조선의 선민의식이나 신시의 조화조의 배달인의 신비성이 느껴지는 그 무엇이 담겨 있다. 대부분 국화는 봄에 피는 꽃들이 많고 그 화려함도 나름대로 대단하다.

일본의 국화 벚꽃도 봄에 화사하게 피어나는 꽃이다. 벚꽃이나 라일락 원산지는 한국이지만 지키지 못해 남의 나라 꽃이 되었다. 무궁화 군락 사이에 우리의 나무, 나물 등을 심어 뜻을 같이하는 동포들이 먹고 즐길 수 있도록 하자.

⁂ 평등

한국인은 고래로 평등사상이 남달랐다. 배달조선 고조선부터 다수의 사람이 모여 또는 사랑방 모임같이 중지를 모으고 서로 평등을 다졌다. 사마천도 인정한 황제국가 고조선은 서로 이익이 되기를 힘쓰는 평등한 사회였다. 방대한 땅과 인구를 다스리고 통치하는 데 질서의 법이 필요하게 된다.

홍익인간, 널리 이익이 되고 편안케 함은 우리의 교리요, 평등이었다. 진정한 만장일치는 존재할 수 없음이요, 단지 미명일 뿐이다. 평등주의도 위선이나 인류는 가능한 한 평등을 꿈꾼다. 사랑과 자유 앞에서 인간은 누구나 평등하다. 신분 격차나 빈부 격차도 없어진다. 평등 앞에서 인간 존재 가치는 한층 고결해진다. 고결함 속에 인간의 평상심이 자리하고 있기 마련이다. 평등한 권리의 관리는 그대의 몫이다. 누구도 지켜주지 못한다. 평등을 싫어하는 자는 사대부요, 기득권층 귀족이다.

† 책을 마치며

이런 대통령?

자유와 자기 생활과의 일치를 가장 중요하게 여기고 이용하며 실물경제를 파탄에 이르게 하고 서민경제를 질식시키는 사람, 안보를 파괴하고 북한의 핵 보유를 인정하는 사람, 대미 대일 외교를 악화시키고 친중국에 사로잡힌 사람, 법치를 파괴하여 범죄자를 법무부장관에 임명하는 사람, 공포를 조장하고 곳곳에 부작용을 만드는 사람,

원전 에너지 자립을 파괴하는 사람, 기업경영권 침해를 선(善)인 척하는 사람, 자랑스러운 한국 여권을 바보 여권으로 만들고 국민을 3류 천민화하는 사람, 멀쩡한 4대강 보와 핵발전소를 파괴하고 국민을 바보로 만드는 사람, 국익과 국민은 아랑곳하지 않는 영혼 없는 사람, 질 나쁜 인간을 보호하는 정권, 불신조장 금기어(禁忌語) 많은 사회를 만드는 염치없는 사람, 역사왜곡, 자신들은 법을 똥친 막대기 취급하고 법을 조롱하며 남은 헌법 가치의 훼손까지 따지는 사람, 애국가를 싫어하고 건국 대통령을 인정하지 않고 민생고를 해결한 구국 대통령을 폄하 왜곡하는 사람, 유사 전체주의로 진입하는 사람, 세금으로 선심 쓰고 가파른 국가 채무 증가를 조장하는 사람, 반기업 · 반재벌 · 반부자 정서가 지배하는 나라를 만드는 사람, 천민 민주주의 현란한 극치, 공정과 공평을 말하며 불공정 불공평한 사람, 원칙보다 반칙의 정권, 치매인가 횡설수설이 특기, 정치를 해서는 안 될 사람.

요약하면 독직, 후진국형 좌파, 수구좌익, 모 아니면 도, 성인 콤플렉스, 정직한 척하지만 한탕주의적 생각, 한 방에 권력 지향적인 권력투쟁, 민주화 투쟁이라 하나 한탕주의 세계관, 한판으로 먹는 혁명주의적 사고, 이상한 나라의 이상한 대통령이 되어가고 종북 굴종, 성한 곳이 한 곳도 없이 망가뜨리고…. 지도력 부재. 가렴주구(苛斂誅求) 거덜 내고 도망가려 하는가?

김동길 교수는 민주주의 최강 독재자라고 한다.

재인산성을 쌓고 국민의 목숨이 담보된 거짓된 나라, 공산주의자는 영웅을 만들어내는 데 천재적인 소질이 있다. 중국 공산당과 김정은 주사파를 위해 국가를 강탈하려는 그들을 두고 국민은 "자랑스러운 이 나라가 당신들 것이냐?"고 반문한다.

책을 마치며 안타깝고 억울해서 추신처럼 달아놓고자 한다.